人のための

宗教原論

The Pri… of Religion for Japanese

…助けてくれるのか

小室直樹

徳間書店

一気《いっき》に四大宗教の真髄《しんずい》に迫《せま》る

はじめに

今《こ》の代《よ》にし　楽《たぬ》しくあらば　来《こ》む生《よ》には
蟲《むし》にも鳥《とり》にも　吾《われ》はなりなむ
大伴旅人《おおとものたびと》（万葉集）

この歌をきいて、外国人はみんな吃驚仰天《びっくりぎょうてん》する。朝鮮・韓国人も中国人も、南の国々の人々も中近東《ちゅうきんとう》の人々も、欧米人も、死生観《しせいかん》は宗教が決める。来世《らいせ》に、尖鋭《せんえい》な関心をもたない人は、まずいない。日本人だけが例外である。だから、日本は無宗教国になったのか。

世界は一つになったといわれるが、宗教を理解《りかい》しないと世界の人々と付き合っていけない。宗教によって行《おこな》いが決まる。宗教が違えば、当然《とうぜん》、行いが違ってくる。

しかし、宗教が違っても人間はみんな同じであると思い込んでいる日本人には、ここのところがピンとこない。何《なに》も考えないで、どこまでも日本流で押し通すから、外国人はすぐさま面食《めんく》らって、一日本人は奇妙奇天烈《きみょうきてれつ》な人種だから付き合いきれないと思う。日本人は世界で孤立《こりつ》して交流も取引も困難になる。

世界の人々は、この世がどんなに苦しくとも、来世《らいせ》でよいところにゆくために努《つと》める。しかし、日本人に限って、この世が一番よくて来世《らいせ》なんかどうでもよいと独《ひと》り合点《がてん》しているのである。

インド人は、この世の本質は苦《く》であると思っていた。ユダヤ人は、虐殺《ぎゃくさつ》、追放《ついほう》と迫害《はくがい》の連続であった。だから、優《すぐ》れた宗教を生んで世界諸宗教の母体となった。仏教伝播《でんぱ》の跡《あと》をたどってインドから中国へ来ると、「この世は楽しい」という気持ちが目立つようになってくる。「人生は皆苦《かいく》」だとは思わず、自分たちの官僚《かんりょう》制がよい制度だと思っている。この世が割合《わりあい》にいいと思って、来世《らいせ》にあまり関心のない中国からは、インドやユダヤほどの宗教は生まれなかった。

この世が最高だと思っている日本は、当然、無宗教国になった。

宗教がないから、カルト教団は簡単《かんたん》に人を殺《ころ》して勝手に金を奪う。こんなにたやすくカルト教団がはびこれる国は他にない。

宗教がないから、学校は崩壊《ほうかい》して、子供たちは自由に人を殺《ころ》しても平気である。しかも、誰《だれ》もその理由に気づかない。

宗教がないから、経済破綻《はたん》ぐらいで闇雲《やみくも》に命を絶《た》つので、自殺率は急増中である。

資本《しほん》主義もデモクラシーも近代法も、深くキリスト教に根ざしている。キリスト教の理解《りかい》ができていないから、「資本《しほん》主義」とは名ばかりの統制《とうせい》経済となり、三権は役人に簒奪《さんだつ》され、近代法は機能せず、政治と経済とは破局《はきょく》へ向《む》けて驀進《ばくしん》中である……。

この本は、本格的な宗教原論である。各宗教の蘊奥《うんのう》（奥深いところ）から説《と》き起こし、比較歴史的に、どのようにして、これらの蘊奥《うんのう》に達したかについて解明し、現代にどんな影響を及《およ》ぼしているのかを論ずる。

キリスト教の「愛《アガペー》」は、真《まこと》に驚《おどろ》くべき教義《きょうぎ》である。それは、何千年ものイスラエルの宗教がのぼりつめた「苦難《くなん》の僕《しもべ》」の教説から発生した。そして、全世界を包み込むほどのエクスタシーを発散し、資本《しほん》主義とデモクラシーと近代法を生んだ。

仏教の「空《くう》」は、人類が到達した最深、最高の哲理《てつり》であろう。それは、形式論理学《ろんりがく》、記号論理学《ろんりがく》をも超越している論理を駆使《くし》していることが、最近明らかにされてきた。「空《くう》」は、最近の社会科学、自然科学を比喩《ひゆ》として用いるとき、初めて鮮明に理解《りかい》されるであろう。

イスラム教は、キリスト教が未発達のまま残した不完全な教義《きょうぎ》を補って完全なものとした。イスラム教では、仏教、儒教《じゅきょう》、キリスト教とは違って、ユダヤ教徒と共に宗教的戒律《かいりつ》、社会規範《きはん》、国家の法律《ほうりつ》とが全く同一である。このことは、最高の連帯《ソリダリテ》は何《なん》であるか、アノミーを防ぐためには如《い》何《か》にすればよいかを教えてくれる。しかも、この完璧《かんぺき》性こそが近代化を阻《はば》んだ。近代化への疑問が噴出《ふんしゅつ》している昨今、イスラム教の二面性は大きな示唆《しさ》を与えることになろう。

儒教が本当に日本に入ってきたのは、戦後、特に昭和三〇年代以降である。科挙《かきょ》と同型の受験地獄によって日本の教育は崩壊《ほうかい》し、官僚制は腐朽《ふきゅう》して、日本は滅亡の劈頭《へきとう》（先端）に立っている。これもすべて、法治《ほうち》であるべき官僚《かんりょう》制が人治《じんち》に堕《だ》したからである。儒教《じゅきょう》の誤解によって、ことここに至《いた》った。

　この本に書いてあることは、誰《だれ》も、考えてもみなかった、予想を絶することであるかもしれない。が、地動説のごとく、精神分析学のごとく、ケインズ理論《りろん》のごとく、科学的結論は、ときに摩訶不《まかふ》思議《しぎ》に見えることもある。

　これらの考察によって、世にはびこる、どの宗教が本物か偽物《にせもの》かがわかってくるであろう。どの宗教があなたをどう救《すく》えるかについても考えられるようになることだろう。現在、日本が直面している諸難問にどう対決するかについての示唆《しさ》を与えることであろう。

平成一二年（西暦二〇〇〇年）六月
小室直樹

新装版刊行にあたって

本書は2000年6月に初版が刊行された『日本人のための宗教原論』を新装版として再刊したものである。

初版刊行当時は、1995年3月に地下鉄サリン事件を引き起こしたオウム真理教の教祖や幹部の裁判が繰り返され、また、この事件以降、「カルト」「カルト教団」の問題がクローズアップされていた時期でもあった。

そしてその刊行から1年3カ月後の2001年9月11日、アメリカ同時多発テロ事件が発生し、アメリカによるアフガニスタン、イラクへの軍事攻撃が行われ、新たな宗教戦争の始まりだとされた。このことは、後にISIL（イスラム国）の脅威や、現在にも続く欧州での難民問題にもつながった。

「21世紀は宗教の時代」だとも言われるが、まさにそのことを予見するかのように、21世紀直前に本書は刊行され、以後、多くの読者を得て版を重ねてきた。そうした世界情勢の変化をふまえつつ、稀代の碩学である小室直樹氏が縦横無尽に繰り広げる宗教解説を読むと、いっそうの気付きがあり、まさに目からウロコである。

しかも、本書では、キリスト教、仏教、イスラム教の三大宗教に加えて、儒教も取り上げている。「中国といかに付き合うか」ということは、21世紀に浮上してきたもうひとつの大問題であり、2021年末現在、日本および世界の最大関心事となっている。その点で、小室氏が改めて儒教を取り上げ、日本人との関わりを解説したことは、非常に示唆に富む。

なお、小室直樹氏の中国論については『小室直樹の中国原論』(小社刊)があり、こちらも新装版として再刊されているので、興味のある方はご一読いただきたい。

本書でも述べているように、宗教は日本人にとって理解しづらい問題であるが、いっそう複雑怪奇となりつつある国際社会を把握するためには避けては通れない。

2021年は、アメリカが20年にわたるアフガニスタン駐留を終了させた時代の転換点でもあった。新たな宗教対立など、さまざまな問題が生まれているなかで、本書が多くの日本人の宗教理解に役立つことを願っている。

2021年12月

徳間書店書籍局

日本人のための宗教原論【目次】

第4章❖【仏教】は近代科学の先駆けだった……199

第5章❖【イスラム教】は絶好の宗教の手本……281

装幀――川畑博昭
装画――とくだあきら
写真協力――ユニフォトプレス
徳間書店写真資料室

第1章❖宗教は恐ろしいものと知れ

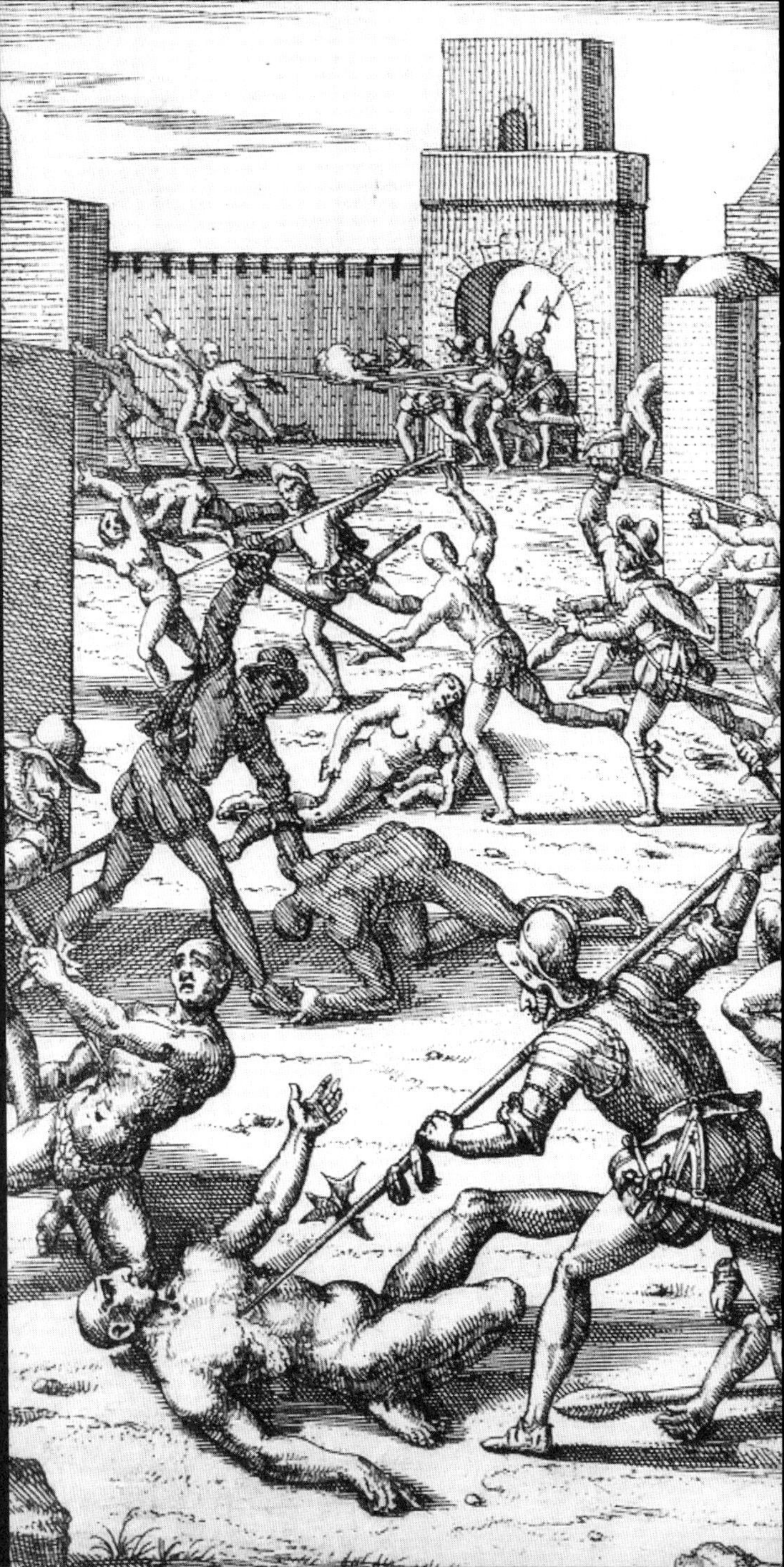

インカ帝国の住民を虐殺《ぎやくさつ》する、ピサロ率《ひき》いるスペインの軍勢

宗教知らずは身を滅ぼす

一九九五年、地下鉄にサリンをばらまいたカルト教団が現れて以降《いこう》、さまざまなカルト教団、新《しん》興《こう》宗教をめぐって、ことあるごとに宗教学者や宗教評論家《ひょうろんか》が何《なに》やら意見を述《の》べていたが、九五年の騒動《そうどう》のときより現在に至《いた》るまで、肝心《かんじん》の宗教の中身についてあまり論《ろん》じられていないのはどうしたことか。そればかりではなく、既存《きぞん》の宗教界からの意見、宗教的立場からの論点もあまり見られないのは如何《いかが》なものか。

その間、日本に吹き荒れる宗教禍《か》は、おさまるどころか、ますます複雑《ふくざつ》化し、深刻《しんこく》化の一途《いっと》をたどっている。真っ黒に変色した死者をまだ死んでいないなどという珍説《ちんせつ》を「定説《ていせつ》」などと強弁《きょうべん》し、怪《あや》しげな術《じゅつ》を弄《ろう》する者あり、べらぼうな金を信者から集め、豪奢《ごうしゃ》な邸宅《ていたく》で暮《く》らす教祖《きょうそ》あり、幹部《かんぶ》を集めて会議を開き、そこで決められたことを「天声《てんせい》」と称して信者に吹き込む指導者《しどうしゃ》あり、そしてサリンをばらまき、教祖《きょうそ》はじめ幹部《かんぶ》が根こそぎ逮捕《たいほ》されるという事態《じたい》を招いた教団も、いままた活《かっ》発《ぱつ》に活動を再開し始めている。

事態《じたい》ここに及んで改《あらた》めて思いを強くすることは、あれほどの大変動《へんどう》があったあとでも、一般の日本人は勿論《もちろん》のこと、日本の宗教学者・宗教評論家《ひょうろんか》でさえ、依然《いぜん》として宗教を全然《ぜんぜん》知らないということだ。宗教の何《なん》たるかが全然《ぜんぜん》わかっていない。

しかし考えてみれば、それも当然至極《しごく》のことかもしれぬ。真面目《まじめ》な学者は、仏教学者であれば仏教だけしか勉強しないし、キリスト教学者であればキリスト教だけ。近代ヨーロッパでは、仏教の科学的研究《けんきゅう》を創始《そうし》し、推進《すいしん》したのはキリスト教徒であり、敬虔《けいけん》なクリスチャンとして知られる人も多かった。中国の敬虔《けいけん》なイスラム教徒からは大儒学者《じゅがくしゃ》が輩出《はいしゅつ》（続々と世に出ること）している（彼らは、孔子《こうし》を偉大《いだい》な学者として尊敬《そんけい》はしていても最後の預言者《よげんしゃ》であるとはしていない）。ところが、日本ではこのようなことは考えられまい。これでは「宗教社会学」を樹立《じゅりつ》したかつてのマックス・ヴェーバー（ドイツの社会学者。一八六四〜一九二〇）のような、宗教全体を見通すような偉《えら》い学者が出るべくもない。この現状《げんじょう》ゆえに断言《だんげん》できるのである。日本の宗教学者・宗教評論家《ひょうろんか》は宗教を知らない。宗教の〈本質《ほんしつ》〉を理解《りかい》していない、と。

カルト教団に酷《ひど》い目に遭《あ》わされたり、果《は》てには殺《ころ》されたりする人の話は、もはやいちいち驚《おどろ》くには当たらぬほど、日常《にちじょう》のニュースに上《のぼ》るようになってきた。これからもますます増《ふ》え続けることだろう。このような事態《じたい》を招《まね》くのもすべて、日本人が宗教を知らないことに起因《きいん》する。なぜなら、宗教を知っていれば、「キリスト教的表現をしているが、これはキリスト教ではない」「仏教的用語を使ってはいるが、これは仏教ではない」……といった判断がすぐにできるから、やすやすと騙《だま》されたりはしない。宗教を知らないから身を滅《ほろ》ぼすのである。

オウムが仏教でない理由

いまにいたるまで尾《お》をひいているオウム事件ほど、日本宗教の致命的欠点《ちめいてきけってん》、いや、宗教不在《ふざい》を如《によ》実《じつ》に証明《しょうめい》してくれたものはない。この意味で、オウムの功績《こうせき》はきわめて大きい。

日本の宗教家と宗教学者、宗教評論家《ひょうろんか》がどんなに宗教無知《むち》であるかは、彼らのオウムに対する反応《はんのう》を思い出していただければ明らかである。彼らのうち、ただ一人も、オウムは仏教ではないと断言《だんげん》しなかった。オウムの幹部《かんぶ》に討論《とうろん》を申し込んで、仏教ではありえないわけを説得《せっとく》しなかった。

オウムは地獄《じごく》は実在《じつざい》すると思い込んでいた。そして、地獄《じごく》に堕《お》ちるぞと信者《しんじゃ》を脅《おど》して金をまきあげたり、殺《ころ》したり、犯罪《はんざい》を命《めい》じたりしたのであった。

地獄《じごく》は実在《じつざい》しない。人を導《みちび》くために譬《たと》え話として仮《かり》に考えておいたものにすぎない。仏教はこのように考えている。オウムは仏教を標榜《ひょうぼう》しているのだから、当然《とうぜん》、このように教えなければならないはずであったのに、オウムはそうは教えなかった。実在《じつざい》もしない地獄《じごく》に堕《お》とすといい募《つの》った段《だん》階《かい》で、「オウムは仏教ではない」と、すぐピンと来なければならなかった。直《ただ》ちにオウムの教祖《きょうそ》と信者《しんじゃ》とにこのことを納得《なっとく》させなければならなかった。

しかし、誰《だれ》もこれをしなかった。

仏教は実在論《じつざいろん》を否定《ひてい》する。人間の心の外に実在《じつざい》するものは何《なに》もない。これが仏教の入門の初歩《しょほ》の初歩《しょほ》であるとともに、仏教の極意《ごくい》であり蘊奥《うんのう》（奥深《おくぶか》いところ）でもある。

いい換《か》えれば、日本の仏教徒には仏教の思想《しそう》がわかっていなかった。「空《くう》」を少しも理解《りかい》してはいなかった。

オウムは、はっきりと大乗《だいじょう》（マハーヤーナ）を名乗《なの》っている。ゆえに、実在論《じつざいろん》は徹底的《てっていてき》に否定《ひてい》されなければならない。仏教はすべて実在論《じつざいろん》を否定《ひてい》するが、とくに大乗《だいじょう》仏教においてその否定《ひてい》は徹《てっ》底《てい》していて、実在論《じつざいろん》の残滓《ざんし》が少しもあってはならない。実在論《じつざいろん》の痕跡《こんせき》を少しもとどめてはならないのである。このことは、大乗《だいじょう》仏教である以上、顕教《けんぎょう》でも密教《みっきょう》でも全《まった》く変わることはない。

ところが、オウムでは「真我《しんが》」の実在《じつざい》を前提《ぜんてい》にして教えを説《と》いているではないか。

また、仏教では、神通力《じんつうりき》などの超能力《ちょうのうりょく》は、悟《さと》りの境地《きょうち》が高《たか》まればひとりでに備《そな》わるものであるとしている。このことは第二章で詳《くわ》しく説明を加《くわ》えるが、そんなものを求《もと》めて努力《どりょく》するべきではないし、いわんや、ひけらかすなどとはとんでもない。すでに具備《ぐび》していても、必要なとき以外には、むしろ、隠《かく》しておくべきものであると考えるのが、仏教の超能力《ちょうのうりょく》に関《かん》する考え方だ。

魔術《まじゅつ》（超能力《ちょうのうりょく》）や魔術《まじゅつ》まがいの超能力《ちょうのうりょく》の開発《かいはつ》は、原則《げんそく》として禁止するべきである。この大原則《げんそく》に例外《れいがい》が認《みと》められるのは、それが利他的《りたてき》に（隣人愛《りんじんあい》の手段《しゅだん》として）必要な場合に限《かぎ》られる。このことは、大乗《だいじょう》仏教の発達《はったつ》の歴史を見ても明らかであろう。大衆《たいしゅう》を救済《きゅうさい》するために病気を治《なお》したり、災害《さいがい》を除《のぞ》いたり、幸福《こうふく》にしたりするのはよい。国家を鎮護《ちんご》したり国賊《こくぞく》を退治《たいじ》したりするのもよい。

しかし、魔術《まじゅつ》使用禁止の例外《れいがい》はここが限度《げんど》である。私利私欲《しりしよく》のためにこれを使うことは許《ゆる》されないのである。そのための報酬《ほうしゅう》も、最低生活の維持《いじ》を限度《げんど》とするべきである。

仏教のサンガ（僧伽《そうぎゃ》。仏法《ぶっぽう》を信じて仏道《ぶつどう》を行《おこな》う人々の集団）では、一切《いっさい》の経済行為は厳禁《げんきん》されていた。そのために、僧侶《そうりょ》の生活必需品《ひつじゅひん》はすべて喜捨《きしゃ》（信徒《しんと》の寄付《きふ》）によっており、それ以上の富《とみ》を貪《むさぼ》ることは断《だん》じて許されない。

さて、以上は、仏教の教義《きょうぎ》として、白日《はくじつ》よりも明らかなことである。読者諸氏には、本書の第二章、第四章で詳《くわ》しく説明をするが、ここで肝要《かんよう》なことは、このような基本的なことさえ知らない仏教者がいるはずがない、ということである。それなのに、このことをいいたてているカルト教団などの新興《しんこう》宗教を指弾《しだん》する仏教者が一人も見当たらないのはどういうわけか。

宗教、このうえもなく恐ろしいもの

宗教とはいかなるものか。宗教とは畢竟《ひっきょう》（つまり）、このうえもなく恐《おそ》ろしいものなのだ。これが宗教理解《りかい》の要諦《ようたい》（大切なところ）である。そして、アメリカやヨーロッパではこれが常識《じょうしき》なのである。ところが、日本人は宗教を自分や周囲《しゅうい》の人間に幸せをもたらしてくれるなにやら素晴《すば》らしいものと独《ひと》り合点《がてん》しているようだ。その抱《いだ》いている宗教家のイメージにしても、穏《おだ》やかで美しくて、普通の人間よりは遥《はる》かに道徳水準《どうとくすいじゅん》が高くて、ちょっと煙《けむ》たくて嫌《いや》らしいところがあるかもしれぬが、中身《なかみ》は高潔《こうけつ》な人、と捉《とら》えている。これがまあ一般的なところだろう。「この頃の宗教団体はがめつくなってきているから、多少の金の巻き上げ程度《ていど》はやるかもしれないが、本当に悪いことはやらないだろう」と思っている。

サリンを作るなんて！
麻薬《まやく》を作るなんて！
人を殺《ころ》すなんて！

あの事件が起きるまでは、そんなことだけはやらないだろうと思っていただろうし、いまに至《いた》ってもあれは特殊《とくしゅ》な例だと思っている人がきっと多かろう。しかし、これこそが宗教誤解《ごかい》の第一歩である。

日本の宗教学者も宗教評論家《ひょうろんか》も、果《は》ては行政《ぎょうせい》や警察も、根本的なところで宗教というものをご存じない。くどいほど何度も繰《く》り返すのは、日本人が物事《ものごと》を表層的《ひょうそうてき》にしか捉《とら》えないことが多いからである。

一例を挙《あ》げる。

一五世紀から一七世紀後半にかけての大航海《だいこうかい》時代、コロンブス（イタリアの航海《こうかい》者。一四五一頃〜一五〇六）やマゼラン（ポルトガルの探険家。一四八〇頃〜一五二一）が未知《みち》の国へ向けて航海《こうかい》した。そこで新大陸に上陸した彼らは一体何《なに》をしたか。

正解は、罪《つみ》もない現地人《げんちじん》の鏖《みなごろし》！　大虐殺《ぎゃくさつ》である。別《べつ》に住民たちがこぞってこの侵入者《しんにゅうしゃ》たちを襲《おそ》ったわけでもないのに。何《なん》と酷《ひど》いことをするのだ、と怒《おこ》ってみても詮《せん》はない。侵入者《しんにゅうしゃ》たちのほうからすれば、キリスト教の教義《おしえ》に従って異教徒《いきょうと》を殺したまでなので、後《うし》ろめたさなどあろうはずもないのだ。

筆者《ひっしゃ》がかつてカリブ海の仏領《ふつりょう》（フランス領）マルティニーク島に行ったときのこと、大ナポレオンの妻ジョセフィーヌの故郷《こきょう》であるこの島の観光案内《かんこうあんない》にはこう書いてあった。「フランス人がこの島に上陸したとき、まずやったことは住民の皆殺《みなごろ》しだった。生き残った者は一人もいなかった。それから、アフリカから奴隷《どれい》を連れて来て植民地を作った」と。正式の観光案内《かんこうあんない》にそう書いてあるのだ。誰《だれ》もが知っていることだから、隠《かく》す必要がない。また、欧米人は、宗教とはそういうものだと承知《しょうち》しているから、ことさら隠《かく》す必要もないのである。

プエルトリコの軍事《ぐんじ》資料館《しりょうかん》には、コロンブスが上陸した頃、この島の現地人《げんちじん》をどのようにスペイン人が扱《あつか》ったか、その図解《ずかい》が展示《てんじ》されている。現地人《げんちじん》たちの首と両手両足を切り落とし、串《くし》ざしにして豚の丸焼《まるや》きのごとく焼肉とした。まさに目をそむけずにはいられない残虐《ざんぎゃく》さだ。

こんな例は至《いた》るところにある。

「未開《みかい》の地」に上陸したヨーロッパ人は、冒険家《ぼうけんか》も宣教師《せんきょうし》も、罪《つみ》もない現地人《げんちじん》をバリバリ殺《ころ》した。殺戮《さつりく》につぐ大殺戮《さつりく》である。

ではなぜそんなことをしたのか。何故《なにゆえ》に異教徒《いきょうと》を殲滅《せんめつ》（みなごろし）しなければならなかったのか。

その答えは『旧約聖書』の「ヨシュア記」を読むとわかる。

神父《しんぷ》も牧師《ぼくし》も、日本にキリスト教を伝えるものは、パウロの「ローマ人への手紙」だとか「創世記《そうせいき》」の一部（もっとも第一九章三〇～三八は近親相姦《そうかん》のストーリーだから教えないが）だとか、日本人のセンスに都合《つごう》のいい箇所《かしょ》は教えるけれども、「ヨシュア記」は教えない。だが、この「ヨシュア記」にこそ〈宗教の秘密〉は隠《かく》されているのだ。

神はイスラエルの民《たみ》にカナンの地を約束した。ところが、イスラエルの民《たみ》がしばらくエジプトにいるうちに、カナンの地は異民族《いみんぞく》に占領《せんりょう》されていた。そこで、「主《しゅ》（神）はせっかく地を約束してくださいましたけれども、そこには異民族《いみんぞく》がおります」といった。すると神はどう答えたか。「異《い》民族《みんぞく》は皆殺《みなごろ》しにせよ」と、こういったのだ。

神の命令は絶対である。絶対に正しい。

となれば、異民族《いみんぞく》は鏖《みなごろし》にしなくてはならない。殺《ころ》し残したら、それは神の命令に背《そむ》いたことになる。それは罪《つみ》だ。

したがって、「ヨシュア記」を読むと、大人も子供も、女も男も、一人残さず殺《ころ》したという件《くだり》がやたらと出てくる。

「イスラエルびとは、荒野《あれの》に追撃《ついげき》してきたアイの住民《じゅうみん》をことごとく野《の》で殺《ころ》し、つるぎをもってひとりも残さず撃《う》ち倒《たお》してのち、皆アイに帰り、つるぎをもってその町を撃《う》ち滅《ほろ》ぼした。その日アイの人々はことごとく倒《たお》れた。その数は男女あわせて一万二千人であった。ヨシュアはアイの住民をことごとく滅《ほろ》ぼしつくすまでは、なげやりをさし伸《の》べた手を引っこめなかった」（第八章　二四～二六）

これがジェノサイド（民族鏖《みなごろし》）事始《ことはじめ》。それから後《のち》は、殺《ころ》すわ殺《ころ》すわ、王とその町の住民を一人残らず鏖《みなごろし》にするのである。女も男も、生まれたての赤ちゃんからヨボヨボの老人まで、例外《れいがい》はない。鏖《みなごろし》にせよ！　というのが神の命令だからだ。

このようにして、三一の王とその町々がジェノサイドされたのであった（「ヨシュア記」第八章〜第一二章）。

異教徒《いきょうと》の虐殺《ぎゃくさつ》に次ぐ大虐殺《ぎゃくさつ》、それは神の命令なのである。

神の命令だから虐殺《ぎゃくさつ》する。

日本のクソ真面目《まじめ》な歴史家は、大航海《だいこうかい》時代の歴史を書くときに、「こんな善良《ぜんりょう》な人々が、なぜこんな恥知《はじし》らずな殺戮《さつりく》を行って良心が痛《いた》まないのか」と妄説《もうせつ》（でたらめな説）を吐《は》く。そんなもの、痛《いた》むはずがないのである。敬虔《けいけん》であればあるほど、異教徒《いきょうと》は殺《ころ》さなくてはならないのだから。

この意味においてはキリスト教は殺人宗教ではないか！

キリスト教は、「隣人《りんじん》に対する無条件の奉仕《ほうし》」を説《と》く。この教義《きょうぎ》どおりに、無報酬《むほうしゅう》で、全《まった》く見知らぬ人にかぎりなき奉仕《ほうし》をした人は実に多い。これも神の命令であるからだ。

が、無条件にジェノサイドする人も多い。「隣人《りんじん》にかぎりなき奉仕《ほうし》をする人」が、同時に大虐殺《ぎゃくさつ》を行っても矛盾《むじゅん》ではない。両方とも神の命令であるからである。

「これほどまで崇高《すうこう》な人が、最低倫理《りんり》以下のことをするとは……」と嘆《なげ》くのは日本人の妄言《もうげん》（でたらめな言葉）であり、キリスト教への無知《むち》を告白するだけである。このことを、宗教を考える糸口《いとぐち》としてみよう。

宗教という言葉

「宗教」という言葉は、明治時代になって「religion」の訳語《やくご》として作られた新しい言葉で、もともとのレリジョンの意味は、「繰《く》り返し読む」ということ。

欧米人のほとんどはキリスト教こそが本当の宗教だと思っているから、宗教といえばキリスト教、そして文字で表された最高教典《きょうてん》、すなわち啓典《けいてん》（正典《せいてん》ともいう）のある啓典《けいてん》宗教と考える。そこで、繰《く》り返し読む、という発想が生まれる。誕生《たんじょう》したときから、もうそこにキリスト教があるわけで、日本人とは全《まった》く環境《かんきょう》が違う。日本では、仏教的雰囲気《ふんいき》、神道《しんとう》的雰囲気《ふんいき》、近世《きんせ》以降は儒教《じゅきょう》的雰囲気《ふんいき》が何《なん》となく混在《こんざい》しているという感じであろう。

そもそも明治以前には、仏教、キリスト教という用語も使われておらず、仏教は「仏法《ぶっぽう》」として、キリスト教は「耶蘇《やそ》」あるいは「伴天連《ばてれん》」として、儒教《じゅきょう》は「儒学《じゅがく》」という言葉で呼ばれていた。内容も日本なりに変質《へんしつ》をしてしまい、吸収されていったのだが、では、世界的に普及《ふきゅう》しているイスラム教、またインドで大きな勢力を持っているヒンドゥー教はどうだったか。

非常に不思議《ふしぎ》なことに、あれほど宗教的に優《すぐ》れているイスラム教は、中国や東南アジアまでは来ているのに、日本には入って来なかった。この驚《おどろ》くべき事実は、極《きわ》めて重要なことのはずだが、誰《だれ》も研究《けんきゅう》していないのも、これまた不思議《ふしぎ》。

ヒンドゥー教は、あまり知られてはいないことだが、実質《じっしつ》的には日本にずいぶん入って来ている。

こういうと、日本人はみんな驚嘆《きょうたん》する。ヒンドゥー寺院《じいん》なんて見たことないし、信者《しんじゃ》も知らないのになぜなのかと。実は、日本に伝わっている仏教説話《せつわ》のなかには、ヒンドゥー教の話がたくさん混《ま》じっているのである。

仏教の章で詳《くわ》しく説明するが、輪廻転生《りんねてんせい》もともとヒンドゥー教をはじめとするインド古代思想《しそう》の発想で、日本人が抱《いだ》いている輪廻転生《りんねてんせい》のイメージというのは、仏教よりもむしろヒンドゥー教のそれに近い。そのうえ、十二支《じゅうにし》、七夕《たなばた》なども古代インド宗教のものだが、日本人でそうと意識《いしき》している人はほとんどいない。

話のついでに触《ふ》れておくと、大安《たいあん》、仏滅《ぶつめつ》、という六曜《ろくよう》というのは、仏教でも儒教《じゅきょう》でも、ましてや神道《しんとう》でもない。これは陰陽道《おんみょうどう》という道教の流れを汲《く》む考え。だから、道教徒以外はあんなこと気にする必要なんかない。日本というのは宗教を気にしない国だから、結婚式を教会でやるのに仏滅《ぶつめつ》を避《さ》けたりする。これもみな、日本人と日本人のエトスの違いから起きていることである。

宗教とは何か

宗教の定義《ていぎ》というのは、実はものすごく難《むずか》しい。

本書では、このことを考えるのに、マックス・ヴェーバーの説を採《と》ることにする。

マックス・ヴェーバーはかくいった。宗教とは何か、それは「エトス（Ethos）」のことであると。エトスというのは簡単《かんたん》に訳《やく》すと「行動様式《ようしき》」。つまり、行動のパターンである。人間の行動を意識《いしき》的及《およ》び無意識《むいしき》的に突き動かしているもの、それを行動様式《ようしき》と呼び、ドイツ語でエトスという。英語では、エシック（ethic）となる。

ここで注意を一つ。英語の場合、どこに注意するかというと、語尾《ごび》にsがないこと。sがあったらエシックス（ethics）となり、「倫理《りんり》」という意味になる。

倫理《りんり》というのは、ああしろこうするなという命令もしくは禁止を指《さ》すが、その上位《じょうい》（一般《いっぱん》）概念《がいねん》であるエシックはもっと意味が広い。禁止や命令も含《ふく》むが、さらに正しいだとか正しくないだとかいうことも含《ふく》む。そればかりか、さらに意味は広く、思わずやってしまうことまでも含《ふく》むのである。

例《たと》えば、朝起きたときに、ある人は水を三杯飲むとする。そんなことはよいとも悪いともいえないけれど、必ず飲むのであれば、それは一つの行動様式《ようしき》。そういうものを含《ふく》めてエシック、すなわちエトスと呼ぶ。

これは倫理《りんり》道徳《どうとく》も習慣風俗《しゅうかんふうぞく》も全部含《ふく》んでいる。無論《むろん》、正しくないということも含《ふく》めて。人間の行動様式《ようしき》のなかには正不正ということと関係はないけれど、なんとはなしにやってしまうことがある。その中には習慣風俗《しゅうかんふうぞく》もあれば、その人独特《どくとく》のことというのもある。

癖《くせ》を例《れい》にとるとよいかもしれない。癖《くせ》にも習慣風俗《しゅうかんふうぞく》と関係のある癖《くせ》もあるが、全《まった》く関係ない、その人だけがなんとなくやってしまうという癖《くせ》もあるわけで、エトスとはそういうものも含《ふく》んでいるのだ。

ここから導《みちび》けることで大事なことがある。日本人は無宗教だというういい方をするが、どこかの特《とく》定《てい》の宗派《しゅうは》に属していないだけで、その日本人もエトスたる独特《どくとく》の行動様式《ようしき》は持っている。したがって、日本人にも宗教たる独自《どくじ》の行動様式《ようしき》があるはずだというふうな解釈《かいしゃく》が可能である。これが、山本七平《やまもとしちへい》氏（評論家《ひょうろんか》。一九二一〜九一）のいう「日本教《にほんきょう》」たるものの、その社会学的位置づけである。

なぜヴェーバーの定義《ていぎ》がいいのかというと、宗教だけでなくイデオロギーもまた宗教の一種であると解釈《かいしゃく》できるところにある。どういうことかというと、マルキシズムも宗教である。資本《しほん》主義も宗教である。そして、武士道《ぶしどう》などというのも一種の宗教だといえる。

そのように考えると範囲《はんい》がべらぼうに広がってしまうので、本書では、世界三大宗教といわれるキリスト教、仏教、イスラム教、それと日本人になじみの深い儒教《じゅきょう》について論を進めることにする。

また、「日本教《にほんきょう》」「神道《しんとう》」あるいは「天皇教《てんのうきょう》」という日本独自《どくじ》の宗教形態《けいたい》については、また独立した徹底的《てっていてき》な議論《ぎろん》が必要となるため、宗教の原論《げんろん》を論《ろん》ずる本書では特に深入りしない。拙著《せっちょ》『天皇《てんのう》』の原理』（文藝春秋刊）がその格好《かっこう》のテキストとなっているので、興味《きょうみ》のある方はご一読いただきたい。

第2章❖宗教のアウトラインを知る

バチカン宮《きゅう》システィーナ礼拝堂《れいはいどう》に描《えが》かれたミケランジェロの「最後の審判《しんぱん》」

宗教の分類

これから本格的に宗教の議論《ぎろん》に入る前にコメントを一つ挙《あ》げておく。それは、宗教には啓典《けいてん》宗教とそれ以外の宗教がある、ということだ。

これは、イスラム教徒による宗教分類であるが、比較宗教学のために便利な分類であるので、この本においても採用したい。

「啓典《けいてん》宗教（revealed religion）」とは、啓典《けいてん》（正典《せいてん》＝canon, Kanon, canon）を持つ宗教である。ユダヤ教、キリスト教、イスラム教は啓典《けいてん》宗教である。仏教、儒教《じゅきょう》、ヒンドゥー教、道教《どうきょう》、法教《ほうきょう》（中国における法家《ほうか》の思想《しそう》）などは啓典《けいてん》宗教ではない。

「啓典《けいてん》」とは、最高教典《きょうてん》のことである。

「啓典《けいてん》」は、絶対であるか、ほとんど絶対である。

イスラム教における『コーラン』（クルアーン）、キリスト教における『福音書《ふくいんしょ》』（『新約聖書』の「マタイ」「マルコ」「ルカ」「ヨハネ」の四福音書《ふくいんしょ》）、ユダヤ教における『トーラー』（モーセ五書。『旧約聖書』の最初の五巻。すなわち、「創世記《そうせいき》」「出《しゅつ》エジプト記」「レビ記」「民数記《みんすうき》」「申命記《しんめいき》」）は啓典《けいてん》である。

この意味での啓典《けいてん》は仏教にも儒教《じゅきょう》にも、ヒンドゥー教にも、道教にも法教にもない。ゾロアスター教、マニ教などにもない。

仏教が啓典《けいてん》宗教でないことは明白《めいはく》である。その理由をすぐ理解《りかい》するためには、天台智顗《てんだいちぎ》（中国梁《りょう》・陳《ちん》・隋《ずい》時代の僧。天台《てんだい》宗の開祖《かいそ》ともいわれる。五三八〜九七）の教相判釈《きょうそうはんじゃく》を思い出しただけで十分《じゅうぶん》であろう。

教相判釈《きょうそうはんじゃく》とは、仏教の経典《きょうてん》の優劣《ゆうれつ》と位置づけ（configuration）とを行うための方法である。天《てん》台智顗《だいちぎ》は、経典《きょうてん》を釈迦《しゃか》の生涯《しょうがい》の時期の前後に配列して内容の価値判断をした。そして法華経《ほけきょう》を最高としてここに釈迦《しゃか》の真意があるとした。そのため、天台宗《てんだいしゅう》の最高経典《きょうてん》は法華経《ほけきょう》となっている。

教相判釈《きょうそうはんじゃく》は「教判《きょうはん》」とも略称《りゃくしょう》するのだが、智顗《ちぎ》を嚆矢《こうし》（始まり）として仏教の諸宗《しょしゅう》は教判《きょうはん》をするようになった。例《たと》えば、華厳《けごん》宗の教判《きょうはん》は五教十宗《ごきょうじっしゅう》であり華厳経《けごんきょう》を最高経典《きょうてん》とした。日本真《しん》言《ごん》宗の教判《きょうはん》は顕密《けんみつ》二教の鞭《べん》と十住心《じゅうじゅうしん》の判釈《はんしゃく》であり、最高経典《きょうてん》は金剛頂経《こんごうちょうきょう》と大日経《だいにちきょう》である。日《にち》蓮《れん》宗の教判《きょうはん》は法華経《ほけきょう》を最高とし、そのなかでも本門寿量品《ほんもんじゅりょうぼん》第十六を最高とした。浄土《じょうど》宗の教判《きょうはん》は聖浄二門《せいじょうにもん》の教判《きょうはん》であり、大無量寿経《だいむりょうじゅきょう》、観無量寿経《かんむりょうじゅきょう》、阿弥陀経《あみだきょう》の三部経《さんぶきょう》を最高とした。

仏教の経典《きょうてん》は厖大《ぼうだい》であり、汗牛充棟《かんぎゅうじゅうとう》どころかビルを必要とするほどである。釈迦入滅《しゃかにゅうめつ》千年以上も後にも続々と作られているが、なかに込《こ》められた宗教的価値が問題なのであって、方法論的には誰《だれ》が作ってもよい（例。法華経《ほけきょう》は釈迦入滅《しゃかにゅうめつ》後千年以上も後《のち》に作られたとの説が有力である）。「如是我《にょぜが》聞《もん》」すなわち、「このように私は釈迦《しゃか》から聞いた」と最初に書けば何《なん》でもお経《きょう》になる。だから当然《とうぜん》、範囲《はんい》も確定《かくてい》したものではない。このことが、仏教の経典《きょうてん》の無限《むげん》の成長を許《ゆる》したのだ。

この点、啓典《けいてん》が確定《かくてい》している啓典《けいてん》宗教とは根本的に違う。

啓典宗教の本質

啓典《けいてん》宗教は、存在論《そんざい》、すなわちオントロジー（ontology）に貫《つらぬ》かれている。啓典《けいてん》宗教であるキリスト教、イスラム教、ユダヤ教においては、神の存在《そんざい》が最大の問題なのである。

啓典《けいてん》宗教においてはどの宗教においても、例《たと》えば神が存在《そんざい》しないといったらこれはキリスト教徒ではない、イスラム教徒ではない、ユダヤ教徒ではない。そのため、キリスト教の神学テキストなどを読んでみても、神の存在《そんざい》の証明《しょうめい》にそれはもう厖大《ぼうだい》なページが割《さ》かれている。

そもそもオントロジーというのはギリシャ哲学が作った。

ギリシャの影響《えいきょう》を啓典《けいてん》宗教がどういうふうに受けたのかということを、いくつか例《れい》を挙《あ》げてみよう。

バイブルのテキストはギリシャ語で書かれている。旧約、新約両方とも同様である。旧約は本来《ほんらい》ヘブライ語で書かれていたはずなのに、ぐずぐずしているうちにヘブライ語の啓典《けいてん》はどこかへ散逸《さんいつ》してしまった。そこでギリシャ語の啓典《けいてん》を以《もっ》て本来《ほんらい》の啓典《けいてん》に代《か》えるということになっている。新約は勿論《もちろん》もともとがギリシャ語である。それ以前のイエスがしゃべっていたアラム語の啓典《けいてん》などはない。

ユダヤ教は、ギリシャの影響《えいきょう》を本来《ほんらい》受けないものであったはずなのだが、いつの間にか受けてしまっていた。それは、ユダヤ社会にギリシャの論理《ろんり》が入ってきたところ、それがあまりにも優《すぐ》れていたので、その論理学《ろんりがく》をとり入れた、という次第《しだい》である。

もう一つ重要なことは、キリスト教がローマ帝国《ていこく》のなかにおいては例外《れいがい》的にギリシャの影響《えいきょう》を受けないことでも特徴的《とくちょう》だったことが挙《あ》げられている。イエス・キリストがガリラヤ湖の湖畔《こはん》において説教《せっきょう》したときなどは、少なくともギリシャ哲学などは意識《いしき》していなかったであろう。ところがキリスト教が、その後ヘレニズム世界を往来《おうらい》しているうちに、ギリシャ思想《しそう》の影響《えいきょう》を大きく受けるようになった。

そのため、キリスト教も神学《しんがく》としてみるとき、ギリシャの論理《ろんり》を用いて発達《はったつ》することとなった。また、勘違《かんちが》いしている人が多いので断《ことわ》っておくが、ローマ帝国《ていこく》の公用語《こうようご》というのはギリシャ語であった。ラテン語というのはいわば日用語《にちようご》にすぎない。だからバイブルにもパウロの言葉として書かれているのはギリシャ語である。この福音《ふくいん》というのはすべての人のために書かれたとされている。すべての人という意味は、身分の高い低いというのは一切《いっさい》関係ないということだが、その表現として、「ギリシャ人にも野蛮人《やばんじん》にも」と書いてある。

ローマ帝国《ていこく》においてはギリシャ人とは文化を持っている人、野蛮人《やばんじん》というのはギリシャ人以外の人。これはみんな無学《むがく》だと思っている。つまり、人種的にいえば私たちも無学《むがく》でございます、とパウロが認《みと》めているのに等《ひと》しい。

したがって、ヘレニズム世界においては論理学《ろんりがく》はギリシャ論理学《ろんりがく》一辺倒《いっぺんとう》となった。となれば、ヘレニズム世界の地に生まれたキリスト教が、ギリシャ論理学《ろんりがく》の影響《えいきょう》を受けるのは当然《とうぜん》だということは明らかだ。

ギリシャ論理学《ろんりがく》の成果《せいか》のうちで、一番凄《すご》いのは、アリストテレスの形式論理学《ろんりがく》。それまでは「論《ろん》理《り》的」といってもその規則《きそく》がはっきりしなかった。

前四世紀に登場《とうじょう》したアリストテレス（前三八四〜三二二）が『オルガノン』を著《あらわ》したことから古代論理学《ろんりがく》が始まったのである。ちなみに、オルガノンとは、「すべての学問のための道具」を意味しており、実質《じっしつ》には「形式論理学《ろんりがく》」を指《さ》している言葉である。有名な三段論法《さんだんろんぽう》は、この理論《りろん》の中心をなしている。

ところが、アリストテレスの形式論理学《ろんりがく》も実は不十分であるということを、一九世紀の終わりになってドイツの数学者ヒルベルト（一八六二〜一九四三）が発見した。ヒルベルトが記号論理学《きごうろんりがく》という完璧《かんぺき》な論理学《ろんりがく》を構築《こうちく》したのである。

これは一言《ひとこと》で非常にわかりやすく説明すると、集合論的論理学《しゅうごうろんろんりがく》である。

集合論理《しゅうごうろんり》とは、aという要素《エレメント》が、Aという集合《セット》に属《ぞく》するか属《ぞく》さないかという論理《ろんり》であり、どちらか一方だけが成り立つ構造《こうぞう》である。属《ぞく》すると同時に属《ぞく》さないということもないし、属《ぞく》するのでも属《ぞく》さないでもないということもない。この集合《しゅうごう》論的性格が、形式論理学《ろんりがく》にも集合論《しゅうごうろん》的論理学《ろんりがく》にも同じようにある。

ところが、アリストテレスの形式論理学《ろんりがく》ができるまでは、論理学《ろんりがく》の特徴《とくちょう》が何《なん》であるかということは、明らかになっていなかった。そのため、啓典《けいてん》宗教は三つとも、ギリシャの形式論理学《ろんりがく》を使っているというわけである。

また、キリスト教においては、何《なに》を啓典《けいてん》とするかをめぐって、千年以上にもわたって厳《きび》しく論争《ろんそう》されたが、主潮《しゅちょう》は現行の旧約三九巻、新約二七巻を啓典《けいてん》とする方向で収束《しゅうそく》の傾向《けいこう》が見られる。もっとも諸異論《しょいろん》の痕跡《こんせき》がなくなったわけでもなく（例。「黙示録《もくしろく》」を啓典《けいてん》に入れるべきかどうかをめぐっては千年以上も争われた）、最大の争点《そうてん》は「旧約外典《きゅうやくがいてん》」（Apocrypha）を啓典《けいてん》に加《くわ》えるべきかどうかである。現時点でのこの扱《あつか》いは、カトリックとギリシャ正教は啓典《けいてん》に入れ、英国国教会《こっきょうかい》は啓典《けいてん》ではないが生活の指針《ししん》にするという態度《たいど》をとっている。これに対し、プロテスタントは絶対にこれを排斥《はいせき》する。

しかし、旧約三九巻、新約二七巻を啓典《けいてん》とすることについての異議《いぎ》はない。

このように、キリスト教においては、啓典《けいてん》は絶対に、あるいはほとんど絶対に確定《かくてい》されている。イスラム教、ユダヤ教の啓典《けいてん》は、キリスト教以上に確定《かくてい》されている。イスラム教は『コーラン』、ユダヤ教は『トーラー』という啓典《けいてん》が確定《かくてい》され、これは神の命令（神との契約《けいやく》）であるから絶対である。

一般《いっぱん》には、ユダヤ教も、キリスト教も『聖書』が正典《せいてん》であると思われているが、正しくは上記《じょうき》の通りである。また、『聖書』に、『旧約』『新約』の二種類があるのは、ユダヤの民《たみ》が神と結《むす》んだ契約《けいやく》を、イエスが更改《こうかい》したために、旧《ふる》い契約《けいやく》を記《しる》したものを『旧約』、新しい契約《けいやく》を記《しる》したものを『新約』と区別している。

ときたま、「旧訳」「新訳」と誤記《ごき》しているものを散見《さんけん》するが、宗教学的には、これでは仏教経《きょう》典《てん》を指《さ》す用語となる。すなわち、仏教がインドから中国に渡《わた》った折《おり》に経典《きょうてん》の中国語訳を行っているが、四世紀末から五世紀初頭《しょとう》にかけて活躍《かつやく》した鳩摩羅什《くまらじゅう》の訳を「旧訳」と呼び、七世紀に国禁《こっきん》を犯《おか》して一六年間に及《およ》ぶ取経《しゅけい》の長旅を遂《と》げた玄奘三蔵《げんじょうさんぞう》の訳を「新訳」と呼ぶのだ。

　また、イスラム教では、マホメットを最後の預言者《よげんしゃ》であると『コーラン』で断《だん》じているため、『新約コーラン』というのはありえない。ところが、ユダヤ教、キリスト教では預言者《よげんしゃ》の出現を否《ひ》定《てい》していない。

　では、イエス・キリストが「新約」を行ったように、その次に新しく現れた預言者《よげんしゃ》はさらにそれを更改《こうかい》できるのか。

　答えは否《いな》である。少なくとも、ニケア信条《しんじょう》（あるいはカルケドン信条《しんじょう》。一四三頁参照）を信奉《しんぽう》するかぎり否《いな》である。

　なぜなら、「新約」は、神であるイエス・キリストによって更改《こうかい》された契約《けいやく》だからであり、イエスの他《ほか》に神はいない。したがって「新『新約聖書』」というのはありえない。

　ただし、注意が必要なのは、啓典《けいてん》でない教典《きょうてん》、すなわち啓典《けいてん》の主旨《しゅし》を全《まった》く損《そこ》なわない教典《きょうてん》は出現の可能性がある。例《たと》えば、モルモン経《けい》である。

　モルモン教は、一九世紀半《なか》ば、アメリカ人スミスが、預言者《よげんしゃ》モルモンの遺《のこ》したという「モルモン経《けい》」を奉《ほう》じて創立された。この教典《きょうてん》を『旧約・新約聖書』より上位《じょうい》におけば異教《いきょう》となってしまうのだが、そうは扱《あつか》っていないため、正統派《せいとうは》キリスト教からは異端視《いたんし》されているものの、キリスト教の一派《いっぱ》として認識《にんしき》されている。

このように、それぞれの啓典《けいてん》は、その正統性《せいとうせい》を失わないようになっている。もしも、キリストが新《あら》たに書いた本です、アッラーが新しい啓示《けいじ》をくれました、などと巧言《こうげん》を弄《ろう》するものあらば、即座《そくざ》にニセモノと判断すべし！

一方、啓典宗教《けいてん》ではない仏教の経典《きょうてん》は範囲《はんい》が確定《かくてい》せず、教判《きょうはん》を必要とするほどに、どれが最高であるかの評価《ひょうか》も宗派《しゅうは》によって違う。その後時代が進むにつれ、大乗《だいじょう》仏教と小乗《しょうじょう》仏教とでは、依《い》拠《きょ》する経典《きょうてん》までが大きく隔《へだ》たってしまった。故《ゆえ》に、仏教は一つの教団というよりも一つの潮流《ちょうりゅう》であるとも言いうる。啓典《けいてん》宗教とは違って、これが絶対であるという教義《きょうぎ》（それは命題《めいだい》で表《あらわ》される）はない。根本的論理《ろんり》（原因があり結果が生《しょう》ずるという因果律《いんがりつ》、実体《じったい》は存在《そんざい》せず、すべては仮《かり》の姿《すがた》の相互《そうご》連関《れんかん》であるという「空《くう》」の考え方。第四章で詳述《しょうじゅつ》する）があるのみだ。この論理《ろんり》だけが絶対である。故《ゆえ》に仏教では、何《なん》らかのお経《きょう》の命題《めいだい》（文章）を引用《いんよう》しても、それは絶対であるとは主張《しゅちょう》しえない。また、たとえ新しいお経《きょう》が出土しても、そこにこそ仏教の真意があるとも主張《しゅちょう》できない。いずれも教相判釈《きょうそうはんじゃく》の後に初めて納得《なっとく》いく評価《ひょうか》がなされるのである。

この点が、啓典《けいてん》の引用《いんよう》が絶対である啓典宗教《けいてん》（ユダヤ教、キリスト教、イスラム教）とは根本的に違うのである。

これほどまでに仏教とキリスト教とは、その根本において違っているのであるから、新興《しんこう》宗教団体の主張《しゅちょう》にしばしば散見《さんけん》される、両者を統合《とうごう》したなどという教義《きょうぎ》は不可能である。両者の採長補短《さいちょうほたん》などはありえない。もし、そんなことを主張《しゅちょう》する教団があるなら、それだけでも宗教無理解《むりかい》の教団であると断定《だんてい》してよい。

啓典《けいてん》宗教には教義《きょうぎ》がある。ドグマ（dogma）という。このドグマは絶対だ。ドグマには従《したが》わなくてはならない。

ここから宗教に特有《とくゆう》の〈狂信《きょうしん》〉が発生する。

神の命令は絶対だ。ドグマは絶対である。神が異教徒《いきょうと》を殺《ころ》せと命じたのならば、それ、異教徒《いきょうと》は殺《ころ》せや殺《ころ》せ！　という惨状《さんじょう》を招《まね》くのは当然《とうぜん》のことなのである。

二〇〇〇年三月、イスラエルの地を訪《おとず》れたローマ法王《ほうおう》ヨハネパウロ二世は、その訪問《ほうもん》前に、十字軍遠征《ぐんえんせい》などによるキリスト教徒の異教徒《いきょうと》殺戮《さつりく》行為を謝罪《しゃざい》する旨《むね》の声明《せいめい》を発表したが、あれこそは今日《こんにち》の情勢《じょうせい》を見越《みこ》したカトリックの政治的発言であり、キリスト教という宗教の立場からすれば、まったくもって背信《はいしん》的行為であるとすらいえる。

宗教が、また狂信《きょうしん》がなければ、まず恨《うら》みや利益《りえき》のない殺人はしないはずだ。普通《ふつう》の人間であれば、人を殺《ころ》さずにすめば殺《ころ》さないほうがベターであると考える。ところが、ドグマや神の命令がある場合、恨《うら》みがあろうがなかろうが殺《ころ》さなくてはならないのだ。殺《ころ》すことが正義にほかならない。

このことは、カルト教団にしても、キリスト教団にしても、変《か》わりはない。ドグマに従《したが》うのが〈宗教の核心《かくしん》〉なのだ。そのドグマが正しかろうが間違《まちが》っていようが、宗教はドグマに従《したが》う。いや、ドグマだから絶対に正しいのである。だから、宗教は恐《おそ》ろしい。

個人救済か集団救済か

啓典《けいてん》宗教かどうか、という宗教の観点《かんてん》のほかに、集団救済《しゅうだんきゅうさい》か個人救済《こじんきゅうさい》か、という分類もある。

具体的《ぐたいてき》な例《れい》を挙《あ》げると、キリスト教、イスラム教、仏教は個人救済《こじんきゅうさい》であり、ユダヤ教は啓典《けいてん》宗教でありながらも集団救済《しゅうだんきゅうさい》。儒教《じゅきょう》も集団救済《しゅうだんきゅうさい》の宗教である。

『旧約聖書』と『新約聖書』を見比《みくら》べると、この違いがよくわかる。

『旧約聖書』では神が奇蹟《きせき》を起こして救うのは誰《だれ》かというと、それはイスラエルの民《たみ》、すなわちユダヤ民族全体であり、個々《ここ》の人間を救うことはしない。ナンノナニベエが病気になりましたというとき、ヤハウェが救いに来るわけではない。それに対し、『新約聖書』では、イエスが救いの手をさし伸《の》べるのは、重い病《やまい》などに苦しむ個々の人々である。

儒教《じゅきょう》も個人救済《こじんきゅうさい》は一切《いっさい》しない。儒教《じゅきょう》のイデオロギーを一言《ひとこと》で表すと、政治万能《ばんのう》主義である。よい政治を行えば、経済も文化も人心《じんしん》も何《なに》もかもよくなる。超自然現象《ちょうしぜんげんしょう》、超能力《ちょうのうりょく》の世界すらよくなる。なにしろ、作物《さくもつ》はよく育つ、イナゴは来なくなる。それどころか、鳳凰《ほうおう》や龍《りゅう》が飛んできて挨拶《あいさつ》する。そんな瑞祥《ずいしょう》もすべてよい政治がもたらす。

では、個人の救済《きゅうさい》はどうかというと、それは儒教《じゅきょう》では一切《いっさい》やらない。一例を挙《あ》げると、孔子《こうし》の高弟《こうてい》である顔回《がんかい》のケースが象徴的《しょうちょう》である。孔門十哲《こうもんじってつ》（孔子《こうし》の十人の優《すぐ》れた弟子《でし》）のなかでも筆頭《ひっとう》に挙《あ》げられるほど、その学問、徳《とく》の高さが優《すぐ》れていたのに、米のカスも食べられないほどの困窮《こんきゅう》に陥《おち》り、ついには病《やまい》に倒《たお》れてしまう。その彼に、孔子《こうし》は何《なに》をしたか。これが驚《おどろ》いたことに、「顔回《がんかい》のような徳《とく》の高い人間がこんなに苦労をするなんて、嫌《いや》な世の中だなぁ」、と嘆《なげ》くだけ。「政治をよくせねばならん」、と改《あらた》めて考えるのである。かくのごとく、個々人《ここじん》の救《きゅう》済《さい》は儒教《じゅきょう》では考えない。

これでは中国の民《たみ》は救われない。ここで重要なことを発見したのがマックス・ヴェーバー。その発見とは、儒教《じゅきょう》が担《にな》わない個人救済《こじんきゅうさい》を、中国では仏教や道教が補《おぎな》っていた、ということである。

イスラム教は、ユダヤ教と並《なら》び、国家の法律《ほうりつ》と宗教の戒律《かいりつ》、社会の規範《きはん》が一致《いっち》するというきわめて理路整然《りろせいぜん》とした運営体系《うんえいたいけい》を持っている。法律《ほうりつ》と戒律《かいりつ》が同じなのだから、ユダヤ教のように、あるいは儒教《じゅきょう》のように政治を重視《じゅうし》した集団救済《しゅうだんきゅうさい》ではないのか、と思う人もあろう。ところが、イスラム教は歴《れっき》とした個人救済《こじんきゅうさい》宗教である。

このことは、『コーラン』をよく読むとわかるのだ。最後の審判《しんぱん》のときには誰《だれ》も助けることはできない。ただマホメットだけがあなたの最《もっと》も有力な弁護士《べんごし》になってくれるけれども、あなたの行いが悪かった場合にはその弁護《べんご》が届《とど》くかどうかは保証《ほしょう》しない、と書いてある。

すなわち、親も兄弟も民族も一切《いっさい》関係がない。救われるかどうかということはすべて個人の信心《しんじん》と行為にかかっており、明らかに個人救済《こじんきゅうさい》である。この点はキリスト教と同じである。

また、日本人には仏教を集団救済《しゅうだんきゅうさい》だと思っている人がいる。日本に仏教が入って来て以来《いらい》、一族から一人僧侶《そうりょ》が出ると、九族《きゅうぞく》、九親《きゅうしん》等《とう》までその罪《つみ》から助かるといわれたことがある。だから、一族から出家《しゅっけ》者が出ると喜んだりしていた。しかし、そんなことは本来《ほんらい》の仏教とは全《まった》く関係がない。救済《きゅうさい》されるかどうかは、あくまで本人の修行《しゅぎょう》、善行《ぜんこう》、覚醒《かくせい》によるのである。仮《かり》に親が偉《えら》い僧侶《そうりょ》だとしても、その子には何《なに》も関係ない。

同じようにキリスト教も集団救済《しゅうだんきゅうさい》だと思っている日本人がいる。そんなふうに考えるのはおそらく日本人だけであろう。

日本にキリスト教が入ってきた頃の話で、こんなものがある。キリスト教の説教《せっきょう》を聞いたある日本人が、その話にたいそう共鳴《きょうめい》し、さっそく入信《にゅうしん》しようと思ったものの、結局《けっきょく》はやめてしまった。

なぜか。——その日本人はこう考えたのだ。

うちの親父《おやじ》はそんなありがたい教えを聞く前に死んじまったから、当然《とうぜん》地獄《じごく》に堕《お》ちているだろう。親父《おやじ》だけ地獄《じごく》に堕《お》ちているのは忍《しの》びないから、俺《おれ》も地獄《じごく》に行って、親子ともども地獄《じごく》で責《せ》め苦《く》を受けることにするよ。——この発想がまさに日本人なのである。

宗教はなぜ必要か

新興宗教《しんこう》などが猖獗《しょうけつ》を極《きわ》める昨今《さっこん》、いろいろな人からこういう質問《しつもん》を受ける。それは、「宗教はなぜ必要なのでしょうか」ということである。

宗教原論《げんろん》を理解《りかい》するうえにおいて、そういう質問《しつもん》を発《はっ》すること自体が、日本人は宗教が全然《ぜんぜん》わかっていないという何《なに》よりの証拠《しょうこ》なのである。宗教理解《りかい》のためには、まず何《なに》よりもこのことを理解《りかい》していただきたい。

最《もっと》も先鋭的《せんえいてき》なキリスト教派であるカルヴァン派（スイスの宗教改革者《かいかく》カルヴァンが神の権威《けんい》と聖書を絶対視《し》し起こした派。カルヴィニズム）に限《かぎ》らず、あらゆる啓典《けいてん》宗教で最《もっと》も忌避《きひ》することを一言《ひとこと》でいえば、それは、神を人間の召使《めしつか》いであると考える考え方だ。いいかえれば、人間が生きるために神を利用しているという考え方のことだ。

最《もっと》も徹底《てってい》したカルヴァン派などの場合だと、「神は必ず正しいことをする」という考え方がまずいけないともいう。

この理由を、「正しかろうが正しくなかろうが神は神である」と理解《りかい》する向《む》きがあるが、それでは考え方が少し浅《あさ》い。

その前提《ぜんてい》として、人間世界で作った規範《きはん》（倫理《りんり》・道徳《どうとく》）によって、神を律《りっ》するというのはとんでもない不敬《ふけい》なことであるということが重要なのだ。

なぜそういうふうに考えるのかというと、キリスト教では、何《なに》が正しい行為か正しくない行為かという行為についての規範《きはん》は、『福音書《ふくいんしょ》』には一切《いっさい》書かれていないのだから、聖書絶対主義であるカルヴァンらが認《みと》めないのは当然《とうぜん》のことである。このことは、第三章で詳《くわ》しく論《ろん》ずるが、いまはアウトラインだけご理解《りかい》いただきたい。

では、啓典《けいてん》宗教ではない、仏教《ぶっきょう》ではどうか。

これも、同じような問題が起きる。仏教の根本原理《げんり》たる因果律《いんがりつ》により、よいことした人はよい報《むく》い、悪いことをした人は悪い報《むく》いがあるというが、していいことと悪いことの区別はどうするのか。仏が与えたもうた規範《きはん》があるではないか、といわれるかもしれないが、その規範《きはん》というのは、実際《じっさい》に僧尼《そうに》以外の普通《ふつう》人がそれを行うとなると、ものすごく曖昧模糊《あいまいもこ》としたものになってしまっている。そもそも、釈迦《しゃか》がある時代のインドに生まれたというのは歴史的偶然《ぐうぜん》である。それから長い月日が経《た》ってしまい、当時のインドでは想像もつかなかったような状況《じょうきょう》が、現代ではいくらでもある。イスラム教ではそういう問題を、『コーラン』を最高として扱《あつか》い、その下に『コーラン』に定《さだ》められてはいないことを『コーラン』の主旨《しゅし》に則《のっと》り研究解釈《けんきゅうかいしゃく》した下位《かい》（補充《ほじゅう》）法源《ほうげん》（三〇一頁参照）を多数作ることによって辛《から》くも回避《かいひ》したのだが、仏教ではそういう考え方がない。

もう一つ、仏教とイスラム教の違いがある。イスラム教の倫理《りんり》は人間だけの倫理《りんり》だが、仏教の場合は困《こま》ったことに、六道輪廻《ろくどうりんね》の思想《しそう》がある。すなわち、天上《てんじょう》、人間、修羅《しゅら》、畜生《ちくしょう》、餓鬼《がき》、地獄《じごく》の六迷界《めいかい》に棲《す》む衆生《しゅじょう》、つまり人間以外の生き物にも規範《きはん》が必要となるのだ。

だから極端《きょくたん》な話、あなたが来世《らいせ》、畜生《ちくしょう》界で猫《ねこ》に生まれたとしよう。猫《ねこ》としてよいことをすれば、その次に人間に生まれることもあるというのだが、猫《ねこ》の倫理《りんり》とはなんぞや。サンマを盗《ぬす》んでこないことか？　いや、それは人間の都合《つごう》で考えた倫理《りんり》であって、子猫《こねこ》に食べ物を与《あた》えるため盗《ぬす》んでくるのが倫理《りんり》に適《かな》っているのかもしれない。いずれにしても、そういうときにどっちが正しいか、人間が勝手《かって》に決めてもしようがないということなのだ。

ところが仏教では、人間の倫理《りんり》に関しては、それだけで一つのお経《きょう》ができるくらい、一つの宗派《しゅうは》ができるくらい研究していても、猫《ねこ》の倫理《りんり》、犬の倫理《りんり》、猿《さる》の倫理《りんり》、いやそればかりか天人《てんにん》や神の倫《りん》理《り》も、修羅《しゅら》の倫理《りんり》も一切《いっさい》何もいっていないではないか。研究《けんきゅう》している人など誰《だれ》もいない。

こういうことを考えだすと興味《きょうみ》深い疑問《ぎもん》がたくさん湧《わ》いてくる。六道《ろくどう》の最下層《さいかそう》・地獄《じごく》に棲《す》む羅刹《らせつ》は、ものすごく凶暴《きょうぼう》な生き物である。だから羅刹《らせつ》の倫理《りんり》はもしやすると、ものすごく暴《あば》れまくって相手を殺《ころ》して殺《ころ》して殺《ころ》しまくることなのかもしれない。

仏教の場合、そのへんの考え方は、このように曖昧模糊《あいまいもこ》としているのが実情《じつじょう》である。

大事なことは、いずれの場合でも、宗教上における正邪《せいじゃ》の判断、善悪《ぜんあく》の判断というのは、人間が判断できる代物《しろもの》ではないということ。これは宗教を理解《りかい》するうえできわめて重要なことなので、よく理解《りかい》していただきたい。

最後の審判

宗教論のポイントの一つは終末観《しゅうまつかん》にあるが、キリスト教、ユダヤ教、イスラム教などの啓典《けいてん》宗教には、終末に当たって、最後の審判《しんぱん》という最終裁判《さいばん》がある。終末に当たってすべての人間がこの裁判《さいばん》を受けるわけだが、この審判《しんぱん》の結果がどうなるかが、人間にとって最大の問題なのである。新《しん》興《こう》宗教が、「ハルマゲドン」「この世の終わり」などの言辞《げんじ》を用い、人々の不安をかき立て、自派の繁栄《はんえい》に役立ててきたことなので、読者諸氏《しょし》の関心も深かろう。そこで、各宗教の説明に移《うつ》る前に、終末観《しゅうまつかん》、来世観《らいせ》、そしてそれと密接《みっせつ》な関係がある奇蹟《きせき》のことについて、各宗教を横断《おうだん》し解説《かいせつ》する。

まず、イスラム教の最後の審判《しんぱん》から始める。『コーラン』には最後の審判《しんぱん》がいつやって来るか、何《なに》も書かれていない。最後の審判《しんぱん》に際《さい》しては、天は裂《さ》け、地は鳴り響《ひび》き……この世はものすごいことになると、そういうことは書いてあるが、最後の審判《しんぱん》はいつ来るのか、その時期については一切《いっさい》触《ふ》れていない。割合迫《わりあいせま》っているようでもあり、ずっと先のようでもある。

それに対して、キリスト教はどうか。「いますぐ来る」といっている。イエス自身《じしん》、「最後の審判《しんぱん》はいつ来るのですか」と質問《しつもん》されて、「私がガリラヤ湖を一回《ひとまわ》りしてきた頃に」と答えている。すなわち手の届《とど》くほど近くに来ている（The Kingdom of God is at hand.）。これがキリスト教の終末《しゅうまつ》論《ろん》の特徴《とくちょう》である。

ここから使徒《しと》（Apostle）の任務《にんむ》も出てくる。

もうすぐ「神の国（Kingdom of God）」がやって来る。最後の審判《しんぱん》が始まる。ところが、人間はすべて罪人《つみびと》だ。正しき者は一人だになし。どんなによいことをしようと思っても結局《けっきょく》悪いことをしてしまうのが人間の宿命《しゅくめい》なのである。

それでは、救われるための条件《じょうけん》は何《なに》か？

イエス・キリストを信じさえすれば救われる。そのよきニュース（good news）、つまり「福音《ふくいん》」をなるべく多くの人々に伝えなければならない。もう、急げや急げ！

使徒《しと》パウロの手紙にも書いてある。我々《われわれ》の伝道《でんどう》というのはオリンピックのマラソンのようなものだと。ただただ走る。他のことなど一切《いっさい》考えないで、走りに走る。

これをマックス・ヴェーバーは、行動的禁欲《きんよく》（aktive Askese）といって重視《じゅうし》した。ただ一つのことに全身全霊《ぜんしんぜんれい》を打ち込んで、他のことは一切《いっさい》考えない。ただひたすら、急げや急げ。

では、仏教の場合は？　信じたら直《ただ》ちに救われるなどという、そんな都合《つごう》のいいニュースはない。先にも触《ふ》れたように、仏教は因果律《いんがりつ》だから、自分が救われる原因をつくらないと救済《きゅうさい》されることはないのだ。

ところが、その因果律《いんがりつ》、アッという間にできるのかというと、そうはいかない。ここが仏教の因《いん》果《が》なところである。

ジャータカという経典《きょうてん》がある。周知《しゅうち》のように、釈迦《しゃか》の前世《ぜんせ》を描《えが》いたものだ。釈迦《しゃか》は二九歳のときに出家《しゅっけ》して、三五歳のときに悟《さと》りをひらいたと、大概《たいがい》の教科書に書いてある。だが、そんなに簡《かん》単《たん》に悟《さと》りがひらけてはおかしい。そこで、釈迦《しゃか》は前世《ぜんせ》、前々世《ぜんぜんせ》、前々……世において数多《あまた》の善行《ぜんこう》を積《つ》んできたので、たった六年で悟《さと》りがひらけたのだとしたのがジャータカの論理《ろんり》である。

曰《いわ》く、前世《ぜんせ》では、食べ物がなくて苦しんでいた虎《とら》に自分の肉体を布施《ふせ》し、兎《うさぎ》に生まれたときは、飢餓《きが》で死にそうな人に飛び込んで布施《ふせ》したなどと、釈迦《しゃか》は何兆年《なんちょう》の間、人間、神や天人《てんにん》はもとより、鹿《しか》、熊《くま》、猫《ねこ》、鳥、果《は》ては蛙《かえる》にまで生まれ変わり死に変わりして、一生懸命《いっしょうけんめい》努力《どりょく》して、大いに善行《ぜんこう》を積《つ》んだというのである。

気の遠くなるほど長い期間である。これでは、仏教に終末論《しゅうまつろん》があろうはずがない。よくいわれる「末法思想《まっぽうしそう》」というのも、本義的《ほんぎてき》な仏教的思想《しそう》ではなく、カルト仏教的な側面《そくめん》から出てきた考え方なのである。

また、仏教には天地創造《てんちそうぞう》という考え方がない（ヒンドゥー教の思想《しそう》にはあるが、ヒンドゥー教の天《てん》地創造《ちそうぞう》は一回ではなく、何回も行われるものである）。天地創造《てんちそうぞう》の思想《しそう》がないところには、終末論《しゅうまつろん》もまたないのだ。

もっと大事なことは、仏教には〈鏖《みなごろし》〉の思想《しそう》がない。ユダヤ教、キリスト教には、神との契約《けいやく》を破ったら鏖《みなごろし》だという考え方がある。神との契約《けいやく》という発想のない仏教には、当然《とうぜん》それがない。その仏教に、どうして終末論《しゅうまつろん》、ましてや、「ヨハネの黙示録《もくしろく》」に示《しめ》された善《ぜん》と悪《あく》との最終戦争であるハルマゲドンの考え方が出てくるというのか。

それにも拘《かかわ》らず、仏教を標榜《ひょうぼう》（掲《かか》げる）しながら「終末《しゅうまつ》」だの「ハルマゲドン」だのを連呼《れんこ》する者がいるならば、そんな輩《やから》は、宗教以前にもってのほかであるといわねばなるまい。

釈迦やキリストは復活するか

キリスト教が伝える「神の国」、つまり、最後の審判《しんぱん》に適《かな》った人間が行くキングダム・オブ・ゴッドにはどのように至《いた》るのか。『新約聖書』によると、いまいる人間はそのままで、死んだ人間は最後の審判《しんぱん》の直前に、神は生きていたときのままの肉体を返したもう、とされている。だから魂《たましい》になって彷徨《さまよ》っているという状態《じょうたい》は、審判《しんぱん》前の待合室《まちあいしつ》にいるようなもの。死んだ人間というのは、肉体は腐《くさ》り果《は》てて魂《たましい》はその辺にぶらぶらしているかもしれないが、最後の審判《しんぱん》のときは、人間に生きていたときのとおりの肉体を与《あた》えるといっているのだ。そして、地上に肉体を持った当人が現れて、最後の審判《しんぱん》に臨《のぞ》む。

もっとも疑問《ぎもん》がないわけではない。生きていたとおりの肉体とあるのは、何歳のときのどういう肉体なのか、不自由な体や病気はみんな治《なお》したもうというものの、九〇歳の時の肉体と二一歳の時の肉体は全《まった》く違うのは明らかである。

霊界《れいかい》に詳《くわ》しいというさる俳優《はいゆう》氏は、あの世に行けばみんな一七歳になるなどといっていたらしいけれど、一七歳が一番いい、若いからいいとも限らない。かつて徳川夢声《むせい》（映画弁士《べんし》。座談家《ざだんか》としても著名《ちょめい》。一八九四〜一九七二）などは、私は若いときに戻《もど》してもらうなんてイヤだといっていた。修行《しゅぎょう》も足りないし、知識《ちしき》も足りないし、経験《けいけん》も足りないからイヤだというわけだ。

たとえ病気や障害《しょうがい》は全部治《なお》したとしても、経験《けいけん》や学習の結果はどうなるのか。身体《からだ》は若いけれど、頭は悪いまま、というのも悲しい。

そういうよけいな疑問《ぎもん》は湧《わ》くものの、とにかく、完璧《かんぺき》な肉体を返したもうと聖書は述《の》べている。しかし、その完璧《かんぺき》な肉体を持った人間も、最後の審判《しんぱん》において有罪《ゆうざい》という判決《はんけつ》が下《くだ》ったら、永遠《えいえん》の死が訪《おとず》れる。せっかく完全な肉体を貰《もら》っても、あっという間に永遠《えいえん》の死なのだから、これはもう貰《もら》いがいがないこと、はなはだしい。

また、神の国に入ることが許された人は、完全な肉体のまま入れるのであって、魂《たましい》だけが入るわけではないということも重要である。

このことを厳密《げんみつ》に考察《こうさつ》してみると、キリスト教でもユダヤ教でも魂《たましい》の存在《そんざい》を実は否定《ひてい》しているのだということがわかる。キリスト教では魂《たましい》になるということは、あくまでも仮《かり》の姿《すがた》ととらえており、魂《たましい》自体に価値《かち》を感じているわけではない。『旧約聖書』は、人間は霊肉《れいにく》一体であるとしており、魂《たましい》の解釈《かいしゃく》は曖昧《あいまい》至極《しごく》である。

「釈迦《しゃか》の生まれ変わり」と称《しょう》したり、釈迦《しゃか》の魂《たましい》が自《みず》らに転生《てんせい》したとしている新興《しんこう》宗教の教祖《きょうそ》は少なくないが、仏教ではそんなことはありえない。仏教では、悟《さと》りをひらいた人はもう生まれ変わらないからだ。生まれ変わるのは業《ごう》があるから、カルマがあるからである。釈迦《しゃか》のように悟《さと》りをひらいた人は、カルマをきれいになくしたわけだから、もはや、六道《ろくどう》世界のどこにも生まれ変わらない。故《ゆえ》に、釈迦《しゃか》の生まれ変わりというのは絶対に嘘《うそ》なのだ！

ついでにいえば、イエス・キリストの生まれ変わり、というのもありえない。イエスは一度十字《じゅうじ》架《か》の上で死んだ。それから三日の後に復活《ふっかつ》し、もとの肉体のまま神のもとに行った。そして最後の審判《しんぱん》の日に、生身《なまみ》の肉体を持ったイエスがもう一度帰ってくるのだから、イエスの生まれ変わりなど、ありうるはずがない。これも絶対にない。

もしそのようなことをいう教祖《きょうそ》がいるなら、これも全《まった》くのデタラメ。自《みずか》らの宗教的無知《むち》を喧伝《けんでん》しているようなものだ。

飛び上がって空中に浮遊《ふゆう》したり、妙《みょう》な治療《ちりょう》を施《ほどこ》したりすることを奇蹟《きせき》のごとく触《ふ》れ回り、自《みずか》らの宗教的存在意義《そんざいいぎ》として誇示《こじ》していた輩《やから》もいたそうだから、奇蹟《きせき》の講義《こうぎ》もしておこう。それにはまず、キリスト教のニケア信条《しんじょう》を先取りしておく必要《ひつよう》がある（一四三頁参照）。

三二五年、小アジアのニケアで行われた宗教会議で「イエス・キリストは人であり、神である」と規定《きてい》した。実際《じっさい》、イエスが何者《なにもの》であるかというのは、解釈《かいしゃく》が非常に難《むずか》しい問題で、「ヨハネの福《ふく》音書《いんしょ》」第三章一六をのぞいて、イエスが「神の子」だとは書いていない。「人の子」とあるだけだ。そこでイエスは神なのか、人なのか、喧々囂々《けんけんごうごう》、侃々諤々《かんかんがくがく》の論争《ろんそう》が行われた。

ところが、キリスト教の場合は、「イエス・キリストは神である」と解釈《かいしゃく》しないと、具合《ぐあい》が悪い。なぜならキリスト教では、人間はすべて罪人《つみびと》だという。それが救われる。ではどうして救われるかというと、イエス・キリストを信ずることによってだという。ここで、人を救うか救わないかを決める権限《けんげん》を持っているのは神だけだとしたら、どうしてもイエスは神でなくてはならないのだ。

もう一つ、イエス・キリストが神であるといわないと、奇蹟《きせき》を起こすような宗教パワーが出てこない。現《げん》に、初期のキリスト教は奇蹟《きせき》によって病気を治《なお》す集団だった。

キリスト教では、「奇蹟《きせき》」(miracle, Wunder, miracle) をどのように説明するか。

神は天地とその間にあるすべてのものを創造《そうぞう》したもうた。ということは勿論《もちろん》、天地とその間に貫《かん》徹《てっ》する「法則《ほうそく》」もまた創造《そうぞう》したもうた。この法則《ほうそく》は神の定めたまいしものだから、人間が勝手《かって》に変《へん》更《こう》することはできない。

しかし、神であれば変更《へんこう》が可能である。神ならば、重力《じゅうりょく》の法則《ほうそく》を自由に変更《へんこう》して、自在《じざい》に「空《くう》中浮揚《ちゅうふよう》」をさせることもできる。

このように、キリスト教における奇蹟《きせき》は、神の力が加《くわ》わったことの立証《りっしょう》となる。故《ゆえ》に、神の力が加《くわ》わりたもうたことは、「この人が神の使徒《しと》である」ことの証明《しょうめい》になる。

コンスタンチヌス大帝《たいてい》(ローマ皇帝《こうてい》。ローマの都《みやこ》をコンスタンチノープルに遷都《せんと》した。二八〇頃~三三七) が戦争に負けそうなとき、イエス・キリストに、「どうか勝たせてください。そうすれば、私はクリスチャンに改宗《かいしゅう》します」と祈《いの》った。と、イエスは、「ああ、よしよし」といって勝たせてくれた。神の力、かくのごとし。

キリスト教の売りものは奇蹟《きせき》なのである。

そのため、奇蹟《きせき》であるということは厳格《げんかく》に証明《しょうめい》しなければならない。初めにまず、これは通常《つうじょう》能力《のうりょく》ではないということを証明《しょうめい》する必要がある。

例えば、ある人が病人をエイヤといって治《なお》してもそれだけでは奇蹟《きせき》だとは認《みと》めない。なぜなら、いままでの人が知らない何らかの方法を知っていて治《なお》したかもしれないという疑義《ぎぎ》が出るからである。ある病気に対する効力《こうりょく》のある薬があるとしよう。誰《だれ》も知らないときにそれを一人だけ知っていて、それをこっそり使い病人を治《なお》せば、傍目《はため》からはあたかも奇蹟《きせき》のように見えるけれど、奇蹟《きせき》ではないことは明白《めいはく》だ。いいかげんな新興《しんこう》宗教などでよく使われる手ではあるが、本来《ほんらい》のきちんとした宗教は、かくもその検証《けんしょう》に真摯《しんし》なのである。

そのうえ、最近では、プラシーボ効果《こうか》でもないことを証明《しょうめい》しなければならない。

プラシーボ効果《こうか》（偽薬《ぎやく》）については、有名な話がある。かの野口英世《ひでよ》（細菌《さいきん》学者。一八七六〜一九二八）が黄熱《おうねつ》病病原体《びょうげんたい》の細菌《さいきん》を発見したと発表、早速《さっそく》その治療《ちりょう》ワクチンを患者《かんじゃ》に投与《とうよ》したら、大勢《おおぜい》の患者《かんじゃ》たちが治《なお》ってしまった。こんな大学者が発見したんだから間違《まちが》いあるまい、誰《だれ》もがそう思っていたのだろう。しかし後年《こうねん》になって、黄熱《おうねつ》病の原因は細菌《さいきん》ではなくウイルスであることが確認《かくにん》され、実はこのワクチンは黄熱《おうねつ》病に対して効力《こうりょく》を持つものでないことが明らかになった。しかし、治癒《ちゆ》した患者はいる。これがプラシーボ効果《こうか》といって、一種の心理現象《しんりげんしょう》であり、奇蹟《きせき》ではない。

奇蹟《きせき》の認定《にんてい》に当たっては、そのいずれでもないことを証明《しょうめい》しなければならないから、カトリックの奇蹟《きせき》として認《みと》められるというのはべらぼうに大変なものなのだ。

筆者《ひっしゃ》がかつてヨーロッパの教会を訪《おとず》れたとき、建物の高いところに偉《えら》い尼僧《にそう》だという人が祀《まつ》ってある光景《こうけい》に出会った。説明を聞くと、彼女は数年前に聖女《せいじょ》に列《れつ》せられましたと教えてくれた。その尼《あま》さん、けっして最近の人ではない。もう何百年も前に死んだ人なのだ。何《なん》で聖女《せいじょ》に列《れつ》せられるまで何百年もかかったのかというと、神学者や科学者が調べに調べて間違《まちが》いなく奇蹟《きせき》を起こしたということが証明《しょうめい》されるまでに、それだけかかったとのことだった。

もっとわかりやすい例を挙《あ》げてみよう。普通《ふつう》の人は赤外線《せきがいせん》は見えない。ところが、ある人の目の構造《こうぞう》だけに限《かぎ》って赤外線《せきがいせん》が見えると仮定《かてい》してみれば、そんなのは目の構造《こうぞう》がちょっと違っているだけで奇蹟《きせき》でも何《なん》でもない。ところが知らない人はあの人は猫《ねこ》でもないのに夜目《よめ》が見えるから奇蹟《きせき》だと驚《おどろ》くかもしれない。しかし、そんなことは奇蹟《きせき》でも何《なん》でもない。ただ知覚作用《ちかくさよう》が違うだけの話である。

渡《わた》り鳥は、人間ではわからない体内レーダーを持っているらしく、海を越《こ》えてはるばる元の場所に帰ってくることができる。人間にもそれに近い人というのがいる。例《たと》えば、第二次大戦時、撃墜《げきつい》王と呼ばれた坂井三郎《さかいさぶろう》氏（一九一六〜二〇〇〇）。坂井氏は戦闘機《せんとうき》に搭乗《とうじょう》していると計器《けいき》に頼《たよ》らなくても基地の方向がわかり、きちんと帰ってこられたと筆者にいっていた。まさに奇蹟《きせき》ともいえる能力《のうりょく》ながら、それだけでは奇蹟《きせき》の証明《しょうめい》にはならないのだ。凄《すご》い能力を持っているというだけかもしれないからである。

このように奇蹟《きせき》の証明《しょうめい》というのはものすごく難《むずか》しい。

だからこういうことを日本人も本当に知っていたら、奇蹟《きせき》を売り物にする宗教なんかにやすやすと騙《だま》されやしまい。

イスラム教で大変おもしろいことは、『コーラン』にも奇蹟《きせき》についての記述《きじゅつ》があるものの、マホメットは、自《みずか》ら一切《いっさい》奇蹟《きせき》を行っていないこと。海をまっぷたつに割《わ》ったわけでもなく、瀕死《ひんし》の人を救ったりもしなかった。だから悪くいう人は、マホメットは奇蹟《きせき》を起こす知識《ちしき》や力がなかったなどと非難《ひなん》したりする。

しかし、イスラム教の教えによると、『コーラン』こそが最大の奇蹟《きせき》だと断《だん》じている。『コーラン』こそが最大で最終的な奇蹟《きせき》だから、それ以後奇蹟《きせき》を起こす必要はない、というのがイスラム教の奇蹟《きせき》に対する考え方だ。

勿論《もちろん》、それ以前に奇蹟《きせき》があったことは認《みと》めている。だからイスラム教における奇蹟《きせき》というのは、すべてイエス・キリストによる奇蹟《きせき》であったり、モーセのなした奇蹟《きせき》であり、その他いろいろのユダヤ教の預言者《よげんしゃ》による奇蹟《きせき》のことを指《さ》す。いわゆる旧約・新約両聖書に書かれている奇蹟《きせき》は、すべてアッラーが起こしたまえる奇蹟《きせき》であるといっている。

もっともその表現はさらに複雑《ふくざつ》で、全知全能《ぜんちぜんのう》のアッラーはどんなことでもできるわけだから、奇蹟《きせき》とは解釈《かいしゃく》していない。アッラーには、普通《ふつう》の能力《のうりょく》と奇蹟《きせき》の能力《のうりょく》の区別はないのだ。

仏教の奇蹟

仏教は奇蹟《きせき》を認《みと》めていない。しかし、五神通《ごじんつう》があることを認《みと》めている。五神通《ごじんつう》とは、一・天眼《てんがん》（肉眼《にくがん》の眼では見えないものを見る能力《のうりょく》。すべてを見通《みとお》す力）、二・天耳《てんに》（あらゆることをことごとく聞きうる力）、三・他心智《たしんち》（他人の心の中を知る能力《のうりょく》）、四・神作智《しんさくち》（思いのままにどこへでも行き、何《なに》にでも姿《すがた》を変《か》えうる能力《のうりょく》）、五・宿命通《しゅくめいつう》（自分や他人の過去世《かこぜ》が何《なん》であるかを知り、その生き方《かた》をすべて知る能力《のうりょく》）の五つの神通力《じんつうりき》である。

天眼《てんがん》と天耳《てんに》とは、テレパシーの極致《きょくち》（もっともすばらしいもの）であるといえよう。いまどき、どんなにテレパシーが得意《とくい》な人でも、何《なん》でも見え、何《なん》でも聞こえるというところまでいっている人はいない（ラマ僧の生体遊離《せいたいゆうり》などは別であるが）。

涅槃《ねはん》を目指《めざ》して修行《しゅぎょう》して到達《とうたつ》した悟《さと》りのレベルが高くなると、ひとりでにこれらの神通力《じんつうりき》が備《そな》わってくる。仏教ではこのように考えている。奇蹟《きせき》という通常能力以外《つうじょうのうりょくいがい》の能力《のうりょく》ではなく、修行《しゅぎょう》を積《つ》むことにより到達《とうたつ》できる、通常能力《つうじょうのうりょく》の延長《えんちょう》としてあるのが五神通《ごじんつう》である。すなわち、これらの開発《かいはつ》を目的として努力《どりょく》することは途方《とほう》もなくさもしいことであり、それは、魔術《まじゅつ》と考えられ、厳《げん》禁《きん》されていたのである。

この点で仏教は、十戒《じっかい》に、「みだりに神の名を呼《よ》ぶべからず」（第三戒）として、魔術《まじゅつ》により神の名を呼び従《したが》わせることを禁止した古代《こだい》イスラエルの宗教とたいへんよく似ている（ヴェーバーの説による）。また、イスラエルでは、宗教の発達《はったつ》とともに、神を従《したが》わせる魔術《まじゅつ》、死者《ししゃ》を呼《よ》び出《だ》す魔術《まじゅつ》はじめ、魔術《まじゅつ》は禁圧《きんあつ》され、魔女《まじょ》は死刑に処《しょ》せられた。

古代《こだい》インドでも、神々を従《したが》わせるための魔術《まじゅつ》は発達《はったつ》していたのだが、仏教はこれを禁止した。超《ちょう》能力《のうりょく》の開発《かいはつ》を目的として努力《どりょく》することも禁止したことは前に述《の》べたとおりである。これが仏教の大原則《げんそく》であった。

しかし、大乗《だいじょう》仏教の興隆《こうりゅう》とともに、この大原則《げんそく》は崩《くず》さざるをえなくなってきた。

はじめ仏教は、インテリ層《そう》を中心として広まっていったので、下層民《かそうみん》の信者《しんじゃ》は比較的《ひかくてき》少なかったのだが、大乗《だいじょう》仏教の大衆救済《たいしゅうきゅうさい》の必要により、次第《しだい》に、大衆《たいしゅう》の要求《ようきゅう》にも応《こた》えなければならなくなってきた。この必要性は、かつてインドを席巻《せっけん》したヒンドゥー教の巻《ま》き返《かえ》しが激《はげ》しくなるにつれ、ますます高まってきた。

大衆《たいしゅう》は、高遠《こうえん》な哲理《てつり》の追究《ついきゅう》よりも、現世《げんせ》の物《ぶっ》的欲望《よくぼう》が重要な意味を持つ。大衆救済《たいしゅうきゅうさい》のために、仏教は、治病《ちびょう》、災害除去《さいがいじょきょ》、立身出世《りっしんしゅっせ》、繁盛《はんじょう》などを叶《かな》える現世《げんせ》的な超能力《ちょうのうりょく》の開発《かいはつ》が必要になってきたのである。

また、超能力《ちょうのうりょく》は、仏教の広範囲《こうはんい》な布教《ふきょう》のためにも必要であった。このことは、中国人が浮図《ふと》（仏教の僧《そう》）を受け入れた最初の動機《どうき》が、彼らが見せた瞠目《どうもく》すべき（目を見張《みは》るような）超能力《ちょうのうりょく》であったことを思い出しただけでも、思い半《なか》ばにすぎよう。

奇蹟と信仰

奇蹟《きせき》に関して、キリスト教のポイントを一つ解説《かいせつ》する。『福音書《ふくいんしょ》』に書かれている奇蹟《きせき》をそのまま信じることができる、それがファンダメンタリスト（原理《げんり》主義者）の本義《ほんぎ》である。しかしながらそれは、キリスト教という宗教が「信じるかどうか」ということだけを信仰《しんこう》の根本であるとしたからいえるのであって、「信ずる」だけでは足りなくてそれを「行え」ということになるとそうはいかなくなる。

このことをもっとよく解説《かいせつ》したのがマルチン・ルター（ドイツの宗教改革者《かいかく》。一四八三〜一五四六）である。マルチン・ルターが聖書を編纂《へんさん》したときに、それまでに残っていた数多くの聖書を、本物の聖書と偽物《にせもの》の聖書に区別した。偽物《にせもの》とはいっても悪い意味ばかりではなく、大変参考《さんこう》にはなるけれどこれは聖書（啓典《けいてん》）にはならないという区別をした。つまり、聖書そのものと、聖書の外典《がいてん》を区別したのである。

外典《がいてん》というのは聖書ではないが、参考書《さんこうしよ》にはなりうる。余談《よだん》であるが、外典は、キリスト教では「がいてん」と読み、仏教では「げてん」と読む。

話を戻《もど》すと、外典《がいてん》にも重要なのはたくさん存在《そんざい》するものの、これらは聖書ではないと決したのがルターである。どこで区別したのかというと、ここでキリスト教の根義《こんぎ》が出てくる。単《たん》なる信仰《しんこう》によってだけで宗教が成立《せいりつ》する。これがキリスト教の根本である。だから神の前で義《ただ》しいとされるために、こういう行いが必要だとか、ああいう行いが必要だとかいう、行動を求めているものは聖書ではないと断じたのである。

ルターがローマ法王《ほうおう》を非難《ひなん》する最大の理由もそこにあった。詳《くわ》しくは第三章で解説《かいせつ》するが、ローマ・カトリックには秘蹟《ひせき》（サクラメント）という儀礼《ぎれい》がある。簡単《かんたん》にいうと、洗礼《せんれい》や聖餐《せいさん》などの、神の恩恵《おんけい》を信徒《しんと》に与《あた》える儀式《ぎしき》のことを指《さ》すが、秘蹟《ひせき》などという儀礼《ぎれい》で救済《きゆうさい》されるという考えは、異端《いたん》も甚《はなは》だしいというのがルターの主張《しゆちよう》である。信仰《しんこう》だけで救済《きゆうさい》されるというのがキリスト教であり、秘蹟《ひせき》で救済《きゆうさい》されるなどとはとんでもないことであると主張《しゆちよう》した。

その基準《きじゅん》でルターが本来《ほんらい》のキリスト教とその周辺《しゅうへん》の結構《けっこう》な教えとを峻別《しゅんべつ》した。この点ではカルヴァンもルターも同じである。

カルヴァン（スイスの宗教改革者《かいかく》。一五〇九〜六四）の主著《しゅちょ》『キリスト教綱要《こうよう》』には驚《おどろ》くべきことが書かれている。

カトリックを徹底的《てっていてき》に批判《ひはん》したこの書を丁寧《ていねい》に読むと、驚《おどろ》いたことにカトリックの教えとよく似ている。これほどよく似ているのに何《なん》で鋭《するど》く対立したのかというと、一つの理由はカトリックの主《しゅ》張《ちょう》する、式典《しきてん》、儀式《ぎしき》によって救済《きゅうさい》されるということを、カルヴァンは一切認《いっさいみと》めないからである。ほんのわずかの違いではあるものの、これが根本的にして決定的な違いなのである。

カトリックも、最《もっと》も極端《きょくたん》なプロテスタントであるルターもカルヴァンも、あまり違いはない。しかし、ほんのわずかな違いではあるが、その違いが大きい。その理由はなぜか。

カルヴァンにいわせると、晩年《ばんねん》のルターは日和《ひよ》ったというのだが、ルターもカルヴァンも純粋《じゅんすい》に論理《ろんり》を追究《ついきゅう》していった。カトリックも最初はそうだった。カトリックには優《すぐ》れた聖職者《せいしょくしゃ》が多数おり、そのうえにまたものすごく学問をする。そのような俊才《しゅんさい》が、この教えを広めるためにどうすればいいのかをまた必死に考える。その結果、論理《ろんり》的に突《つ》き詰《つ》めればこうであるけども、それ以外に論理《ろんり》的ではないようないろいろなものを付け加えてまことしやかに説教《せっきょう》するようになる。なぜならそのほうが俗《ぞく》受けするからだ。それが積《つ》もり積《つ》もってカトリックは堕落《だらく》した。ルターもカルヴァンも共《とも》に非難《ひなん》していたのは、カトリックのこうした点なのである。

天国と地獄はどの宗教にも付き物か？

では、次に来世《らいせ》のお話しをする。

まず、問題を出す。

キリスト教、仏教、イスラム教、ユダヤ教、儒教《じゅきょう》、このなかでいわゆる天国《てんごく》と地獄《じごく》がある宗教をすべて挙《あ》げよ。

答えは出ましたか？

正解《せいかい》は、天国《てんごく》と地獄《じごく》があるのはイスラム教だけである。

キリスト教と答えた人はきっと多かろう。しかし、ダンテ『神曲《しんきょく》』には地獄《じごく》・煉獄《れんごく》・天国《てんごく》が出てくるではないか、などというなかれ。あれは文学作品であり、ダンテのイマジネーションにすぎない。キリスト教は地獄《じごく》・天国《てんごく》など説《と》いてはいない。

そこで、イスラム教（『コーラン』）を覗《のぞ》いてみると、最後の審判《しんぱん》のとき、神《アッラー》が裁判《さいばん》して「有罪《ゆうざい》」になった者は地獄《じごく》行き、「無罪《むざい》」となった者は緑園《りょくえん》（天国《てんごく》。緑《みどり》の園《その》ともいう）へ行く。

しからば、地獄《じごく》・極楽《ごくらく》へは何《なに》が行くのか。

魂《たましい》か。否《いな》、肉体が行くのである。

イスラム教においては、人間が死ぬというのはモラトリアム（猶予《ゆうよ》期間）と考える。仮《かり》に死んだことにしておくのだ。そして、最後の審判《しんぱん》のときに生き返らせる。もう一度、完全な肉体を神が返してくれるというのである。

しかし、完全な肉体というところまではわかるものの、何歳《なんさい》のときの肉体とは書かれていない。これはキリスト教の最後の審判《しんぱん》と同じ疑問《ぎもん》だが、十分な経験《けいけん》を積《つ》んで知識《ちしき》も蓄《たくわ》えたときの肉体なのか、若さ漲《みなぎ》った頃《ころ》の肉体なのか……。いろいろ読んで考えると、誰《だれ》でも生きているときの一番いいところを寄《よ》せ集めてくれるらしい。

だが、メデタシ、メデタシ、と思ったら大変だ。

それから裁判《さいばん》があるのだから。

さて、有罪《ゆうざい》となった人は、地獄《じごく》行きである。といっても、針《はり》の山や血《ち》の池はなく、イスラム教の地獄《じごく》は灼熱《しゃくねつ》地獄《じごく》だけなのだ。

とはいえ、これだって楽《らく》ではない。最後の審判《しんぱん》に際《さい》して完全な肉体を返してもらった人は、もはやそれ以上死ぬことはできないのだ。故《ゆえ》に、生きたまま、朝から晩《ばん》まで火で焼《や》かれる日が永劫《えいごう》に続《つづ》く。こんなことだったら、生き返らないで、死んだままのほうがよかったと思うのではなかろうか。

仏教の刑期《けいき》最短の地獄《じごく》は一兆六二〇〇億年だが、永劫《えいごう》というわけではない。

一方、無罪《むざい》の人が行く極楽《ごくらく》＝緑園《りょくえん》は豪華絢爛《ごうかけんらん》。潺々《せんせん》と川が流れ、食べ物はこの世《よ》では想像もつかないような大御馳走《ごちそう》が並んでいる。そして奇麗《きれい》な服を着て、指には極上《ごくじょう》の宝石・貴金属《ききんぞく》、おまけに、何回セックスしても処女《しょじょ》を失わない性的魅力《せいてきみりょく》のある乙女《おとめ》がお相手である。勿論《もちろん》天国《てんごく》の酒はこのうえなく美味《びみ》であり、とても気持ちはよくなるけれど、絶対酔《よ》っぱらわないのだという。さて、心地《ここち》よい酔《よ》いを好《この》む酒好きには、これでよいのかどうか。もっとも絶対アル中にもならないし、肝《かん》硬変《こうへん》にもならない。そこでイスラム教は曰《いわ》く、「こんな結構《けっこう》な酒が飲めるのだから、現世《げんせ》では禁酒《きんしゅ》せよ」と。

これがイスラム教の地獄《じごく》と極楽《ごくらく》である。

では、キリスト教の「神の国」はどうか？ あれは天国《てんごく》ではないのか。解答《かいとう》は、天国《てんごく》ではない。

キリスト教では、神の国は、死んだ人間の魂《たましい》が行くところではない。この世がそのまま神の国になるのである。映画や絵画《かいが》でよくあるような、死人に羽《はね》が生《は》えて、天に上っていくと雲の上にあるところ、ではないのだ。詳《くわ》しくは次章で解説《かいせつ》をすることにし、ここは話を先に進める。

イエス・キリストは再臨《さいりん》（Second Advent）するという。それはしかし、イエスの魂《たましい》が帰ってくるという意味ではない。そう考えるのは日本人の誤解《ごかい》であり、酷《ひど》い人になると、誰《だれ》かに生まれ変わってくる、などという。無知蒙昧《むちもうまい》も極《きわ》まれり。このことは大事だから何度でも繰《く》り返す。イエスの復活《ふっかつ》とは、転生《てんせい》ではなく、生身《なまみ》のイエス・キリストが肉体のまま帰ってくることをいうのだ。

それだからして、どこかの教祖自《きょうそみずか》らがイエスの生まれ変わりであるなどということは、あろうはずもないのだ。

最後の審判《しんぱん》の日、生身《なまみ》のイエス・キリストが、元の姿をもって、この世に再臨《さいりん》する。そして、神の国が到来《とうらい》するので、その神の国に入れる人間と入れない人間とを識別《しきべつ》する。

ギルティ（有罪《ゆうざい》）を宣告《せんこく》された人は、神の国から追放《ついほう》され、永遠《えいえん》の死滅《しめつ》。永遠《えいえん》にいなくなってしまう。欧米人にとっては、これはとても恐《おそ》ろしいことなのだ。それに対して、ノット・ギルティ（無罪《むざい》）といわれた人は、神の国に入って永遠《えいえん》の生命を与《あた》えられる。しからば、その神の国とは、どんな国なのか。……キリスト教は一切《いっさい》いわない。そして、一切《いっさい》いわないということが、宗教的に絶大《ぜつだい》な効果《こうか》を齎《もたら》すのだ。

何《なに》も書いていないと、人間というのはそれぞれが自分勝手《じぶんかって》に理想《りそう》の世界を想像するものなのだ。これが宗教心理《しんり》学上、大変おもしろいところである。

これは仏教でもそうなので、法華経《ほけきょう》について研究《けんきゅう》した江戸《えど》時代の国学者《こくがくしゃ》・平田篤胤《ひらたあつたね》（一七七六～一八四三）が富永仲基《とみながなかもと》（儒学者《じゅがくしゃ》。一七一五～四六）の書いたおもしろいことを紹介《しょうかい》している。曰《いわ》く、「法華経《ほけきょう》というのは効能《こうのう》書きだけで薬《くすり》のない薬箱《くすりばこ》だ。法華経《ほけきょう》は最高だ最高だといっているだけで、内容《ないよう》は何《なに》もない」と。しかし逆に、何《なに》もないからこそ法華経《ほけきょう》というのは万能《ばんのう》だと人々は思いこむ。

近年、「最高ですか、最高です」なんて大雑把《おおざっぱ》なことをいっている教祖とやらがいたが、宗教心理《しんり》学上だけに限れば正しいやり方ともいえるのだ。

逆に、何《なに》か具体的《ぐたいてき》なことが書いてあれば、ああ結局《けっきょく》それだけかとなってしまうものである。絵にも描《か》けない美しさ、とそういうレベルの話なのだ。「神の国」についても、何《なに》も書いていないから、絵にも描《か》けない美しさが保《たも》てている。

その心理《しんり》を、実はマルクス（ドイツの経済学者・革命家《かくめい》。一八一八〜八三）も利用していた。マルクスは、労働者《ろうどうしゃ》がみんな失業《しつぎょう》のために七転八倒《しちてんばっとう》するのを把握《はあく》しており、資本主義《しほんしゅぎ》を打倒《だとう》しなければ失業《しつぎょう》はなくならない、と説《と》いたのはご存じのとおり。ところが、マルクスは社会主義にしたら失業《しつぎょう》がなくなるとは一言《ひとこと》もいっていない。黙《だま》っている。そこがマルクスの偉《えら》いところである。何も言っていないし、話の流れもそのような感じなので、社会主義になれば当然失業《とうぜんしつぎょう》はなくなるんだろうと、みんな思うわけだが、本当に社会主義になったら大失業《しつぎょう》になってしまった。しかし、マルクスは嘘《うそ》をついたわけではない。

「神の国」も全《まった》く同様で、何《なん》にもいっていないから、みんなありがたいと思っている。だから、「神の国は近づいた、悔《く》い改《あらた》めよ」などという。そうするとみんな悔《く》い改《あらた》める。そしてキリスト教はどんどん隆盛《りゅうせい》になるという仕組《しく》みなのだ。

仏教にもいわゆる地獄・極楽はない

仏教には、極楽《ごくらく》と地獄《じごく》がある、と答えた人もいるだろう。しかし、仏教にもいわゆる地獄《じごく》・極楽《ごくらく》はない。なぜなら、仏教はすべて仮説《かせつ》だから。もっともそれで全部すませては納得《なっとく》しがたい人もいるだろうから、譬《たと》え話としても成立《せいりつ》しないことを説明しよう。

六道《ろくどう》というのは、衆生《しゅじょう》が善悪《ぜんあく》の業《ごう》によって赴《おもむ》き住む六つの迷界《めいかい》を指《さ》す。すなわち、天・人間・修羅《しゅら》・畜生《ちくしょう》・餓鬼《がき》・地獄《じごく》である。六道《ろくどう》という考え方はよく理解《りかい》できる。地獄《じごく》が最低だというのもわかる。ところが、極楽《ごくらく》のほうは仏教的な教えからは理解《りかい》できないのである。

人間界の上に天上《てんじょう》というのを考えているわけだが、天上《てんじょう》には天人《てんにん》、神という人々が住んでいる。彼らもまた輪廻《りんね》の法則《ほうそく》に支配されている。どういうことかというと、天人《てんにん》も生まれ変わるのである。天人五衰《てんにんごすい》などというけれど、天人《てんにん》も時間が経《た》つと寿命《じゅみょう》が尽《つ》きて死んでしまう。そして、やっぱり天人《てんにん》の時代によいことをしていたか悪いことをしていたかによって、もう一回天上《てんじょう》、さもなくば人間、はたまた地獄《じごく》とかというふうに六道《ろくどう》を輪廻《りんね》する。

ところが俗《ぞく》の人間に教えているように、極楽《ごくらく》に行って蓮《はす》の花の上で座臥《ざが》して、迦陵頻伽《かりようびんが》（妙《たえ》なる声で鳴く、天上に住む想像上の鳥）の鳴く声に聞き入っているのであれば、よいことも悪いこともしようがないではないか。ということは、極楽《ごくらく》に行った次はどこに行くというのか。だからそういうことから見ても、極楽《ごくらく》が嘘《うそ》だということがわかる。

地獄《じごく》が本当にあるということは仏教理論《りろん》上考えられうる。もっともこの地獄《じごく》は、あくまで六道《ろくどう》の一つだから、イスラム教の地獄《じごく》とは違い、永遠《えいえん》に堕《お》ちているわけではない。その地獄《じごく》で長い間苦しんだ後、そのときの因果《いんが》によって、人間に生まれ変わったり、天上《てんじょう》に生まれ変わったりするのだ。

仏教に関しては、教義《きょうぎ》という形よりも説話《せつわ》という形で伝播《でんぱ》していった側面《そくめん》が強いため、インド古来の来世《らいせ》思想《しそう》や、道教や仙人《せんにん》の思想《しそう》などとごちゃ混《ま》ぜになっていることが多々《たた》ある。また現存《げんぞん》の仏教画、伝承《でんしょう》などはそれらに影響《えいきょう》されたものが残っているため、極楽《ごくらく》、地獄《じごく》のイメージが独《ひと》り歩きした部分はあるのだろう。

こうして、終末論《しゅうまつろん》をふまえてキリスト教と仏教を比較《ひかく》してみると、とてつもないことに気づく。仏教では、衆生《しゅじょう》は天上《てんじょう》、人間から、地獄《じごく》に至《いた》るまで、六道《ろくどう》をぐるぐるぐるぐる回っている。輪廻《りんね》するというのは罪《つみ》がある人に限《かぎ》って輪廻《りんね》する。しかし大概《たいがい》の生き物は罪《つみ》があるから輪廻《りんね》する。全《まった》く罪《つみ》がなくなって、本当の悟《さと》りをひらいた人はどうなるかというと、涅槃《ねはん》に入り、もはや輪廻《りんね》しないのだ。だから生まれ変わるということは絶対にありえない。天上《てんじょう》でずっと住み着けるわけでもない。しかも、三界《さんがい》に家なしどころか、六道《ろくどう》界どこにも居場所《いばしょ》はなく、もはやどこにも生まれず、その存在《そんざい》すらもない。この状態《じょうたい》はいわば、キリスト教の永遠《えいえん》の死と同じことではないか。永遠《えいえん》の死とどこが違うというのか。

驚《おどろ》くべきことはここにある。すなわち、キリスト教においては永遠《えいえん》の死とは最大の罰《ばつ》であるのに対し、仏教においては永遠《えいえん》の死が最大の祝福《しゅくふく》の状態《じょうたい》である。救済《きゅうさい》である。その意味でキリスト教の救済《きゅうさい》と仏教の救済《きゅうさい》では全《まった》く正反対《せいはんたい》なのだ。

仏教において悟《さと》りに入る、涅槃《ねはん》に入るというのはものすごく難しく、厖大《ぼうだい》な時間がかかる。それだけ苦心して、長い時間もかけて、やっと悟《さと》りをひらいたと思ったら、もはや永遠《えいえん》の死がやってくる。勿論《もちろん》、永遠《えいえん》の死という言葉を使うわけではないが、状態《じょうたい》は何《なん》ら変わらない。だからあくまでも生きたいと思ったら、どこかで罪《つみ》作りをしなければならない。俗人《ぞくじん》にとって理想《りそう》的なことは、適《てき》当《とう》に修行《しゅぎょう》して、適当《てきとう》にいいこととして、ちょっとだけ罪《つみ》を作っておくことではないか。完全に悟《さと》りをひらいて涅槃《ねはん》に入ってしまったら、永遠《えいえん》に、地獄《じごく》にすら生まれてこないし、天上にも人間にも生まれてこないわけなのだから。

宗教を比較《ひかく》して考察《こうさつ》すると、思いもしないことに目が向くものである。

宗教を理解するキーポイントはイスラム教

さて、各宗教の大まかなアウトラインを説明《せつめい》したところで、次章《じしょう》より、各宗教の解説《かいせつ》に入ることにする。

宗教とは何《なに》かということを述《の》べるには、本当ならイスラム教から入るのが一番理解《りかい》しやすい。イスラム教は、「宗教の戒律《かいりつ》」と「社会の規範《きはん》」と「国家の法律《ほうりつ》」が全《まった》く一致《いっち》する。つまり、人々の生活の規範《きはん》がすべて矛盾《むじゅん》なく連関《れんかん》するからで、こういう宗教は、原始宗教を別にすれば、他にはユダヤ教以外に見当たらない。

逆にいうと、人々の生活本来《ほんらい》の姿《すがた》から見れば、キリスト教や仏教は実は非常《ひじょう》に奇妙《きみょう》な宗教なのだ。しかし、そのいかにも奇妙《きみょう》だということが、本来の宗教に最《もっと》も近いイスラム教をしっかり理解《りかい》してからでないと理解《りかい》できはしない。したがって、本来《ほんらい》はイスラム教から入るのが一番いいということになる。

しかしながら、現状《げんじょう》ではイスラム教に対する日本人の親近感《しんきんかん》、予備《よび》知識《ちしき》があまりにも少ないため、本書では身近《みぢか》なところから解説《かいせつ》することにした。

そこで日本人にとっての「宗教」というイメージは何《なに》か、宗教とは何《なに》かと聞かれた場合、日本人にとって一番身近《みぢか》なのはキリスト教と仏教であろう。というのは、いま述《の》べたようにイスラム教というのは日本人に親近感《しんきんかん》が全《まった》くないし、儒教《じゆきよう》は単《たん》なる道徳規準《どうとくきじゆん》で、宗教だなどとは思っていない。もっともそうみられても仕方《しかた》ないところもあるのだからやむをえまい。

このことの証明《しようめい》は、日本では仏教徒でしかも儒教《じゆきよう》を奉《ほう》じていますという人がいることである。それでなぜ矛盾《むじゆん》を感じないのかというと、宗教は仏教だと、儒教《じゆきよう》というのは宗教ではなくて単《たん》なる倫理規範《りんりきはん》だと思っているためである。だからそうもとらえられなくもないのだけれど、中国や韓国においては儒教《じゆきよう》というのは、はっきりと宗教として確立《かくりつ》している。その中国においてしても、儒教倫理《じゆきようりんり》に裏打《うらう》ちされたイスラム教徒は歴史上少なくなかったのである。

日本で儒教《じゆきよう》が宗教とは捉《とら》えられていない一つの大きな理由は、儒教的葬式《じゆきようてきそうしき》がないから、ということがある。日本人は非常に儒教《じゆきよう》を重《おも》んじる人もいるけれど、死んだときには仏式《ぶつしき》か神式《しんしき》で葬式《そうしき》をあげる。キリスト教式というのはあるけれど、儒式《じゆしき》という葬式《そうしき》は中国や韓国では当たり前なのに、日本では聞いたこともない。しかし、本来《ほんらい》の儒教《じゆきよう》ほど葬式儀礼《そうしきぎれい》にやかましいところもないのだから、実に不思議《ふしぎ》と言わざるをえない。どちらにしても、儒教《じゆきよう》というのは日本人には、宗教とは全然《ぜんぜん》違う感触《かんしよく》で捉《とら》えられていることは間違《まちが》いない。

したがって、日本人が宗教というイメージで身近《みぢか》に捉《とら》えているのはキリスト教、あとは仏教ということになる。ところが、この身近《みぢか》という意味が全《まった》く逆であることも特徴的《とくちようてき》である。

まず何《なに》より、日本人というのは、自分では意識《いしき》しなくてもいつの間にかもう仏教徒になってしまっている。いい例《れい》が日本語で、日本の主《おも》な用語というのは、ほとんどが仏教用語から来ている。因縁《いんねん》、寿命《じゅみょう》、分別《ふんべつ》などという言葉はもとより、安心、平等《びょうどう》、工夫《くふう》……、仏教用語を全部取り去ったら日本語というのは成《な》り立たなくなってしまうほど、一般《いっぱん》の言葉になっており、宗教と意識《いしき》していない日本人にとっても、仏教はまことに身近《みぢか》な存在《そんざい》なのである。

一方、キリスト教というのは日本では非常に流行《はや》りにくかった。戦国《せんごく》時代末期《まっき》の高山右近《たかやまうこん》（一五五二～一六一五）や大友宗麟《おおともそうりん》（一五三〇～八七）などの切支丹《キリシタン》大名や、江戸《えど》時代初期のいわゆる隠《かく》れ切支丹《キリシタン》、天草《あまくさ》の乱《らん》など、その頃《ころ》にはすでに流行《はや》っていたが、日本を席巻《せっけん》するまでには至《いた》らなかった。江戸《えど》時代こそ禁止されたものの、権力で禁止されて絶滅《ぜつめつ》するというのは、キリスト教にはふさわしくない。明治以降《めいじいこう》は布教《ふきょう》が許されたのに、どうしたわけだか日本にはキリスト教は流行《はや》りにくい。

しかし、キリスト教が宗教であるということは暗黙《あんもく》の前提《ぜんてい》のように日本人は知っている。クリスマスは宗教行事《ぎょうじ》だと知らない人でも祝《いわ》う。復活祭《イースター》を祝う人もいる。だから、これを知った外国人は、異教徒《いきょうと》は我々《われわれ》よりも遥《はる》かに盛大《せいだい》にクリスマスを祝《いわ》う、とびっくりしてしまう。

また、西暦《せいれき》の紀元《きげん》というシステム、表現をなんの抵抗《ていこう》もなく使う。これはイスラム教や、仏教が宗教である国にとっては実に異様《いよう》なことなのだ。

マルキシズムでも西暦《せいれき》の紀元《きげん》を使っているが、あれを使うまでにはマルキシズムにおいてもやはり抵抗《ていこう》がないことはなかった。だからといって、マルクス生誕《せいたん》何年というのは使いはしなかったが、この事実をもって、マルキシズムというのはキリスト教の変種《へんしゅ》であるという学者もいるぐらいである。

かくのごとく、いまの日本人にとって一番宗教らしいと意識《いしき》しているキリスト教と仏教《ぶっきょう》から解説《かいせつ》を始めて、イスラム教、そして儒教《じゅきょう》に及《およ》ぶということにしよう。

第3章❖神の命令のみに生きる【キリスト教】

シチリアのモンレアーレ大聖堂に描《えが》かれたキリスト像

日本でのキリスト教理解

世にはびこる新興《しんこう》宗教などでは、仏教とキリスト教を統合《とうごう》したなどと称《しょう》する教祖《きょうそ》が多く、酷《ひど》いのになると、「釈迦《しゃか》もキリストも、前世《ぜんせ》の私であった」なんてことまでいい出す輩《やから》さえいる。そんな宗教に、日本人はころころと引っかかる。

仏教とキリスト教の統合《とうごう》などは、宗教教義上《きょうぎ》ありうるわけがない。仏教とキリスト教というのは、そもそもの考え方が全然《ぜんぜん》違う。前章では、啓典《けいてん》や終末観《しゅうまつかん》などについて説明したが、もっと根本的な問題もある。まず、このことを論《ろん》じることにより、キリスト教の真髄《しんずい》に近づいてみる。

成り立ちの背景《はいけい》から見てみよう。

キリスト教は、イエス・キリストの教えである。――厳密《げんみつ》にいえば、この表現に若干《じゃっかん》の疑義《ぎぎ》はあるが、おおむね間違《まちが》いない。

そして、仏教は釈迦《しゃか》、仏陀《ぶっだ》の教えである……多くの西洋人はそう思っている。だから、英語でブッディズムという。

キリスト教をクリスチャニティというのはいいけれど、仏教をブッディズムというのはとんでもない誤訳《ごやく》である。

というのは、仏教は釈迦《しゃか》の教えではない。

西洋人は仕方《しかた》がないとしても、日本人もほとんどの人が誤解《ごかい》をしているのではないか。これは本当のことで、では誰《だれ》の教えかというと、客観的《きゃっかんてき》に存在《そんざい》している法《ダルマ》のことを指《さ》す。仏教でいう「法《ダルマ》」とは、行為の規範《きはん》を示し、慣例《かんれい》、風習《ふうしゅう》、義務《ぎむ》、法律《ほうりつ》、真理《しんり》、教説《きょうせつ》など、さまざまな法則《ほうそく》を指《さ》している。自然法則《ほうそく》も超自然法則《ほうそく》も釈迦《しゃか》が発見して衆生《しゅじょう》に伝えたのであるから、釈迦《しゃか》が発見しようとしまいと「法《ダルマ》」というのは厳然《げんぜん》としてそこにある。だから釈迦《しゃか》の教えが正しいというのは、本当の法《ダルマ》を発見したから正しいのであり、釈迦自《しゃかみずか》らの教えだからではない。

これを説明すると、仏教の道理《どうり》は、「法《ダルマ》」がまず前にあって、「仏《ほとけ》」は後についてくる。いわば「法前仏後《ほうぜんぶつご》」という構造《こうぞう》である。

この論法《ろんぽう》でキリスト教の論理《ろんり》を解説すると、まずイエス・キリストという神様がある。キリスト教というのは、神であるイエスの教えである。だから、何よりもまず神が先にある。その後《のち》に神が説《と》いた神の命令、すなわち法《ほう》がある。つまり、「神前法後《しんぜんほうご》」という構造《こうぞう》なのである。

考え方が根本的に違うというのはこういうことである。これを統合《とうごう》といっても、一体どうやって統合《とうごう》しうるのか。統合《とうごう》ということはありえない、という根拠《こんきょ》はこのようにまことに明確《めいかく》にある。

願えば必ず叶えられる

「なにごとであれ祈《いの》り求《もと》めることは、すでにかなえられたと信ぜよ。そうすれば、そのとおりになるであろう」（『新約聖書』「マルコの福音書」第一一章　二四）。

これはイエスが発見した真理《しんり》である。コペルニクスの地動説《ちどうせつ》、ニュートンの運動方程式《うんどうほうていしき》、アインシュタインの相対性理論《そうたいせいりろん》に比べても、比較《ひかく》を絶《ぜっ》する大真理《だいしんり》である。
「祈《いの》れば必ず叶《かな》えられる」とは、仏教の章で説明する「色即是空《しきそくぜくう》　空即是色《くうそくぜしき》」とは違い、哲学に無《む》縁《えん》な人の理解《りかい》を絶《ぜっ》する文章ではない。が、この大発見にいたるまでには、ユダヤ教は、何千年もの年月を必要とした。それはあたかも、ニュートンの運動方程式《うんどうほうていしき》の発見にいたるまでに、天文学《てんもんがく》は数千年もの歴史を閲《けみ》した（経過した）ようなものである。

「神を愛し隣人《りんじん》を愛せよ」

これがキリスト教の教義《きょうぎ》であることは誰《だれ》でも知っているが、これを根本教義《きょうぎ》としたことは、宗教の歴史でいまだかつてなかった、破天荒《はてんこう》なことなのである。

この命令は、ユダヤ教においても決して新しいものではないが、キリスト教が前代未聞《ぜんだいみもん》なのは、「神を愛し隣人《りんじん》を愛せよ」という命令を他のすべての命令以上の最高のものとして掲《かか》げたことにある。

この「愛」とは、キリスト教独自《どくじ》の愛であり、アガペー（agape）という。この愛《アガペー》は無条件《むじょうけん》でなければならない。かつ無限《むげん》でなければならない。人間は、神の無条件《むじょうけん》、無限《むげん》の愛によって救済《きゅうさい》（salvation）されるのであるから、人間の愛も無条件《むじょうけん》、無限《むげん》でなければならないのだ。

仏教の「愛」は、愛欲、妄執《もうしゅう》を意味しており、愛《アガペー》とは正反対の意味を持つ。

キリスト教という驚《おどろ》くべき宗教を真に理解《りかい》するためには、それを生んだユダヤ教の歴史から説《と》き始めなければならないが、ユダヤ教について詳《くわ》しく書く紙数《しすう》はない。ごく大切なあらましについてだけ述《の》べる。

イスラエル人は、先祖はアブラハムであると書き起こす。イスラム教でも、アラブ人の先祖は、アブラハムの子のイシュマエルであるとしている。

キリスト教とイスラム教を生んだイスラエルの歴史はアブラハムから始まる。それは、諸民族《しょみんぞく》の歴史とは隔絶《かくぜつ》した歴史に育ちあがっていった。

信仰の原点はアブラハムにあり

神の声がアブラム（のちのアブラハム）に臨《のぞ》んで、「父の家を離《はな》れ、国を出て、わしが示す土地へ行け。わしは汝《なんじ》を大いなる国民とし、汝《なんじ》を祝福《しゅくふく》するであろう」とのたもうた（「創世記《そうせいき》」第一二章一～二）。

アブラハムは、直《ただ》ちに神の命令どおりに行動した。妻と弟の子とすべての奴隷《どれい》とを連《つ》れ、全財産《ざいさん》を持ってカナンの地へ赴《おもむ》いたところ、神はアブラハムに、「わしは汝《なんじ》の子孫にこの地を与える」と仰《おお》せられた（「創世記《そうせいき》」第一二章　七）。

アブラハムは、イスラエル宗教の原点である。神の命令には直《ただ》ちに従う。

神は、アブラハムの妻サラを祝福《しゅくふく》して、「彼女によって、汝《なんじ》にひとり男の子を授けよう」とのたもうた（「創世記《そうせいき》」第一七章　一六）。後世《こうせい》、パウロはこの件《くだり》をこう書いている。

その頃アブラハムはすでに百歳くらいになっていて、自分の体は死んだも同然であり、妻サラの胎《はら》もすっかり干《ひ》からびてしまっていることをよく知っていた。（「ローマ人への手紙」第四章一九）

にもかかわらず、彼の信仰《しんこう》は揺《ゆ》るがなかったのである。

信仰《しんこう》においても彼はユダヤ教の模範《もはん》であり原点である。キリスト教の信仰《しんこう》へ直行《ちょっこう》するものである。この点に、パウロは着目《ちゃくもく》している。

神の言葉はどんなことでも必ず実現する。神は不可能を可能とし、奇蹟《きせき》を起こしてでも必ずその言葉を貫《つらぬ》きたまう。——これこそ、キリスト教の真髄《しんずい》である。

アブラハムは、ただ、神を信じた。それだけである。これをパウロは最大限に評価《ひょうか》し、すべては信仰《しんこう》にかかっていることを強調《きょうちょう》する。

アブラハムの子孫たるイスラエル人が、彼のごとく神を信仰《しんこう》し、その教えを守ったならば、ダビデ（イスラエルの最盛期《さいせいき》を作った王。在位《ざいい》前一〇一〇頃～九七一頃）、ソロモン（ダビデの子、イスラエル王。在位《ざいい》前九七一頃～九三二頃）の隆盛《りゅうせい》を長く享受《きょうじゅ》したであろうに、禁じられている異国《いこく》の神を祀《まつ》り、偶像《ぐうぞう》を崇拝《すうはい》した罪《つみ》で、神により国は滅《ほろ》ぼされ、民《たみ》はバビロンに幽囚《ゆうしゅう》されるはめになる。

唯一神の誕生

驚《おどろ》くべきことは、イスラエル人の神についての考え方である。

それまでの異教徒《いきょうと》の神々は、自然に依存《いぞん》し、自然から生まれたものである。神々は、生まれ、成長し、結婚し、子を産み、そして死ぬ。甦《よみがえ》ることもある。つまり、神々は自然の力を擬人化《ぎじんか》したものであった。

これに対し、イスラエルの神は、歴史を支配《しはい》する唯一独立《ゆいいつどくりつ》の主《しゅ》である。また、神は自然の力に対する完全な統御力《とうぎょりょく》を持つ。唯一《ゆいいつ》の人格神《じんかくしん》でありながら、生まれも成長もしない。死ぬこともない。妻もなく子もなかった。聖書には「女神《めがみ》」という言葉もない。

シナイ山で召命《しょうめい》を受けた預言者《よげんしゃ》モーセが、神の名を尋《たず》ねたところ、神は「有《あ》って有《あ》る者」と答えた。この答えこそが、ユダヤ教、ひいてはキリスト教、イスラム教の、唯一《ゆいいつ》神を奉《ほう》ずる啓典《けいてん》宗教を理解《りかい》する鍵《かぎ》である。

仏教は実在論《じつざいろん》を否定《ひてい》するが、啓典《けいてん》宗教の基礎《きそ》は実在論《じつざいろん》、神は有《あ》る（在《あ》る）というにある。はじめに神が実在《じつざい》して、他のすべての実在《じつざい》するものを創造《そうぞう》したのであり、生命《いのち》あるものはすべて神より生命《いのち》を吹《ふ》き込まれる。

ヴェーバーは、「ヤハウェは断《だん》じて死者の神ではない」と強調し、メソポタミア、エジプトの神との違いを明確《めいかく》にしている。

また、ヤハウェが人格《じんかく》を持っているということは、「出《しゅつ》エジプト記」の例《れい》を思い出せば容易《ようい》に理解《りかい》できよう。度重《たびかさ》なる神の恩恵《おんけい》に触《ふ》れてもなおイスラエルの頑民《がんみん》（かたくなな民）は信仰心《しんこう》を起こさない。ついにはモーセの留守《るす》中に、律法《りっぽう》を破《やぶ》って犢《こうし》の像を造《つく》り、祭壇《さいだん》をしつらえて飲めや歌えの大騒《さわ》ぎをしでかした。この最大の瀆神《とくしん》行為に怒ったヤハウェは、イスラエルの民《たみ》を鏖《みなごろし》にしようとするが、モーセは必死《ひっし》に強諌《きょうかん》する。モーセ曰《いわ》く、

「主よ、神は民《たみ》をこの地から滅《ほろ》ぼし尽くそうとして、この民《たみ》を悪意《あくい》を持って連れ出した、とエジプト人にいわせていいのですか」

この説得《せっとく》に、ヤハウェは鏖《みなごろし》を思いとどまるのだが、注目《ちゅうもく》すべきはヤハウェのこの心理である。

ユング（スイスの心理学者。一八七五〜一九六一）がヤハウェの心理分析《ぶんせき》をなした『ヨブへの答え』（林道義・訳。みすず書房）という書物がある。また、聖書には、ヤハウェは人間に褒《ほ》められ、栄光《えいこう》を称《たた》えられるのが大好きであり、とくに、絢爛《けんらん》たる高度《こうど》文明を誇《ほこ》るエジプト人に対し、エジプトの動物神や偶像《ぐうぞう》神という神々よりずっと優《すぐ》れていることを証明《しょうめい》し、それを見せつけることに限《かぎ》りない喜びを見いだすことが示《しめ》されている。

モーセとヤハウェのこの例《れい》から、神と預言者《よげんしゃ》の関係も確認《かくにん》される。すなわち、預言者《よげんしゃ》は一方において神の言葉を人間に伝《つた》える。人間が神の言葉に従《したが》わずに神の怒《いか》りをかったときは、人間を神に取りなして許《ゆる》しを請《こ》うのである。本来これは祭司《さいし》の役目であるのだが、イスラエルの宗教では元来は預言者《よげんしゃ》が決定的《けっていてき》な役割《やくわり》を演《えん》じていることで知《し》られる。

理解し難い贖罪論

キリスト教の要諦《ようたい》は、「行為《こうい》ではなく、すべて信仰《しんこう》」ということにつきる。

ここが仏教やイスラム教、ユダヤ教、他の諸《しょ》宗教とも根本的に違う。

いかなる修行《しゅぎょう》も善行《ぜんこう》も少しも必要ではない。いや、そんなことに煩《わずら》わされて神への信仰《しんこう》が揺《ゆ》らぐようだと、かえって有害《ゆうがい》でさえありうる。これこそ、かのマルチン・ルターが、修道院《しゅうどういん》で刻苦《こっく》勉励《べんれい》して修行《しゅぎょう》を重《かさ》ねた末に到達《とうたつ》した結論《けつろん》でもある。

このキリスト教の蘊奥《うんのう》を、パウロはキリスト昇天《しょうてん》の直後にすでに明言《めいげん》しているのである。

その救済《きゅうさい》は信仰《しんこう》だけによって得《え》られるのである。では、何《なに》をどう信ずればよいのか。


イエスは主であると口で言い表し、神はイエスを死からよみがえらせたもうたと心で信ずるならば、あなたは救われる（「ローマ人への手紙」　第一〇章　九）。


「イエスは十字架《じゅうじか》上で死んだが三日後によみがえった」。その理由は、彼は主《しゅ》（神）であるからである。——これを信じさえすれば、救われるのである。

では、なぜ、このことを信じさえすれば、神は我々《われわれ》を救《すく》ってくださるのか。

パウロはその理由を、イエス・キリストが十字架《じゅうじか》上で死ぬことによって、本来罪人《つみびと》である人間の罪《つみ》を贖《あがな》ってくださったから、人間は神の前で義《ただ》しい者とされ、神の恩恵《おんけい》（grace）を得《え》て救われる、と説明する。

かの内村鑑三《うちむらかんぞう》は、このキリストの贖罪《しょくざい》を説明して、「すなわち十字架《じゅうじか》上のキリストの死によって人間の罪《つみ》が贖《あがな》われ、この贖罪《しょくざい》の恩恵《おんけい》にあずかりし者は、神より無辜《むこ》（何の罪《つみ》もない）としてみとめうるということであります」と解説《かいせつ》している（『宗教座談』角川文庫）。そして、この日本の代表的クリスチャンは、「これはまた非常に奇態《きたい》な教義《きょうぎ》でありまして、多くの人々をつまずかせるものでございます」とまで言い切っている。

奇態《きたい》（不思議《ふしぎ》）な説であるとは、「他人の罪《つみ》の責任を負《お》わせるなどということができるのか？」ということである。それは、人類がキリストに罪《つみ》を転嫁《てんか》（なすりつける）することではないのか。そんな無責任なことを神が許《ゆる》すのか。この疑問《ぎもん》であろう。

このような奇妙《きみょう》な理屈《りくつ》を考えている宗教はキリスト教だけである。この疑問《ぎもん》は一般人《いっぱんじん》のみでなく、キリスト教徒自身《じしん》にも理解《りかい》しがたい人間が多いことを、内村も認《みと》めている。

この質問《しつもん》は、つきつめる必要があるので、敷衍《ふえん》しておきたい。内村は、ユニテリアン派《は》の、「キリストはなにも死んで我々《われわれ》の罪《つみ》を消すためにこの世に来《こ》られたのではなくして、高尚潔白《こうしょうけっぱく》なる生《しょう》涯《がい》を送られ、我々《われわれ》に潔《いさぎよ》き生涯《しょうがい》の例をのこされて、それで我々《われわれ》を救《すく》われるのである」という意見を紹介《しょうかい》している。

このユニテリアン（unitarian　唯一神主義者《ゆいいっしんしゅぎしゃ》）とは一九世紀に起きたプロテスタントの一派で、とくに理論《りろん》の徹底を好み曖昧《あいまい》さを嫌《きら》うため、三位一体説《さんみいったいせつ》（Trinity　一四六頁参照）を否定《ひてい》しキリストの神性《しんせい》を否認《ひにん》した。このユニテリアンもキリスト贖罪論《しょくざいろん》に異議《いぎ》を唱《とな》えたのであった。

苦難の僕

キリスト教の根本教義《きょうぎ》は、救世主《きゅうせいしゅ》の受難《じゅなん》である。キリストの贖罪死《しょくざいし》によって、無条件、無限な愛《アガペー》（agape）が発動されて原罪《げんざい》は赦《ゆる》された。この摩訶不思議《まかふしぎ》な教説は、ユダヤ教が数千年かけてたどりついた第二イザヤの「苦難《くなん》の僕《しもべ》」に基礎をおく。では、この「苦難《くなん》の僕《しもべ》」へイスラエル史はどのようにして到達したのか。

キリスト教、ユダヤ教以前のイスラエル宗教の時代において、祭祀《さいし》における犠牲《いけにえ》による贖罪《しょくざい》は、神との交換行為であり、利己心《りこしん》の現れである。

しかし、絶対神は条件を最《もっと》も嫌う。愛は無条件のものでなければならない。報酬《ほうしゅう》ではなく倫理《りんり》にうらづけられたものでなければならない。

「レビ記」における犠牲《いけにえ》はまだ、神の恩恵と民の犠牲《いけにえ》の交換のための儀式であった。その赦《ゆる》しも、条件つきの赦《ゆる》しであった。しかし、イスラエルが危機に直面し、預言者《よげんしゃ》の活動が昂《たか》まるにつれて、神は、交換条件としての犠牲《いけにえ》にあきたらなくなってゆく。

神は愛を喜んで犠牲《いけにえ》を喜ばれず、焼きつくす献《ささ》げ物より、神を知ることを喜ばれる（「ホセア書」

第六章　六）。こうして、倫理《りんり》的意味が強調されるようになってゆく。

条件つき赦《ゆる》しのための交換条件としての犠牲《いけにえ》は、牛や羊などの動物である。アンモン人の神モレクは、犠牲《いけにえ》として子供を火に焼いて献《ささ》げることを要求してくる。が、この子供は他人の子供である。大多数の大人が他人の子供の犠牲《いけにえ》によって罪を贖《あがな》われるのである。自分自身を犠牲《いけにえ》にして他人の罪を贖《あがな》おうとする者は現れていない。

いや、実は、すでに現れていた。

イスラエル人とアラブ人の信仰《しんこう》の父アブラハムであった。

神はアブラハムに恐ろしき命令を下された。

「汝《なんじ》のひとり子イサクを連れて、モリヤの地に行き、わしが示す山で彼を燔祭《はんさい》として献《ささ》げよ」

アブラハムは神に質問しなかった。彼も自分の一族がイサクをとおして偉大になり、祝福《しゅくふく》されるであろうという神の約束を忘れなかった。彼は信仰《しんこう》をもっていたので服従した（「創世紀」第二二章）。

後《のち》の世《よ》のイスラエルの頑民《がんみん》たちの信仰《しんこう》と行動と、何という違《ちが》いであろう。アブラハムは、ユダヤ教を越えてキリスト教へ直通する者である。

この「イサクの犠牲《いけにえ》」は、よく知られたストーリーである。多くの宗教画に描《えが》かれ、教会に掲《かか》げられているので、多くの方々はごらんになったことと思う。

アブラハムは、「ひとり子を犠牲《いけにえ》にささげよ」という神の命令を信仰《しんこう》において実行した。「信仰《しんこう》のみ」という立場からすれば、彼は、ひとり子の犠牲《いけにえ》をすでに実行していたのである。他者の犠牲《いけにえ》ではなく、自分自身の犠牲《いけにえ》によって罪を贖《あがな》うという思想がここに芽生《めば》えた。

この自己犠牲《じこぎせい》の精神は、預言者《よげんしゃ》の活動を通じて深まっていった。

イスラエルの歴史は、この信仰《しんこう》の父アブラハムから始まる。彼の信仰《しんこう》は完璧《かんぺき》であった。それは、後の歴史のイスラエルの民の信仰《しんこう》とは全然違う。旧約聖書は、イスラエルの頑民《がんみん》の神への反抗という罪とそれに対する神の罰の歴史といえる。神の奇蹟《きせき》と、それを目前にしても神へ反抗する民との中間に立って、預言者《よげんしゃ》モーセは苦しみぬく。モーセは、あくまで神の命令に忠実に従《したが》う。また、神の命令にそむいたゆえに鏖《みなごろし》にされるべき民《たみ》を神にとりなして救った。『コーラン』も述べているように、これは驚くべき神の赦《ゆる》しである。これほど神に忠実であり、神と民とにつくしながら、モーセは何ら報《むく》いられなかった。約束の地カナンを見ることさえ許されないのである。ここに、イスラエルの宗教における応報思想《おうほうしそう》（因果律《いんがりつ》）否定の源流を見る。モーセは、これほどの善を行っても、罪ある民《たみ》の身代わりになって苦しむだけで報《むく》われることはない。

イスラエルの宗教は、預言者《よげんしゃ》の活動によって古代ユダヤ教となり、キリスト教とイスラム教を生む。モーセは預言者《よげんしゃ》の元祖《がんそ》であり、原型《プロトタイプ》である。預言者《よげんしゃ》は、モーセをモデルとして行動するようになる。

預言者《よげんしゃ》のテーマは、エレミヤにおいて極限にまで推《お》し進められる。

かつて、イスラエルの王と民《たみ》は、神との契約《けいやく》を守らなかったので、バビロンに捕囚《ほしゅう》され、やがて、流浪《るろう》の民《たみ》となる。イスラエルの民《たみ》は、罰《ばつ》として賤民《せんみん》という悲惨《ひさん》な境遇《きょうぐう》に堕《お》とされた。

この境遇から脱するには新預言者《よげんしゃ》が現れ、神と契約《けいやく》をし直して、この新契約《けいやく》を忠実に守れば、いまは賤民《せんみん》であるイスラエル人は、この新預言者《よげんしゃ》（救世主《きゅうせいしゅ》）にひきいられて世界を征服してその主《しゅ》と成るであろう。――この救世主《きゅうせいしゅ》による新契約《けいやく》（契約の更改《こうかい》）とは、世界（秩序）を根底からくつがえし、賤民《せんみん》が主《しゅ》となるという思想である。革命思想の事始《ことはじめ》であり、資本主義・デモクラシー・近代法を生み、また、マルクシズムの根源ともなった。

エレミヤは生まれる前から預言者《よげんしゃ》たることを神により決められており、全生命をもって神に奉仕し、民《たみ》のために神に祈り続けた預言者《よげんしゃ》である。しかし、民《たみ》はエレミヤに非難攻撃を集中し、あらゆる迫害を加えてやまない。神の義と民《たみ》の罪《つみ》のために両方から責《せ》められ、ついに贖罪死《しょくざいし》（民《たみ》の罪《つみ》で身代わりに死ぬ）をとげる。

彼こそ、新しい意味での救世主《きゅうせいしゅ》的存在ながら、エレミヤの新契約の預言は実現せず、ユダヤ教は律法《りっぽう》を重んずる律法《りっぽう》宗教になりはてた。

しかし、第二イザヤの「苦難《くなん》の僕《しもべ》」によってキリスト教への大転換の機会は開かれた。

まことに、彼はわれわれの病《やまい》を負《お》い、
われわれの悲《かな》しみをになった。
しかるにわれわれは思った。
彼は打たれ、神にたたかれ、苦しめられたのだと。
しかし彼は、われわれのとがのために傷つけられ、
われわれの不義《ふぎ》のために砕かれたのだ。
彼はみずから懲《こ》らしめをうけて、われわれに平安を与え、
その打たれた傷によって、われわれはいやされたのだ。（「イザヤ書」第五三章　四〜五）

「他人の罪《つみ》のために罪《つみ》なき犠牲《ぎせい》として自由意志によって死につく『神《かみ》の僕《しもべ》』」という思想は、「生成しつつあるキリスト教の信仰の中にもっともいちじるしい構成要素として影響を与えるまでにいたったのである」（マックス・ヴェーバー著、内田芳明・訳『古代ユダヤ教』岩波文庫）。

それが無限の愛の証《あかし》となるためには、犠牲《いけにえ》が動物や他人の子から、自分の子、神の子へと大変換がなされなければならない。アブラハムは、周知《しゅうち》の「イサクの犠牲《いけにえ》」によってこの大変換をなしとげたが、「苦難《くなん》の僕《しもべ》」こそ、キリスト教へむけての大変換であった。このようにして、キリスト教の「不思議な教義《きょうぎ》」は人々に納得《なっとく》され、キリスト教は成立した。

原罪とは何か

これほどに理解《りかい》を絶《ぜっ》するキリスト贖罪《しょくざい》論が、なぜその教義《きょうぎ》の要《かなめ》として確立《かくりつ》されたのであるか。それは、キリスト教独自《どくじ》の原罪《げんざい》論にある。

エデンの園《その》に住んでいたアダムとイブは、神の命令に逆らって禁断《きんだん》の木《こ》の実《み》を食べて楽園《らくえん》から追放《ついほう》された。神の命令に逆らった罪《つみ》に対する罰《ばつ》が、死である。アダムとイブとが神の命令に逆らったことが人間の罪《つみ》の事始《ことはじめ》であるから、これを「原罪《げんざい》」という。

あまりにも有名な話であるが、ここで注目されるべきは、原罪《げんざい》の責任《せきにん》のとらせかたである。アダムとイブとは、何もしないで悠々《ゆうゆう》と暮らしていた楽園《らくえん》から追放《ついほう》されて、額《ひたい》に汗《あせ》を流してパンを得なければならなくなった。そして、永遠《えいえん》の生命《いのち》を否定《ひてい》されて土に還《かえ》ることになった。原罪《げんざい》によって、死が人間にもたらされたのである。が、神の罰《ばつ》は、罪《つみ》を犯《おか》した彼ら二人だけにはとどまらず、アダムとイブの子孫である全人類が連帯責任《れんたいせきにん》を負《お》わされることになったのであった。

先祖であるアダムとイブとが犯《おか》した罪《つみ》のゆえに、人間は生まれながらにして罪《つみ》を負《お》う。この罰《ばつ》が死である。人間は誰《だれ》でも死んで土に還《かえ》ることになった。もはや、永遠《えいえん》の生命《いのち》を得《え》られる者は誰《だれ》もいない。

この責任《せきにん》のとらせ方は、前近代的な共同体《きょうどうたい》（Gemeinde）における責任《せきにん》のとらせかたである。族長《ぞくちょう》が罪《つみ》を犯《おか》せば部族《ぶぞく》全員が罰《ばっ》せられ、王《おう》が罪《つみ》を犯《おか》せば国民が罰《ばっ》せられる。

前近代社会においては、中国での「罪九族《つみきゅうぞく》に及《およ》ぶ」、日本での「親の因果《いんが》が子に報《むく》い」のように、先祖《せんぞ》の罪《つみ》の罰《ばつ》を負《お》うという発想はどこにでも見られた。

イスラエルにも、先祖《せんぞ》の「罪《つみ》は子孫四代《しそんよんだい》に及《およ》ぶ」という言葉があった。しかし、預言者《よげんしゃ》エレミヤは、この思想《しそう》を、「『父がすっぱいぶどうを食べたので子供の歯《は》がうく』とは言わない」（「エレミヤ書」第三一章 二九）と断固《だんこ》として否定《ひてい》し、イスラエルの応報《おうほう》関係を合理化した。

しかし、キリスト教の原罪思想《げんざいしそう》は、エレミヤ以前への逆もどりである。「子孫はそのもっとも遠い者にいたるまで先祖《せんぞ》の犯罪《はんざい》に対して連帯責任《れんたいせきにん》を負《お》う」という思想《しそう》は、古代東方諸国《しょこく》においては、バビロニアの賛美歌《さんびか》に発見されるように、古《ふる》くから存在《そんざい》してはいたが、エジプトやメソポタミアの巨大帝国《きょだいていこく》においては、あまり発展《はってん》をみなかった。しかし、「イスラエルにとってこの連帯責任《れんたいせきにん》の思想《しそう》は神自身《じしん》との契約《けいやく》関係から生《しょう》じたひとつの結果であった」（前掲、『古代《こだい》ユダヤ教』）。

『旧約聖書』にある原罪《げんざい》の直接《ちょくせつ》の記述《きじゅつ》については、「創世記《そうせいき》」に、アダムとイブの楽園追放《らくえんついほう》のストーリーがあるだけで、その後《あと》の章ではこれについて触《ふ》れているところは少しもない。

しかし、「出《しゅつ》エジプト記」などにおけるイスラエルの民《たみ》の行《おこな》いは原罪《げんざい》の存在《そんざい》を示唆《しさ》している。当《とう》然《ぜん》、鏖《みなごろし》にするべきイスラエルの民《たみ》を、ともかくも生かしておいたのは、エジプト人への思惑《おもわく》だけでなく、神の限《かぎ》りない愛の証《あかし》といってよい。キリスト教において開花《かいか》する愛の思想《しそう》の萌芽《ほうが》となるものである。

この愛こそが、突如《とつじょ》として律法《りっぽう》を消《け》し去《さ》るほどの教義《きょうぎ》としてキリスト教に現《あらわ》れる、隣人愛《りんじんあい》の戒《いまし》めである。

「マタイの福音書《ふくいんしょ》」において、イエスは、最大の戒《いまし》めを問われ、「神と隣人《りんじん》への愛の戒《いまし》め」と答えている。この愛は、アガペー（agape）と呼ばれ、無価値《むかち》な人間をも愛する無条件《むじょうけん》の愛である。神が罪人《つみびと》たる人間に注《そそ》ぐ、自己犠牲《じこぎせい》の愛である。

この考え方はユダヤ教にも存《そん》しているものだが、この愛の戒《いまし》めをすべての根本、かつ最高の戒《いまし》めという位置《いち》にまで高めたことが、キリスト教の一大特徴《いちだいとくちょう》になったことは、冒頭《ぼうとう》にも記《しる》したとおりである。

そして、楽園追放《らくえんついほう》と原罪《げんざい》とは、新約聖書、とくにパウロの「ローマ人への手紙」において、はじめて決定的に重要《じゅうよう》なこととしてとりあげられるのである。

それ以後、「原罪《げんざい》」は、キリスト教において重大《じゅうだい》な思想《しそう》となった。

原罪に対する認識は東西キリスト教で大違い

ただし、ここで「キリスト教」というのは、西方のキリスト教に限《かぎ》る。すなわち、ローマ・カトリックとプロテスタントである。東方のキリスト教（ギリシャ正教、ロシア正教）には「原罪《げんざい》」はない。中国に渡り景教《けいきょう》となったネストリウス派などにもない。勿論《もちろん》、イスラム教には原罪思想《げんざいしそう》はありえない。

神は人間を善《ぜん》なる者として創造《そうぞう》なさった——このことを東のキリスト教（ギリシャ正教、ロシア正教）は強調《きょうちょう》する。人間が堕落《だらく》するのは、自分の意志で神に背《せ》をむける行為をするからである。罪《つみ》は、人間が堕落《だらく》の行為をすることによって生《しょう》ずる。

東のキリスト教では、人間に自由な意志《いし》があるとする（一〇五頁のペラギウス論争《ろんそう》参照）。また、「信仰《しんこう》のみ」ではなく、人間は行為《こうい》にも責任を持たなければならないとする。

これらの二点において西のキリスト教と根本的に違うが、「罪《つみ》に対する罰《ばつ》が死」と考えることは、東も西も同様である。

大概《たいがい》の日本人にとっては、「キリスト教」といえば、ローマ・カトリックやらプロテスタントなどの西のキリスト教で、ニコライ堂などはあるものの、東のキリスト教にはなじみが薄い。だから、原罪《げんざい》やらキリストの贖罪《しょくざい》やらという難解《なんかい》なテーマを、キリスト教の決まりだからそうなんだろう、と何だかわかったような気分になってしまう。

「人間はみんな罪人《つみびと》である」「どんなによいことをしようとしても、ついには悪いことをしてしまう」「その人間の罪を贖《あがな》うために、イエス・キリストは十字架《じゅうじか》上で死にたもうた」と聞いても、摩《ま》訶不思議《かふしぎ》だとは思わなくなってしまっている。明治時代にはじめてキリスト教に接《せっ》した人とは違《ちが》って、新鮮《しんせん》な驚《おどろ》きがない。だから、これほど奇妙《きみょう》な教義《きょうぎ》に対して疑問《ぎもん》も呈《てい》さなくなってしまった。いわば、キリスト教不感症《ふかんしょう》である。これが、日本人がキリスト教を理解《りかい》しない根本的な理由である。

キリスト教不感症を乗り越えよ

今日《こんにち》の世界では、キリスト教徒であろうがなかろうが、キリスト教を本当に理解していないと、どえらいことになる。単《たん》に国際化の時代だからという理由のみではない。いまや、全世界がキリスト教文化に包《つつ》み込まれてしまったからである。資本《しほん》主義もデモクラシーも近代法も、みんなキリスト教理解《りかい》の上に立っている。日本人はキリスト教を理解《りかい》していないから、資本《しほん》主義は成立《せいりつ》しないで、経済の正体《しょうたい》は鵺《ぬえ》経済（資本《しほん》主義と社会主義と封建《ほうけん》主義の混交《こんこう》経済。詳《くわ》しくは拙著《せっちょ》『小室直樹の資本主義原論』〈東洋経済新報社刊〉を参照《さんしょう》されたし）である。デモクラシーは機能《きのう》できなくて役人に三権《さんけん》を簒奪《さんだつ》（うばいとる）されてしまっている。ヒトラーが出現《しゅつげん》する兆《きざ》しとさえ感じられる。

原罪《げんざい》に話を戻《もど》す。パウロの説《せつ》は、「アダムの神への反抗《はんこう》によって、すべての人に罪《つみ》が入り、どんなによいことをしようとしてもできなくなってしまった。この罪《つみ》の罰《ばつ》が死であり、すべて人は死ぬことになった。キリストは、その罪《つみ》を全人類《ぜんじんるい》に代わって一身《いっしん》に負《お》うために降臨《こうりん》した」というものである。

が、素直《すなお》にこの説を聞けば、さまざまな疑問《ぎもん》が湧《わ》いてくるのが普通《ふつう》であり、湧《わ》かないとすれば、それが不感症《ふかんしょう》にほかならない。

その一つ目は、キリストはなぜ、他人の罪《つみ》を負《お》うことができるのか、ということである。如何《いか》に神《かみ》の子であろうと、一人《ひとり》で全人類の身代《みが》わりに成《な》れるものなのか。本来、当人にある罪《つみ》の責任《せきにん》を、他人に転嫁《てんか》することはできないのではないか。その答えが、先に記《しる》した「苦難《くなん》の僕《しもべ》」（八四頁参照）にある。

そして、さらに、重要《じゅうよう》な疑問《ぎもん》がある。

もし、キリストによる全人類の身代《みが》わりが可能《かのう》であり、キリストの死によって人類の罪《つみ》が贖《あがな》われたとすれば、人類の罪《つみ》は赦《ゆる》されたことになる。となれば、罪《つみ》に対する罰《ばつ》の「死」はなくなり、人類は死なたくなるのではないか。

キリスト教の論理《ろんり》では、どうしてもこうなる。

仏教は、人間にとって死は必然《ひつぜん》であるとしているが、キリスト教では、人間の死は原罪《げんざい》に対する罰《ばつ》であると解釈《かいしゃく》している。ゆえに、キリストの贖罪死《しょくざいし》によって人間の罪《つみ》が赦《ゆる》されれば、当然《とうぜん》、人間は死なたくなる。ファンダメンタリスト（一六六頁参照）で永遠《えいえん》の生命《いのち》が得《え》られたと確信している人もいる。

しかし、経験上《けいけん》、人はやはり死ぬ。キリスト教は、これをどう説明するのか。

正統《せいとう》な説明は次のとおりである。

人の死は仮《かり》の姿《すがた》である。肉体は朽《く》ち果《は》てるが、最後の審判《しんぱん》のときに神が完全な肉体をくださる。最後の審判《しんぱん》で無罪《むざい》の判決《はんけつ》が下《くだ》った者は神の国で永遠《えいえん》に生きられる。有罪《ゆうざい》の判決《はんけつ》が下《くだ》った者は永遠《えいえん》の死である。

この「永遠《えいえん》の死」こそ本当の死であり、もはや復活《ふっかつ》はない。最後の審判《しんぱん》は一回限《かぎ》りの最終裁判《さいばん》であるから、「永遠《えいえん》に死んだ」者が再《ふたた》び呼び返されることはありえない。勿論《もちろん》、正統《せいとう》キリスト教では、輪廻転生《りんねてんせい》を考えない（エドガー・ケイシーのような例外《れいがい》はあるが）から、生まれ変わってくることはありえない。

ここまではどのキリスト教にも共通である。が、ここから先は、宗派《しゅうは》によりいくつかの解釈《かいしゃく》に分かれる。

煉獄に見るキリスト教諸宗派の比較

肉体《にくたい》は朽《く》ち果《は》てるが魂《たましい》はどうなるか。

ユダヤ教には、肉体から離《はな》れた「魂《たましい》」という考え方はなかった。すなわち、霊肉二元論《れいにくにげんろん》はなかったのであり、霊《れい》と肉《にく》とは一体《いったい》であると考えられていた。

しかし、キリスト教がヘレニズム世界に広がってゆくうちに、ギリシャ思想《しそう》の影響《えいきょう》を受けた諸《しょ》宗教の、人間には肉体とは別に魂《たましい》がある、いわゆる霊肉二元論《れいにくにげんろん》が入ってきた。ここに、肉体は朽《く》ち果《は》てても魂《たましい》は永遠《えいえん》に生きるという思想《しそう》に触《ふ》れることとなった。

このアイディアは人心《じんしん》に訴《うった》えるところがあったので、キリスト教もその影響《えいきょう》下に立つようになり、そのため、「天国《てんごく》」や「地獄《じごく》」が実在《じつざい》すると信ずる者も出てきたのである。

前章で説明《せつめい》したように、本来《ほんらい》のキリスト教には、「神の国」と「永遠《えいえん》の死」があるだけで、天国《てんごく》も地獄《じごく》もない。

いわゆる天国《てんごく》とは、聖人《せいじん》の魂《たましい》や天使《てんし》が住《す》むところである。地獄《じごく》は、悪人の魂《たましい》を苦しめるところである。

しかし、大多数の人間は、すぐさま天国《てんごく》に入れるほど完全ではないが、地獄《じごく》に堕《おと》すほどに極悪非道《ごくあくひどう》でもない。そこで、カトリック教会は、煉獄《れんごく》(purgatory)というアイディアを思いついた。この世《よ》において、ほどほどの罪《つみ》を犯《おか》し、その罪《つみ》の償《つぐな》いを果《は》たさないままに死んだ人の魂《たましい》は、そのまま天国《てんごく》に入ることはできない。天国《てんごく》に入る前に、業火《ごうか》によって罪《つみ》を浄化《じょうか》しなければならない。その浄化《じょうか》を受ける場所が煉獄《パーガトリー》である。

それにしても、カトリックの坊主《ぼうず》の頭のよさよ。誰《だれ》しも地獄《じごく》に堕《お》とされるのはいやだが、いきなり天国《てんごく》に入れるほどの自信《じしん》はない。カトリックは、人情《にんじょう》のその機微《きび》に触《ふ》れた。人々は、煉獄《れんごく》で罪《つみ》を浄化《じょうか》してもらえば天国《てんごく》に入れると教えられて安堵《あんど》の胸《むね》をなでおろした。

ローマ・カトリック教会は、煉獄《れんごく》を正式の教義《きょうぎ》にした。東方のギリシャ正教会《せいきょうかい》は、煉獄《れんごく》における浄化《じょうか》による救《すく》いの思想《しそう》を認《みと》めているが、正式の教義《きょうぎ》にまではしていない。

一方、プロテスタントは煉獄《れんごく》など認《みと》めはしない。

プロテスタントは、「聖書だけ」を教義《きょうぎ》にしているのであるから、聖書のどこにも見当たらない煉獄《れんごく》など認《みと》めるわけにはいかない。また、プロテスタントは、「信仰《しんこう》のみ」で救われるとするのであるから、浄化《じょうか》という行為《こうい》による救済《きゅうさい》という手段《しゅだん》を認《みと》めるわけにもゆかないのである。

しかし、カトリック教会は、トリエント公会議(一五四五~四七、五一~五二、六二~六三)で、教会の教義《きょうぎ》のすべてが聖書に含《ふく》まれるものではないことを確認《かくにん》しているので、煉獄《れんごく》を正式《せいしき》の教義《きょうぎ》にしても差《さ》し支《つか》えない。

ギリシャ正教会にいたっては、人間は自由な意志《いし》で行動をすることができると考えている。ゆえに、自由な意志《いし》で罪《つみ》を浄化《じょうか》してもらって天国《てんごく》に入れてもらうことも可能《かのう》であると考える。

この煉獄《れんごく》という思想《しそう》をつきつめてゆくと、東方のキリスト教と西方のキリスト教、また同じく西方のキリスト教でもカトリックとプロテスタントの論理《ろんり》の違いが鮮明《せんめい》に浮かびあがってくるので、興味《きょうみ》はつきない。

しかし、本来《ほんらい》、「煉獄《れんごく》」は、キリスト教にありえない思想《しそう》である。

天国の真実

また、教義《きょうぎ》にはありえない天国《てんごく》にしても、「神《かみ》の国《くに》」を「天国《てんごく》」とイメージ付けし、呼称する人々もいる。

キリスト教において、「神の国」は主役《しゅやく》を演《えん》じ、『新約聖書』でも頻繁《ひんぱん》に登場《とうじょう》する。が、他方、「天の国」という言葉《ことば》は「マタイの福音書《ふくいんしょ》」に一回出てくるだけで、その意味すらもはっきりしていない。

その「神の国」も、イスラム教の「緑園《りょくえん》」とは違って、『福音書《ふくいんしょ》』は、比喩《ひゆ》で語《かた》るだけであって、「神の国」における生活について説明しているわけではない。黙示録《もくしろく》第二一章の説明も同様《どうよう》である。

ここでいう「天国」すなわち「神の国」とは何か。内村鑑三《うちむらかんぞう》は、「天国《てんごく》とは、神によって救われし霊体《れいたい》に宿《やど》って永久《えいきゅう》に存在《そんざい》する所の名称である」といっている（前掲『宗教座談』）。内村《うちむら》は、仏教《ぶっきょう》の極楽《ごくらく》とも違《ちが》う、イスラム教の天国《てんごく》（緑園《りょくえん》）とも違うとはいっているが、どこがどう違うのかは何《なに》もいっていない。そのうえ、「天国はどこにあるのか、それも私は少しも知りません」と内村は告白《こくはく》している（同右）が、それも道理《どうり》で、聖書のどこにも、神の国の地理《ちり》について記《しる》されていない。十万億土《じゅうまんおくど》にあるのでもなく、天上《てんじょう》にあるのでもない。最後の審判《しんぱん》のときに、忽《こつ》然《ぜん》として、この世に出現《しゅつげん》するのである。そこは、神が統治《とうち》する地上の国で、神の意志《いし》を地上《ちじょう》に実《じつ》現《げん》することが、キリスト教の天国（神の国）である。したがって、極楽《ごくらく》、緑園《りょくえん》と意味が違い、いわゆる「天国《てんごく》」ではないのである。

地獄《じごく》も同様で、キリスト教では、神からの分離《ぶんり》を地獄《じごく》という。すなわち、地獄《じごく》とは、神が要求《ようきゅう》するように生きないことをいうのである。これは、ギリシャ正教の地獄観《じごくかん》であるが、カトリックの地獄観《じごくかん》も、本質的《ほんしつてき》にはこれと同様《どうよう》である。

業火《ごうか》に象徴《しょうちょう》される世界として地獄《じごく》を表《あらわ》している表現は『新約聖書』に数カ所あるものの（「マタイの福音書《ふくいんしょ》」第一三章、同二五章など）、記述《きじゅつ》は少量にすぎない。やはり、キリスト教は、「地獄《じごく》」を抽象的《ちゅうしょうてき》に考えるのである。

「地獄《じごく》」を、日本人が思っているように、いわゆる「地獄絵図《じごくえず》」などに見られる常識的な「地獄《じごく》」（中村元博士の研究によると、それはヒンドゥー教の神話から取り入れたものであるらしい）、あるいは、コーランにおける「地獄《じごく》」のようなものと連想《れんそう》するならば、「キリスト教に地獄《じごく》はない」といえる。

キリスト教と仏教とは正反対

さらに、キリスト教を理解《りかい》するうえで決定的に重要《じゅうよう》なことを解説するが、ここでも仏教との比較《ひかく》が理解《りかい》を助けてくれる。

因果律《いんがりつ》（causality）という論理《ろんり》がある。原因は結果を招《まね》き、結果は原因に拠《よ》る、という考え方である。すなわち、よいことをすればよい報《むく》いがある。悪いことをすれば悪い報《むく》いがある。

仏教の場合はこの因果律《いんがりつ》がまことに徹底《てってい》している。例外《れいがい》などはまるで出てこない。

仏教が六道輪廻《ろくどうりんね》という世界観《かん》を持つことも因果律《いんがりつ》を徹底《てってい》させるための要請《ようせい》であろう。

なぜなら、現実のこの世の中をみていると、滝沢馬琴《たきざわばきん》（江戸《えど》時代の戯作者《げさくしゃ》。『南総里見八犬伝《なんそうさとみはっけんでん》』などを著《あらわ》した。一七六七〜一八四八）の小説のような、因果応報《いんがおうほう》、勧善懲悪《かんぜんちょうあく》などという世界が実現《じつげん》しているわけではない。悪人が栄《さか》えたり、善人が苦労したり、因果律《いんがりつ》からすれば理不尽《りふじん》なことがたくさん起こっている。いや、理不尽《りふじん》なことのほうがむしろ多いのかもしれない。

普通《ふつう》の人は偶然《ぐうぜん》だとか例外《れいがい》だとかという理屈《りくつ》で納得《なっとく》しようとするが、仏教の場合には因果律《いんがりつ》は徹《てっ》底《てい》しているという。つまり、現世《げんせ》というレベルだけで見ればそのような矛盾《むじゅん》が生ずるが、次の世《よ》で報《むく》いを受けるという。したがって、来世《らいせ》、六道輪廻《ろくどうりんね》といった観念《かんねん》が必要となり、現世《げんせ》において悪い人間が栄《さか》えてよい人が困窮《こんきゅう》しても、来世《らいせ》、再来世《さらいせ》……とどこまでも続けば結局収支《けっきょくしゅうし》が合う、ということで整合性《せいごうせい》を保《たも》つ。

これはもともとバラモン教の考え方で、仏教はそこまで実体的《じったい》にはいっていないのではあるが、仏教の論理《ろんり》が因果律《いんがりつ》であること、これは一点の疑いもない。


それでは、キリスト教の論理《ろんり》は何か？

キリスト教は予定説（predestination, Vorherbestimmung, prédestination）である。論理的《ろんり》に比較《ひかく》すると、仏教は因果律《いんがりつ》。何かをすれば、それが原因となって結果が出る。ところが予定説の論理《ろんり》は、原因に関係なく結果はすでに決められているというもの。

譬《たと》え話で説明すると、大砲《たいほう》や鉄砲《てっぽう》の弾《たま》と、誘導《ゆうどう》ミサイルのような誘導弾《ゆうどうだん》との違いといえる。砲弾《ほうだん》や銃弾《じゅうだん》はそこに作用する力と初めの位置と初速度《しょそくど》が与えられれば運動は完全に判明《はんめい》し弾道《だんどう》計算ができる。空気抵抗《ていこう》や諸条件を加算《かさん》して、ゴルゴ13のように正確に狙《ねら》いを付ければ必ず当たる。また逆に、狙《ねら》いを外せば必ず外れる。要するに、原因によって結果が決まる。これが因果律《いんがりつ》である。

誘導《ゆうどう》ミサイルはそうではない。例えばニューヨークに必ず当てるとか、東京に当てるということがうまく設計されている誘導《ゆうどう》ミサイルは初期点《しょきてん》がどこであっても、初速度や諸条件が何であっても必ず命中《めいちゅう》する。逆にいえば、最初からどこに行くのか、すでに決まっている。それがテレオロジー（teleology）、すなわち目的論である。目的論の論理《ろんり》で貫《つらぬ》かれるのが予定説である。

難解なる予定説

予定説の論理《ろんり》とは何か。

誰《だれ》が救済《きゅうさい》され、誰《だれ》が救済《きゅうさい》されないかということは、神が一方的に決めて必ずそのとおりになる。

これがキリスト教の根本論理《ろんり》である。

しかしこの予定説は、ものすごく理解《りかい》が困難《こんなん》である。生まれたときからキリスト教に包まれている欧米人《おうべいじん》といえども、ほとんどの人は理解《りかい》できていないという難物《なんぶつ》なのだ。それを日本人に理解《りかい》させようというのはもう絶望《ぜつぼう》的に難《むずか》しい。そのため、日本でキリスト教の伝道《でんどう》をする人々は、ほとんどがそのへんをごまかしごまかしやってきた。

大体、日本でキリスト教の信者《しんじゃ》になる人というのは、牧師《ぼくし》さん、あるいは神父《しんぷ》さんの何ともいえない明朗《めいろう》な人柄《ひとがら》に打たれました、というように、そういった人間的魅力《みりょく》により信者《しんじゃ》になる人が多い。予定説をわかりやすく説明してくれたから信者《しんじゃ》になるなんて、そんな日本人がいるわけはないし、議論《ぎろん》しても興味《きょうみ》を持つ人間すらいないであろう。

しかし、その予定説こそがキリスト教の根本なのである。

予定説を理解《りかい》しようとするなら、最適《さいてき》のテキストが日本にある。それが内村鑑三《うちむらかんぞう》の著《あらわ》した『キリスト教問答《もんどう》』（講談社学術文庫）である。内村鑑三《うちむらかんぞう》が苦心惨憺《さんたん》して説明している。

問　キリスト教に予定ということがあるそうですが、そうですか。

答　そうです。これを英語でpredestination《プレデスティネーション》といいまして、ずいぶん議論《ぎろん》のある問題であります。
問　それはそもそも、どういう事でありますか。
答　それは読んで字のごとく、神に救《すく》われし者は神によって予《あらかじ》め定《さだ》められた者であるということであります。
問　そのようの《（ママ）》事をいまでも信ずる者がありますか。
答　いまは多くはありません。しかし昔はたくさんありました。（中略）
問　それでは重《かさ》ねてうかがいますが、貴下《あなた》は、人は何人《なんびと》も予《あらかじ》め神によって定《さだ》められたものでなければ神の救済《すくい》にあずかることはできないと仰《おお》せられるのでありますか。
答　そうであります。

このとおり、予定説を信じる者はキリスト教徒でもあまりいない、と内村《うちむら》も認《みと》めてしまっている。ところが、内村はそのことを認識《にんしき》したうえで、「人は何人《なんびと》も予《あらかじ》め神によって定《さだ》められたものでなければ神の救済《すくい》にあずかることはできない」と、予定説を認《みと》め、信じている。
それに対して質問者は、「救われる人、救われない人が予《あらかじ》め決まっているのは不公平ではないか」「予定が真理だとすれば、伝道《でんどう》の必要はないではないか」と内村に問いかけ、内村は苦心惨憺《くしんさんたん》してその反論をしている。

さすがに理解《りかい》が困難《こんなん》なテーマだけあって、内村の主張に首を傾《かし》げるところも少なからずある。例えば、こんな意味のことを書いている。「よいことをしたって悪いことをしたって、誰《だれ》を救うか、神が一方的に決めてしまうのは不公平ではないか」と聞かれ、内村は、こう説明したのだ。「神が不公平だというなら、自然だって不公平ではないか。ある女は絶世《ぜっせい》の美女なのに、ある女は二目《ふため》と見られぬ醜女《しこめ》に生むのだから」と。

この内村鑑三《うちむらかんぞう》の理解《りかい》は間違《まちが》っている。

カルヴァンだったら、何と答えるか。「不公平でいいのである」というだろう。「公平だとか不公平だというのは、人間のいうことだ。人間の感覚で神を批判《ひはん》するなど瀆神《とくしん》（神を汚《けが》すこと）行為も甚《はなは》だしい。神は絶対だから、人間社会の是非善悪《ぜひぜんあく》などの関係なしに、最大の悪人でも救済《きゅうさい》するのだ。人間が文句をいったって仕方《しかた》がない」と。

パウロの「ローマ人への手紙」を見よ。この手紙は、「ローマにいる、神に愛され召《め》された聖徒《せいと》一同へ」（第一章）宛《あ》てられている。「召された」ということは神に選ばれたということで、ひとりでに信仰心《しんこう》が起きる。そうでない人は神に捨てられたことになる。これももはや予定説なのである。

キリスト教は人間の意志を認めない

私は、はじめてジャンセニスムの教義を知ったとき、

――そんな馬鹿な――

と思った。

教義の説明はどの道むつかしいものではあるけれど、あえて大胆に、簡単に紹介すれば、この教義では……神がすべてをなす、人間はなにもできない。神の御恵みがだれにくだるか、これは神の考えにより決まっているのである。私たちが救われるか、地獄に堕《お》ちるか、それは生まれる前から決まっていることなのだ。（中略）

さんざん受験勉強をさせておいて、結果は、

――最初から決めてあったんでーす――

では、だれが真面目《まじめ》に受験勉強をするだろうか。試練に耐えうるだろうか。

（阿刀田高『旧約聖書を知っていますか』新潮文庫）

予定説のあまりの理不尽《りふじん》さは、この直木賞作家《なおきしょう》にとってもこれほどの驚《おどろ》きであり、一般の人にとってその受け入れがたさは容易《ようい》に想像がつこう。

ジャンセニスム（ヤンセン主義）とは、オランダの神学者、ヤンセン（一五八五～一六三八）の主《しゅ》張《ちょう》した予定説に完全に則《のっと》ったキリスト教学説で、フランスの劇詩人ラシーヌ（一六三九～九九）や、哲学者パスカル（一六二三～六二）らに強い影響《えいきょう》を与えた。

もともとキリスト教の根本教義《きょうぎ》であった予定説を、なぜヤンセンがことさら声高《こわだか》に訴《うった》えたのかと

いうと、この頃すでにカトリックによるキリスト教団の腐敗《ふはい》は末期的《まっきてき》までに進行し、秘蹟《ひせき》（サクラメント）の執行《しっこう》などによる教義破壊《きょうぎはかい》の流れに抗《こう》するためであった。この主張は、ルターやカルヴァンなどによる、プロテスタント宗教改革《かいかく》と同じ主旨《しゅし》を持つものであるが、詳《くわ》しいことは後に解説《かいせつ》することにし、いまは予定説の理解《りかい》に努《つと》めていただきたい。

さて、予定説に関《かか》わる重要な論争《ろんそう》が、ペラギウス論争《ろんそう》である。

五世紀の初め、ペラギウス（三六〇頃〜四二〇頃）という学者が、人間には意志の自由がある、と主張したところ、アウグスティヌス（三五四〜四三〇）は、人間には意志の自由は絶対存在《そんざい》しないと真《ま》っ向《こう》から否定し、大論争《ろんそう》となった。結局ペラギウスは異端《いたん》として弾劾《だんがい》されたのだが、神の意志のみを絶対視《ぜったいし》するキリスト教においては、人間に意志を認《みと》めないのは当然の帰結《きけつ》である。マルチン・ルターがその宗教的天才の絶頂《ぜっちょう》に達したときには、人間は奴隷《どれい》と同じで人間の意志の自由など一切《いっさい》ないという著作《ちょさく》を著《あらわ》したほどであった。あるのは神の意志のみ、人間はただ神の意志のままに行動すべし、これが予定説の帰結《きけつ》であり、キリスト教の本質である。

ユダヤ教では、まだ、予定説は確立《かくりつ》されてはいない。しかし、その萌芽《ほうが》は見られる。「ヨブ記」においては、ストレートな因果律《いんがりつ》（応報主義《おうほう》）に対する疑問は提出されたが、それが発育することはなかった。しかし、神の預言者《よげんしゃ》の選《えら》び方と、彼に対する報《むく》い方には、はっきりと予定説の濫觴《らんしょう》（ことはじめ）を見ることができる。

ここで旧約聖書から「エレミヤ書」を引くことにしよう。（併せて一五三頁も参照のこと）

こはベニヤミンの地アナトテの祭司《さいし》の一人なるヒルキヤの子エレミヤの言《ことば》なり。アモンの子ユダの王ヨシヤのとき、すなわちその治世《みよ》の十三年に、ヤハウェの言エレミヤに臨《のぞ》めり。ヤハウェの言《ことば》我に臨《のぞ》みていう、「我汝《なんじ》を腹に作らざりしさきに汝《なんじ》を知り、汝《なんじ》が胎《はら》を出でざりしさきに汝《なんじ》を聖《きよ》め、汝《なんじ》を立てて万国の預言者となせり」と。我答えけるは、「ああ、主ヤハウェよ、視《み》よ、我は幼少《おさなき》により語ることを知らず」。ヤハウェ我に言いたまいけるは、「汝《なんじ》『我は幼少《おさな》し』というなかれ。すべて我が汝《なんじ》に遣《つか》わす処《ところ》に往き、我が汝《なんじ》に命ずるすべてのことを語るべし。汝《なんじ》彼らの面《かお》を畏《おそ》るるなかれ。そは汝《なんじ》とともにありて汝我《なんじわれ》を救うべければなり」とヤハウェ言いたまえり。

（関根正雄、木下順治編『聖書』筑摩書房）

神は、まだ生まれてもいない子供に預言者《よげんしゃ》たることを一方的に決めている。

ここで、大事な点にお気づきだろうか。この選ばれた者が、どういう資質《ししつ》があるのか一言もいっていない。神が一方的に選ぶだけで、能力、学問の高さ、徳行《とっこう》、一切《いっさい》関係ない。しかも本人が嫌《いや》だ嫌《いや》だといっても駄目で、神が宣言した預言者《よげんしゃ》指名は、絶対辞退《じたい》もできず、やめられもしない。それが予定説である。代表的な預言者《よげんしゃ》としてエレミヤを挙《あ》げたが、他の預言者《よげんしゃ》もまた同様である。

予定説と日本人

予定説と因果律《いんがりつ》の違いをもうひとつ譬《たと》えてみよう。

病気を例《れい》にとる。因果律《いんがりつ》で説明すると、タバコ、酒、または体質《たいしつ》という原因があり、病気になる。ところが予定説では、病気になる人は初めから決まっている。なる人はなる、ならない人はならない。家系《かけい》がその病気家系《かけい》だから、などという理由があったら、それは予定説ではなく因果律《いんがりつ》の考え方の領分《りょうぶん》になる。

あくまで譬《たと》え話なので、実態《じったい》とイコールではないが、この例《れい》でいえば、論理《ろんり》が因果律《いんがりつ》であれば、タバコやお酒をやめようという気にもなるけれど、予定説であれば、病気になるもならないも、もう決まっているのなら、タバコを吸《す》おうがお酒を飲もうが関係ないじゃないか、となってしまう。特に、宗教的な素養《そよう》がなく素朴《そぼく》にとらえる日本人は、たいていの人がこう思うはずだ。実はキリスト教文化圏《ぶんかけん》に生まれ育った欧米人《おうべい》にも同じ思いはある。これは、人間心理として当然《とうぜん》のことであり、そのことが、内村鑑三《うちむらかんぞう》の、「信じる人はいまはもう多くない」という言となって表れている。

日本人に予定説が特になじまないのは、日本の気候風土《きこうふうど》によるところが大きいであろう。農耕《のうこう》に適《てき》し、種を蒔《ま》いて、水を撒《ま》いて、芽《め》が出て、実がなり、収穫《しゅうかく》し、食する、という生活パターンに慣《な》れているから、因果律《いんがりつ》的な発想の仕方になるという側面《そくめん》はある。キリスト教の生まれた岩と砂の土地では、作物《さくもつ》も根付《ねづ》きにくいし、突然《とつぜん》の砂嵐《すなあらし》や暴風雨《ぼうふうう》などで台無《だいな》しになることも少なくない。

因果律《いんがりつ》に頼《たよ》るほうが理不尽《りふじん》とも思っているのかもしれない。

しかし、神学《しんがく》的にも、日本人に予定説がなじまない理由は解明《かいめい》できる。

もっと素朴《そぼく》に日本人と予定説の問題を考えると、日本人は、よいことをした者に対し救済《きゅうさい》しないかもしれないし、悪事を犯《おか》した者を救済《きゅうさい》するかもしれない、そんな勝手気《かって》ままな神様は許さないのだ。そんな神様は、淫祠邪教《いんしじゃきょう》（悪い神様、人を惑わす教え）の類《たぐい》だと攻撃対象《こうげきたいしょう》にしてしまう。つまり、日本人は、神は人間の僕《しもべ》だと思っている節《ふし》があるのである。

根本的な感じ方からいうと、日本にはまず人間が先にありき。そして、人間の役に立つ神様、つまり御利益《ごりやく》を授《さず》けてくれる神様がよい神様、役に立たない神様は悪い神様なのである。

ところが、キリスト教、ユダヤ教、イスラム教などの啓典《けいてん》宗教においては、まず初めに神が厳然《げんぜん》として、ある。そして神は天と地の間にあるすべてのものを創造《そうぞう》し、すべての法則《ほうそく》も是非善悪《ぜひぜんあく》も創《そう》造《ぞう》した。勿論《もちろん》、すべての人間は神様がつくりたもうた。つまり、人間は神の被造物《ひぞうぶつ》であり、生かそうとも殺《ころ》そうとも神の意志のまま。これはパウロに言わせると、壺《つぼ》造りと壺《つぼ》のような関係ということだ。気に入らないとなれば、叩《たた》き割《わ》ってしまっても誰《だれ》も文句などいえない。

先に、キリスト教は「神前法後《しんぜんほうご》」、仏教は「法前仏後《ほうぜんぶつご》」、という話をしたが、そのやり方に倣《なら》えば、日本人は「人前神後《じんぜんしんご》」、つまり、人が前にあって神が後にくるという論理《ろんり》の持ち主ともいえよう。啓典《けいてん》宗教的には論外《ろんがい》で、まことに特異《とくい》な民族とさえいえる。

神義論

日本人、いや欧米人《おうべい》にとっても最《もつと》も理解困難《りかいこんなん》であるといわれてきたキリスト教独自《どくじ》の特徴《とくちよう》である予定説について論《ろん》じたが、もう一つの大きな特徴《とくちよう》がその神義論《しんぎろん》（Theodizee《テオディゼー》）である。

いずれも、他の諸《しよ》宗教には全《まつた》く類例《るいれい》を見ないものであり、敬虔《けいけん》なクリスチャンでさえも、その真《しん》諦《てい》にまで達《たつ》しているともいいがたい。

神義論《しんぎろん》とは、マックス・ヴェーバーの言葉であるが、宗教の本質《ほんしつ》を衝《つ》く重要なテーマである。

その説明のため、まず儒教《じゆきよう》から例《れい》を引こう。

中国の歴史を記《しる》した大著『史記《しき》』は、儒教《じゆきよう》のイデオロギーそのものではないものの、儒教《じゆきよう》に限りなく近い。その『史記《しき》』の「列伝」は、「天（神）が善人（義人）に報《むく》いるとはどんなことか」という問いかけから始まる。名高い「伯夷列伝第二《はくいれつでん》」である。

伯夷《はくい》と叔斉《しゆくせい》の兄弟は、孔子《こうし》や太公望《たいこうぼう》も絶賛《ぜつさん》した義人《ぎじん》である。仁《じん》を積《つ》み行いを潔《いさぎよ》くした。その伯《はく》夷《い》と叔斉《しゆくせい》は、「于嗟《ああ》、命《めい》の衰《おとろ》えたるかな」と嘆《なげ》いて首陽山《しゆようさん》で飢《う》え死にをした。

孔子《こうし》の優《すぐ》れた七〇人の弟子《でし》のなかでも、とくに顔回《がんかい》は秀《ひい》でていて、孔子《こうし》も激賞《げきしよう》していた。その顔回《がんかい》は、満足な食事もできないほど貧困《ひんこん》にあえぎ、飢え死にに近いほどの状態で夭折《ようせつ》（若死に）した。

老子《ろうし》は、「天道（神）はえこひいきをしない。常《つね》に善人に与《くみ》す」（『老子』七九章）といっているけれども、果たして本当なのであろうか。

伯夷《はくい》、叔斉《しゅくせい》、顔回《がんかい》という最高の善人がこんなに酷《ひど》い目に遭《あ》わせられているのに比《くら》べ、最低の悪人として名高い盗跖《とうせき》はどうか。毎日罪《つみ》のない者を殺《ころ》し、人の肉を生で食い、兇悪《きょうあく》で横暴《おうぼう》で、子分を何千人も率《ひき》いてギャングをした盗跖《とうせき》が、生涯《しょうがい》、富《と》み栄《さか》え、長生きして安らかに死んだのであった。これは何の徳《とく》を行ったのであるのか（『史記』「伯夷列伝《はくいれつでん》第一」）。

『史記』を著《あらわ》した司馬遷《しばせん》（前一四五頃～八六頃）は、「これらは、とくに著《いちじる》しい例」であるとコメントしている。同様《どうよう》な例は、歴史で見ても、あまりにも多いと嘆《たん》じているのである。

司馬遷《しばせん》は、中国史を跋渉《ばっしょう》（ひろくあたる）して、神義論《しんぎろん》の問題を提起《ていき》したが、これに対する孔子《こうし》の答えのエッセンスは次のとおりである。

「儒教《じゅきょう》の目的は、個人の救済《きゅうさい》ではなくて天下国家の救済《きゅうさい》である。天子《てんし》（王）が、君子《くんし》（役人）の輔《たす》けでよい政治を行えば、天下国家がよくなり、すべてがよくなる。経済も社会もよくなり、自然も超自然《ちょうしぜん》もよくなって、個人もみんな幸せになる。これが、儒教《じゅきょう》の救済《きゅうさい》である」（詳《くわ》しくは、第六章を参照）。

とはいうものの、個人個人が、こんな間接《かんせつ》的な救済《きゅうさい》だけで我慢《がまん》ができるものではない。聖人《せいじん》が天子になって、君子《くんし》を役人にすれば、結局《けっきょく》は救われるなどといってみたところで、伯夷《はくい》、叔斉《しゅくせい》、顔回《がんかい》、という善人が救われないで、盗跖《とうせき》のような悪人が報《むく》いを受けないのを目の前にするときにどうする。儒教《じゅきょう》はこの問いに答えようとしない。これが、因果応報《いんがおうほう》主義（よいことをすればよい報《むく》いがあり、悪いことをすれば悪い報《むく》いがある）を掲《かか》げる仏教と道教とが、中国の庶民《しょみん》の間に広まった理由である。

人は宗教に因果応報《いんがおうほう》（賞罰応報主義《しょうばつおうほう》）を期待《きたい》する。しかし現実には、必ずしもそうはゆかない。これを見た人々は、「神も仏もないものか」という気持ちを禁じえまい。こんな気持ちをしずめて、「神はここにいる」ことを実感《じっかん》させるためには、その理由の説明が必要になる。「この理由によって、善人とて苦難《くなん》し、悪人とはいえ逸楽《いつらく》（気ままに遊びほうけること）ができるんだ」ということが説明されなければならないのである。すなわち、神が義《ぎ》であることが証明《しょうめい》されなければならないのである。

これを神義論《しんぎろん》という。また、弁神論《べんしんろん》と訳《やく》す人もいる。悪の存在《そんざい》に対して神の義《ただ》しさを弁証《べんしょう》する方法という意味である。

神義論《しんぎろん》は、どの宗教でも中心テーマになる。神義論《しんぎろん》を見ると、その宗教の本質《ほんしつ》が明らかになる。儒教《じゅきょう》の神義論《しんぎろん》を見れば、その不完全さは否《いな》めず、その解決法において儒教《じゅきょう》は政治的宗教であることが明白《めいはく》になってくるではないか。

ヴェーバーは、神義論《しんぎろん》を完全に解決したのはヒンドゥー教とキリスト教である、といった。

ヒンドゥー教には、業《ごう》と輪廻《りんね》の思想《しそう》がある。人間の魂《たましい》は、死に変わり生まれ変わって、どこまでも生き続ける。肉体は変わっても、魂《たましい》はいつまでも生き続けてゆく。そして、この世における行動の善悪によって業《ごう》がつくられる。その業《ごう》によって魂《たましい》が来世《らいせ》に生まれ変わってきたときの幸不幸が決められる。

しかも、業《ごう》の因果《いんが》関係（善因楽果《ぜんいんらくか》、悪因苦果《あくいんくか》）は、現世《げんせ》と来世《らいせ》だけではない。来世《らいせ》から来々世《らいらいせ》へ、さらに来々々世《らいらいらいせ》……へと限りなく繰《く》り返される。その結果、その世だけみると報《むく》われ方に過不足がある業《ごう》の因果《いんが》も、輪廻転生《りんねてんせい》の繰《く》り返しを見通《みとお》せば、ついに過不足《かぶそく》なく決算《けっさん》される。

ヒンドゥー教とならんで、神義論《しんぎろん》が理論《りろん》的に完全な宗教がキリスト教である。

『旧約聖書』の「ヨブ記」のテーマは、まさに神義論《しんぎろん》である。

潔白《けっぱく》で信仰《しんこう》心の篤《あつ》い富豪《ふごう》ヨブは、彼の信仰《しんこう》を疑《うたが》うサタンと神の論争《ろんそう》から試練《しれん》を与《あた》えられ、家族の死や難病《なんびょう》を病《や》む羽目《はめ》に陥《おちい》らされた。ヨブを慰《なぐさ》めにやってきた三人の友人は、因果応報《いんがおうほう》主義を前提《ぜんてい》として、ヨブの不幸を、「ヨブは完全な善人のように見せかけながら、隠《かく》れてどこかで悪行《あくぎょう》をしているにちがいない」といいたててヨブを追及《ついきゅう》している。彼ら三人は、キリスト教の神義論《しんぎろん》ということをまだ理解《りかい》していないのである。

キリスト教の予定説は、ヒンドゥー教の因果律《いんがりつ》と全《まった》く対蹠《たいせき》的（正反対）でありながら、神義論《しんぎろん》として完璧《かんぺき》である。恩恵《おんけい》を与《あた》えて救済するか、恩恵《おんけい》を与《あた》えないで救わないかは、神の自由な選択《せんたく》による。神に選ばれるか選ばれないかは、人間には少しの関係もなく、如何《いかん》ともすることは不可能《ふかのう》なのである、というこの予定説によれば、義人《ぎじん》の苦難《くなん》も悪人の栄《さか》えも、神がかくのごとく決めたもうたと説明できるので、神義論《しんぎろん》として完璧《かんぺき》なのだ。

理論《りろん》では理解《りかい》しても、心情的に納得《なっとく》できない読者も多くあることだろう。すでに論じたように、キリスト教の論理《ろんり》は予定説であることは明白《めいはく》であるが、これほど一般《いっぱん》には受け入れ難《がた》い教義《きょうぎ》もない。

事実、ユダヤ教の素朴《そぼく》な因果律《いんがりつ》がキリスト教の予定説に行きつくまでには紆余曲折《うよきょくせつ》があった。

神義論《しんぎろん》には、幸福《こうふく》の神義論《しんぎろん》（Theodizee des Glückes）と苦難《くなん》の神義論《しんぎろん》（Theodizee des Leidens）とがある。

幸福《こうふく》の神義論《しんぎろん》とは、幸福《こうふく》な人々がなぜ幸福《こうふく》であるかを説明してくれる宗教的教義《きょうぎ》である。とくに大切なのが、支配者層《しはいしゃそう》に属《ぞく》する人々が、自分たちが支配者《しはいしゃ》であるのは正当であり、決して不当ではないことを理由づけてくれる教義《きょうぎ》である。例えば、自分が君主《くんしゅ》であるのは、偉大《いだい》なる英雄《えいゆう》の子孫であるとか、神々の子孫であるからだ、などの説明である。古来の神話には、このようなものが多い。

「幸福《こうふく》の神義論《しんぎろん》」のなかでも、理論上整備《せいび》され顕著《けんちょ》なものとして、ヒンドゥー教の神義論《しんぎろん》がある。

周知《しゅうち》のように、ヒンドゥー教によるインドの階層《かいそう》は、貴族《きぞく》、平民《へいみん》などという単純《たんじゅん》なものではない。バラモン（司祭階級《しさいかいきゅう》）、クシャトリア（王侯《おうこう》、武士階級《ぶしかいきゅう》）、バイシャ（庶民階級《しょみんかいきゅう》）、シュードラ（隷属民《れいぞくみん》）というカースト制《せい》と、さらにカーストの外にはみだしたアウトローの人々さえいる。カースト制は、複雑怪奇《ふくざつかいき》をきわめ、どのカーストのどこに属《ぞく》するかによって、人々の行動様式《ようしき》も幸福《こうふく》追求《ついきゅう》のチャンスも、まるで違ってくる。こうした現世《げんせ》における身分の差異《さい》もすべて前世《ぜんせ》の業《ごう》に由来《ゆらい》していると唱《とな》えるのがヒンドゥー教。まことに、首尾一貫《しゅびいっかん》した見事《みごと》な幸福《こうふく》の神義論《しんぎろん》ではないか。

これほど論理明快《ろんりめいかい》ではないが、神義論《しんぎろん》の多くは、幸福《こうふく》の神義論《しんぎろん》の系譜《けいふ》に属《ぞく》する。すなわち、短期的には、反対の例も見られるが、長期的には結局《けっきょく》、幸福《こうふく》の神義論《しんぎろん》は実現される、と説明している。

ユダヤ教、イスラエルの宗教の神義論《しんぎろん》は、これとは正反対のものである。それは、イスラエルの被差別《ひさべつ》社会層《そう》のなかに発芽《はつが》を見た初めての神義論《しんぎろん》である。

つまり、いまは身分《みぶん》が低く貧《まず》しくても、厳《きび》しい倫理《りんり》的行為を守ってゆけば、地上において神の国が実現したときに、まっ先に入ることができる、というものである。これは、きわめて独特《どくとく》な神義《しんぎ》論《ろん》であって、後《のち》の「苦難《くなん》の神義論《しんぎろん》」の先駆《せんく》をなすものである。

しかし、イスラエル諸部族《しょぶぞく》がカナンの征服《せいふく》に成功し、ダビデ、ソロモンの王朝《おうちょう》を形成《けいせい》し全盛期《ぜんせいき》を迎える頃になると、この本来の神義論《しんぎろん》は色褪《いろあ》せてきた。すなわち、ダビデら支配者の正統性を弁《べん》証《しょう》する（証明《しょうめい》する）幸福《こうふく》の神義論《しんぎろん》が幅《はば》を利《き》かせてきたのである。それらは、ダビデ、ゴリアテの話やダビデの英雄譚《えいゆうたん》（物語《ものがたり》）はじめ、士師《しし》（国難の際に民衆の指導者となった者）たちの武勇伝《ぶゆうでん》からも窺《うかが》える。

しかし、栄華《えいが》を誇《ほこ》るユダヤ、イスラエル王朝《おうちょう》のなかでは、門閥貴族《もんばつきぞく》がますます富《と》んでゆく反面、債務奴隷《さいむどれい》（借金《しゃっきん》による奴隷《どれい》）に落ちてゆく農民や手工業者《しゅこうぎょうしゃ》たちが増《ふ》えていった。

こうした苦難《くなん》のなかにある人々が、かえってイスラエル本来の神義論《しんぎろん》を受け継いで発達させていった。またさらに、預言者《よげんしゃ》を迎《むか》え入れ預言者《よげんしゃ》が大活躍《かつやく》できる基盤《きばん》をつくりあげていった。

そこへ、アッシリアによる北イスラエル王国の滅亡《めつぼう》、南ユダ王国の滅亡《めつぼう》と民《たみ》の「バビロン捕囚《ほしゅう》」という結末《けつまつ》を迎えるに至り、ユダヤの人々は七〇年間にも及ぶ、言語につくせぬ苦難《くなん》をなめた。この体験が、ユダヤの人々のなかに本来の神義論《しんぎろん》を力強く復活させ、世界史上唯一無二《ゆいいつむに》の「苦難《くなん》の神義論《しんぎろん》」を生み出すことになったのである。

規範なきキリスト教

天地を創造《そうぞう》した、全知全能《ぜんちぜんのう》（Omnipotent）、遍在《へんざい》（どこにでもいることOmnipresent）の人格的唯《ゆい》一《いつ》絶対神。それは、ユダヤ教のヤハウェがそこへ向けて収束《しゅうそく》しキリスト教に伝えたものである。またそれは、イスラム教のアッラーともなった。

前章にも記《しる》したように、ユダヤ教、キリスト教、イスラム教は啓典《けいてん》宗教である。

啓典《けいてん》宗教は、神が啓示《けいじ》（reveal）したまえる啓典《けいてん》を持つ。ユダヤ教の『トーラー』、キリスト教の『福音書《ふくいんしょ》』、イスラム教の『コーラン』が啓典《けいてん》である。啓典《けいてん》は神との契約《けいやく》であり、これが宗教の根本となる。

この契約《けいやく》という言葉には注意が必要で、近代資本主義《きんだいしほんしゅぎ》社会でいう契約《けいやく》と違い、神との契約《けいやく》は神が一方的に結ぶ契約《けいやく》のことである。契約《けいやく》を交《か》わす権利も、解消する権利も神にしかない。したがって、神の命令と同義語《どうぎご》（同じ意味の言葉）となる。

ユダヤ教、イスラム教においては、神との契約《けいやく》は、戒律《かいりつ》、規範《きはん》、法律《ほうりつ》の基本となる。（宗教の）戒律《かいりつ》と（社会の）規範《きはん》と（国家の）法律《ほうりつ》とが同一《どういつ》であるユダヤ教やイスラム教とは全《まった》く違って、キリスト教の啓典《けいてん》である『福音書《ふくいんしょ》』は、全《まった》く規範《きはん》（norm　戒律《かいりつ》、倫理道徳《りんりどうとく》）を欠《か》いている。『福音書《ふくいんしょ》』に記《しる》された神の命令は、すべてが人間の心の持ち方、考え方、心構え、良心《りょうしん》に対する命令であって、外面的行動に関する命令は一つもない。いい換《か》えれば、キリスト教に規範（戒律《かいりつ》、倫理道徳《りんりどうとく》）はないのである。

こういえば、クリスチャン、あるいはクリスチャンを知る人は驚愕《きょうがく》する。「キリスト教に、戒律《かいりつ》、倫理道徳《りんりどうとく》がないなんて！　日本でも、クリスチャンほど倫理道徳《りんりどうとく》にやかましい人はいないじゃないか。アメリカだって、キリスト教が生きている所では倫理道徳《りんりどうとく》はしっかりしている。明治時代から、敬虔《けいけん》なクリスチャンは、いい人だけどあの人がいると気がおけて仕方《しかた》がないとうっとうしがられるほどではないか。キリスト教には、倫理道徳《りんりどうとく》がないどころか、むしろ、ありすぎるぐらいではないのか」と。

ここでいう規範《きはん》とは、守ったか破《やぶ》ったかが一目でわかる規範《きはん》のことである。内面的行動は守ったか破ったかが全《まった》く明らかではない。外面的行動についての正確なルールがはっきりしており、守ったのか破《やぶ》ったのかが一義《いちぎ》的に決まらないと、規範《きはん》としては困《こま》るのだ。

例《れい》を挙《あ》げてみよう。

「汝《なんじ》、姦淫《かんいん》することなかれ」という聖書の文言《もんごん》がある。姦淫《かんいん》とは「セックス」全般《ぜんぱん》を指《さ》しているわけではは勿論《もちろん》ない。それでは、種《しゅ》が絶《た》えてしまう。では、何が許されないセックスなのか。新約ではそれがさっぱりわからない。

それに対して、ユダヤ教の正典《せいてん》たる『トーラー』には「レビ記」にしっかりと記述《きじゅつ》がある。例《たと》えば、近親相姦《そうかん》の禁止を記《しる》している「レビ記」第一八章には、母、父の妻、姉妹、父母の姉妹、父母の兄弟の妻……といった具合に、事細《ことこま》かにその「犯《おか》してはいけない間柄《あいだがら》」を明示《めいじ》している。これが、規範《きはん》というものである。

また、「出《しゅつ》エジプト記」には、神に奉納物《ほうのうぶつ》を捧《ささ》げる際《さい》の作法《さほう》や決まりがきちんと書かれている。神が受けてよい奉納物《ほうのうぶつ》は、金銀、青銅《せいどう》、青・紫《むらさき》・緋《ひ》のより糸、亜麻布《あまぬの》、山羊《やぎ》の毛、赤くなめした雄羊《おひつじ》の皮……。聖所《せいしょ》の幕屋《まくや》の作り方は、おのおの長さ二八キュビト（一キュビトは約四四センチ）、幅《はば》四キュビトの十枚の幕で作り、その幕は、より糸で織《お》った亜麻布《あまぬの》を用い……。香《こう》を焚《た》くための祭《さい》壇《だん》の作り方は、アカシヤ材を使用し、長さ五キュビト、幅五キュビトの四角形で高さは三キュビト。上面と周《まわ》りの側面と角に青銅をかぶせ、その周《まわ》りに金の飾《かざ》り縁《ふち》を作る……。

これほどまでに、外面的行動を律《りっ》したのちに、初めて規範《きはん》たりうるのである。

とはいえ、『トーラー』だけですべての規範《きはん》を規定《きてい》できるわけもない。ましてやユダヤ人社会は発達し複雑化《ふくざつか》して、『トーラー』の本文だけでは解釈《かいしゃく》しきれない場合も次々と現れてきた。

それを補《おぎな》うために用《もち》いられてきたのが、『トーラー』に直接《ちょくせつ》記述《きじゅつ》のない部分を律法《りっぽう》学者によって研究、解釈《かいしゃく》され、伝承《でんしょう》されてきた「ミシュナ」と呼ばれる口伝《くでん》で、ミシュナとは「繰《く》り返し」という意味である。この「ミシュナ」を文書化し、それに関する学者たちの議論《ぎろん》と解釈《かいしゃく》（「ゲマラ」＝「補完《ほかん》、完結」の意）がまとめられて成文化《せいぶんか》されたものが「タルムード」（Talmud「学習」の意）である。これは、いわば『トーラー』の施行規則集《しこうきそくしゅう》であり、『トーラー』のこの言葉、条文《じょうぶん》はこのようなことを意味するという形式で書かれた厖大《ぼうだい》な条文集《じょうぶんしゅう》である。「タルムード」には、四世紀に成立したパレスチナ版と六世紀に成立したバビロニア版とがあるが、とくに断《ことわ》らなければ後者を指《さ》す。「タルムード」のボリュームは厖大《ぼうだい》であり、全二〇巻、一万二〇〇〇頁、二五〇万語以上に及ぶ。

先に、イスラム教が『コーラン』を基本にして、「スンナ」以下の法源体系《ほうげんたいけい》を整《ととの》えていたことに言及《げんきゅう》したが（詳《くわ》しくは第五章で触れている）、規範《きはん》、法律《ほうりつ》、戒律《かいりつ》が一体であるユダヤ教も同じことで、この「タルムード」をいわば第二法源《ほうげん》として、以下「バライタ」、「メギラ」（敷衍《ふえん》、補遺《ほい》）、「トセフタ」（欄外《らんがい》）などの下位（補充《ほじゅう》）法源が続く。

この点に関するかぎり、太古にできた五経《ごきょう》に孔子《こうし》が解説、注釈《ちゅうしゃく》をつけ、それに朱子が朱注《しゅちゅう》をつけ、それにまた後世《こうせい》の学者が注疏《ちゅうそ》（注釈《ちゅうしゃく》につけた注）をつけたようなものであるが、宗教が学問の流れにのると決疑論《けつぎろん》（ややこしい理屈《りくつ》）は、このようにはてしなく広がってゆくものなのである。

しかし、そのような明確《めいかく》な規定《きてい》が少しもないのがキリスト教である。

「イエスは主《しゅ》であると口で言い表し、神はイエスを死から甦《よみが》えらせたもうたと心で信ずるなら、あなたは救われる」というのがキリスト教教義《きょうぎ》のすべてであるとまでいってもよい。様式《ようしき》はいらない、ただ信じるだけでいい。

イスラム教では、こういう具合《ぐあい》にはいかない。「神を信ずる」やり方、作法が、信仰告白《しんこうこくはく》からはじまって細《こま》かく定義《ていぎ》されている。その神にしても、神の属性《ぞくせい》が細《こま》かに規定《きてい》されている。そのすべてを信じないといけないのである。勿論《もちろん》、まっ先に、神を信じなければならないのであるが、信ずべきものはアッラーのみに限《かぎ》らない。詳《くわ》しい説明はイスラムの章（第五章）を参照《さんしょう》いただきたい。

キリスト教の場合には、「神」とは何か、細目《さいもく》の規定《きてい》は何もない。天地を創造《そうぞう》した全知全能遍在《ぜんちぜんのうへんざい》の人格的唯一《ゆいいつ》絶対の人格神、それだけである。イスラム教の神とは違って、神がどんな人格を持つか能力を持つか詳《くわ》しくは述《の》べられていない。

「信ずる」とはどういうことか。心でただ信ずるだけであって、信仰《しんこう》を証明《しょうめい》するための儀礼《ぎれい》は何もない。心でだけ信じ、口で言い表しさえすればよいのである。しかも、神以外の信仰《しんこう》対象については、何も書かれていない。

ということは、「言い表し」方の方法が特定《とくてい》されていないのだから、内容が確かでさえあれば、どんなふうにでも、当人《とうにん》が勝手《かって》に言い表してよい。何の儀礼《ぎれい》も決まっていないのであるから、いつなんどきでも、個人が自由に神様に申《もう》しあげさえすれば、それだけで十分《じゅうぶん》である。

何とまあ完全に自由なのだろうと、思わず溜《た》め息《いき》がでるではないか。

ひとつのコメントとして、隠《かく》れキリシタンは可能《かのう》であるが、隠《かく》れムスリム（イスラム教徒）は不《ふ》可能《かのう》であるということである。

スペイン国土をキリスト教徒が恢復《かいふく》したとき、イスラム教徒の大虐殺《ぎゃくさつ》が行われた。「スペイン」といえば苛烈《かれつ》な異端《いたん》（同教異派《どうきょういは》）審問《しんもん》で知られているが、それとの比較《ひかく》さえも絶《ぜっ》する激《はげ》しさと厳《きび》しさとで異教審問《いきょうしんもん》が行われ、イスラム教徒の大虐殺《ぎゃくさつ》が行われたことが、歴史研究によってさらに詳しく知られてきた。

イスラム教徒がキリスト教徒の為政者《いせいしゃ》（政治権力者）に発見されたが最後、このうえなく残酷《ざんこく》なやり方で殺《ころ》される。しかも、不幸なことに、イスラム教徒を貫《つらぬ》くためには、外部的行動で儀礼《ぎれい》を行うことが必要である。いつ何時《なんどき》、声をあげて……と決まっており、これを行わねば信仰《しんこう》たりえない。礼拝《れいはい》をしているところを発見されたら万事休《きゅう》す。食物規制《しょくもつきせい》一つとってみても、あいつは絶対に豚を食わないなどと目を付けられれば、これはあやしいとイスラム教徒の嫌疑《けんぎ》がかけられる。

しかし、行動が問われないキリスト教徒ならば、隠《かく》れキリシタンで通せるのである。

日本人の「キリシタン・バテレン」は、壮烈《そうれつ》きわまりない殉教《じゅんきょう》で世界の人々を感嘆させたが、キリスト教の教義《きょうぎ》の理解《りかい》が十分《じゅうぶん》であったならば、容易《ようい》に、隠《かく》したままで押し通せたはずだ。

踏《ふ》み絵に使う板なぞ、何が画《か》いてあろうとも被造物《ひぞうぶつ》にすぎない。いや、偶像《ぐうぞう》（それが何の偶像《ぐうぞう》であっても）崇拝《すうはい》は厳禁《げんきん》されているではないか。心の中では、私は偶像崇拝《ぐうぞうすうはい》は拒否《きょひ》しますと念じながら、踏《ふ》み絵の板をエイヤと踏《ふ》みにじっても何ら信仰《しんこう》に陰《かげ》りはない。それどころか、偶像崇拝《ぐうぞうすうはい》禁止の教義《きょうぎ》に適《かな》っているとさえいえるのである。

しかし、現在のキリスト教会では、数多くの戒律《かいりつ》がある。それはなぜなのか。

現在の戒律《かいりつ》は何の戒律《かいりつ》かというと、まず修道院《しゅうどういん》の戒律《かいりつ》であり、また、教会の戒律《かいりつ》である。それは、教団として運営《うんえい》していくため、布教《ふきょう》していくためにできあがっていったもので、さらにはっきりいうと、教義上《きょうぎ》は、修道院《しゅうどういん》とイエス・キリストは何の関係もない。同じく教義《きょうぎ》上は、イエス・キリストとカトリック教会に何の関係もない。この点、仏教と根本的に違う。

仏教の戒《かい》というのは、釈迦が決めた戒め《いまし》であり、律《りつ》とはサンガを運営するためのルールである。

イスラム教の戒律《かいりつ》というのは、神が決めたもうて預言者《よげんしゃ》マホメットに告げた戒律《かいりつ》である。

ユダヤ教の戒律《かいりつ》は神が決めたもので、それを預言者《よげんしゃ》モーセに伝えたもうた戒律《かいりつ》である。

ところが、イエス・キリストが決めたもうた戒律《かいりつ》は何もないのである。

なぜなら、キリスト教は『福音書《ふくいんしょ》』が最高の啓典《けいてん》だといっているのだから、そこに人間の行動についての具体的な命令が何も書いていない以上、キリスト教には戒律《かいりつ》がないとしかいいようがないではないか。

救済の条件

キリスト教は、信仰《しんこう》のみを救済《サルベーション》の条件とする宗教である。人の内面における信仰《しんこう》の他に、何ものも救いのために行動が必要とされないことを前項《ぜんこう》で述《の》べた。

この点においてキリスト教はその他の宗教とは全《まった》く違う。人の外面的行動は、救いとは少しの関《かか》わりもない。このことは、パウロによって明快《めいかい》に説明されている。

パウロは、すべての人は罪人《つみびと》であることを指摘《してき》する。

では、すべての人は救われないのか。救われる人は一人もいないのか。比喩《ひゆ》的にいいあらわせば、みんな地獄《じごく》行きなのか。パウロは、「いや、そうではない」と答えている。

もし、神が人の外面的行動に目をつけて救うか救わないかを決めるのならば、救われる人は一人もいないであろう。罪人《つみびと》である人間は一人残らず救われるはずがない。

しかし、恵《めぐ》み深い神は、人間の罪《つみ》はみな無視《むし》なさる。外面的行動は問わず、内面的信仰にだけ着目《ちゃくもく》したまう。人間が内面において神を信仰《しんこう》すれば、ただそれだけで、神は恩恵《おんけい》を与《あた》えて救いたまうのである。

これは驚《おどろ》くべき教義《きょうぎ》だとは思わないか。他の諸宗教とは全《まった》く異質的である。神に救われるためには、善行《ぜんこう》も修行《しゅぎょう》も少しも必要ではない。こういうことなのである。

ユダヤ教やイスラム教においても、信仰《しんこう》は重視《じゅうし》する。しかし、「信仰《しんこう》だけ」ということはない。確固《かっこ》とした戒律《かいりつ》(宗教のさだめ)があって、外面的行動によってその戒律《かいりつ》を守らなければならない。外面的行動を無視《むし》しては、ユダヤ教やイスラム教は成立しえないのである。

仏教徒の務めは、釈迦《しゃか》が定めた「戒《かい》」と、僧伽《サンガ》の「律《りつ》」を守ることにある。戒律《かいりつ》を守る必要がなくて外面的行動が全《まった》く自由であるというのは、ごく限られた例外《れいがい》だけである（例《たと》えば独覚《どっかく》。縁覚《えんがく》ともいう。第四章参照）。外面的行動を問われる戒律《かいりつ》を無視《むし》しては仏教は成立しえないのである。仏教は、外面的行動としての戒律《かいりつ》をきわめて重視《じゅうし》する。戒律《かいりつ》のみを記《しる》した律蔵《りつぞう》というお経《きょう》まであるほどであり、それを専門《せんもん》に研究する律宗《りっしゅう》という宗派《しゅうは》まで成立したほどだ。

儒教《じゅきょう》の戒律《かいりつ》は、すべて外面的行動に関するものばかりである。人間の内面的行動なんかどうでもいい、とまではいっていないものの、実質《じっしつ》的にそのように解釈《かいしゃく》する儒学者《じゅがくしゃ》もおり、「舜《しゅん》の服を着、舜《しゅん》の言《げん》を唱《しょう》し、舜《しゅん》の行いを行えばこれ舜《しゅん》のみ」、すなわち、外面的行動が聖人《せいじん》たる帝舜《しゅん》と同一であれば、この人は聖人《せいじん》である、という主張《しゅちょう》さえある。

これら、他の諸宗教とは全《まった》く違って、キリスト教では、人間の心のなかの信仰《しんこう》だけを問題にする。外面的行動は、畢竟《ひっきょう》（とどのつまり）どうでもいいのである。神の恵《めぐ》みを受けて救われるためには修行《しゅぎょう》したり善行《ぜんこう》を積《つ》んだりする必要は少しもない。いわんや、学問などは少しの必要もない。社会的身分にも関係しない。秘蹟《ひせき》のような儀礼《ぎれい》は必要でない。それは拒否《きょひ》される。呪術《じゅじゅつ》や魔術《まじゅつ》は、必要でないどころではなく、拒否《きょひ》、いや、厳重《げんじゅう》に禁止される。

これこそ、キリスト教の奥儀《おうぎ》である。

しかし、人の心は、なかなかそこまでは行きつきがたい。神の恵みを得るためには、善行《ぜんこう》の積み重ねや修行《しゅぎょう》はやはり必要であろうというような感は禁《きん》じえないのだ。

歴史が下《くだ》り、修道院《しゅうどういん》がキリスト教に合体《がったい》してきた頃にこの傾向《けいこう》が強まった。初め修道院《しゅうどういん》はキリスト教としては異端《いたん》的であったが、神に身を捧《ささ》げた人間が極度《きょくど》に禁欲《きんよく》的な生活をする場所として修道院《しゅうどういん》が制度化《せいどか》されるとエリートの養成機関《ようせいきかん》となった。初代法王《ほうおう》（ペテロが「初代法王《ほうおう》」であるという伝承とは意味が違う）といわれるグレゴリウス一世（五四〇頃～六〇四）はじめ修道院《しゅうどういん》出身の法王《ほうおう》も多く現れた。修道院《しゅうどういん》は、善行《ぜんこう》の積み上げと厳格《げんかく》な修行《しゅぎょう》を重んずる所である。キリスト教では、本来必要でなかった外面的行動重視《じゅうし》の傾向《けいこう》が、ここに侵入《しんにゅう》してくることとなった。

キリスト教歪曲の過程

すべては神の恩恵《おんけい》によるのか、人間に善行《ぜんこう》が必要であるかどうかという問題は、古代からすでにキリスト教会を揺《ゆ》るがす争点《そうてん》であり、アウグスティヌスとペラギウスとの論争《ろんそう》、所謂《いわゆる》ペラギウス論争《ろんそう》が特に有名であることは前述《ぜんじゅつ》した（一〇五頁参照）。ここに、神の恩恵《おんけい》の絶対視が正統《せいとう》となった。

他方《たほう》、修道院《しゅうどういん》は、カトリックのエリートたる宣教師《せんきょうし》を多数輩出《はいしゅつ》し、ゲルマンに布教《ふきょう》した功績《こうせき》は大きかった。その結果、修道院《しゅうどういん》に土地を寄進《きしん》する人々も増えて財政的基盤《ざいせいてききばん》も確立《かくりつ》されていった。修道院《しゅうどういん》の勢力《せいりょく》が増《ま》すにつれて、修行《しゅぎょう》などの善行《ぜんこう》の積《つ》み上げによって救済《きゅうさい》に至《いた》るというその方法は、カトリックのなかで次第《しだい》に重みを増していったのである。

これこそが、ヨーロッパを支配《しはい》するようになったカトリック教会がかかえる尖鋭《せんえい》な矛盾《むじゅん》である。

中世《ちゅうせい》におけるカトリック教会は強い統制《とうせい》力を確立《かくりつ》しておりその支配《しはい》は世俗《せぞく》の領域《りょういき》にまで及《およ》んだ。教会の政治支配《しはい》の鍵《かぎ》は秘蹟《ひせき》（Sacrament）という宗教儀礼《ぎれい》にあった。秘蹟《ひせき》とは、頭上《ずじょう》に水を注《そそ》ぎ原罪《げんざい》を洗い清め、新たな生命となることを象徴《しょうちょう》する「洗礼《せんれい》（baptisma）」、洗礼後《せんれいご》、聖霊《せいれい》の賜物《しぶつ》により信仰《しんこう》を強める「堅信《けんしん》（confirmatio）」、過去の罪《つみ》や生活を悔《く》い改《あらた》め神の正しい信仰《しんこう》に心を向ける「回心《かいしん》（paenitentia）」、イエスの血肉《ちにく》を象徴《しょうちょう》する葡萄酒《ぶどうしゅ》とパンを信徒に分《わ》かつ「聖餐《せいさん》（eucharistia）」、聖職《せいしょく》を行うための権能《けんのう》と恩寵《おんちょう》を与《あた》える「叙階《じょかい》（ordo）」、男女が神と契約《けいやく》を結《むす》び終生《しゅうせい》を共にする「婚姻《こんいん》（matrimonium）」、臨終《りんじゅう》に際《さい》し、身体の苦痛《くつう》をとり去《さ》り、心の平安をもたらすために体に香《こう》油《ゆ》を塗《ぬ》る「終油《しゅうゆ》（extrema　unctio）」をいう。教会がこの秘蹟《ひせき》を執《と》り行うと、人は救済《きゅうさい》されてしまうのである。

カトリックの伝承《でんしょう》（いいつたえ）によると、ローマ教会は、キリストの後継者聖《こうけいしゃせい》ペテロを初代法《ほう》王《おう》とする。ペテロを継《つ》ぐ歴代法王《れきだいほうおう》は神の代官《だいかん》（Vicarius Christi）として絶対権威《けんい》を有《ゆう》する。ペテロにはじまる聖人《せいじん》たちは、大変な善行《ぜんこう》を積《つ》み上げることによって、カトリック教会のなかに厖大《ぼうだい》な救《きゅう》済財《さいざい》（Salvation　goods）を貯蓄《ちょちく》している。したがって教会は、秘蹟《ひせき》を執《と》り行って救済財《きゅうさいざい》を信者《しんじゃ》に分《わ》け与《あた》えることができる。この救済財《きゅうさいざい》によって信者《しんじゃ》は神に救われる――カトリック教会はこのように主張《しゅちょう》してきたのだ。

カトリックのこの主張《しゅちょう》は、キリスト教の教義《きょうぎ》からすれば、ベラボーともメチャクチャとも、欺《ぎ》瞞《まん》とも何ともいいようのないものではある。が、これほど俗耳《ぞくじ》に入りやすい言葉もない。

善《よ》きことを行え、などといっても、そんなことができるわけがない。人間は元来《がんらい》、罪《つみ》深い存在《そんざい》ではなかったか。パウロでさえも、善《よ》きことをしようとどんなに念《ねん》じ努力《どりょく》しても、ついに悪いことをしてしまうほど罪《つみ》深いのが人間ではなかったか。人間には、そもそも原罪《げんざい》（もって生まれた罪）があるのだから、どんなに善《よ》いことをしようとしても、それができないようになってしまっている。

罪《つみ》深い人間でも、神を信ずる者は救われるとキリスト教は教える。

しかし、「神を信ずる」などということが、本当にできるのか。これが実は難問《なんもん》なのである。神を信じなければならないと焦《あせ》れば焦《あせ》るほど、どこからともなく疑惑《ぎわく》の念《ねん》が湧《わ》いてくる。神に心を集中しようとしても到底《とうてい》できるものではない。

こんなときに、カトリック教会が行う秘蹟《ひせき》という儀礼《ぎれい》で神に救われるというのなら、こんな楽《らく》なことはない。

儀礼《ぎれい》による救済《きゅうさい》はキリスト教本来《ほんらい》の教義《きょうぎ》に反《はん》すると主張《しゅちょう》したところで、一体、そのことを誰《だれ》が証明《しょうめい》するのか。

ここでまた、キリスト教における驚愕事《おどろくこと》をご披露《ひろう》しよう。

中世《ちゅうせい》カトリック教会の、宗教史上希有《けう》な特色《とくしょく》は、信者《しんじゃ》に聖書を読ませないことである。

イスラム教では、物心《ものごころ》がつくかつかないかの頃から、真《ま》っ先《さき》に『コーラン』を読ませ暗記《あんき》させる。ユダヤ教では、子供の教育の最重点《さいじゅうてん》は、『トーラー』を読ませ暗記《あんき》させることにある。これは、啓典《けいてん》宗教であれば、当然《とうぜん》のことである。

仏教は啓典《けいてん》宗教ではなく、正典《せいてん》が決められることはないが、信者《しんじゃ》にお経《きよう》を読ませない方針《ほうしん》であるというわけではない。明治までの日本だけが例外で、お経《きよう》は難《むずか》しくて普通の信者《しんじゃ》にはわからないようになっていた。

ところが、中世《ちゅうせい》カトリック教会に限《かぎ》って、信者《しんじゃ》に聖書を読ませていない。賛美歌《さんびか》を歌ったり、祈禱書《きとうしょ》を読んだりして、いわばお茶を濁《にご》していた。啓典《けいてん》宗教として、まことに奇妙《きみょう》なことといわなければならない。なぜこのようなことが起きたのか。

一つの理由は、四世紀末に確定《かくてい》したといわれる聖書の正典《せいてん》の正文《せいぶん》がギリシャ語で書かれていたことにある。ラテン語訳《やく》（ウルガタ）でさえ、五世紀初頭のヒエローニュムス（三四七〜四一九）により遅《おく》れてできあがった。各国語訳《やく》は、さらにずっと遅《おく》れ、その成立はプロテスタントによってなされた（ジェームズ一世による欽定英訳《きんていえいやく》、ルターによる独訳《どくやく》、カルヴァンの従兄弟《いとこ》による仏訳《ふつやく》など）。

中世《ちゅうせい》ヨーロッパにおける民《たみ》の識字率《しきじりつ》はきわめて低く、一〇パーセントにも満たず、二パーセント以下だった、との説さえある。カトリック僧侶《そうりょ》ですら、ギリシャ語が読める人はほとんどいなかった。それに対し、一一世紀のサラセン諸国《しょこく》では、識字率《しきじりつ》は一〇〇パーセントに近く、ギリシャ語を解《かい》す人などもザラにいた。イスラム教においても、『福音書《ふくいんしょ》』は『コーラン』に次ぐ第二の聖典《せいてん》であり、『旧約聖書』の多くが聖典《せいてん》とされている。ゆえに、イスラム世界においては『福音書《ふくいんしょ》』も『旧約聖書』も、ギリシャ語の原典《げんてん》で活潑《かっぱつ》に研究されていたのであった。そのうえギリシャ哲学《てつがく》も研究され、キリスト教神学《しんがく》との関連も、さかんに討論《とうろん》、研究されていた。

キリスト教研究のレベルのきわめて高いサラセン諸国《しょこく》に比《ひ》し、ヨーロッパのキリスト教研究の学問レベルは著《いちじる》しく低く、ヨーロッパの有力な神学者《しんがくしゃ》がサラセン諸国《しょこく》に留学《りゅうがく》してキリスト教神学《しんがく》を学んでいたほどである。

キリスト教でさえも、俺たちがキリスト教徒に教えてやったんだ！　このことを、キリスト教徒は忘れても、イスラム教徒は忘れていない。

このことがイスラム教徒の心底《しんてい》（とくに無意識の奥《おく》）に盤踞《ばんきょ》（わだかまる）しているかぎり、彼らのキリスト教徒に対する優越複合《ゆうえつふくごう》（superiority complex　所謂《いわゆる》インフェリオリティ・コムプレクスと正反対のコムプレクス）はいかにしても除去《じょきょ》されることはないであろう。

イスラム諸国《しょこく》は、ヨーロッパ先進国を手本《てほん》にして、いくたびも近代化を試《こころ》みた。しかし、そのたびに失敗を繰《く》り返した。

失敗の理由は、近代化の改革《かいかく》において徹底《てってい》を欠くからである。ヨーロッパの近代資本《しほん》主義、憲法《けんぽう》はじめ近代法、代議政体《だいぎせいたい》はじめ近代政治制度などは、すべてキリスト教文明が生みだしたものである。ゆえに、近代化を徹底《てってい》させるためには、イスラムの諸制度《しょせいど》をキリスト教化しなければならない。キリスト教が生んだ諸制度《しょせいど》と同型《どうけい》（isomorphic）なものに大改造《かいぞう》しなければならないのである。

この諸制度《しょせいど》のキリスト教化という大手術《だいしゅじゅつ》は、無宗教国家である日本のような国ならばできる。が、イスラム教国では、諸制度《しょせいど》のキリスト教化は途方《とほう》もなく困難《こんなん》、あるいは不可能である。なぜなら、イスラム教国においては、法律《ほうりつ》も社会倫理《りんり》、道徳《どうとく》もすべて宗教に由来《ゆらい》する。経済も社会・政治の諸制度《しょせいど》も、宗教と分《わ》かちがたく絡《から》みあっているのである。

ゆえに、諸制度《しょせいど》のみをキリスト教的に改造《かいぞう》することは絶望《ぜつぼう》的に困難《こんなん》である。無理《むり》に改造《かいぞう》しても、イスラム教に由来《ゆらい》する法律《ほうりつ》（的原則）や倫理《りんり》・道徳《どうとく》に、真《ま》っ向《こう》から衝突《しょうとつ》することになる。しかもその根底《こんてい》には、キリスト教徒に対する抜《ぬ》きがたい優越複合《シュペリオリティ・コムプレックス》がわだかまっている。日本人のアメリカ人に対する態度《たいど》とは正反対なのである。キリスト教徒、何するものぞ。ヨーロッパ人、何するものぞ。いまでこそ見る影もなく劣勢《れっせい》になりはててしまってはいるが、もともと、イスラム教徒が教えてやったことではないか。アルコールやアラビア数字や天文学《てんもんがく》や航海術《こうかいじゅつ》のみならず、キリスト教そのものまでが、みんなイスラム教徒が教えてやったことに他《ほか》ならない。

これが、イスラム社会がキリスト教社会に抱《いだ》く対立構図《たいりつこうず》となるのだが、その話はひとまずおく。

中世《ちゅうせい》のキリスト教会は、信者《しんじゃ》に聖書を読ませないほど本来の姿《すがた》から外《はず》れていた。「信仰《しんこう》のみ」（心でキリストを信じさえすればよい）であるべきキリスト教が、外面的行動（overt behavior）である善行《ぜんこう》や修行《しゅぎょう》を重《おも》んずるようになっていた。もっと悪いことに、カトリック教会は、外面的行動に他ならない秘蹟《ひせき》という儀礼《ぎれい》によって、信徒《しんと》に神の恩恵《おんけい》を与《あた》え、救済を保証することにもしていたのであった。

キリスト教は、本来の姿《すがた》からして見る影《かげ》もないものに逸脱《いつだつ》した。これを本来の姿《すがた》にもどすために起きたのが宗教改革《かいかく》である。

宗教改革《かいかく》の主旨《しゅし》は、「信仰《しんこう》のみ」である。人間の内心における「信仰《しんこう》のみ」で、神は恩恵《おんけい》を与《あた》え救いたまう。外面的行動は一切《いっさい》無関係なのである。

何回も繰《く》り返し述《の》べたように、ここにキリスト教理解《りかい》の急所《きゅうしょ》があり、これこそが他のいかなる宗教にも見られないキリスト教の特色《とくしょく》である。

では、その信仰《しんこう》とは何か。何をどう信ずればよいのか。

イエスは主《しゅ》であると口で言い表し、神はイエスを死からよみがえらせたもうたと心で信ずるなら、あなたは救われる。(「ローマ人への手紙」第一〇章　九)

これがキリスト教の入門であり蘊奥《うんのう》(最も深いところ)である。救われるための条件である。

ここでの「主《しゅ》」は、「神」と同じ意味である。ユダヤ教やキリスト教では、神は主《しゅ》(王)であり、人間は神の臣民《しんみん》、あるいは下僕《げぼく》であるということになっている。

この点、仏教とは全《まった》く違う。仏《ほとけ》は人間の主《しゅ》、君主《くんしゅ》ではない。人間は仏《ほとけ》の臣下《しんか》、下僕《げぼく》ではない。その範疇《はんちゅう》(分類法)は、全《まった》く違うのである。

教団(サンガ)のなかでさえも、釈迦《しゃか》が主人、弟子《でし》たちが僕《しもべ》であるというわけではない。釈迦《しゃか》は仏教の戒律《かいりつ》を制定《せいてい》し、悟《さと》りへと弟子《でし》たちを導《みちび》く。けれども決《けっ》して主君として命令を下《くだ》していたわけではない。あくまで対等な導師《どうし》として弟子《でし》を導《みちび》くのである。釈迦《しゃか》の指導《しどう》に不服《ふふく》ならば、教団《サンガ》を去ることも自由である。サンガを去ったからとて、決《けっ》して仏罰《ぶつばち》が下《くだ》るわけではない。

もっとも、仏教では仏罰《ぶつばち》はありえない。なぜなら、仏《ほとけ》は神（主《しゅ》）とは違って意志決定して罰《ばつ》を下《くだ》すことはしないからである。さる仏教団体は、「正法《しょうぼう》を誹謗《ひぼう》すると無間地獄《むけんじごく》に堕《お》ちる」との『法華経《ほけきょう》』「譬喩品《ひゆぼん》」の記述を典拠《てんきょ》として「仏罰《ぶつばち》」が下《くだ》るといいたてている。が、これは比喩《ひゆ》であって、断定ではない。仏教では、「因果応報《いんがおうほう》」という法《ダルマ》（法則《ほうそく》）ですべてが決まるので、「罰《ばつ》」という概念《がいねん》はない。

神は主《しゅ》であるのに、仏は、身分のうえでは、弟子《でし》と対等である。釈迦《しゃか》は、階級（カースト）が何であれ、身分が何であれ、差別《さべつ》なくサンガに受け入れた。ただ結果的に、初期《しょき》の仏教信者《しんじゃ》には、商《しょう》工階級《こうかいきゅう》や富豪《ふごう》などの、わりあいに豊《ゆた》かな者が多く、人口比率《じんこうひりつ》からいえば、農民は少なかった。

このことは、ヨーロッパ人には理解困難《りかいこんなん》なのかもしれない。かのシュテファン・ツヴァイク（オーストリアの伝記作家。一八八一～一九四二）すら、「……釈迦《しゃか》があらわれたまいて彼の僕《しもべ》に教えをたれたまう前に……」という表現を用《もち》いている。それに、仏教徒は、キリスト教徒（というよりも、ローマ人）とは違って、釈迦《しゃか》の誕生日《たんじょうび》に特別の意義《いぎ》を認《みと》めることはしない。日本などでは四月八日に灌仏会《かんぶつえ》（花祭《はなまつり》）という釈迦生誕《しゃかせいたん》のお祭りをしているが、実は釈迦《しゃか》がいつ生まれたかということは、いまだにわかっていない。しかも、インドには参考になるデータも見当たらず、学者が釈迦《しゃか》の生まれた年代を推定《すいてい》するためには、西域《さいいき》諸国から関連《かんれん》データを集めているというのが現状《げんじょう》なのである。

キリスト教では、これほど簡単明瞭《かんたんめいりょう》なことをただ信じさえすれば救われるのである。これが必要十分《じゅうぶん》条件であり、その他のことは何もいっていない。繰《く》り返すが、修行《しゅぎょう》しろの、善行《ぜんこう》を積《つ》めのとは一言《ひとこと》も書いていない。「倫理道徳《りんりどうとく》（律法《りっぽう》）を守れ」という主旨《しゅし》は、はっきりと否定《ひてい》している。その理由は、律法《りっぽう》を守るということは人間の外面的行動であるからである。

……だが、イスラエル人は、神の前に義《ただ》しい者として立つことを得せしめる律法を追い求めながら、ついにこれに到達することができなかった。なぜできなかったのか。それは彼らが、信仰によってでなく、行いによって到達しようとしたからである。（「ローマ人への手紙」第九章三一〜三二）

「信仰《しんこう》のみ」という単純明快《たんじゅんめいかい》このうえない教義《きょうぎ》に、なぜ、いろいろな雑音《ざつおん》が潜入《せんにゅう》するのか。「修行《しゅぎょう》」や「善行《ぜんこう》」や「儀礼《ぎれい》」が潜《もぐ》り込《こ》んでくるのか。その解明《かいめい》は、このうえなく興味《きょうみ》のあることではある。

キリスト教はこうして曲がっていった

中世《ちゅうせい》において、ローマ帝国《ていこく》の文化を最《もっと》も多く保持《ほじ》していたのはカトリック教会であった。教会は学問を奨励《しょうれい》し学校、病院や孤児院《こじいん》を建てた。文化活動、社会活動は教会によって推《お》し進められた。

当時、上級僧侶《そうりょ》は封建諸侯《ほうけんしょこう》の一種であり、中世初期《ちゅうせいしょき》のカトリック諸侯《しょこう》は、俗人《ぞくじん》の諸侯《しょこう》よりも領地《りょうち》を、よりよく管理《かんり》していた。

時代が進むにつれて、教会は寄進《きしん》などによりますます多くの土地を手に入れ、王国《レルム》の土地の三分の一がカトリック領主《りようしゆ》に占《し》められていることさえ珍《めずら》しくないという事態《じたい》を招《まね》き、ついには王権《おうけん》に脅威《きようい》を与《あた》えるまでになっていった。

教会は、また、十分の一税（tithe）によって富《とみ》を増やした。十分の一税とは、すべての人が所得《しよとく》の十分の一を教会に納《おさ》めるという税である。農民たちは、穀物《こくもつ》に十分の一税を課《か》せられただけではない。羊毛《ようもう》や鵞鳥《がちよう》の羽毛《うもう》に至《いた》る、すべての生産物のみならず、彼らが路傍《ろぼう》で刈《か》りとる草にさえ税がかかったのである。十分の一税は、「どのような税よりも遥《はる》かに苛酷《かこく》な税である」とまでいった歴史家もいれば、「教会は、俗界《ぞつかい》の領主《りようしゆ》よりはるかに悪辣《あくらつ》な搾取《さくしゆ》をした」と証言《しようげん》し、多くの例を挙《あ》げている歴史家は多い。「自分たちは思いのままに農奴《のうど》を餓死《がし》させることができる」とまで放言《ほうげん》した僧侶《そうりよ》さえいたのだから、その腐敗《ふはい》ぶりは如何《いか》ばかりであろうか。

カトリック教会の腐敗《ふはい》というと、教科書はよく、マルチン・ルターをひきあいに出してくる。一五一七年、ヴァチカンのサン・ピエトロ大聖堂《だいせいどう》の建築資金不足《けんちくしきんぶそく》を補《おぎな》うために、ローマ法王《ほうおう》は免《めん》罪符《ざいふ》をドイツ国内で売り出させた。「賽銭箱《さいせんばこ》のなかにお金を入れて、チャリンと音がするたびに人間の魂《たましい》は天国に近づく」などと巧言《こうげん》を弄《ろう》し、売りまくったのである。これに憤慨《ふんがい》したルターは宗教改革《かいかく》の狼煙《のろし》を上げた。

それに違いはないのであるけれども、キリスト教を本当に理解《りかい》するためには、若干《じやつかん》のコメントをする必要がある。カトリック教会の腐敗《ふはい》は、すでに早くから始まっていたということである。

日本人には、織田信長《おだのぶなが》（一五三四〜八二）の叡山焼《えいざんや》き打《う》ちの例がわかりやすかろう。比叡山《ひえいざん》の坊主《ぼうず》どもが腐敗《ふはい》しきっているということを名目《めいもく》として信長《のぶなが》は比叡山《ひえいざん》を焼《や》き打《う》ちしたのだが、比叡山《ひえいざん》の坊主《ぼうず》どもの堕落《だらく》が始まったのは戦国末期《まっき》のことではない。平安《へいあん》時代、すでに日本仏教《ぶっきょう》の総本山《そうほんざん》たる比叡山延暦寺《ひえいざんえんりゃくじ》の僧侶《そうりょ》の肉食《にくじき》セックス三昧《ざんまい》は、むしろ普通《ふつう》のことであり、世の人々も、これを不思議《ふしぎ》とは思わなくなっていたほどだ。

ルター時代のカトリック教会も、このようなものだと思うとよい。

免罪符《めんざいふ》が、初めて売り出されたのは、ルターの出現《しゅつげん》よりも二〇〇年以上も前の一三一五年である。

法王庁《ほうおうちょう》は、免罪符《めんざいふ》を発行しただけではない。重要な聖職《せいしょく》を売りに出しもした。金を出す者を僧職《そうしょく》に任命《にんめい》するのである。売官《ばいかん》（simoniac）は近代に至《いた》るまでヨーロッパでは広く行われていたが、ローマ法王庁《ほうおうちょう》は売官《ばいかん》のためのシステムを開発《かいはつ》していた。法王庁《ほうおうちょう》は、贅沢《ぜいたく》が一つの原因となって財《ざい》政《せい》が乱《みだ》れ、金を得《え》るためには手段《しゅだん》を選んでいる余裕《よゆう》がなくなっていた。フィレンツェでは、金融業《きんゆうぎょう》者《しゃ》と結託《けったく》して大金を儲《もう》けさえした。カトリック教会では、もともと、利子《りし》を取って金を貸《か》すことを禁止していたのであるから、金融業《きんゆうぎょう》を営《いとな》んだだけでも、目を見張《みは》るような堕落《だらく》である。

この時代ともなると、聖職者《せいしょくしゃ》に課《か》した独身《どくしん》の戒律《かいりつ》にもかかわらず、法王《ほうおう》が子供をつくることなどは、珍《めずら》しくも何ともなくなっていた。例《たと》えば、マキャヴェリ（イタリアの政治思想家《しそうか》。一四六九〜一五二七）が『君主論《くんしゅろん》』のモデルとした天才的政治家チェーザレ・ボルジャ（一四七五〜一五〇七）

と、彼の妹であり美人としていまに名を残すルクレチア・ボルジャ（一四八〇～一五一九）とは、法王《ほうおう》アレクサンデル六世（一四三一～一五〇三）の私生児《しせいじ》であった。世間《せけん》の人々は、このことをよく知っていたので法王《ほうおう》が自分の子供を引き立てても異議《いぎ》を唱《とな》えなかった。このほかにも、法王《ほうおう》がその子供を甥《おい》（nepos）ということにして引き立てることが多く見られたので、身びいき、えこひいきを意味するネポティズム（nepotism）という言葉ができたほどである。

そもそも、聖職者《せいしょくしゃ》の独身制《どくしんせい》は、カトリック教会自身が制定《せいてい》した制度である。一二世紀にはすでにカトリック教会は堕落《だらく》していて、しばしば、世俗権力《せぞくけんりょく》たる皇帝《こうてい》から改革《かいかく》を迫《せま》られていた。身内《みうち》の修道院《しゅうどういん》からも改革《かいかく》の要求《ようきゅう》が出るありさまであり、このままだと、僧職《そうしょく》の叙任権《じょにんけん》（任命《にんめい》する権限《けんげん》）は、皇帝《こうてい》に取り上げられかねない事態《じたい》となった。修道院《しゅうどういん》出身の法王《ほうおう》グレゴリウス七世（一〇二〇頃～八五）は強く叙任権《じょにんけん》を主張《しゅちょう》し、教会が自律的《じりつてき》な叙任権《じょにんけん》を確保《かくほ》する代償《だいしょう》として、教会は厳《きび》しい自己規律《こきりつ》を持つことになった。聖職者《せいしょくしゃ》の独身制《どくしんせい》を徹底《てってい》して家族生活から切り離《はな》すことにしたほか、勿論《もちろん》、僧職《そうしょく》を売ることなども厳《きび》しく禁止したのである。

このような経過《けいか》を経《へ》て、一一二二年には、皇帝《こうてい》と教会の間にウォルムス協定《きょうてい》が結《むす》ばれ、僧職《そうしょく》の自主的叙任権《じょにんけん》を教会は手中《しゅちゅう》に収《おさ》めたのであった。このことによって、カトリック教会は皇帝《こうてい》の支配を脱《だつ》し、法王《ほうおう》の権力《けんりょく》は、飛《と》び抜《ぬ》けて大きくなったのである。

叙任権《じょにんけん》を得《え》た法王《ほうおう》は、どのような人物であれ聖職者《せいしょくしゃ》に任命《にんめい》でき、そしてその者は、人が生まれてから死ぬまでの節目節目《ふしめふしめ》を司《つかさど》る、秘蹟《ひせき》という宗教儀式《ぎしき》を行う権利《けんり》を持つのだ。これが大きな権《けん》力《りょく》でなくて何であろう。

ここで注意すべきことは、聖職者《せいしょくしゃ》の独身制《どくしんせい》は、カトリック教会が、皇帝《こうてい》との対抗上《たいこうじょう》、戦術《せんじゅつ》的に必要であるとして、自主的に制定《せいてい》した制度《せいど》である。何かに差《さ》し障《さわ》りがあれば、カトリックが自主的に廃止《はいし》するべきなのである。この戒律《かいりつ》を廃止したからとて、キリスト教の教義上《きょうぎじょう》、全《まった》く差《さ》し障《さわ》りはない。

キリスト教に僧侶《そうりょ》（聖職者《せいしょくしゃ》）の必要はない。キリスト教は、もともと修行《しゅぎょう》を必要としていないから、修行《しゅぎょう》を専門《せんもん》とする僧侶《そうりょ》を必要とはしていない。が、イスラム教とは違って、僧侶《そうりょ》の存在《そんざい》を否定《ひてい》して、すべての人は俗人《ぞくじん》であるとしているわけでもないので、僧侶《そうりょ》は必要とはいわないまでも、いても悪くはない、という程度《ていど》の存在《そんざい》である。

すでに強調《きょうちょう》したように、キリスト教の啓典《けいてん》である『福音書《ふくいんしょ》』には（外面的行動について）あれをせよ、これをするなとは書かれていない。そのゆえに本来のキリスト教に戒律《かいりつ》はなく、あるのは教会の戒律《かいりつ》か修道院《しゅうどういん》の戒律《かいりつ》だけである。

この点、戒律《かいりつ》を重視《じゅうし》するものの僧侶《そうりょ》を否定《ひてい》するユダヤ教やイスラム教、戒律《かいりつ》、僧侶《そうりょ》ともに重視《じゅうし》する仏教とも違う。この点は、すでに強調《きょうちょう》したことではあるが、いくら強調《きょうちょう》しても強調《きょうちょう》しすぎることはない。

宗教改革《かいかく》の先駆者《せんくしゃ》ウィクリフ（イギリスの神学者。一三二〇頃〜八四）は、聖職者《せいしょくしゃ》の独身制《どくしんせい》を批判《ひはん》した。ウィクリフ自身は、親鸞《しんらん》とは違って、自《みずか》ら結婚《けっこん》することはしなかったが、プロテスタントのルター、カルヴァンは、聖職者独身制《せいしょくしゃどくしんせい》を廃止《はいし》して、自《みずか》らも結婚した。

カトリックによる聖職者独身制廃止《せいしょくしゃどくしんせいはいし》は、親鸞《しんらん》よりも、遥《はる》かに少ない宗教的決断《けつだん》ですむ。

仏教では、正式の戒律《かいりつ》によって、明白《めいはく》に、僧侶《そうりょ》の結婚《けっこん》、セックスを禁止しているが、ユダヤ教、イスラム教には、これを連想《れんそう》させる戒律《かいりつ》は見当《みあ》たらない。

ユダヤ教では、祭司《さいし》にも預言者《よげんしゃ》にも、セックスに関《かん》して、一般的な戒律《かいりつ》としては禁止令を下《くだ》してはいない。いや、預言者《よげんしゃ》ホセアに対しては、わざわざ姦婦《かんぷ》と結婚《けっこん》せよとまで命《めい》じている。また、エレミヤに限《かぎ》って、神は結婚《けっこん》をするなと命《めい》じているが、これは、彼に限《かぎ》っての特例《とくれい》であると看做《みな》すべきであり、行動的禁欲《きんよく》の一種である。すなわちさし迫った危機《きき》の時代において、困難《こんなん》をきわめた神の命令を完遂《かんすい》するために、預言者《よげんしゃ》としての任務に専念せよという神意であろう。

イスラム教では、預言者《よげんしゃ》に対して、結婚《けっこん》もセックスも禁止してはいない。最終的預言者《よげんしゃ》マホメット自身、多数の女性と結婚《けっこん》している。

キリスト教では、使徒《しと》の結婚《けっこん》を禁止していない。セックスを禁止する項目《こうもく》もない。何度も繰《く》り返すが、そもそも規範自体《きはんじたい》がないのである。ペテロ自身《じしん》は妻といっしょに伝道《でんどう》をしてまわったと伝えられているが、その後の法王《ほうおう》に独身《どくしん》が要求《ようきゅう》されていたわけではない。

それにもかかわらず、カトリック教会が独身制《どくしんせい》の廃止《はいし》に踏《ふ》み切れなかったことは、それがとことんまで堕落《だらく》しきっていたことを如実《にょじつ》に表している。

ダンテの『神曲《しんきょく》』では、堕落《だらく》した法王《ほうおう》を地獄《じごく》に堕《お》としており、ボッカチオ（イタリアの作家。一三一三～七五）は『デカメロン』において、聖職者《せいしょくしゃ》がどんなに強欲《ごうよく》であり好色《こうしょく》であるか、またいかに至《いた》るところで嘲笑《ちょうしょう》されていたかを、生き生きと描《えが》いている。

すでに、フィレンツェの金融業者《きんゆうぎょうしゃ》の最大の仕事は法王庁《ほうおうちょう》の財政《ざいせい》を見ることになっていた。法王《ほうおう》庁《ちょう》は彼らと結託《けったく》してさかんに金儲《かねもう》けに狂奔《きょうほん》しながら、依然《いぜん》として利子《りし》禁止令はすえおいたままであった。

カトリックの堕落《だらく》は誰《だれ》の目にも明らかだったのだ。

カトリックには、腐敗堕落《ふはいだらく》を可能《かのう》にする教説《きょうせつ》の展開《てんかい》があった。それがトマス・アクィナスの説である。

トマス・アクィナス（一二二五～七四）は中世《ちゅうせい》を代表する思想家《しそうか》であり、彼の理論《りろん》は、一三世紀以来カトリック教会の正統《せいとう》の哲学とされていた。彼自身《じしん》は天使博士《てんしはくし》と呼ばれ、謹厳実直《きんげんじっちょく》な人物であったにもかかわらず、その人の学説が思いもかけず、カトリックを腐敗《ふはい》に導《みちび》く根拠《こんきょ》になったのである。

人間が救われるのは神の恩恵《おんけい》による。人間は、神の恩恵《おんけい》によって回心《かいしん》（conversion　悔《く》い改《あら》め信仰《しんこう》に目覚《めざ》めるきっかけ）して救われる。

アウグスティヌスによれば、人間は無《む》であって、意志《いし》の自由はない。すべては神の恩恵《おんけい》による。人間が回心《かいしん》できるのも、それに先行する神の恩恵《おんけい》があればこそである。

つまり、恩恵《おんけい》は人間の意志から断絶《だんぜつ》されているのである。

これに対してトマスは、恩恵《おんけい》を得《え》て回心《かいしん》する過程《かてい》において、人間の努力《どりょく》や善行《ぜんこう》が必要であると考える。つまり、人間の努力《どりょく》や行為が信仰《しんこう》にとって意味を持つとした。「信仰《しんこう》だけ」ではないのである。

トマス理論《りろん》によれば、救いには人間の努力《どりょく》が必要であり、その努力に応《おう》じてより高い水準《すいじゅん》に至《いた》るということになる。「救われる」か「救われないか」という二者択一《にしゃたくいつ》の問題ではなく、段階《だんかい》的な比較《ひかく》の問題だから、救いの確信《かくしん》には到達《とうたつ》できない。

これこそ、マルチン・ルターが悩《なや》みぬいた一つの理由《りゆう》である。

ルターは、アウグスティヌス派の修道院《しゅうどういん》で、戒律《かいりつ》を厳格《げんかく》に守って修行《しゅぎょう》を積《つ》んだ。しかし、どんなに研鑽《けんさん》を重《かさ》ねても、救済《きゅうさい》の確信《かくしん》に至《いた》らなかった。これが、ルターがカトリックを去ってプロテスタントを興《おこ》した理由である。

トマスは、アリストテレスの哲学をキリスト教に導入《どうにゅう》した。彼は、「アリストテレスにおいてそうであったように、人間は、放《ほう》っておいて倫理《りんり》的生活をするものでなく、不断の指導と援助を必要とする。そこには強制と習慣づけが必要である」（福田歓一『政治学史』東京大学出版会）と考えた。

人間には自由意志がある。しかも、放《ほう》っておいて倫理《りんり》的に行動するものではない。では誰《だれ》がその「不断《ふだん》の指導《しどう》と援助《えんじょ》」とを与えるのか。

トマスの理論《りろん》によれば、勿論《もちろん》、それは教会である。

アウグスティヌスは、『神の国（De civitate dei contra pagonos）』において、「教会は『神の国』を地上において代表するものであり、教会があらわれたことは、人類にとって決定的な意味をもっている」と論《ろん》じた（福田、前掲書）。

この論理《ろんり》を得《え》たカトリックは、秘蹟《ひせき》の行使《こうし》、教会・修道院《しゅうどういん》規範《きはん》の確立《かくりつ》といった反教義《はんきょうぎ》的な方向にひた走り、腐敗《ふはい》を招《まね》いたのだった。

キリスト教の堕落と、仏教の堕落は正反対

そこから非常《ひじょう》に重要《じゅうよう》な結論が導《みちび》ける。それは、「堕落《だらく》」という意味がキリスト教と仏教とで全然《ぜんぜん》違うということである。

歴史を見ると、キリスト教の修道院《しゅうどういん》、教会というのは、そのほとんどが、あっという間に堕落《だらく》する。なぜこのようなことが起こるのか。キリスト教自体《じたい》に疑義《ぎぎ》を感じ、失望《しつぼう》して、やる気をなくしたのであれば、棄教《ききょう》すればいい。ところが、棄教《ききょう》ということはめったに起こらない。

よくよく考えてみると、疑義《ぎぎ》を感じるのは、教義《きょうぎ》ではなく、修道院《しゅうどういん》の院長が決めた戒律《かいりつ》だからなのだ。院長に対する尊敬《そんけい》の念《ねん》が十分《じゅうぶん》にあるうちはいいものの、たとえどんなに敬虔《けいけん》なクリスチャンでも、「あの院長、どうもおかしいんじゃないか」と思ったら、戒律《かいりつ》なんか守るわけがない。その凄《すさ》まじさたるや、昨今《さっこん》の日本の学校崩壊顔負《ほうかいかおま》けの有様《ありさま》だろう。

カトリックにしても、法王《ほうおう》に十分《じゅうぶん》な権威《けんい》やカリスマがなくなれば、戒律《かいりつ》など守らなくなる。

要《よう》するに、キリスト教自体は規範《きはん》をきちんと定めているわけではないが、カトリック教会の規範《きはん》であるとか、修道院《しゅうどういん》の規範《きはん》を守らなくなることが、キリスト教の堕落《だらく》である。

それに対し、仏教の堕落《だらく》とは、規範《きはん》を守り過《す》ぎる堕落《だらく》を指《さ》す。

仏教の規範《きはん》というのは、法《ダルマ》で定まっており、釈迦《しゃか》が認《みと》めたもうたのだから、これは絶対に守らなくてはならない。ところが、その規範《きはん》が厳《きび》しいばかりに、俗世《ぞくせ》の感覚《かんかく》からどんどん逸脱《いつだつ》していき、しまいには世俗《せぞく》のことなど取り合わなくなってしまう。つまり、浮世離《うきよばな》れしていくことが堕落《だらく》となるのだ。

では、応用《おうよう》問題である。イスラム教の僧侶《そうりょ》の堕落《だらく》とは何か、お考えいただきたい。

正解は、「この質問自体が成《な》り立たない」。なぜなら、イスラム教にはイスラム法学者（ウラマー）がいるだけで、僧侶《そうりょ》、聖職者《せいしょくしゃ》がいないからである。

イエスは神であり、人である

ここまで、イエスが神である、という命題《めいだい》について、何も疑義《ぎぎ》を挟《はさ》まず論じてきたが、実はこの命題《めいだい》そのものが、キリスト教をキリスト教たらしめている重要《じゅうよう》なテーマなのである。

「イエスは主《しゅ》である」とは、「イエスは神である」という意味である。

まがうべくもない人間であるイエスが、同時に（simultaneously）神であるのか。これこそ、キリスト教の最大論点《ろんてん》であり、いくたびとなく、大論争《ろんそう》が繰《く》り広《ひろ》げられた。

「人間が神である」という命題《めいだい》は、ヘレニズム世界やローマの王崇拝《すうはい》（例。アレクサンダー大王は神である、など）、皇帝崇拝《こうていすうはい》の伝統《でんとう》からすれば、必ずしも、ありえないことではない。が、「人間が神である」とは、大きな神学《しんがく》的難問《なんもん》を含《ふく》んでおり、神学《しんがく》的に洗練《せんれん》されたヘレニズム世界では受け入れにくい命題《めいだい》であった。

キリスト教徒にとっては、イエスはどうしても神ではないと困《こま》る。彼らにとって『福音書《ふくいんしょ》』は絶対であるが、そのためには、『旧約聖書』で結《むす》ばれた旧《ふる》い契約《けいやく》を更改《こうかい》して、新しい契約《けいやく》が結《むす》ばれなければならない。新契約《しんけいやく》が結《むす》ばれるためには、神の許《ゆる》しがなければならない。では如何《いか》にすれば神の許《ゆる》しが得られるか。

イエスが、単《たん》なる預言者《よげんしゃ》にすぎないとすれば、神とモーセとの契約《けいやく》のように、神のほうから一方的に降《お》りてきてもらわなければならない。しかし、イエス自身が神であるとすれば、イエス、すなわち神と契約《けいやく》を結《むす》ぶことができる。イエスの言葉『福音書《ふくいんしょ》』が新契約《けいやく》（新命令）である。そのため、キリスト教徒にとっては、イエスは、どうしても神でなければならない。『福音書《ふくいんしょ》』の主要《しゅよう》部分は、イエスが起こした奇蹟《きせき》で占《し》められている。奇蹟《きせき》は『福音書《ふくいんしょ》』の主役《しゅやく》であるとさえいえよう。

この奇蹟《きせき》にしても、イエスが単《たん》なる預言者《よげんしゃ》にすぎないとすれば、悪魔《あくま》の仕業《しわざ》でないことが証明《しょうめい》されなければならない。現《げん》にイエスは、たびたび奇蹟《きせき》を演《えん》ずると、それは悪鬼《あくき》の頭目《とうもく》（親分《おやぶん》）・悪魔ベルゼブルを手なずけて行わせているのではないかとの非難《ひなん》を浴《あ》びせかけられていた。

イエスが神であれば、奇蹟《きせき》は、神の国が近づいてきたことの証明《しょうめい》とされる。このことからも、イエスはどうしても神であってもらわないと困《こま》る。他方、人間イエスを神であると証明《しょうめい》することは困難《こんなん》である。

この矛盾《むじゅん》によって、四世紀頃、キリスト教会は重大《じゅうだい》な危機《きき》に直面《ちょくめん》した。

ローマ皇帝《こうてい》コンスタンチヌス一世（二七四～三三七）は、自《みずか》らキリスト教徒となり、キリスト教を公認《こうにん》した。

このとき、東方《とうほう》教会は皇帝《こうてい》に仲裁《ちゅうさい》を願い出てきたのであった。

事情《じじょう》はこうだ。アレクサンドリアの司祭《しさい》アリウス（二五六頃～三三六）が、イエスは人間であって神性《しんせい》をもたず、父なる神とは本質《ほんしつ》を異《こと》にすると主張《しゅちょう》した。アレクサンドリアの司教《しきょう》アレクサンドロス（?～三二八）は、この説を誤《あやま》りだとし、ニコメディアの司教《しきょう》ユーゼビウスはアリウスを支持《しじ》した。アリウス説の賛否《さんぴ》をめぐって大論争《ろんそう》が起きて東方《とうほう》教会は四分五裂《しぶんごれつ》となった。

コンスタンチヌス帝は、三二五年、自《みずか》ら議長《ぎちょう》となって、小アジアのニケア（現《げん》トルコ北西部）に公会議《こうかいぎ》を召集《しゅうしゅう》、二二〇名もの司教《しきょう》が集まって討論《とうろん》したが、アレクサンドリアの神学者アタナシウス（二九五頃～三七三）の説を採用《さいよう》して、キリストの神性《しんせい》と父なる神との本質的同一性《ほんしつてきどういっせい》を確認《かくにん》した。この主旨《しゅし》を一言《ひとこと》でいえば、「イエスは、完全な人間であり、同時に、完全な神である」というにある。このニケア公会議《こうかいぎ》の結果、アリウスは異端者《いたんしゃ》として追放《ついほう》された。

さらに、四五一年のカルケドン公会議において、「イエスは、完全な人間であり、同時に、完全な神である」という主旨《しゅし》が再確認《さいかくにん》された。つまり、イエス・キリストにおいては唯一《ゆいいつ》の位格《いかく》しか存《そん》在《ざい》しない。が、その一つの位格《いかく》のなかに人性《じんせい》と神性《しんせい》との二つの本性《ほんしょう》を備《そな》えるとしたうえで、両者の関係を、「混《ま》ざらず、変《か》わらず、分《わ》かれず、離《はな》れず」と規定《きてい》した。これが、「カルケドン信条《しんじょう》」である。

これらの信条《しんじょう》は多くのキリスト教徒に信奉《しんぽう》され、ローマ・カトリックも、ギリシャ正教も受け入れた。プロテスタント諸派《しょは》も、ロシア正教もニケア信条《しんじょう》を信じている。

要《よう》するに、日本人によく知られているキリスト教のたいがいの宗派《しゅうは》は、「イエスは完全な人間であり、完全な神である」ことを確信《かくしん》しているのである。

日本人には、キリスト教の理解《りかい》は困難《こんなん》である。が、どうしたわけか、この「イエスは人間であり、かつ神でもある」という説は、スンナリと頭に入るようである。これも、現人神《あらひとがみ》になじみがあったことと無関係ではない。

しかし、このキリスト現人神《あらひとがみ》説は、西洋人には、どうしても論理的《ろんり》抵抗《ていこう》がある。

イスラム教では、人間が神であるなどとは、大変なナンセンスであると、断固《だんこ》として否定《ひてい》する。

三八〇年にキリスト教はローマ帝国《ていこく》の国教《こっきょう》となった。「キリストは、人にして神である」とのニケア信条《しんじょう》に反対して追放されたアリウス派は、辺地《へんち》で布教《ふきょう》をするしかなくなった。とくに、ゲルマン人への布教《ふきょう》に熱心《ねっしん》であった。

初代法王《しょだいほうおう》グレゴリウス一世は、旧《きゅう》西ローマ帝国《ていこく》の領域《りょういき》に大挙《たいきょ》して侵入《しんにゅう》してくるゲルマン人を、精力的《せいりょく》に教化《きょうか》した。しかし、ゲルマン人の間には、すでにアリウス派が広まっていたので、この異端《いたん》を撲滅《ぼくめつ》しつつキリスト教を広めてゆくことは容易《ようい》ではなかった。しかし、グレゴリウス一世は、修道院《しゅうどういん》出身の宣教師《せんきょうし》たちを自《みずか》ら指揮《しき》しつつ、ゲルマン人を手なずけていったのである。

このようにして、西方《せいほう》において、カトリック教会は確立《かくりつ》された。カトリックの勢力《せいりょく》によって追放《ついほう》されたアリウス派は、さらに地の果《は》てにさすらっていった。

カトリック側の執拗《しつよう》な追跡《ついせき》を逃《のが》れて、アリウス派が、からくも生息《せいそく》していられるのは、その神学《しんがく》的基礎《きそ》がしっかりしているからである。ニケア信条《しんじょう》は、すでに述《の》べたように、アタナシウスの影響《えいきょう》によって成立《せいりつ》した。アリウス説は、神学《しんがく》的にいえば、アタナシウス説に見劣《みおと》りしないのである。

ギボン（イギリスの歴史家。一七三七～九四）は、アリウスとアタナシウスの意見の違いは、結局《けっきょく》「i」一つの違いである、と劇的《げきてき》に説明している（『ローマ帝国衰亡史《ていこくすいぼうし》』）。

アリウスは、「イエスは被造物《ひぞうぶつ》ではあるが、最高の被造物《ひぞうぶつ》である。神に無限《むげん》に近いが神ではない」と主張《しゅちょう》する。これに反対するアタナシウスは、「神に無限《むげん》に近い」どころではなく、神そのものである、といい切るのである。

この「神に無限《むげん》に近い」という表現と「神そのものである」という表現を、ラテン語で表すと、

「homoiousios（キリストは神と相似である）」

「homoousios（キリストは神と同一である）」

「･i」のあるかないか。それだけの違いなのである。

丸山眞男《まるやままさお》（政治学者。一九一四～九六）教授は、江戸時代の儒学者・山崎闇斎《あんさい》（一六一八～八二）の学統である崎門《きもん》の学の革命的《かくめい》意義《いぎ》を説明《せつめい》する際《さい》に、「毫釐《ごうり》の差が千里《せんり》（四〇〇〇キロ）の距離《きょり》を生む」（ほんの少しの違いが、結果として巨大な相違《そうい》となる）ことを例《れい》として挙《あ》げ、ここが政治学理解《りかい》の秘訣《ひけつ》であると訓戒《くんかい》したが、宗教とて毫釐《ごうり》の差が盛衰《せいすい》を分けることに変わりはない。

イエス・キリストは神であるという教義《きょうぎ》にイスラム教、ユダヤ教は、真《ま》っ向《こう》から反対する。

イスラム教においては、唯一《ゆいいつ》神アッラーが存在《そんざい》したもうだけである。その他にキリストなどという神を立てるようでは一神教《いっしんきょう》とはいえないとして、キリスト教を激《はげ》しく批判《ひはん》する。イエスもただの人間であり、それはマホメットも同様《どうよう》である。ただし、イエスもマホメットも偉大《いだい》なる預言者《よげんしゃ》なのである。それゆえ、イエスの言行《げんこう》を記《しる》した『福音書《ふくいんしょ》』は、イスラム教でも、『コーラン』の次にランクされる大切な聖典《せいてん》とされている。しかし、その解釈《かいしゃく》は『コーラン』に拠《よ》る、とするのがイスラム教の立場である。

イスラム教はイエスは神であるという教義《きょうぎ》だけではなく、三位一体説《さんみいったいせつ》（父と子と聖霊《せいれい》、つまり神とイエスと聖霊《せいれい》とは一体であるという説）も否定《ひてい》する。神の他に、キリストという「神」を立てると二《に》神教《しんきょう》になるではないか。その他にさらに聖霊《せいれい》などというものが存在《そんざい》すれば、三神教《さんしんきょう》である。

話のついでに、マリア信仰《しんこう》にも触《ふ》れておく。中世期《ちゅうせい》にゲルマン人やケルト人への布教《ふきょう》に著《いちじる》しい効果《こうか》のあったマリア信仰《しんこう》は、キリスト教義的《きょうぎてき》には大変な矛盾《むじゅん》を抱《かか》えているのだが、母神《ぼしん》信仰が根強

マルチン・ルター

ジャン・カルヴァン

カトリックに改宗し、洗礼を受ける
フランク王クローヴィス

「三位一体《さんみいったい》を授かるアウグスティヌス」。フィリッポ・リッピ画。
胸の三本の矢は三位一体《さんみいったい》の象徴。

く残っていた地域には、すんなりと受け入れられた。神の母は、やはり神、というわけである。しかし、これで三位一体《さんみいったい》説などを奉《ほう》じていれば、実に四神教《しんきよう》になってしまう。

イスラム教徒は当然マリア信仰《しんこう》もっての外《ほか》である、というのである。論理《ろんり》的にはイスラム教のほうが明快《めいかい》ですんなりと理解《りかい》できよう。


ユダヤ教もイスラム教と同じく、イエスを神とすると二神教《にしんきよう》になるという理由《りゆう》で、キリスト教を厳《きび》しく批判《ひはん》した。それればかりか、イエスがキリスト（救世主《きゅうせいしゅ》）であることさえも否定《ひてい》する。

キリスト教徒が、イエスをキリストだとする最大の根拠《こんきょ》は、第二イザヤ（「イザヤ書」五三章）にある。ここには、主《しゅ》（神）によって、人々の咎《とが》を負《お》わせ、主《しゅ》の御心《みこころ》を成《な》し遂《と》げる者が現れることを示唆《しさ》した記述《きじゅつ》がなされている。

ところが、ユダヤ教側では、キリスト教徒の第二イザヤ解釈《かいしゃく》は間違《まちが》いだとする。

イエスは、キリストではない。キリストは、今後に出現して神との新契約《しんけいやく》を結《むす》び、自《みずか》らイスラエルの王となって世界を征服《せいふく》するであろう。イスラエルは、いまでこそ賤民《せんみん》として大帝国《ていこく》から蔑《さげす》まれているが、キリストに率《ひき》いられて世界を支配《しはい》する大帝国《ていこく》となるであろう。

ユダヤ人は、唯一《ゆいいつ》神を信仰《しんこう》しさえすればよいとは思っていない。唯一《ゆいいつ》神の命令（契約《けいやく》）を実践《じっせん》しなければ意味がないと考えている。唯一《ゆいいつ》神との契約《けいやく》が『トーラー』である。『トーラー』の教えを実践《じっせん》するためには、「タルムード」に書いてあることが最高であると信じている。ユダヤ教の律法《りっぽう》主義は、タルムード主義（Talmudism）ともいえる。

イエスは、「私は律法《りっぽう》を廃止するために来たのではない。律法《りっぽう》を完成するために来たのである」といっているが、ユダヤ人から見ると、イエスの律法遵守《りっぽうじゅんしゅ》の仕方《しかた》は義《ただ》しくない。律法遵守《りっぽうじゅんしゅ》の正しい解釈《かいしゃく》は「タルムード」に拠《よ》らなければならないのに、イエスは「タルムード」を尊重《そんちょう》していないではないか。

イエスは、律法解釈《りっぽうかいしゃく》に新機軸《しんきじく》を出した。このようにキリスト教徒は主張《しゅちょう》する。極論《きょくろん》するキリスト教徒になると、イエスは律法《りっぽう》を廃止して自分の教えに変えたという者さえいる。

ここが間違《まちが》いであるとユダヤ教徒は批判《ひはん》するのだ。キリスト教徒は、「タルムード」を無視《むし》するが、これでは到底律法《とうていりっぽう》を正しく守れるわけはない。

パウロは、律法《りっぽう》を正しく守ったからといって、神の前に義《ただ》しい者とされることはない（救われることはない）といって律法遵守《りっぽうじゅんしゅ》を否定《ひてい》した。いや、人間はいくら努力《どりょく》したからとて、律法《りっぽう》を守りきれるものではない。義《ただ》しい人はいない、一人もいない。

人々はみな正道を離れて、腐敗・堕落に身を任せている。
善をなす者はいない、ひとりもいない。

（「ローマ人への手紙」第三章　一二）

「すべての人は罪人《つみびと》である」という、パウロの周知《しゅうち》の命題《めいだい》である。

なぜか。人間は原罪《げんざい》を背負《せお》っているから、どんなに努力しようとも、結局《けっきょく》悪いことをしてしまう。そのようにつくられているのだ。

「よいこと」とは、モーセの律法《りっぽう》が命《めい》ずることである。悪いこととは、モーセの律法《りっぽう》が禁止することである。よいことをしようとしても、悪いことをしてしまうとは、畢竟《ひっきょう》（つまり）、律法《りっぽう》は守れるものではないということである。

というのは、誰《だれ》も律法《りっぽう》の命令を行うことによって神の前に義《ただ》しい者とされることはなく、律法《りっぽう》はただ、人々の心に罪《つみ》の自覚《じかく》を起こさせるにすぎないからである（同右、第三章　二〇）。

これこそ、キリスト教がユダヤ教とは根本的に違う点である。

『福音書《ふくいんしょ》』は、ここまではっきり書いているわけではないが、この主旨《しゅし》をわかりやすく意識《いしき》的に明言《めいげん》したのがパウロである。

ここにおいて、キリスト教は、ユダヤ教の一派《いっぱ》ではなく、はっきりと独立《どくりつ》した一宗教となった。ユダヤ教の異端《いたん》ではなく、歴然《れきぜん》とした異教《いきょう》となった。

ユダヤ教では、モーセの律法《りっぽう》は守ることができると考えている。「申命記《しんめいき》」は、「わしが今日汝ら《なんじ》に命《めい》じるこの戒《いまし》めは、むずかしいものではなく、また遠いものではない。……この言葉は汝《なんじ》の口にあり、また汝《なんじ》の心にあるから、汝《なんじ》はこれを行うことができる」（第三〇章　一一～一四）としめくくっている。

人は、啓典《けいてん》が命《めい》ずる法律《ほうりつ》（律法《りっぽう》、戒律《かいりつ》）を実践《じっせん》することができる。よいことをすることができる。自由意志により神の命令を守ることができる。

ユダヤ教ではこのように考えており、この点では、イスラム教も全《まった》く同様《どうよう》である。

『コーラン』において繰《く》り返し説《と》かれていることは、よいことを行《おこな》えということ。具体《ぐたい》的には『コーラン』、そして「スンナ」以下の下位《かい》（補充《ほじゅう》）法源《ほうげん》に定められている法律《ほうりつ》（戒律《かいりつ》、神の命令）を守れということである。

『コーラン』は、人間は自由な意志の主体《しゅたい》であるとしている。ゆえに、自分の行動に責任《せきにん》を持たなければならない。そのうえで、厳正《げんせい》な因果応報《いんがおうほう》の倫理《りんり》を掲《かか》げている。この点は、仏教と同じく道徳《どうとく》的因果律《いんがりつ》である。

ユダヤ教も、因果応報《いんがおうほう》の倫理《りんり》、道徳《どうとく》的因果律《いんがりつ》を原則《げんそく》としていた。しかし、階級《かいきゅう》的矛盾《むじゅん》が噴出《ふんしゅつ》し虐《しいた》げられた者が現れ、また、アッシリア帝国《ていこく》、新バビロニア帝国《ていこく》などの侵略《しんりゃく》によってエルサレムが占領《せんりょう》され神殿《しんでん》が焼かれる時代以後になると、単純《たんじゅん》な因果応報《いんがおうほう》論に対しては、いくつかの疑問点《ぎもんてん》も表明《ひょうめい》されることになってきた。

例《たと》えば、先に記《しる》した「ヨブ記」に代表される義人《ぎじん》の苦難《くなん》といったテーマがそれである。

預言者の苦難

預言者《よげんしゃ》の活動がユダヤ教において決定的になるにつれて、この問題は、ますます尖鋭化《せんえいか》してきた。預言者《よげんしゃ》は、神により一方的に勝手に選び出される（一〇六頁参照）。

しかも、預言者《よげんしゃ》の役目《やくめ》は困難《こんなん》を極《きわ》める。

王や民《たみ》に、「汝《なんじ》らの行《おこな》いは間違《まちが》っている。過《あやま》ちもはなはだしい。悔《く》い改《あら》めないと酷《ひど》い目に遭《あ》うぞ」と、大変な厄災《やくさい》が来ることを預言《よげん》するのである。

こんな預言《よげん》がそれを聞く人間たちに喜《よろこ》ばれるわけはない。

ありとあらゆる非難《ひなん》と罵詈雑言《ばりぞうごん》が浴《あ》びせられ、集中攻撃《しゅうちゅうこうげき》を受ける。暴力《ぼうりょく》を振《ふ》るわれたり、投獄《とうごく》されたりはおろか、殺《ころ》されたり、死刑《しけい》になるかもしれない。

預言者《よげんしゃ》は、神の言葉を伝《つた》え、神が命令したとおりに行動しなければならず、そのために、どんな艱難辛苦《かんなんしんく》ものともせず、全力を神の命令遂行《すいこう》にだけ集中《しゅうちゅう》しなければならないのである。

当然《とうぜん》、他のすべてを棄《す》てなければならない。

エレミヤは、結婚《けっこん》することを禁じられた。妻も子供も持ってはならないのである。親類と交《まじ》わってもいけない。交友も社交的《しゃこうてき》付き合いも、楽しい交流はすべて禁止された。

ただ、神の言葉を王と民《たみ》とに伝《つた》えることだけに全エネルギーを集中《しゅうちゅう》せよ。

ヴェーバーのいう行動的禁欲《きんよく》の典型《てんけい》をここに見る思いがするではないか。

パウロは、行動的禁欲《アクティブ・アスケーゼ》の例としてオリンピックのマラソン選手を挙《あ》げている。が、もっと適切《てきせつ》な例《れい》として、バビロン捕囚《ほしゅう》期の前後のユダヤ預言者《よげんしゃ》が挙《あ》げられるであろう。

神が預言者《よげんしゃ》に要求することは、一〇〇パーセントの献身《けんしん》であり、超人《ちょうじん》的努力《どりょく》である。いささかの懈怠《けたい》も許《ゆる》されない。

これではあんまりだと、預言者《よげんしゃ》が神に辞表《じひょう》を出しても、そのたびに却下《きゃっか》されてしまう（「エレミヤ記」第二〇章など）。神は、あくまでも預言者《よげんしゃ》の奉仕《ほうし》を要求《ようきゅう》してやまないのである。

もともと、ユダヤ教では、「神の命令を守ることがよいことだ。神の命令に違反することが悪いことだ」と考えられてきた。

この倫理《りんり》に照らしてみると、預言者《よげんしゃ》ほどよい人はいない。預言者《よげんしゃ》ほど義《ただ》しい人は考えられない。神の無理無体《むりむたい》な命令をこれほどまで忠実《ちゅうじつ》に守り通すのである。預言者《よげんしゃ》ほど正しい人間はありえないではないか。

ところが、神は、最後まで、預言者《よげんしゃ》には何《なに》も報《むく》いたまわらないのである。

例《たと》えば、かのエレミヤである。何回やめたいと願《ねが》い出てもついに許《ゆる》されず、最後まで預言者《よげんしゃ》を続けざるをえなくなってしまった。もし、因果応報《いんがおうほう》の理《ことわり》が作動《さどう》していれば、エレミヤには、どんな栄耀栄華《えいようえいが》が与《あた》えられても足りないところであろう。王国を与《あた》えられ、世界の富《とみ》をたまわったとしてもエレミヤの奉仕《ほうし》に見合《みあ》った報《むく》いには足《た》りないであろう。

しかし、世界を支配《しはい》し何事《なにごと》をもなしうる神は、忠実《ちゅうじつ》な預言者《よげんしゃ》エレミヤのために何事《なにごと》をもなしたまわなかった。エレミヤの忠実《ちゅうじつ》な弟子《でし》は死刑《しけい》に処《しょ》せられ、エレミヤ自身、反対党《はんたいとう》の徒《と》にエジプトの地へ拉致《らち》された。そこで石打《いしう》ちの刑《けい》で殺《ころ》されたと伝《つた》えられている。

古代ユダヤ教の主人公《しゅじんこう》は預言者《よげんしゃ》である。預言者《よげんしゃ》こそが古代ユダヤ教をつくりあげたともいえる。その預言者《よげんしゃ》自身がハッピーエンドになることはない。終始《しゅうし》、苦難《くなん》の連続《れんぞく》である。この思想《しそう》がキリスト教を生んだ。

預言者《よげんしゃ》に指名《しめい》されることには、全《まった》く因果《いんが》的根拠《こんきょ》はなく、ただ神の意志のままに選ばれるだけである。ということは、キリスト教に因果応報《いんがおうほう》の思想《しそう》が少しもなく、救われるも救われないも予《あらかじ》め神が決めたもうているという予定説に貫《つらぬ》かれていることの何《なに》よりの証左《しょうさ》でもある。

ここがキリスト教の原点《げんてん》である。

「それはおかしい。聖書にはたびたび『悔《く》い改《あらた》めよ』という言葉が出てくるではないか。悔《く》い改《あらた》めれば救われる、というのは、悔《く》い改《あらた》めるという原因に対して、救《すく》われるという結果をもたらす、因《いん》果《が》関係ではないのか」

と疑問に思われる向きもあろうが、それは誤解《ごかい》である。この表現が真《しん》に表しているところは、悔《く》い改《あらた》めれば救われる、悔《く》い改《あらた》めなければ救われない、という意味ではなく、悔《く》い改《あらた》めよという言葉の届《とど》く人はすでに救われた人である、もっといえば、救われる人、すなわち悔《く》い改《あらた》める人も、神によってすでに決められている、ということを表しているのである。いわば、論理《ろんり》における時間軸《じかんじく》の逆転《ぎゃくてん》に拠《よ》った表現だといえる。

このことは、すでにコメントしたように、「ペラギウス論争《ろんそう》」の主題《しゅだい》である。ペラギウスは、人間には意志の自由があり自己の行動には責任を持たなければならないと主張したのに対し、キリスト教思想《しそう》を代表するアウグスティヌスは、彼の説を正面から否定《ひてい》した。人間に意志の自由はなく、自分から善をなすのではなく、それはすべて神の恩恵《おんけい》によってのみ可能《かのう》である、と説《と》いた。

パウロやアウグスティヌスの説《と》くところでは全《まった》く明らかであったキリスト教本来の教義《きょうぎ》は、中世《ちゅうせい》にカトリックの支配《しはい》が確立《かくりつ》されるにつれ、教会や修道院《しゅうどういん》の論理《ろんり》、秘蹟《ひせき》の登場《とうじょう》などの実情《じつじょう》により、次第《しだい》に曖昧模糊《あいまいもこ》となっていった。

宗教改革《かいかく》のテーマの一つは、この迷妄《めいもう》の打破《だは》にあった。

プロテスタント運動は原点回帰だった

アウグスティヌス派修道院《しゅうどういん》の修道士《しゅうどうし》として、院長さえも驚《おどろ》くほど、徹底的《てっていてき》に戒律《かいりつ》を守り修行《しゅぎょう》に専念《せんねん》してきたマルチン・ルターは、ついに、修行《しゅぎょう》や善行《ぜんこう》の積《つ》み上げのような行動によっては、救済《きゅうさい》に至《いた》ることは不可能《ふかのう》であるとの真理《しんり》に到達《とうたつ》した。もがいてもあがいても、救いの確信《かくしん》（救われているとの信念《しんねん》）には至《いた》らないのである。人間に意志の自由はないから、そもそも、善行《ぜんこう》を行うことはできっこない。善行《ぜんこう》を、もし行うとすれば、それはすべて神の恵《めぐ》みに俟《ま》つのみである。

ルターは、ヒューマニズムの大立者《おおだてもの》エラスムス（オランダの人文《じんぶん》主義者。一四六六〜一五三六）の「自由意志論」（De libero arbitrio）に対して、「奴隷《どれい》意志論」（De servo arbitrio）を公表《こうひょう》して、ヒューマニストの説を反駁《はんばく》した。すなわち、人間に意志の自由があるなどという説は、ペラギウスの主《しゅ》張《ちょう》と同じで、到底《とうてい》、容認《ようにん》できない。人間には意志の自由はなく、よいことができるのも、すべて神の恩恵《おんけい》に拠《よ》る。

この論理《ろんり》を進めると、人間が救済《きゅうさい》されるのは、すべて神が一方的に恩恵《おんけい》を与えるからであって、人間のほうで自得《じとく》するところは少しもない、ということにならざるをえない。ヴェーバーも指摘《してき》しているように、ルターも、彼の宗教的天才《てんさい》が絶頂《ぜっちょう》に達《たっ》していたときには、やはり、予定説に到達《とうたつ》していたのである。

それゆえにルターは、自分の意志で救済《きゅうさい》されるという思想を徹底的《てっていてき》に排撃《はいげき》した。自由意志はないのだから努力《どりょく》なんかしようとしても無駄《むだ》である。すべては神の恩恵《おんけい》に拠《よ》る。

パウロは、「(イスラエル人は熱心であったが) その熱心は、彼らの無知《むち》のゆえに、間違《まちが》う方向に向けられている」(「ローマ人への手紙」第十章　二) という例を挙《あ》げて説明している。つまり、自力《じりき》で律法《りっぽう》を守る行動をしようとしても、それは義《ただ》しいことではないというのである。

というのは、「人が神の前に義《ただ》しい者とされる方法を神御自身《ごじしん》が提供して下さったのに、彼らはそれを認めることも、それに従うこともせず、ひたすら自分の力で神の前に義《ただ》しい者として立とうと努《つと》めているからである」(同右　第十章　三)。

パウロは、人間の外面的行動 (行為) と内面的行動 (内心) とを峻別《しゅんべつ》した。

ユダヤ教、イスラム教における法律《ほうりつ》と戒律《かいりつ》の一致《いっち》とは全《まった》く異《こと》なる、この内外の峻別《しゅんべつ》があればこそ、キリスト教はローマ帝国《ていこく》下で生き延《の》びることができることになった。さもなくば、キリスト教は弾圧《だんあつ》の前に、あえなく消え去っていたであろう。

人間の内外の峻別《しゅんべつ》は、後世《こうせい》、近代デモクラシー発祥《はっしょう》の前提《ぜんてい》となった。近代デモクラシーは、いくつかの自由が確保《かくほ》されることによって成立《せいりつ》する。これらの諸《しょ》自由のなかでも、一番大切なのが良《りょう》心《しん》の自由（信仰《しんこう》の自由）である。良心《りょうしん》の自由が確保《かくほ》されれば、その他の諸《しょ》自由は次々《つぎつぎ》と成立《せいりつ》してくる。これは歴史が示《しめ》すとおりである。しかし、根本である良心《りょうしん》の自由が確立《かくりつ》されていないことには、他の諸《しょ》自由は、根本がゆらいでいるので根無《ねな》し草《ぐさ》になりかねない。これまた歴史の証明《しょうめい》しているところである。

また、資本《しほん》主義の精神《せいしん》（The Spirit of Capitalism, Der Geist des Kapitalismus）が生成《せいせい》され、発育《はついく》してゆくためにも、人間行動の内外が峻《しゅん》別《べつ》されていることが肝要《かんよう》である。人間の内外が峻《しゅん》別《べつ》され、外面の行動から人間の内面の自由（良心《りょうしん》）が切《き》り離《はな》されていれば、いかなる宗教の下《もと》においても資《し》本《ほん》主義的な目的合理的行動は成立《せいりつ》しうる。プロテスタントでもカトリックでも、はたまたあるいは……日本教《にほんきょう》であっても、目的合理的《もくてきごうりてき》行動は構成《こうせい》されうるのである。

このように、パウロによる人間行動における内外の峻別《しゅんべつ》は、ローマ帝国《ていこく》において世界宗教としてのキリスト教の発展《はってん》の基《もとい》を築《きず》いただけではない。右に論《ろん》じたように、歴史的にみても後世《こうせい》に大きな影響を及《およ》ぼすことにもなった。

「信仰《しんこう》のみ」というキリスト教の真《しん》の在り方は、カトリック教会という制度《せいど》にくもらされていたが、宗教改革《かいかく》を契機《けいき》として、次第《しだい》に露《あら》わにされてきた。

その前に注目《ちゅうもく》されなければならないのは、宗教改革《かいかく》の先駆者《せんくしゃ》たちである。とくに、ウィクリフの主張《しゅちょう》は、すでに宗教改革《かいかく》のテーマを先取《さきど》りしていた。ウィクリフは、一三八六年ごろから、信仰《しんこう》や救いについての最高の権威《けんい》は教会にはなく、聖書だけが唯一《ゆいいつ》の権威《けんい》であると公然《こうぜん》と説《と》き始めた。

キリスト教は、歴《れっき》とした啓典《けいてん》宗教であるから、その正典《せいてん》たる聖書だけに唯一《ゆいいつ》の権威《けんい》があると説《と》くのは、当然すぎるくらい当然であると誰《だれ》しも思うことであろう。

カトリック教会では、信徒に祈禱書《きとうしょ》を読ませ、賛美歌《さんびか》を歌わせる。しかし、摩訶不思議なことに、聖書を読ませることはしない。まことに驚《おどろ》くべきことであり、ここに、キリスト教の正体を垣間見《かいま》る思いがする。その理由が当時のヨーロッパ人の学力不足にあることは、すでにコメントした。

聖書が人々に広く読まれるようになったのは、宗教改革《かいかく》が進み、聖書の各国語訳《やく》(ジェームズ一世による英訳《えいやく》、ルターによる独訳《どくやく》、カルヴァンの従兄弟《いとこ》による仏訳《ふつやく》など)ができた後《あと》である。例《たと》えば、「ピューリタニズムとともに、猛烈に起こった聖書を読みたいという要求のために識字率《しきじりつ》が驚くほど急速に高まるということもあり」(福田、前掲書)とあるように、一七世紀のイングランドでも、ピューリタニズム(プロテスタントにおける清教徒)が全国を制覇《せいは》するまでは、人々は、あまり聖書を直接《ちょくせつ》に読むことをしなかったのであった。イングランド以外の西欧諸国《せいおうしょこく》においても、事情はほぼ同様《どうよう》であった。

いわんや、宗教改革《かいかく》以前のヨーロッパでは、聖書を読む人など、ほとんどいなかった。それをいいことに、カトリック教会は、聖書と関係のない勝手《かって》な教説《きょうせつ》を民衆《みんしゅう》に押しつけて平気《へいき》であった。

こんな有様《ありさま》であったから、ウィクリフが、「教会の教えも、聖書に根拠《こんきょ》がなければ認《みと》めることができない」と公然《こうぜん》と説《と》いたことは、まさに青天《せいてん》の霹靂《へきれき》であった。啓典《けいてん》宗教としてはありえないことがまかりとおっていた。それが、宗教改革《かいかく》前のヨーロッパである。

こういえば、何《なに》もかにもカトリックが悪いとも聞こえるが、そのようにはとるべきでない。

ヨーロッパ中世《ちゅうせい》は、文化的に大飛躍《ひやく》の時代であった。何しろ、〝熊《くま》〟のようなゲルマン野蛮人《やばんじん》が教化《きょうか》されて、ルネッサンス（「文芸復興《ぶんげいふっこう》」と呼ばれているが、「文明創造《ぶんめいそうぞう》」と呼ばれるべき）を生み出すほどの高いレベルに達《たっ》したのである。ヨーロッパ人は、さらに宗教改革《かいかく》を経《へ》て、近代資本《しほん》主義と近代デモクラシーを創造《そうぞう》するに至《いた》るのであるが、この世界史に比《ひ》を見ない大変革《へんかく》は、ヨーロッパ中《ちゅう》世《せい》という準備《じゅんび》期間があればこそ可能《かのう》であった。

この中世《ちゅうせい》において、ヨーロッパを指導《しどう》し、高い文明へ導《みちび》いたのがカトリック教会であった。カトリック教会は、近代において国家が果《は》たす役割《やくわり》、いや、それ以上の役割《やくわり》を果《は》たしていたのである。

中世《ちゅうせい》には、国家も国境《こっきょう》もなく、国民もいなかった。いるのは、農奴《のうど》とその領主《りょうしゅ》である。領主《りょうしゅ》は王に仕《つか》えているものの、複数《ふくすう》の王に仕《つか》えてもよかったので、国境《こっきょう》も国も実体《じったい》のありようがない。

しかし、カトリックの僧侶《そうりょ》はいて、カトリック教会は存在《そんざい》した。そしてそれは、ヨーロッパ中を支配《しはい》していたのであった。

教会の、許認可権《きょにんかけん》、裁判権《さいばんけん》は、信徒の結婚《けっこん》や遺言《ゆいごん》にまで及《およ》んでいた。いや、生涯《しょうがい》を取りしきっていたというべきか。なにしろ、生まれてから死ぬまで、節目節目《ふしめふしめ》では、カトリック教会で秘蹟《ひせき》という儀式《ぎしき》をあげなければならないのだ。生まれたときに洗礼《せんれい》を受けないと生まれたことにはならず人間として認《みと》められない。教会で結婚式《けっこんしき》を挙《あ》げないことには夫婦《ふうふ》と認《みと》められず何《なん》の権利《けんり》もない。さらには、死ぬときにも終油《しゅうゆ》を受けないと死んだことにはならず、埋葬《まいそう》もしてもらえない。つまり、一生《いっしょう》を教会に管理《かんり》されていたのであった。

このカトリック教会の手法《しゅほう》がゲルマン人の信仰《しんこう》と生活とを管理《かんり》して、中世《ちゅうせい》千年の間に文化的レベルを引き上げた。その功績《こうせき》を埋没《まいぼつ》させることはできない。

しかし、他方、キリスト教精神をすっかり骨抜《ほねぬ》きにしてしまった。勝手《かって》に捩《ね》じ曲《ま》げてしまった。

当時のカトリックの僧侶《そうりょ》には、頭がよくて才能《さいのう》のある人が多い。宗教的な境地《きょうち》を全《まった》く別にして、頭のよさと学識《がくしき》の高さだけに注目《ちゅうもく》するならば、鎌倉《かまくら》時代末期《まつき》以前の高僧《こうそう》を思いだし、現代《げんだい》の僧侶《そうりょ》と比較《ひかく》すると納得《なっとく》できるであろう。

それほど優《すぐ》れた僧侶《そうりょ》どもが頭をひねって、キリスト教の教義《きょうぎ》を自分たちに都合《つごう》よく曲《ま》げるべく努力《どりょく》を重《かさ》ねた結果、キリスト教の教義《きょうぎ》は、見事《みごと》にひん曲《ま》がって、本来の教義《きょうぎ》とは似ても似つかないものになり果《は》てた。

キリスト教義《きょうぎ》の側《がわ》にも、曲《ま》げられる理由もあった。それが、因果律《いんがりつ》の否定《ひてい》、予定説である。

予定説、そして「行動は問わず、ただ信仰《しんこう》のみ」という考え方は、人心《じんしん》に受け入れられ難《がた》いことは繰《く》り返し述《の》べた。自分は果《は》たして救われるのか否《いな》か。予《あらかじ》め決まっているのに、自分ではどちらか知ることのできないこのもどかしさをどうすればよいのか。

マックス・ヴェーバーは、バニヤンの『天路歴程《てんろれきてい》』という有名な文学作品を例《れい》に挙《あ》げている。バニヤンの『天路歴程《てんろれきてい》』のなかで、「クリスチャン」が「滅亡《めつぼう》の町」に住んでいることに気づき、一刻《いっこく》も躊躇《ちゅうちょ》せず天国への巡礼《じゅんれい》に旅立たねばならぬとの召命《しょうめい》を聞いてからあとにとった態度《たいど》の描写《びょうしゃ》を見るべきである。妻子《さいし》は彼に取り縋《すが》ろうとする。

――が、彼は指で耳をふさぎ、「生命《いのち》を、永遠の生命《いのち》を！」と叫びながら野原を馳《か》け去っていく。根本においてただ自分自身を問題とし、ただ自分の救いのみを考えるピュウリタン信徒たちの情感を描き出したものとして、どんなに洗練された筆致《ひっち》も、この獄中に筆をとって宗教界の好評を博した鋳掛《いかけ》屋の単純な感覚に及びえないが、なかでも、それは「クリスチャン」が巡礼の途上おなじ目的を求道者と語るところの、いくぶんゴットフリート・ケラーの「正しい櫛細工人《くしさいく》」にも似た、あの感激的な会話の中によく表現されている。（マックス・ヴェーバー著、大塚久雄・訳『プロテスタンティズムの倫理と資本主義の精神』岩波文庫）

このように、自分が救われていないかもしれない、「滅亡《めつぼう》の町」に住んでいるのではないか、というような不安に満《み》ちた考えには、人はもう耐《た》えられない。だから、すべてを捨てて巡礼《じゅんれい》に上《のぼ》る。知ることはできないけれど、だからこそ何とかして救いの確信《かくしん》が欲《ほ》しいというとき、人間は狂人《きょうじん》以上になる。このことにマックス・ヴェーバーは気づいたのである。

そのため、予定説のなかに、いつのまにか因果律《いんがりつ》が侵入《しんにゅう》してくる。「信仰《しんこう》のみ」のはずであるキリスト教に、何かの儀礼《ぎれい》や「善行《ぜんこう》、修行《しゅぎょう》をせよ」との方針《ほうしん》ができてくる。ここにつけ込《こ》んでカトリック教会は、聖書の権威《けんい》を、法王《ほうおう》と宗教会議《かいぎ》と秘蹟《ひせき》にすりかえたのであった。聖書は背後《はいご》に押しやられて、表では、祈禱書《きとうしょ》と賛美歌《さんびか》とがのさばることになった。

ここに、「権威《けんい》があるのは聖書だけである」というウィクリフの説《せつ》が登場《とうじょう》してきたのである。カトリック教会の驚愕《きょうがく》、手にとるようにわかるではないか。

ウィクリフは、キリスト教の本来の論理《ろんり》に立ち返って予定説を説《と》いた。人が神の恩恵《おんけい》を受けて救われるのは、すべて神の一方的な選択《せんたく》、予定による。人間の善行《ぜんこう》によるのではなく、教会の与《あずか》ることではない。

予定説といえばカルヴァンを連想《れんそう》するが、カルヴァンより約二〇〇年も早く、ウィクリフは予定説を説《と》いていたのであった。

ウィクリフの死後、ロラード（聖書の人）といわれるウィクリフ派の運動が、約一〇年間、彼の教えを普及《ふきゅう》させたが、一五世紀の初め、教会側はロラードは異端《いたん》として焼《や》き殺《ころ》すという弾圧《だんあつ》を加《くわ》えた。

さらに一四一五年、コンスタンスの公会議《こうかいぎ》はウィクリフを異端者《いたん》と宣告《せんこく》、その後《のち》には彼の死骸《しがい》まで掘《ほ》り出して、彼の著書《ちょしょ》と一緒《いっしょ》に焼《や》き捨《す》てさせた。

ウィクリフの志《こころざし》を受《う》け継《つ》いで、予定説を唱《とな》えたフス（一三六九〜一四一五）は、免罪符《めんざいふ》（贖宥状《しょくゆうじょう》indulgentia）の売り出しに対する抗議《こうぎ》を行ったところ、宗教会議に呼び出されて、弁明《べんめい》も許されずに焚殺《ふんさつ》された。

一見《いっけん》しても明らかなとおり、ウィクリフといいフスといい、ルター、カルヴァンの先駆者《せんくしゃ》である。

ウィクリフ、フスの説は、カトリックの教説《きょうせつ》の非キリスト教的問題点をつき、ルター、カルヴァンを彷彿《ほうふつ》させるものがある。予定説、信仰《しんこう》のみという立場、ローマ法王《ほうおう》や宗教会議に究極的《きゅうきょく》権威《けんい》を認《みと》めず、聖書に権威《けんい》をさかのぼらせる方法など、ここに宗教改革《かいかく》のテーマは出そろった。

改《あらた》めて主張《しゅちょう》したいことは、宗教改革《かいかく》の先駆《さきが》けは、ウィクリフの提唱《ていしょう》した聖書を読む運動から始まった！　ということであり、しかもそれは、一四世紀のことである。キリスト教がヨーロッパに伝播《でんぱ》してから実に千年もたってからのことなのだ。

これ以上に驚《おどろ》くべきことを世界史は知らないであろう。

同じく啓典《けいてん》宗教であるイスラム教で、こんなことが夢想《むそう》さえできるか。イスラム教が社会にしみとおってから千年も『コーラン』が民衆から隔離《かくり》されていた。こんな文章を書く者の筆《ふで》は呪《のろ》われるであろう。狂気《きょうき》の沙汰《さた》だと思われるであろう。

でも、この信じられないことが、ヨーロッパのキリスト教社会では本当に起きたのである。

カトリック教会は、ヨーロッパを支配《しはい》していた。それでいて、キリスト教は、それほど広まっていないのであった。といえば、怪訝《けげん》な顔をされるかもしれない。

しかし事実である。キリスト教は、伝播《でんぱ》してきてからもずっと、都市のインテリには信奉《しんぽう》されたものの、大衆《たいしゅう》や田舎《いなか》の農民は別の宗教、すなわち、昔《むかし》の神々や悪魔《あくま》や魔女《まじょ》などの信仰に心をとらえられていた。キリスト教は上辺《うわべ》だけであって、本心では土着《どちゃく》の神々を信じていた。

また、教会《きょうかい》の威令《いれい》が届《とど》かないところだけに異教《いきょう》が生き延《いの》びていただけではない。宗教改革《かいかく》前のカトリック教会自体《きょうかいじたい》もまた、異教的《いきょうてき》であった。

「カトリック教会のなかには呪術《じゅじゅつ》が息づいていた。教会内の呪術《じゅじゅつ》の最たるものは、体内の悪魔を退散《たいさん》させる悪魔祓《あくまばら》いの儀式《ぎしき》であろう」（度会好一『魔女幻想』中公新書）。

同著によると、人々が教会《きょうかい》を求めた理由自体が魔除《まよ》けの手段《しゅだん》だったようで、洗礼《せんれい》に用いる水も魔除《まよ》けの特効薬《とっこうやく》として重宝《ちょうほう》されていたとの由《よし》。映画などでおなじみの、悪魔《あくま》に聖水《せいすい》をかけて追い払うシーンの元祖《がんそ》は、この頃の教会に遠因《えんいん》があったようだ。

また、マックス・ヴェーバーは、呪術《じゅじゅつ》からの解放《かいほう》こそが資本《しほん》主義の精神《せいしん》が発生《はっせい》するための条件《じょうけん》であるとしている。彼がここでいう呪術《じゅじゅつ》とは、カトリックの秘蹟《ひせき》を指《さ》しており、ヴェーバーはそのような儀礼《ぎれい》は呪術《じゅじゅつ》の一種と批判《ひはん》している。つまり、カトリックに秘蹟《ひせき》ある限り、宗教《しゅうきょう》の合理化《ごうりか》は不徹底《ふてってい》であると論《ろん》じているのである。

それどころではない、教会の内にも外にも、正真正銘《しょうしんしょうめい》の呪術《じゅじゅつ》や魔術《まじゅつ》が跳梁《ちょうりょう》（はびこって自由に動きまわること）しており、それらがいまだに人々の信仰《しんこう》の中心になっている。

このことが、資本主義《しほん》、デモクラシー、近代法を著《いちじる》しく不完全なものとし、その作動《さどう》のために絶大《ぜつだい》な影響《えいきょう》を及《およ》ぼすことは、ヴェーバーの理論《りろん》が示《しめ》すとおりである。

といえば、ハハン、日本と同じことだな、と納得《なっとく》する人もいるに違いない。

仏教伝来《でんらい》後も、日本の神々は残《のこ》った。というよりも、仏教信仰《しんこう》というのは上辺《うわべ》だけのことであって、本当は神を信じていたのではなかったのか。

論《ろん》より証拠、例《たと》えば、比叡山《ひえいざん》の僧兵《そうへい》である。

比叡山《ひえいざん》の僧兵《そうへい》に強訴《ごうそ》されると朝廷《ちょうてい》（天皇《てんのう》）も、どうしようもなかった。白河法皇《しらかわほうおう》は、「朕《ちん》の心のままにならぬものは、加茂《かも》川の水と賽《さい》の目、叡山《えいざん》の僧兵《そうへい》である」とまでのたもうた。

比叡山《ひえいざん》は日本仏教の総本山《そうほんざん》であり、法華経《ほけきょう》を最高のお経《きょう》として信奉《しんぽう》している。が、その比叡山《ひえいざん》の僧兵《そうへい》が強訴《ごうそ》のときに奉持《ほうじ》して押したててゆくのは、法華経《ほけきょう》でも曼陀羅《まんだら》でもない。日吉《ひえ》神社の神輿《みこし》なのである。

日本仏教の総本山《そうほんざん》の僧侶《そうりょ》でさえも、本当に信仰《しんこう》しているのは仏様《ほとけ》なんかではない。日本古来《こらい》の神様なのである。

中世ヨーロッパのキリスト教事情《じじょう》を理解《りかい》するのには、この日本の構図《こうず》が好例《こうれい》となる。

このようなキリスト教の状況は、「魔女狩《まじょが》り」によっても示唆《しさ》されるであろう。「魔女狩《まじょが》り」は、中世中期《ちゅうせい》までは、ほとんど行われることはなかったが、恐《おそ》ろしく大規模《だいきぼ》に、かつ前例《ぜんれい》のないほど残酷《ざんこく》に行われるようになったのは、中世末期《ちゅうせい》から近世初期《きんせい》にかけてである。

なぜ、「魔女狩《まじょ》り」の頻発期《ひんぱつき》、最盛期《さいせいき》がこんなに後世《こうせい》へとずれ込んだのであったろうか。キリスト教が本当に西欧《せいおう》社会のすみずみにまで行き渡りはじめたのは、宗教改革《かいかく》のエネルギーが動きだした時代であった。

「宗教改革《かいかく》」とは、実は、本格的キリスト教の創造《そうぞう》であった。本格的キリスト教の布教《ふきょう》開始であった。それまでは、キリスト教もどきが、ヨーロッパの表面をかすっていただけといえる。ヴェーバーは、宗教改革《かいかく》によって世の中が世俗化《せぞくか》して宗教の影《かげ》が薄《うす》れたという説を否定《ひてい》し、逆に宗教改革《かいかく》によって、世の中は徹底的《てっていてき》にキリスト教的になったことに注目《ちゅうもく》して、読者の注意を喚起《かんき》している。キリスト教の徹底化こそが資本《しほん》主義の精神を準備した。

キリスト教が近代を作っていく過程《かてい》を追う前に、聖書の読み方に関《かか》わる大きな問題、ファンダメンタリズムに触《ふ》れておこう。

ファンダメンタリストとは

ファンダメンタリスト（fundamentalist）はアメリカに多く存在《そんざい》するが、日本には、ほとんどいないといってよいほど鮮《すくな》い。そして、ファンダメンタリストほど日本人の理解《りかい》を絶《ぜっ》するものはあるまい。

ファンダメンタリストとは、聖書に書いてあることをそのまま事実だと信ずる人のことである。重病人《じゅうびょうにん》が瞬時に治《なお》ったり、死んだ人が生き返ったり、人間が水の上を歩いたり……。聖書のこんな記述《きじゅつ》に接《せっ》すると、日本人のキリスト教徒は誰《だれ》でもこれを抽象的《ちゅうしょうてき》に読む。そんな非科学的なことは起こりえまいが、何らかの功徳《くどく》はあったのだろう、もしくは何かを象徴《しょうちょう》した表現であろう、と。

ところが、アメリカなどでは、高名《こうめい》な科学者などにもファンダメンタリストがいる。「奇蹟《きせき》なんて科学的に起こりえない」と反論《はんろん》する人に、ファンダメンタリストは答えていう。「自然法則《ほうそく》なんていったところで、やはり神が作りたまいしものにすぎない。だから、神ならば自然法則《ほうそく》を変更《へんこう》することもできれば、一時作動《さどう》を停止《ていし》させることもできる。人間が水の上を歩いたとて、神が重力《じゅうりょく》の法則《ほうそく》を一時停止《いちじていし》させたとすれば、少しもおかしくはないではないか」

ファンダメンタリストは、このように、合理的に考えぬいているのだから、反撃《はんげき》の手を緩《ゆる》めない。「自然科学というが、いまの自然科学の実験は、みんな不完全帰納法《きのうほう》ではないか。いままでやった実験では、ある特定《とくてい》の法則《ほうそく》は成立《せいりつ》しているけれど、実験をやらなかったところでは成立《せいりつ》していないかもしれない。だとすれば、現代の人間が科学常識《じょうしき》としていない事態《じたい》だってありうるではないか」

「自然科学の法則《ほうそく》にしても、あなた自身が実験で確かめられたわけではなく、自然科学者がいったことをあなたが信じている、これだけのことでしょう。自然科学の学説《がくせつ》でも、学問が進んでいくにつれて、それまで常識《じょうしき》だったことが次々《つぎつぎ》と否定《ひてい》されていっている。法則《ほうそく》といったところで、要《よう》するに、いまの時点《じてん》で私はこの学者を信用しますというだけのことにすぎない。私は学者も信用しますが、それ以上に聖書を信じます」

このような理論《りろん》に誰《だれ》が抗《あらが》えようか。

アメリカのファンダメンタリストのなかでも、とくに有名なのが、クリスチャン・サイエンスの教祖《きょうそ》、メアリー・ベイカー・エディ（一八二一〜一九一〇）である。

彼女のところへ、息もたえだえの重病人《じゅうびょうにん》がやってくる。彼女が一言《ひとこと》、汝《なんじ》は癒《いや》されたり、と宣言すると、この重病人《じゅうびょうにん》、たちまち元気になって、喜びいさんで帰ってゆく。彼女はいう。

「『福音書《ふくいんしょ》』にあるとおりでしょう。汝《なんじ》の信仰《しんこう》、汝《なんじ》を癒《いや》せり」

メアリー・ベイカー・エディは、医者も病院も近代医学も信用しない。信用するのは『福音書《ふくいんしょ》』である。イエス・キリストが病人を治《なお》したまえるとき、医者や病院や近代医学がどこにあったか。イエスは、そんなものは一切用《いっさいもち》いないで治《なお》したもうた。そのとおりにすればいいのではないか。

メアリー・ベイカー・エディの病気治《なお》しは、『福音書《ふくいんしょ》』に書いてあるとおりの方法で行われた。あまりにも覿面《てきめん》であったので、クリスチャン・サイエンスは、燎原《りょうげん》の火のように全米《ぜんべい》に広がっていった。

その教義《きょうぎ》は、「実在《じつざい》するのは神だけである。神は善であるから悪は存在しない。病気や老衰《ろうすい》や苦痛は実在《じつざい》しない」。

それらが実在《じつざい》すると思うのは、人間の妄信《もうしん》である。ゆえに、妄信《もうしん》であると自覚した途端《とたん》に消える。

また、イエスの贖罪《しょくざい》で原罪《げんざい》は消えたのだから死もありえない。死があるとは妄信《もうしん》にすぎないことに気付けば、人間は永遠に生きる。

メアリー・ベイカー・エディはこのように主張した。神と不死のみが実在《じつざい》するという主張を除《のぞ》けば、仏教の唯識論《ゆいしきろん》にきわめて近い境地《きょうち》といえよう。

しかしいまでも、クリスチャン・サイエンスは多数の信者《しんじゃ》を擁《よう》し、メアリー・ベイカー・エディが教えたとおりの「奇蹟《きせき》」を行える人もいる。

二〇世紀最大の伝記《でんき》作家の一人といわれるシュテファン・ツヴァイクの「クリスチャン・サイエンス」に関《かん》する著作《ちょさく》は、資料《しりょう》が正確《せいかく》で信憑性《しんぴょうせい》が高いことで定評《ていひょう》がある。

アメリカにファンダメンタリストが多いことを裏付《うらづ》ける話として、モンキー・トライアル（お猿《さる》裁判《さいばん》）という事件は好例《こうれい》であろう。

進化論《しんかろん》を教えた廉《かど》で、高校の理科教師《きょうし》が罷免《ひめん》され、教師《きょうし》はこれを不当として裁判《さいばん》に訴《うった》え、全米《ぜんべい》を揺《ゆ》るがす大騒動《そうどう》となった。争点《そうてん》は、「子供に進化論《しんかろん》を教えることは是《ぜ》か非《ひ》か」。ファンダメンタリストは、進化論は聖書と矛盾《むじゅん》するから、こんな説を学校で教えるのは滅相《めっそう》もないといい立てたのである。「人間は神が創造《そうぞう》したもうたものである。猿《さる》から進化《しんか》したなんてとんでもない」ということをめぐっての裁判《さいばん》だから、「モンキー・トライアル」と呼ばれた。しかも、これは突発《とっぱつ》的事件ではなく、類似裁判《るいじさいばん》が相次《あいつ》いだ。

実際《じっさい》にアーカンソー州では、一九二九年に、「人間が下等《かとう》な動物に由来《ゆらい》したという理論《りろん》を教えるべからず」という州法《しゅうほう》が成立《せいりつ》したほどである。一九六八年に連邦最高裁《れんぽうさいこうさい》がこの法律《ほうりつ》を違憲《いけん》として棄却《ききやく》したが、一九八一年には州議会《しゆうぎかい》はまたもや進化論禁止法《しんかろんきんしほう》もどきの州法《しゆうほう》を可決《かけつ》させた（ちなみに同州法《しゆうほう》にはリトルロック連邦地裁《れんぽうちさい》が違憲判決《いけんはんけつ》を下《くだ》している）。

ファンダメンタリズムはかくも深く根《ね》ざしているのである。

ファンダメンタリストにこれほど反撥《はんぱつ》される進化論《しんかろん》が、日本人にはすんなり受け入れられているのが、アメリカ人にとっては驚愕《きようがく》すべきことだったようである。

山本七平《やまもとしちへい》氏が終戦後フィリピンで米軍《べいぐん》の捕虜《ほりよ》になったときの話である。米軍《べいぐん》が真《ま》っ先《さき》に教育しようとしたのが、何と進化論《しんかろん》であった、という。

日本軍の特攻《とつこう》、玉砕戦法《ぎよくさい》には、圧倒的《あつとうてき》に優勢《ゆうせい》だった米軍《べいぐん》も、ほとほと手を焼《や》いた。何《なん》で日本人は、ここまで戦うのか。社会科学者を動員《どういん》して研究すると結論《けつろん》が出た。日本人は天皇《てんのう》を信仰《しんこう》しているからであった。天皇《てんのう》は、太陽の女神《めがみ》の直系《ちよつけい》の子孫《しそん》（direct descendant of the sun goddess）であると信じているから、天皇《てんのう》のためなら死ぬことは平気《へいき》なのである。このことを発見したアメリカ人は、日本人再《さい》教育の事始《ことはじめ》として進化論《しんかろん》を教えることにしたのであった。

米軍《べいぐん》が進化論《しんかろん》を教えようとしたとき、七平《しちへい》氏は、「その必要《ひつよう》はない。日本人は誰《だれ》でも、とっくに進化論《しんかろん》くらい知っているからいまさらそんなこと教えなくてもよい」と反論《はんろん》した。そのときの米軍《べいぐん》将校《しようこう》の驚《おどろ》きいった顔はいまでも忘《わす》れられないと七平《しちへい》氏はかつて述懐《じゆつかい》していた。

米軍将校《べいぐんしようこう》にしてみれば、「天皇《てんのう》は太陽神のご子孫《しそん》である」と教えられている日本で、どうして、「人間は猿《さる》の子孫である」とする進化論《しんかろん》が大弾圧《だんあつ》されなかったのか、これほど不思議《ふしぎ》な話は考えられないのである。

このストーリー、日本人が聞くと、米軍将校《べいぐんしょうこう》の発想法《はっそうほう》に、むしろ驚《おどろ》くことであろう。戦前の日本でも、進化論《しんかろん》を教えることが禁止されるなどとは、誰《だれ》も考えてもみなかった。それであればこそ、アメリカにおける進化論裁判《しんかろんさいばん》の話を聞いて呆《あき》れ果《は》てるのである。

では、「天皇《てんのう》は太陽神のご子孫《しそん》である」という説と、「猿《さる》の子孫である」という説とは矛盾《むじゅん》しないのか。いや、矛盾《むじゅん》も何《なに》も、日本人はそのようには考えたりしない。あれはあれ、これはこれ、とスンナリと信じてしまう。

日本人の信仰《しんこう》の仕方《しかた》は、元来《がんらい》そんなものではない。詳《くわ》しくは第七章《しょう》に譲《ゆず》るが、徳川《とくがわ》時代初期においても、儒学《じゅがく》教育を受けた人々、とくにインテリ層《そう》は、日本神話を信じようとしなかった。とくに天孫降臨《てんそんこうりん》（天照大神《あまてらすおおみかみ》の孫《まご》である瓊瓊杵尊《ににぎのみこと》が、高天原《たかまがはら》から高千穂《たかちほ》に天下《あまくだ》ったという日本の建国神話。三五六頁参照）なんかありうるはずがないと主張《しゅちょう》する儒学者《じゅがくしゃ》が大多数であった。それなのに、伊勢神宮《いせじんぐう》はじめ神社に対する信仰《しんこう》は衰《おとろ》えなかった。しかも幕末《ばくまつ》になるや、「日本神話を基礎《きそ》とする天皇《てんのう》イデオロギー」（勤王思想《きんのうしそう》）は、儒学者《じゅがくしゃ》を含む日本人に圧倒《あっとう》的影響力《えいきょうりょく》を及ぼすことになったのである。

「信ずる」という意味が、日本人とキリスト教徒のアメリカ人とでは、まるで違う。キリスト教徒がみんなファンダメンタリストとは限らない。アメリカでも、ファンダメンタリストは少数派であろう。しかし、ファンダメンタリストの心理を理解《りかい》できないというアメリカ人は、まずいない。ファンダメンタリストに反対するアメリカ人は多いけれども、疎外《そがい》されてはいない。変人、奇人だと思う人はいない。ひとかどの立派《りっぱ》な人として通《とお》っている人が多いし、「あんな立派な人が、よりにもよってファンダメンタリストとは?」という科白《せりふ》がアメリカ人の口から出ることはない。

ファンダメンタリズムは、キリスト教の原点なのである。

ファンダメンタリストはキリスト教にのみ存在する

ファンダメンタリズムは、キリスト教にだけ見られるのであって、他の宗教にはありえない。

「イスラム・ファンダメンタリズム」、いわゆるイスラム原理《げんり》主義という意味でこんな言葉を使うキリスト教徒がいるが、このようないい方は間違《まちが》いである。イスラム教に、ファンダメンタリズムはありえない。

キリスト教だと、『福音書《ふくいんしょ》』をストレートに信じさえすればキリスト教徒たりうる。だから、ファンダメンタリストの存在《そんざい》が可能《かのう》なのである。

しかし、イスラム教では、『コーラン』をストレートに信じただけでイスラム教徒たりうるのではない。イスラム法の行為に関する命令も守らなければならない。『コーラン』は大綱《たいこう》を示しているだけで、イスラム法の命令がすべて『コーラン』に記《しる》してあるわけでもない。「スンナ」以下の補充法源《ほじゅうほうげん》(三〇一頁参照)が必要である。ゆえに、イスラム教にファンダメンタリストはありえないのである。

ファンダメンタリズムは、日本語では「原理《げんり》主義」と訳《やく》される。これは、「あくまでもその原理《げんり》に忠実《ちゅうじつ》であるべし」という主義であると理解《りかい》される。

「イスラム・ファンダメンタリズム」をそのように理解《りかい》すれば、それは必然《ひつぜん》的に、神政《しんせい》政治（theocracy）にならざるをえない。イスラム教に僧侶《そうりよ》はいない。すべての信徒は俗人《ぞくじん》である。そして、僧侶《そうりよ》の機能代替《きのうだいたい》（代わり）をするのがイスラム法学者（ウラマー）である。「イスラム・ファンダメンタリズム」の原則が貫《つらぬ》かれるとき、それは、法学者による寡頭《かとう》政治とならざるをえない。

このように、所謂《いわゆる》「イスラム・ファンダメンタリスト」は、大変な政治的意味を持つ。他方《たほう》、本来のファンダメンタリスト（キリスト教のファンダメンタリスト）は、直接的には、むしろ、政治から乖離《かいり》し、病気治療《ちりよう》や社会事業に手を染《そ》める人が多い。

イスラム教と同様《どうよう》な理由によって、ユダヤ教にもファンダメンタリズムは成立《せいりつ》しえない。ユダヤ教も、キリスト教とは違って、ただ信仰《しんこう》さえすればよいというのではない。その啓典《けいてん》（『トーラー』）は、行動に対する命令をも含《ふく》む。そうなるとどうしても、啓典《けいてん》の解釈《かいしゃく》、施行《しこう》規則《きそう》が必要となってくる。そこで「タルムード」以下の法源《ほうげん》ができたことはすでに記《しる》した。行動指針《ししん》であるその「タルムード」が厖大《ぼうだい》であるという理由だけからも、ユダヤ教にはファンダメンタリズムが成立《せいりつ》しえないことは容易《ようい》に納得《なっとく》されえよう。

このように、啓典《けいてん》宗教のなかでも、ファンダメンタリズムは、キリスト教に限《かぎ》って成立《せいりつ》しうるのである。その理由は、啓典《けいてん》が確定《かくてい》し、行動についての命令（外面的行動に関《かん》する規範《きはん》）が全《まった》くないからなのである。

では、啓典《けいてん》宗教以外の宗教ではどうか。

仏教では、ファンダメンタリズム成立《せいりつ》の余地《よち》は全《まった》くない。

キリスト教の正典《せいてん》が早くも四世紀に確立《かくりつ》したのとは違って、仏教における正典《せいてん》は決定されていない。何回、仏典結集《ぶってんけつじゅう》が行われても、正典《せいてん》の決定には至《いた》らなかった。

仏教では、初めに「如是我聞《にょぜがもん》（私は、このように釈迦《しゃか》から聞いた）」との一句さえつければ、誰《だれ》でも、いつでも、自由にお経《きょう》をつくることができた。

仏教の正典《せいてん》が決められていない理由はいくつかあるが、一つには、釈迦《しゃか》の真説《しんせつ》であると証明《しょうめい》されたものは何《なに》一つないことである（宇井伯壽『仏教思想研究』岩波書店）。それらの多くは、後世《こうせい》の創作《そうさく》らしいのである。

このようにいえば、必《かなら》ず疑問がでよう。

どこの誰《だれ》ともわからないような者が創作《そうさく》したようなものが、お経《きょう》として通用《つうよう》するのか。立派《りっぱ》に通用《つうよう》するのである。

法華経《ほけきょう》はじめ、維摩《ゆいま》経《ぎょう》、般若経《はんにゃきょう》など、所謂大乗仏典《いわゆるだいじょうぶってん》は、みんな後世《こうせい》の創作《そうさく》であることが、いまでは、わかっている。しかも、大切《たいせつ》なお経《きょう》として通っているのである。

その理由は、これらのお経《きょう》が、釈迦《しゃか》の真説《しんせつ》として立派《りっぱ》に通ることが書いてあるからである。

インドには、超一流の哲学者や宗教家がワンサといる。中国とでさえ比較《ひかく》にならない。

これらの哲学者、宗教家が目を通してみて、これはお経《きょう》にふさわしい、これは駄目《だめ》だなどと判定《はんてい》する。お経《きょう》にふさわしくないと判定《はんてい》された創作《そうさく》は、相手にされなくなる。十分《じゅうぶん》にお経《きょう》にふさわしいと判断《はんだん》されたものだけが、お経《きょう》として流布《るふ》してゆくのである。

このように選別《せんべつ》されて、大乗仏典《だいじょうぶってん》は成立《せいりつ》したのであった。それらは、インドの超大学者、超大宗教家の厳《きび》しい篩《ふるい》にかけられているから釈迦《しゃか》の真意《しんい》として信用できるのである。

このような解釈《かいしゃく》に納得《なっとく》できない人は、儒教《じゅきょう》の例がわかりやすいかもしれない。

例《たと》えば朱子《しゅし》（南宋《なんそう》の政治家、儒学者《じゅがくしゃ》。一一三〇〜一二〇〇）である。

朱子《しゅし》は、古典《こてん》の解釈に終始《しゅうし》していた儒教《じゅきょう》に初めて哲学的方法を導入《どうにゅう》し、古典《こてん》の研究法を革新《かくしん》した。それまで儒教《じゅきょう》の古典は、十三経《じゅうさんぎょう》（易経《えききょう》・書経《しょきょう》・詩経《しきょう》・周礼《しゅらい》・儀礼《ぎらい》・礼記《らいき》・春秋左氏伝《しゅんじゅうさしでん》・春秋《しゅんじゅう》公羊伝《くようでん》・春秋穀梁伝《しゅんじゅうこくりょうでん》・論語《ろんご》・孝経《こうきょう》・爾雅《じが》・孟子《もうし》）とされてきた。ごらんのとおり、トップは、所謂《いわゆる》五経《ごきょう》であり、孔子《こうし》の「論語《ろんご》」でさえも中ほどであり、「孟子《もうし》」に至《いた》ってはどんじりであった。

朱子《しゅし》は、それまでの研究法を革新《かくしん》して、「論語《ろんご》」「孟子《もうし》」「大学《だいがく》」「中庸《ちゅうよう》」の四書《ししょ》をとくに重視《じゅうし》することにした。朱子《しゅし》の態度《たいど》は、孔子《こうし》の真意《しんい》を正しく伝《つた》えているのは、孟子《もうし》以後彼だけであるというものであり、明《みん》代以降《いこう》では、朱子《しゅし》の学問が儒教《じゅきょう》の主流《しゅりゅう》とされるようになった。

他方《たほう》、朱子《しゅし》に対する批判《ひはん》も出るようになった。考証学派《こうしょうがくは》（古典《こてん》研究において科学的考証《こうしょう》を重《おも》んずる方法を使う学派）は、朱子《しゅし》は孔子《こうし》に会ってもいないのに一六〇〇年も後に、何《なん》で朱子《しゅし》は彼の学説だけが孔子《こうし》の真意《しんい》を伝えていると証明《しょうめい》できるのかと批判《ひはん》した。

孔子《こうし》が本当に述《の》べたことだけを孔子《こうし》の真説《しんせつ》だとする立場からすれば、この批判《ひはん》は当然《とうぜん》であろう。が、宗教において大切なのは歴史的考証《こうしょう》だけではない。哲学的洞察《どうさつ》のほうがより重要なこともある。朱子《しゅし》は、哲学的洞察力《どうさつりょく》において、先代《せんだい》の諸学者を遥《はる》かに陵駕《りょうが》（越える）している自信があったのであろう。

朱子《しゅし》が、一六〇〇年も後に孔子《こうし》の真意《しんい》を洞察《どうさつ》しえたとすれば、釈迦没後《しゃかぼつご》千数百年後《ご》に、その真意《しんい》が伝わったとしても不思議《ふしぎ》ではあるまい。

大乗《だいじょう》仏教の諸経典《しょきょうてん》は、このようにして成立《せいりつ》した。いきおい、それは厖大《ぼうだい》なものとなった。それらが中国へ伝来《でんらい》したとき、位置《いち》付けが最大の問題となった。こんなにたくさんのお経《きょう》があるが、どれがどれほど釈迦《しゃか》の真意《しんい》を伝《つた》えているのであろうか。そこで、中国では、教相判釈《きょうそうはんじゃく》（教判《きょうはん》）が問題となった。教判《きょうはん》とは、お経《きょう》のランク付けである。

このような有様《ありさま》であるから、仏教では正典《せいてん》の確定《かくてい》は問題となりえない。いや、正典《せいてん》という考え方さえない。ここまでがお経《きょう》であり、ここから先はお経《きょう》ではないという境界《きょうかい》がない仏教には、正典《せいてん》という概念《がいねん》はないのである。

すでに述《の》べたように、ファンダメンタリズムが成立《せいりつ》するためには、その前提《ぜんてい》として、（一）正典《せいてん》が決められていて、（二）信仰《しんこう》のみを問う（行動は関係ない）のでなければならない。

これらの条件に照らしてみても、仏教にはファンダメンタリズムは成立《せいりつ》しえない。仏教には正典《せいてん》がないうえに、仏教では、「信仰《しんこう》だけ」というわけにもゆかない。

仏教は、もともと、戒律《かいりつ》を重《おも》んずる。戒律《かいりつ》こそ仏教であるとまでいえる。すなわち、外面的行動をも無視《むし》しえない。とくに修《しゅ》行《ぎょう》を重《おも》んずる。修《しゅ》行《ぎょう》に専念《せんねん》するために、修《しゅ》行《ぎょう》の専門家《せんもんか》である僧《そう》（沙弥《しゃみ》）と尼僧《にそう》（沙弥尼《しゃみに》）とは、俗人《ぞくじん》をやめて出家《しゅっけ》しなければならない。仏法《ぶっぽう》僧《そう》は三宝《さんぼう》としてとくに重《おも》んじられ、僧《そう》のない仏教は考えられない。ちなみに、イスラム教、ユダヤ教には、僧《そう》は存在しない。儒 教《じゅきょう》にも存在しない。キリスト教には、僧《そう》は存在《そんざい》しても存在《そんざい》しなくてもよい。なにしろ、決まりがないのである。

また、仏教は、善因楽果《ぜんいんらくか》、悪因苦果《あくいんくか》といいならわされている因果応報《いんがおうほう》の考え方を基礎《きそ》にもっている。ゆえに仏教では、善行《ぜんこう》を勧《すす》める。このように戒律《かいりつ》の遵守《じゅんしゅ》、修行《しゅぎょう》、善行《ぜんこう》を重《おも》んずる仏教では、信仰《しんこう》のみという考え方は成《な》りたたない。この点、キリスト教とは正反対である。

正典《せいてん》がなく、信仰《しんこう》のみではなく行動もまた重視《じゅうし》するゆえに、仏教においては、ファンダメンタリズムはありえない、と断定《だんてい》できるのである。

儒教《じゅきょう》の教典にも、仏教と同じく正典《せいてん》がない。

はじめ、儒教《じゅきょう》の教典は十三経《じゅうさんぎょう》といわれた。これは、宋《そう》（九六〇〜一二七九年）以後の話であって、何が儒教《じゅきょう》の教典であるかは時代によって違う。

また、儒教《じゅきょう》の戒律《かいりつ》（礼《れい》、儀礼《ぎれい》）は行動についてのルールである。「信仰《しんこう》のみ」から、これほど遠い宗教はない。あえて極論《きょくろん》すれば、儒教《じゅきょう》では、「行動のみ」であって、心のなか（信仰《しんこう》）なんかどうでもいいと極論《きょくろん》しうるということは、先に舜《しゅん》の例《れい》をひいた。

このことからも容易《ようい》にわかるように、儒教《じゅきょう》にファンダメンタリズムはありえない。


ファンダメンタリズムについて、いささか詳《くわ》しく説明してきた。ファンダメンタリズムは、キリスト教にだけ見出《みいだ》される現象《げんしょう》であり、キリスト教の真諦《しんたい》（最高真理《しんり》）を理解《りかい》するために絶好《ぜっこう》のテーマである。

キリスト教を本当に体感《たいかん》しようとすれば、ひとたびはファンダメンタリストになってみるとよい。試《こころ》みにやってみよう。


あなたはいま、ファンダメンタリストになった。

十字架上《じゅうじか》で死んだイエスは三日の後に死から本当に甦《よみがえ》りたもうた。

——実感《じっかん》できますか。

実感《じっかん》できればキリスト教は、すでにあなたのものである。

「イエスは主《しゅ》であると口で言い表し、神はイエスを死からよみがえらせたもうたと心で信」(「ローマ人への手紙」第十章　九）じなさい。そうすれば、「あなたは救われる」(同右)。

ここで、おさらいをする。

ユダヤ教からキリスト教へと一貫《いっかん》して伝わっているテーマは、人間の、神への反逆《はんぎゃく》である。人間の原罪《げんざい》も、蛇《へび》に唆《そそのか》されたエヴァの勧《すす》めによって、アダムが智慧《ちえ》の木の実を食べたことによって発生《はっせい》した。この行為は神の禁じたことであり、アダムの行為は神への反逆事始《はんぎゃくことはじめ》といえる。

神への反逆《はんぎゃく》によって原罪《げんざい》が生じ、原罪《げんざい》によって、人間は死ぬさだめとなった。つまり、アダムを受《う》け継《つ》いだすべての人間は罪人《つみびと》であり、その罪《つみ》によって神の罰《ばつ》を受《う》けて死ぬ。

しかし、罪《つみ》なきイエス・キリストが十字架《じゅうじか》上で罪《つみ》ある人間に代《か》わって死にたもうことによって人間の罪は赦《ゆる》された。罪が赦《ゆる》されることによって、罪に対する罰《ばつ》としての死も免《まぬが》れることになり、人間は死ぬ必要がなくなった。

こういい切ってしまえば、いささか難解《なんかい》であるが、これがキリスト教のダイジェストである。

これを、パウロの言葉でうらづけよう。

……ひとりの人の罪によってすべての人が断罪されたように、ひとりの人の義《ただ》しい行為によって、すべての人が放免され、かつ生命《いのち》を与えられるのである。(同右　第五章　一八)

……いまや神の恵みはわれわれを御前に義《ただ》しい者として受け入れ、われらの主イエス・キリストによって、永遠の生命へと導いて下さるのである。（同右　第五章 二一）

この文章の解釈《かいしゃく》の急所《きゅうしょ》は、「……すべての人が放免《ほうめん》され、かつ生命《いのち》を与えられるのである」「われらの主イエス・キリストによって、永遠《えいえん》の生命《いのち》へ導《みちび》いて下さるのである」を、どう読むかにかかっている。

多くの人は、「生命《いのち》を与《あた》えられる」「永遠《えいえん》の生命《いのち》」を比喩《ひゆ》的に読み、抽象《ちゅうしょう》的表現だと思うことであろう。そう読むと、その解釈《かいしゃく》は、途方《とほう》もなく多岐亡羊《たきぼうよう》（多すぎて何が何やらわからない）なものとなろう。

では、正解を得るためにはどうすればいいのか。

まず、ファンダメンタリストとして始めよ。これである。

聖書は、ファンダメンタリストとして読まれることを期待《きたい》して、そのように書かれている。疑問《ぎもん》は、その後で提出《ていしゅつ》しても遅《おそ》くはない。

ファンダメンタリストとして読めば、「生命《いのち》を与《あた》えられる」「永遠《えいえん》の生命《いのち》」ということは、すぐに理解《りかい》できる。いままでは、罪人《つみびと》であるので死ぬべき身《み》であった。が、イエス・キリストに生命《いのち》を与《あた》えられて永遠《えいえん》に生きられることになった。

こうとしか読みようはない。

しかし、読めたところで実感《じっかん》はできなかろう。えっ、永遠《えいえん》に生きられるなんて、そんな馬鹿《ばか》な！　もし、そんなことを本気で説《と》いているならキリスト教なんてカルト教団より酷《ひど》いインチキ宗教だ、そんなことを信ずる者は異常者《いじょうしゃ》だ。いや、巧妙《こうみょう》にマインド・コントロールされたに違いない……。

まさにこの点が、日本人がキリスト教を理解《りかい》できない最大の壁《かべ》なのである。

近代国際法はキリスト教より生まれた

それにしても、世界の宗教のなかで、なぜキリスト教に限《かぎ》って、「信仰《しんこう》のみ」というほど強烈《きょうれつ》な教義《きょうぎ》にたどりついたのか。この教義《きょうぎ》があればこそ、キリスト教は、このうえなく崇高《すうこう》な実践《じっせん》を行いうるのである。「全《まった》く価値のない人々を無条件で愛する」ことは、他の宗教でできることではない。如何《いか》なる艱難辛苦《かんなんしんく》もものかはと、全《まった》く無償《むしょう》で何《なん》の報《むく》いもなく、万里《ばんり》の波濤《はとう》を乗り越えて世界中に布教《ふきょう》するエネルギーは、他宗教を遥《はる》かに陵駕《りょうが》している。近代化《きんだいか》を発進《はっしん》させ遂行《すいこう》したのもキリスト教である。近代科学、近代資本主義、近代政治、近代法、これらを生んだのは、キリスト教の目的《もくてき》合理性《ごうりせい》である。

それでいて、キリスト教ほど残酷《ざんこく》な宗教は他《ほか》に見られない。大量無制限大虐殺《たいりょうむせいげんだいぎゃくさつ》は、キリスト教に淵源《えんげん》（みなもと）を持つ。最《もっと》も敬虔《けいけん》で善良《ぜんりょう》な人が、同時《どうじ》に、最《もっと》も残忍《ざんにん》なことを平気《へいき》で行《おこな》いうるのである。十字軍《じゅうじぐん》の遠征《えんせい》はじめ、そのような例は、世界史に枚挙《まいきょ》にいとまがない。あまりにも例が多すぎるので、代表的なものを一つだけ挙《あ》げてこの議論をしめくくっておく。

それは近代国際法である。近代国際法は、キリスト教に濫觴《らんしょう》（ことはじめ）を発し、キリスト教社会であればこそ可能《かのう》な法律《ほうりつ》なのである。

近代《きんだい》国際法は、大航海時代《だいこうかい》に端《たん》を発《はっ》する。

それは、どのような法律《ほうりつ》であったのか。

「神は、……アジア地域《ちいき》のいたるところで、われわれにこの野蛮《やばん》で無信仰《むしんこう》な人々に対する勝利をお授《さず》けになった」（高野雄一『全訂新版　国際法概論　上』弘文堂。この個所《かしょ》は、ジョアン・デ・パロス『アジア史Ⅰ』、二四五頁からの引用。なお、しばらく、高野教授の右著作から引用《いんよう》する。この本は、国際法の標準《ひょうじゅん》的テクストとして定評《ていひょう》の確立《かくりつ》したものであり同教授は正確無比《せいかくむひ》な篤学《とくがく》である。資料《しりょう》は十分《じゅうぶん》に信頼《しんらい》に価《あたい》する）。

キリスト教徒にとって異教徒《いきょうと》（無信仰《むしんこう》な人々）は、大量虐殺《たいりょうぎゃくさつ》することも奴隷《どれい》にして売買《ばいばい》することも正当な存在《そんざい》なのである。成立《せいりつ》時のヨーロッパ国際法は、このように定《さだ》められていた。それが何より証拠《しょうこ》には、大航海《だいこうかい》時代には、航海者《こうかいしゃ》からローマ法王《ほうおう》に、「異教徒《いきょうと》は人間であるのか」との問い合わせが頻繁《ひんぱん》によせられている。人間でないのならば、殺《ころ》すのも奴隷《どれい》にするのも自由である。

「殺《ころ》すなかれ」という戒律《かいりつ》は、正確《せいかく》にいうと、キリスト教徒にだけ適用《てきよう》される。動物にも異教徒《いきょうと》にも適用《てきよう》されない。このことはユダヤ教にもいえる。『トーラー』では、利子《りし》をとって金を貸すことを禁止している。が、この法律《ほうりつ》は、ユダヤ教徒のなかでだけ通用《つうよう》するのであって、『ベニスの商人』

のシャイロックがなしたように、非《ひ》ユダヤ教徒には利子《りし》をとって金を貸《か》してもよいのである。これと同じことだと思うとよい。

近代《きんだい》国際法の正体《しょうたい》を、このように暴露《ばくろ》してみせると、いくら何でもそんなこと本当かと反問《はんもん》される。例《れい》を挙《あ》げ説明しよう。

「ポルトガル人は、信仰篤《しんこうあつ》いキリスト教徒として知られている。そのポルトガル人がアフリカで何をしたか。彼らは、西アフリカでアラブ商人を駆逐《くちく》して奴隷貿易《どれいぼうえき》の権利《けんり》を手に入れ、その首都《しゅと》リスボンは、アフリカ黒人の奴隷市《どれいいち》で栄えることになった」（高野、前掲書）。

奴隷貿易《どれいぼうえき》で大儲《おおもう》けをしたのは、ポルトガル人だけではない。ヨーロッパのキリスト教諸国《しょこく》は、奴《ど》隷貿易《れいぼうえき》で大いに国富《こくふ》を増進《ぞうしん》した。キリスト教国の国際法は異教徒《いきょうと》を奴隷《どれい》として売買《ばいばい》することを合法《ごうほう》的だとしていたからである。

「一五～一九世紀の四〇〇年近い期間を通じてアフリカ大陸から奴隷狩り、奴隷貿易で連れ去られた黒人は、六〇〇〇万人という」（同右）。

近代《きんだい》の初め、ヨーロッパの全人口が約二〇〇〇万人であったことを思い出すと、六〇〇〇万人という数字がどんなに厖大《ぼうだい》な数字であるのか、おわかりかと思う。

キリスト教徒は、こんなに厖大《ぼうだい》な数の奴隷《どれい》を何《なに》に使ったのか。

次のような典型的《てんけいてき》な奴隷《どれい》の使い方がある。

キリスト教徒が現地《げんち》を征服《せいふく》する。すると原住民《げんじゅうみん》を鏖《みなごろし》にする。その後にアフリカから連《つ》れてきた奴隷《どれい》を入れて労働《ろうどう》をさせて利潤《りじゅん》をあげる。

異教徒《いきょうと》の大量虐殺《たいりょうぎゃくさつ》は合法的《ごうほうてき》であったから、「……ときに起こる原住民の反抗や反乱は、小銃と機関銃によって呵責《かしゃく》なく鎮圧され、殺戮《さつりく》、虐殺、処刑が遠慮なく行われた」（同右）。

こんな有様《ありさま》であったから、原住民《げんじゅうみん》は、見る見る減《へ》るわ減《へ》るわ、次々《つぎつぎ》と姿《すがた》を消していった。

アメリカ人のインディアンに対する行為もこれに近い。「インディアンがいきなり襲《おそ》ってきた」などという西部劇《せいぶげき》のストーリーは嘘《うそ》っぱちもいいところである。たいがいの場合《ばあい》、アメリカ人がいきなりインディアンを一方的《いっぽうてき》に襲《おそ》って土地と財産《ざいさん》を奪《うば》ったのであった。その結果、インディアンの人口も急速《きゅうそく》に減《へ》っていった。一九世紀初めには一〇〇万人以上もいたインディアンが、一八八〇年の国勢調査《こくせいちょうさ》のときになると、わずかに六六〇〇人を数えるだけであった。

キリスト教徒は、異教徒《いきょうと》を残酷《ざんこく》な方法で鏖《みなごろし》にする。平気《へいき》で奴隷《どれい》にする。しかし、その後、ヒューマニズムによって、この性向《せいこう》が緩和《かんわ》されて人道的《じんどう》になった――このように思う人が多い。が、キリスト教にとっては、ヒューマニズム（humanism　人間主義）ほど異端《いたん》的な思想《しそう》はないことはすでに説明した。

神にとって人間とは、いいつけを守らないで、いつ反抗《はんこう》するかわからない頑民《がんみん》なのである。聖書に登場《とうじょう》する預言者《よげんしゃ》も、民《たみ》が権力《けんりょく》を握《にぎ》って勝手《かって》なことをするほど怖《おそ》ろしい政治《せいじ》はありえないといっている。近代《きんだい》デモクラシーは、たしかにキリスト教が媒体《ばいたい》となって生まれたものではある。しかし、独裁《どくさい》制であれ民主《みんしゅ》制であれ中間《ちゅうかん》の貴族《きぞく》制であれ、デモクラシー（democracy）とは人間の政治である。神が自《みずか》ら行う政治、神の政治をシオクラシー（theocracy）という。元来《がんらい》の理想《りそう》からいえば、政治はシオクラシー（神が主《しゅ》になって行う政治）であるべきである。神が王政《おうせい》に強く反対したのは、人間が王という主《しゅ》になったことに反対したのであった。神にとっては、ダビデ、ソロモンの王政《おうせい》といえども、やはりデモクラシー（人間による政治）である。せいぜい、なんとか許《ゆる》せるというレベルにすぎない。いわんや、ヒューマニズムなどとは、烏滸《おこ》の沙汰《さた》（ばかげたこと）である。比喩《ひゆ》的にいえば、「ヒューマニズムとは悪魔《あくま》の思想《しそう》」なのだ。

キリスト教のこの視点《してん》から鏖《みなごろし》の思想《しそう》が湧《わ》いてくる。異教徒《いきょうと》からであればほしいままに略奪《りゃくだつ》し、彼らを奴隷《どれい》にしてもよいという法律《ほうりつ》が出てくる。

しかも他方、全《まった》く価値《かち》のない者に対する無条件《むじょうけん》、無制限《むせいげん》の愛の実践《じっせん》を教えているのも、キリスト教に限《かぎ》られている。ナイチンゲールや、アウシュビッツで青年の身代《みが》わりになり刑死《けいし》したコルベ神父などのストーリーは、限《かぎ》りなく人を感動させる。マザー・テレサの無償無限《むげん》の献身《けんしん》は宗教の本場《ほんば》たるインドですら他に発見されえないものである。仏教徒もこれほどの奉仕《ほうし》には思《おも》いも及《およ》ばず、多数のインド人は困苦《こんく》のなかに放置《ほうち》されたままであった。

キリスト教徒の殉教《じゅんきょう》は、世界史に例を見るまでもなく、日本人クリスチャンの殉教《じゅんきょう》もまた、殉《じゅん》死《し》のなかでも特筆《とくひつ》されるべきものである。そして、布教《ふきょう》の熱烈《ねつれつ》さは、そのエネルギーの凄《すさ》まじさに瞠目《どうもく》するばかりである。

次項《じこう》では、その強力なエネルギーが近代《きんだい》を作り上げていったさまを見ることにしよう。

キリスト教と近代

キリスト教は、宗教改革《かいかく》を経《へ》て、本来《ほんらい》の姿《すがた》に返ることによってヨーロッパの隅々《すみずみ》にまで広《ひろ》がり、また近代資本《しほん》主義、近代デモクラシーの精神《せいしん》の基礎《きそ》として動きはじめた。このことを銘記《めいき》するべきである。

キリスト教と近代資本《しほん》主義、近代デモクラシーとの関係を説明《せつめい》する前に、根本的なことをお話ししておこう。

キリスト教の根本は契約《けいやく》である。

しかし、現在使っている契約《けいやく》の意味とは異《こと》なり、ユダヤ教からキリスト教、イスラム教に至《いた》るまでは、契約《けいやく》とは絶対《ぜったい》神と人間との契約《けいやく》であった。

神と人間とのあいだの契約《けいやく》は一方的《いっぽう》であり、神から人間へと降《お》りてくる神の命令と同じ意味である。神と人間との関係は、主《しゅ》と僕《しもべ》との関係であり、上下関係がはっきりしていて対等《たいとう》ではありえない。もちろん人間は神との契約《けいやく》を拒否《きょひ》することはできない。いわば、神と人間との契約《けいやく》は上下、タテの契約《けいやく》である。

これに対して、近代資本《しほん》主義は商品売買《しょうひんばいばい》における契約《けいやく》から、近代デモクラシーは社会契約《けいやく》思想から出発する。いずれも、対等《たいとう》な人間どうしの合意《ごうい》による契約《けいやく》、つまり、ヨコの契約《けいやく》である。

上下のタテの契約《けいやく》が、ヨコの契約《けいやく》、人間どうしの対等《たいとう》の契約《けいやく》にならないと、近代デモクラシーも近代資本《しほん》主義も発生《はっせい》しえない。タテの契約《けいやく》がヨコの契約《けいやく》に変換《へんかん》されることが、近代資本《しほん》主義、近代デモクラシーの発生《はっせい》するための条件《じょうけん》である。

ヨコの契約《けいやく》は、両当事者《りょうとうじしゃ》が対等《たいとう》であり、両者《りょうしゃ》の合意《ごうい》により契約《けいやく》が成立《せいりつ》、一方《いっぽう》の拒否《きょひ》により合意《ごうい》が否定《ひてい》される。近代資本《しほん》主義における売買契約《ばいばいけいやく》も、近代国家を形成《けいせい》する社会契約《けいやく》も、このようなヨコの契約《けいやく》である。

いってみれば、神と人間のタテの契約《けいやく》は古代法《こだいほう》をつくり、人間のあいだのヨコの契約《けいやく》が近代法をつくったといえよう。

イスラム教諸国《しょこく》では、タテの契約《けいやく》がヨコの契約《けいやく》になることはなかった。神と人間との契約《けいやく》だけが本来《ほんらい》の契約《けいやく》であり、人間と人間とのあいだの「契約《けいやく》」は、本来《ほんらい》の契約《けいやく》から発生《はっせい》した、いわば仮《かり》の契《けい》約《やく》にすぎない。

また、契約《けいやく》というのは本来一義的《ほんらいいちぎてき》（意味が一つ）なものであり、ああもとれる、こうもとれるでは困《こま》る。すなわち、契約《けいやく》を守ったか、破《やぶ》ったかが二者択一《にしゃたくいつ》的に決められなければならない。イスラム教、ユダヤ教で『コーラン』、『トーラー』以下の下位《かい》（補充《ほじゅう》）法源《ほうげん》が多種揃《たしゅそろ》えられている理由は、このことによる。

これが、資本《しほん》主義における契約《けいやく》の本質《ほんしつ》でもあるから、契約《けいやく》は、微《び》に入り細《さい》を穿《うが》って、なるべく詳《しょう》細《さい》なところまで決められていることをよしとする。解釈《かいしゃく》の余地《よち》が少ないほどよしとするのである。

この点、日本人の約束とは正反対である。日本で、理想《りそう》的な約束とは、「俺《おれ》の目を見ろ、何《なん》にもいうな」――それ以上つべこべいったら水くさいやつだと思われる。「みんな俺《おれ》にまかせとけ。悪いようにはしない」……とはいうものの、細目《さいもく》は曖昧模糊《あいまいもこ》としたままなのである。

以心伝心《いしんでんしん》でコミュニケーションができる間柄《あいだがら》でないことには、「約束を破《やぶ》った」か「破《やぶ》らなかった」かの区別《くべつ》はできない。

ここが、契約《けいやく》と違う点である。

日本の「約束」は人間関係を離《はな》れては存在《そんざい》できない。人間関係から分離《ぶんり》した抽象的《ちゅうしょうてき》(abstract)な約束はありえないのである。ゆえに、人間関係が変われば約束も変わる。あんなことしやがって！あんなひでえことしやがってと思われれば、それと全《まった》く関係のない約束も効力《こうりょく》を失《うしな》ってしまう。

この点、契約《けいやく》は約束とは違う。

契約《けいやく》は客観《きゃっかん》的であって、人間関係とは分離《ぶんり》している。相手と仲違《なかたが》いしたからといって売買契約《ばいばいけいやく》の効力《こうりょく》が変わるものではない。契約《けいやく》は、両当事者《りょうとうじしゃ》の社会関係(身分《みぶん》の上下、力の大小……)から抽出《ちゅうしゅつ》されていて、契約《けいやく》の文面《ぶんめん》だけが問題である。一般《いっぱん》に、社会関係、社会状況が変わっても条文《じょうぶん》の解釈《かいしゃく》は変わらないとされる(普通《ふつう》、「事情変更《じじょうへんこう》の原則《げんそく》」が成立《せいりつ》しないとされる)。「日本に契約概念《けいやくがいねん》が存在《そんざい》しない」とは、日本人は、右のような契約《けいやく》という考え方がわかっていない、という意味である。

日本企業《きぎょう》は、アメリカ企業《きぎょう》と契約《けいやく》を結《むす》ぶとき、アメリカ側《がわ》が持ってきた契約書《けいやくしょ》には、あまりに細《さい》目《もく》にわたって詳《くわ》しく規定《きてい》してあるので驚《おどろ》いた。こんなに細《こま》かく決めておかないと信用《しんよう》できないのかと気を悪くした人もいるそうである。

が、それは違う。アメリカ人が詳細《しょうさい》をきわめた契約《けいやく》を決めておくのは、後《あと》になって解釈《かいしゃく》をめぐって争《あらそ》いごとが起《お》きるのを防《ふせ》ぐためである。

神との契約《けいやく》と違って、人間（法人《ほうじん》をふくむ）の間の契約《けいやく》は、契約《けいやく》の本文の他《ほか》に、施行規則《しこうきそく》や解釈《かいしゃく》書《しょ》があるわけではない。そこで解釈《かいしゃく》をめぐっての争《あらそ》いが起《お》きることを防《ふせ》ぐために、なるべく詳細《しょうさい》に書いておくのである。契約《けいやく》が、神との契約《けいやく》に源流《げんりゅう》を発《はっ》し、人間関係、社会関係から抽出《ちゅうしゅつ》されていればこそ、こういうことになる。

日本の契約書《けいやくしょ》には、「もしこのことをめぐって論争《ろんそう》が起きたときには、双方《そうほう》、誠意《せいい》をもって交渉《こうしょう》すべし」などという条項《じょうこう》が付け加《くわ》わっていることが多い。こんな条項《じょうこう》は、契約書《けいやくしょ》には全《まった》く不必要である。こんなことを書き込《こ》むようでは、日本人は、契約書《けいやくしょ》というものを少しもわかっていない、と川島武宜《かわしまたけよし》（法学者。一九〇九～九二）博士は慨嘆《がいたん》していた（川島武宜『日本人の法意識』岩波新書）。

契約《けいやく》よりも約束を重視《じゅうし》する日本人、このことが、日本人の宗教観《かん》にも多大《ただい》な影響《えいきょう》を与《あた》えていることは容易《ようい》に見て取れよう。

労働と信仰

キリスト教が近代資本《しほん》主義と結《むす》びついたのは、「契約《けいやく》」だけがキーワードではない。もう一つのキーワード、それが「労働《ろうどう》」である。

ここで重要《じゅうよう》なことは、ヨーロッパ人には、労働《ろうどう》は悪いこと、苦しいこと、という考え方があったことである。

エデンの園《その》を思えばすぐわかる。そこは理想《りそう》の世界で、あそこでは何《なん》にもしないでぐうたらぐうたらしていられる。ところがエデンの園《その》なんか退屈《たいくつ》でしようがないとは決して思わない。そこを追い出されると、失楽園《しつらくえん》という悪くつらい状態になる。

それに対して、日本の神話はどうか。日本の最高神である天照大神《あまてらすおおみかみ》は、機織《はたお》りをしていらっしゃる。つまり、働《はたら》いておられる。機織《はたお》りしてるところに、弟の須佐之男命《すさのおのみこと》が裸《はだか》の馬を投げ込《こ》んできたので大いに怒《おこ》られた。

農業に対してもその作業《さぎょう》を重要視《じゅうようし》しており、いまだに天皇陛下《てんのうへいか》は自《みずか》ら田植《たう》えをなさる。

何《なん》にもしないでぐうたらぐうたらしていられる、エデンの園《その》のようなところは日本人にとってはちっとも楽園《らくえん》ではない。ほったらかしても乳《ちち》と蜜《みつ》が流れる国ではなしに、労働《ろうどう》の結果として米が生《せい》産《さん》される国だから、日本の資本《しほん》主義精神は欧米とは違《ちが》った形で出てきている。

資本《しほん》主義の精神《せいしん》には二つの側面《そくめん》があって、労働《ろうどう》それ自体が救済《きゅうさい》のための宗教的儀式《ぎしき》、すなわち、労働《ろうどう》それ自体《じたい》が目的《もくてき》であるという考え方と、目的合理的《もくてきごうりてき》な考え方がある。

そして、労働《ろうどう》それ自体《じたい》が目的であるという考え方は大変《たいへん》に日本人には受け入れやすかった。だから明治以後も二宮金次郎《にのみやきんじろう》（江戸末期《えどまっき》の篤農家《とくのうか》。一七八七～一八五六）のような、敬虔《けいけん》なプロテスタント以上に勤勉《きんべん》な人間がお手本《てほん》になっている。他方、目的合理的な考え方は入りにくかった。

この点、プラトン（前四二七～三四七）は違っている。プラトンは、人間の労働《ろうどう》のなかで一番価《か》値《ち》が高いのは哲学すること、そして、その次は戦争をすること、労働《ろうどう》は最低《さいてい》だといっている。

その点、日本は昔から労働《ろうどう》の価値《かち》は高く、貴《とうと》かったというだけではなくて、相当《そうとう》早くから労働尊《ろうどうそん》重《ちょう》の精神《せいしん》がますます確立《かくりつ》していたようだ。

さて、キリスト教と労働《ろうどう》である。

キリスト教の予定説は、誰《だれ》が救われ、誰《だれ》が救われないかが予《あらかじ》め決まっている。それこそ天地創《そう》造《ぞう》のときからすでに決まっており、何者《なにもの》も変更《へんこう》しえない。これは絶対である。

その次に大事なポイントは、救われるかどうかは絶対に人間は知ることができない。

絶対に決まっていることを、絶対に知りえない。となるとどういうことが起きるのか。自分は救われるのかどうか、選《えら》ばれし者に属《ぞく》しているかどうか、それはもうべらぼうな緊張感《きんちょうかん》を生む。それだけの緊張《きんちょう》感があると、人間は如何《いか》に行動するのか。

日本人であれば、予定説など理解《りかい》できない分、どうせ救われるかどうかが決まっているのなら、せめて生きてる間だけでも飲めや歌えやで過《す》ごそう、とでも思うのだろうが、クリスチャンはそうはいかない。

しかし、それがすぐ労働《ろうどう》に結《むす》び付《つ》くのかというと、それは早計《そうけい》である。

労働《ろうどう》に救済《きゅうさい》を求めるという考え方そのものは、禁欲《きんよく》的プロテスタントの特産物《とくさんぶつ》ではない。キリスト教に限《かぎ》ってはその考えはすでにあった。しかし、キリストの教えにあったわけではなく、どこにあったのかといえば、カトリックの修道院《しゅうどういん》にあったのである。

修道院《しゅうどういん》のテーマは「祈《いの》り、かつ働《はたら》け」であった。働《はたら》くことと祈《いの》ることは両方とも最高の義務《ぎむ》となる。このような働《はたら》くことと祈《いの》ることを最高の義務《ぎむ》にしたのは誰《だれ》か。

答えは、キリスト教元祖開山者《がんそかいざん》のパウロである。

パウロがいっていることは、行動的禁欲《きんよく》、これが話の急所《きゅうしょ》である。先にも触《ふ》れたが、大事なことなので、いま一度説明する。

禁欲《きんよく》といえば、何《なに》を思い浮《う》かべるだろうか。大抵《たいてい》の日本人なら、茶断《ちゃだ》ち、まんじゅう断《だ》ち。ちょっと重《おも》くなると酒断《さけだ》ち。もっと重くなると断食《だんじき》、セックス断《だ》ち。このように、何《なに》かをやらないことが日本式禁欲《きんよく》である。

ところが、キリスト教的禁欲《きんよく》というのはまさに逆である。ある大事なことをするために、それ以外のことをすべて断念《だんねん》して、その一つに全身全霊《ぜんしんぜんれい》を打ち込むことをいう。

行動的禁欲をマラソン選手に譬《たと》えたパウロは、何について行動的禁欲《きんよく》を課《か》したかというと、それは自分たちの日々の布教《ふきょう》活動のためである。"Kingdom of God is at hand"——神の国はもう手の届《とど》くところまで来ている、福音《ふくいん》を伝えて早く悔《く》い改《あらた》めさせよ。そうしないと、人はみな滅《ほろ》び、永《えい》遠《えん》の死が訪《おとず》れる。キリスト教の考え方だと、いかに行動するかなんて関係ない。福音《ふくいん》を聞いてそれを信じることだけが条件《じょうけん》。だから一人でも多く、一刻《いっこく》でも早く福音《ふくいん》を伝えなければならない。

しかも、最後の審判《しんぱん》はいつ来るのかというと、すぐに来る。キリストがいなくなるときには、「最後の審判《しんぱん》は私がガリラヤ湖を一回りしてくるぐらいの時間で到来《とうらい》するだろう」といい残した。仏教のように何十億《おく》年だとか何兆《ちょう》年先だとかではない。すぐそこに差《さ》し迫《せま》っている。福音《ふくいん》を聞かない人は滅亡《めつぼう》するしかないわけだから、急げや急げ。福音《ふくいん》こそが人々を救済《きゅうさい》へ導《みちび》く必要かつ十分《じゅうぶん》条件なのだ。

だからパウロとしてみたら、他のどんな仕事をうっちゃってでも、人々に福音《ふくいん》を伝《つた》えるために全力を尽くさねばならない。それをマラソン選手に譬《たと》えたのである。

これはパウロが作り上げた論理《ろんり》で、もともとキリスト教には労働《ろうどう》は関係ない。

しかし、修道院《しゅうどういん》の場合は「祈《いの》り、かつ働《はたら》け」という倫理《りんり》が絶対のものとなった。

その結果どうなったか。行動的禁欲《きんよく》が持つ大きなエネルギーがそこに集中《しゅうちゅう》した結果、カトリック修道院《しゅうどういん》は強大《きょうだい》な生産力を付《つ》け、経済的に完全な独立《どくりつ》を勝《か》ちえた。したがって、どんな権力《けんりょく》の制約《せいやく》からも逃れえた。経済的に完全独立《どくりつ》したもう一つの功績《こうせき》は、オカルト能力の開発を必要なくした。

このことが、目的合理的な考え方を発芽させる契機《けいき》となった（一六四頁参照）。

仏教のサンガは修道院《しゅうどういん》ときわめて似《に》ているが、大きな違いは、サンガが生産を行わなかったことにある。そうすると必然《ひつぜん》的に人々の喜捨《きしゃ》に頼《たよ》らねばならない。釈迦《しゃか》は喜捨《きしゃ》は喜んでやるべきものと強調したが、すべての人が喜んで無償《むしょう》で喜捨《きしゃ》をするとは限《かぎ》らない。そこで仏教の坊主《ぼうず》はオカルト能力を開発《かいはつ》した。喜捨《きしゃ》してくれたら、病気を治《なお》すぞ、出世《しゅっせ》をさせるぞ、金儲《かねもう》けさせてやるぞと、いわば、御利益《ごりやく》で釣った。このため、サンガからは、目的合理的な考え方が育たなかった。

その点カトリックの修道院《しゅうどういん》は喜捨《きしゃ》に頼《たよ》らずに、乳製品《にゅうせいひん》を作ったり、ワインを作ったり、バター飴《あめ》などのお菓子を作ったり。

ちなみに「働《はたら》かざる者食うべからず」という言葉を、大概《たいがい》の人はレーニンの言葉だと思っているが、発明したのはレーニンではない。もともとはパウロから引き継《つ》いだ、修道院《しゅうどういん》の戒律《かいりつ》である。

ところが仏教には働《はたら》かざる者食うべからずなどという戒律《かいりつ》はない。働かざる者でも食ったほうがよろしい。もっといえば、仏教の坊主《ぼうず》の役目は、俗世間《ぞくせけん》との交渉を断《た》ち切って、全力集中《しゅうちゅう》して悟《さと》りを開《ひら》くことにあるのだから、食うために働《はたら》くなどとんでもない。

そのような活動がエスカレートしていけば、どんどん俗世《ぞくせ》とは離《はな》れていき、抽象《ちゅうしょう》的になることになり、それを仏教の堕落《だらく》と呼ぶことは前述《ぜんじゅつ》した。

ところが、修道院《しゅうどういん》は堕落《だらく》すると物欲《ぶつよく》の権化《ごんげ》になってしまう。規範《きはん》といっても、キリストの定めた規範《きはん》ではなく院長が勝手《かって》に定めた規範《きはん》なので、院長を尊敬《そんけい》できなくなったら、必然的に堕落《だらく》する。堕落《だらく》させないためにも働《はたら》かせる必要があるという側面《そくめん》も否《いな》めない。日本人的に考えると、お金がありすぎると堕落《だらく》するのではないかと思いがちだが、働《はたら》くといっても大儲《おおもう》けする必要はないわけだから、そこをわきまえていれば堕落《だらく》などしない。

もう一つ、教会、修道院《しゅうどういん》が経済的に成功した理由がある。当時のこと、近辺至《きんぺんいた》るところに山賊《さんぞく》、匪賊《ひぞく》の類《たぐい》が跳梁跋扈《ちょうりょうばっこ》（はびこること）している。カトリック教会はそういう輩《やから》を改心《かいしん》させるために活躍《かつやく》もしたので、救われた人たちはお礼代わりに修道院《しゅうどういん》にどんどん土地を寄贈《きぞう》した。そんなことも教会、修道院《しゅうどういん》が力を蓄《たくわ》えるのに一役《ひとやく》買った。

また、なにより、修道院《しゅうどういん》の経済活動が活発化すると、世俗《せぞく》の人々との取り引きも重要となってきて、人と人との間の契約《けいやく》の重みも、ぐっと増《ま》した。タテの契約《けいやく》が、ヨコの契約《けいやく》に変換《へんかん》される契機《けいき》が、ここにできてきた。


しかし、ここで重要《じゅうよう》なのは、根本的にあるのはカトリック修道院《しゅうどういん》における、「祈《いの》り、かつ働《はたら》け」ということで、これは働《はたら》くことが救済《きゅうさい》の一つの条件であったのだ。

また、この頃の教会、修道院《しゅうどういん》に属《ぞく》する僧侶《そうりょ》はものすごく頭がよい。そのうえ、ずうずうしいときていて、俺《おれ》たちが救済《きゅうさい》の仲立《なかだ》ちをしてあげる、と民《たみ》に持ちかけ出した。キリスト教の哲学は本《ほん》来《らい》ならば神が救いたもうた人以外は救われないのだが、俺《おれ》たちはその神と人間の仲立《なかだ》ちをして、そして神様に取りなしてやるというわけだ。勿論《もちろん》こんな行為は異端《いたん》も異端《いたん》、とんでもない邪説《じゃせつ》である。

全《まった》くべらぼうな話で、そんな論理《ろんり》をよくつけたと感心するぐらいだが、もともと頭のいい人がものすごく勉強して、古今東西《ここんとうざい》からいろんな理屈を持ってきて、無知蒙昧《むちもうまい》な人間に説教《せっきょう》をするのだから、そのへんの人間が反論《はんろん》なんかできるわけもない。それが免罪符《めんざいふ》の発行などに繋《つな》がっていく。

いまでいえば、この壺《つぼ》買えば幸せになりますよ、という商売があったが、論理《ろんり》的には全《まった》く同じなのだ。先に例に出したバニヤンのように、「救済《きゅうさい》の確信《かくしん》」を求めるために狂人《きょうじん》のように野原を駆《か》け去っていくほどの緊張感《きんちょう》に苛《さいな》まれるなら、壺《つぼ》を買ってすますほうが気持ちのうえではずっと楽《らく》であろう。いや、それより、一日中必死に働いて労働を救済の手段とするほうがさらによかろう。

このように、行動的禁欲《きんよく》はカトリックの修道院《しゅうどういん》のなかにだけに存在《そんざい》した。キリスト教が資本《しほん》主義と結《むす》び付くためには、それを世俗《せぞく》の世界に引っぱり出す作業《さぎょう》が必要となる。キーとなるのは、中世《ちゅうせい》ヨーロッパにおけるカトリック修道院《しゅうどういん》の規範水準《きはんすいじゅん》の高さである。

俗世間《ぞくせけん》の規範水準《きはんすいじゅん》はずいぶん低いが、修道院《しゅうどういん》の水準《すいじゅん》は高かった。その点仏教のサンガと俗人《ぞくじん》の関係と同じである。

サンガのなかでは三百戒《さんびゃっかい》（僧は二五〇戒、尼僧は三四八戒）も守らなければならないのに、俗人《ぞくじん》は五戒《ごかい》でよい。単純《たんじゅん》に考えただけでも、実に六〇倍の差がある。しかも、四戒は割合厳しいが、五番目の飲酒戒《おんじゅかい》はまあまあ飲んでもよいと、なかなか緩《ゆる》やかである。ところがサンガのなかではきわめて厳格《げんかく》なのである。

それと同じように、カトリックの修道院と俗人《ぞくじん》では規範《きはん》の厳《きび》しさが格段《かくだん》に違うから、カトリック修道院《しゅうどういん》のなかで行動的禁欲《きんよく》があるからといって、それがすんなりと世間《せけん》に出てくるとは限らない。

ベルーフ（Beruf）という言葉がある。現在では「職業」と訳《やく》されるドイツ語だが、本義《ほんぎ》的にはなかなか訳《やく》しづらい。宗教的に直訳《ちょくやく》すると召命《しょうめい》。わかりやすくいうと、神から与《あた》えられた使命《しめい》、天職《てんしょく》というような意味である。

では、神はどんな使命《しめい》を下《くだ》したのか。そこに世俗《せぞく》的職業においても行動的禁欲《きんよく》が適用《てきよう》される。いわば職業義務《ぎむ》の思想《しそう》である。

これは、ヴェーバーのなした驚《おどろ》くべき発見である。

ヴェーバーは、このベルーフという単語《たんご》が初めてこの意味で使われたのは、ルターが、旧約外典《がいてん》のシラク書をドイツ語に翻訳《ほんやく》する際《さい》に、そういう意味を与《あた》えたのが始まりであるとしており、その思想《しそう》内容も、修道院《しゅうどういん》生活を否定《ひてい》したルターの信仰《しんこう》の深《ふか》みから現出《げんしゅつ》したもの、としている。

それ以後、初めはカトリック修道院《しゅうどういん》のなかにしかなかった行動的禁欲《きんよく》を用いての労働が現世《げんせ》のなかに出てきた。それを手段として救済《きゅうさい》を考える人がずいぶん現れてきた。

宗教改革《かいかく》以前のヨーロッパでは、キリスト教は上辺《うわべ》だけで、多くの人々は本心では、土着《どちゃく》の神々や魔術《まじゅつ》を信じていた（一六四頁参照）。宗教改革《かいかく》で、キリスト教は人々の心に深く染《し》みわたった。現《げん》世《せ》の職業《ベルーフ》が救済《きゅうさい》のための儀礼《ぎれい》と同じことであると感じ取れるようになったのである。

また、すでに述《の》べたように、タテの契約《けいやく》はヨコの契約《けいやく》になった。

カルヴァンが明らかにした予定説は、人々の心を、いても立ってもいられない極限《きょくげん》に追いつめた（一六一頁参照）。救いの確信《かくしん》を得るためには、善行《ぜんこう》、修行《しゅぎょう》ではなく、神のほうに向けられた張りつめた心を、寝ても覚《さ》めても持ち続けなければならなくなった。

このことによって、人々の行動様式《エトス》が根本的に変わった。経済活動は、利己《りこ》的動機ではなく、神と隣人《りんじん》とを愛《アガペー》するための方法であると信じられるようになった。この大転換によって、それまでは悪か、せいぜいで「かろうじてお目こぼしされるにすぎない」と看做《みな》されてきた経済活動は、善と信じられることになった。利子と利潤《りじゅん》とが正当化された。

この世界史的大事件が、利子と利潤《りじゅん》など、決して赦《ゆる》さないカルヴァン派の教義《きょうぎ》によってなされたのである。

魔術《まじゅつ》から秘蹟《サクラメント》にいたる宗教における不合理性の根絶《こんぜつ》が、伝統主義の一掃《いっそう》と目的合理性の確立を生んだ。

ここに、資本《しほん》主義の精神が発芽《はつが》したのだった。

第4章❖【仏教】は近代科学の先駆けだった

興福寺《こうふくじ》所蔵の「仏頭《ぶつとう》」。白鳳《はくほう》彫刻の典型といえる

仏教とはどんな宗教か

近年相次《あいつ》いだカルト教団《きょうだん》の巻《ま》き起こした事件により、日本人はキリスト教ばかりか、仏教をも全《まった》くわかっていないことが露《あら》わになった。「ハルマゲドン」（Armageddon）だとか、「地獄《じごく》で永劫《えいごう》に苦しむ」だとか、そのような考え方は仏教にはあるわけがない。そんなことをいう輩《やから》が宗教家と称《しょう》するのだから、もう無茶苦茶《むちゃくちゃ》な話なのである。

仏教は釈迦《しゃか》（仏教の開祖《かいそ》、ゴータマ・シッダールタをいう。「釈迦《しゃか》」とは、ゴータマ家が王として治《おさ》めていた部族の名。ちなみに「仏陀《ぶつだ》」とは、悟《さと》りをひらいた者を指《さ》す）の教えではなく、絶対的なものは法《ダルマ》（dharma）、すなわち道徳法則《どうとくほうそく》のようなものだけであり、これを悟《さと》った者が仏となる。故《ゆえ》に、仏が出現してもしなくても、法《ダルマ》そのものは厳然《げんぜん》としてあると考える。法《ほう》がなにより第一で、仏はその次にくる、いわば「法前仏後《ほうぜんぶつご》」の構造《こうぞう》をとっており、まず神が優先《ゆうせん》する「神前法後《しんぜんほうご》」の構造《こうぞう》である啓典《けいてん》宗教とは根本的に違うことは、前章《ぜんしょう》で説明した。

だから「神は存在《そんざい》しない」といえばキリスト教にならないが、仏教では、「仏は存在《そんざい》しない」といったところで何も困《こま》らない。

敷衍《ふえん》（詳《くわ》しい説明を）すれば、仏教の場合すべては空《くう》である。実体《じったい》を考えてはいけない。したがって、魂《たましい》もなければ、地獄《じごく》も極楽《ごくらく》もない。現に、「般若心経《はんにゃしんぎょう》」のどこにも地獄《じごく》・極楽《ごくらく》などは書いていない。「維摩経《ゆいまぎょう》」にもない。「法華経《ほけきょう》」には譬《たと》え話にしか出ていない。仏教で「地獄《じごく》・極楽《ごくらく》」というときは方便《ほうべん》と知るべし。無知蒙昧《むちもうまい》な人々を仏教に引きつけるための方便《ほうべん》であり、古代インド宗教たるバラモン教文学の残滓《ざんし》にすぎない。その証拠《しょうこ》は、教判《きょうはん》で位《くらい》の高いお経では譬《たと》え話として述《の》べられているにとどまっており、もっと位《くらい》の低いお経《きょう》にこそ、さかんに述《の》べられていることである。だから、「永劫《えいごう》に地獄《じごく》に堕《お》ちる」などといわれて悩《なや》むのは仏教ではナンセンスきわまりない。いや、ナンセンス以前である。仏教ではそんなことは何もいっていないのに、譬《たと》え話を実在《じつざい》だと妄想《もうそう》して思い悩《なや》むのだから。

そもそも、現代の日本に残っているのは、本来《ほんらい》の意味での仏教とはいい難《がた》い。いや、現代のみならず、日本に入ってきたときから本来《ほんらい》の仏教とは変質《へんしつ》していたのだが、日本で広まるにつれ、その変質《へんしつ》はさらに拡大していった。その詳《くわ》しい内容は、第七章で述《の》べることにして、この章では、本来《ほんらい》の仏教の何《なん》たるかを示《しめ》す。したがって、驚愕事《おどろくこと》がたくさん出るだろうが、理解《りかい》いただければ、「あ、なるほど」とすとんと腑《ふ》に落ちるはずだ。

日本では、南無阿弥陀仏《なむあみだぶつ》と唱《とな》えればいい、もしくは南無妙法蓮華経《なむみょうほうれんげきょう》と唱《とな》えればいいという形になっていった仏教だが、本来の仏教の姿《すがた》というのは、キリスト教徒が聖書を信じなければならないように、イスラム教徒が教典《きょうてん》の言葉に従《したが》った行動をとらなければいけないように、仏教徒である限り何《なに》かこれだけは絶対に信じなければならない、やらなければならない、というものがない。

仏教では釈迦《しゃか》が、こういう修行《しゅぎょう》をすれば確実《かくじつ》に悟《さと》りがひらけるという教えを垂《た》れてはいるが、それは正確《せいかく》には十分《じゅうぶん》条件であって、必要条件ではない。というのは、独覚《どっかく》といって、何《なん》の修行《しゅぎょう》もしなくてもあっという間に煩悩《ぼんのう》を払い、悟《さと》りをひらく人もいるからだ。その独覚《どっかく》（いや、独覚《どっかく》以上）の一番いい例が、維摩経《ゆいまぎょう》という経典《きょうてん》に残っている維摩居士《ゆいまこじ》（ヴィマラキールティ）である。維摩居《ゆいまこ》士《じ》という人は、どこでどんな修行《しゅぎょう》をしたなどとは一切《いっさい》書いていない。どれだけの善行《ぜんこう》を積《つ》んだかも書いていない。さらには、釈迦《しゃか》の教えを受けたわけでもなく、釈迦《しゃか》の教団《きょうだん》とも関係ないと書いてある。このように、何《なん》の修行《しゅぎょう》をしたかもわからないし、特別に善行《ぜんこう》も積《つ》んだかもわからない。誘惑《ゆうわく》の否定もしない。悪魔《あくま》が維摩居士《ゆいまこじ》を誘惑《ゆうわく》しようと企《たくら》み、絶世《ぜっせい》の美女を、いわゆる魔女《まじょ》なのだが、送り込んだところ、維摩居士《ゆいまこじ》は全部妾《めかけ》にしてしまったなどと書いてある。悟《さと》りをひらいた以上はそんなことは平気《へいき》の平左《へいざ》であり、むしろ、そういう行動などに左右《さゆう》されるようでは悟《さと》りとは呼《よ》べないのである。この人の行《おこな》いは「空《くう》」そのものである。独覚《どっかく》の好例として紹介したが、この維摩居士《ゆいまこじ》のレベルは、他の独覚《どっかく》に比しても飛び抜けているほどの大人物である。

「維摩経《ゆいまぎょう》」に、維摩居士《ゆいまこじ》が病気になったときの逸話《エピソード》が紹介《しょうかい》されている。あるとき、維摩居士《ゆいまこじ》が病《やまい》の床に臥《ふ》したことを聞きつけて、釈迦《しゃか》がお見舞《みま》いに行きなさいと、十大弟子《じゅうだいでし》と呼ばれる十人の高《こう》弟《てい》に命じたところ、十人が十人とも「私は行けません」と断《ことわ》った。何《なん》でいやなのかと聴《き》いてみると、これもまた十人同じ答えで、「私は維摩居士《ゆいまこじ》の高説《こうせつ》を聞いて、何も反論《はんろん》することができませんでした。ですから私にはかの高貴《こうき》な人の見舞《みま》いに行くことはできないのです」とのこと。まあ、「維摩《ゆいま》経《ぎょう》」に書いてあることなので、このように上品《じょうひん》に書いてあるが、実のところは、「私は維摩居士《ゆいまこじ》にさんざんいい負《ま》かされて、お前の悟《さと》りなんて偽物《にせもの》だといわれたから行きたくございません」というところだったのかもしれない。

この話のポイントは、釈迦《しゃか》の十大弟子《じゅうだいでし》という、厳《きび》しい修《しゅ》行《ぎょう》を積《つ》み最高の段階に達《たっ》した人々が、維摩居士《ゆいまこじ》に遠く及《およ》ばない、ということにある。

キリスト教、ユダヤ教における預言者《よげんしゃ》は、神が一方的に選ぶ。本人の資質《ししつ》や修《しゅ》行《ぎょう》などは関係ない。ところが仏教の場合、仏が選ぶのではなく、本人の修《しゅ》行《ぎょう》による。しかしその修《しゅ》行《ぎょう》というのは釈迦《しゃか》が教えたとおりの方法によって、長年修《しゅ》行《ぎょう》すれば悟《さと》りがひらける。しかし、その修《しゅ》行《ぎょう》にしても容易《ようい》なことではない。法華経《ほけきょう》に書いてあることには、修《しゅ》行《ぎょう》を経《へ》て何兆《ちょう》年の後《あと》に悟《さと》りをひらくだろうと、そういう表現をするほど、べらぼうな修《しゅ》行《ぎょう》と善行《ぜんこう》を積《つ》まなくてはならないのである。ただし、先の維摩居士《ゆいまこじ》のように、これをしなければ悟《さと》りに至《いた》れない、というわけでは必ずしもない。修行《しゅぎょう》はあくまで手段《しゅだん》であって、イスラム教のように宗教的行動そのものにも目的のある宗教とも異《こと》なるのである。

仏教は唯物論か

死ねば無《む》になる、といって無宗教で押《お》し通《とお》す人が多い。

仏教の教えも、結局《けっきょく》、これである。

とまで断言《だんげん》すれば、そこまでいってしまっていいのかナアと思う人もいるに違いない。――それでは唯物論《ゆいぶつろん》ではないのですか。

誰《だれ》もが、こう切《き》り返してくる。まさか、仏教が唯物論《ゆいぶつろん》とは？

たいがいの日本人は、仏教とは何かということを、阿吽《あうん》の呼吸《こきゅう》で感じられるような気持ちには、な、ってている。日常語《にちじょうご》となった仏教用語《ようご》も多いし、身《み》の回《まわ》りにも仏教的雰囲気《ふんいき》は満《み》ちている。

が、仏教の教義《きょうぎ》となると滅法《めっぽう》むずかしい。

キリスト教の『聖書』は、読んで何《なに》が書いてあるのかわからないということはない。アウグスティヌスの『告白《こくはく》』はじめ、キリスト教の古典《こてん》は比較《ひかく》的すんなりと頭に入る。日本人が躓《つまず》く「奇蹟《きせき》」にしても、死んだ人が生きかえったり、一気《いっき》に重病《じゅうびょう》が治《なお》ったり、ホバークラフトでもないのに水の上を歩いたりする。そんなことがありうるのかと信じ難《がた》い話ではあるものの、ストーリーがわからないということはない。内容はわかるが、信じられない、実感としてわからない、というレベルのわからなさである。

ところが、仏教の本、それに経典《きょうてん》（お経《きょう》）には、何が書いてあるのか、さっぱりわからない。

仏教入門でもあり、同時にその蘊奥《うんのう》（最《もっと》も奥深《おくぶか》い真理《しんり》）を説いている「般若心経《はんにゃしんぎょう》」でも例外《れいがい》ではない。この点、『福音書《ふくいんしょ》』とも『コーラン』とも違う。

「般若心経《はんにゃしんぎょう》」は、わずか二六六文字にすぎないお経であるが、敬虔《けいけん》な人々に大変尊重《そんちょう》されて、百万回の読誦《どくじゅ》、一万回の写経《しゃきょう》に挑《いど》み、その蘊奥《うんのう》に触《ふ》れようとする人も多い。佐藤栄作《さとうえいさく》元首相（一九〇一～一九七五）などは、暇《ひま》を見つけては写経《しゃきょう》に勤《いそし》んでいたというし、読者の周《まわ》りにそういう人もおありだろう。

しかし、それをすることにより仏教が理解《りかい》できる、そこに書かれていることを理解《りかい》しストレートに信ぜよとは、お門違《かどちが》いもいいところといわねばなるまい。

「般若心経《はんにゃしんぎょう》」一つをとっても、翻訳文《ほんやくぶん》や解説書《かいせつしょ》は多数出ているが、結局《けっきょく》、わかったような、わからないような気分になるだけ、という人が多い。

有名な「色即是空《しきそくぜくう》、空即是色《くうそくぜしき》」という文言《もんごん》にしても、一切《いっさい》のもの（色《しき》）は実在《じつざい》しない、それが「空《くう》」であるという理解《りかい》をする人もある。一切《いっさい》のもの、といえば、「魂《たましい》」も当然《とうぜん》入る。魂《たましい》が実在《じつざい》しないというなら、それは「唯物論《ゆいぶつろん》」ではないか。一切《いっさい》のものを否定《ひてい》する仏教の本質《ほんしつ》とは、「唯物論《ゆいぶつろん》」に他《ほか》ならないではないか――。この批判《ひはん》は、インドでは盛《さか》んになされた批判《ひはん》なのである。

仏教を本当に理解《りかい》するには、この「仏教は唯物論《ゆいぶつろん》ではないか」という批判《ひはん》から入っていくのがよい。この批判に答えるために、インド仏教は苦心した。

意外千万《いがいせんばん》な仏教への入り方かもしれないが、真理《しんり》は意外《いがい》なところにあるものだ。

仏教は魂を否定する

古代《こだい》インドで仏教が誕生《たんじょう》して以来、インドでは仏教批判《ひはん》が頻出《ひんしゅつ》した。

インドには古来《こらい》（昔から）、偉大《いだい》な宗教家、哲学者が大勢いる。高い気温ゆえに身一《みひと》つでもかまわないし、無一物《むいちもつ》でも喜捨《きしゃ》によって生活できる。そのうえ、学識《がくしき》、宗教的境地《きょうち》が高ければ、大変な尊敬《そんけい》を受ける。こういう生活の心配も不安もない人々が、浮世《うきよ》の野心《やしん》も捨《す》て去《さ》って、ひたすら宗教と学問とに専念《せんねん》するのである。このような階層《かいそう》が特別《とくべつ》に存在《そんざい》するというのはインドに限《かぎ》られており、インドで宗教哲学が飛《と》び抜《ぬ》けて発達《はったつ》した理由にもなっている。こと宗教と哲学とに関《かん》するかぎり、中国は遠《とお》く及《およ》ばず、宗教交流《こうりゅう》がインドから中国への一方通行《いっぽうつうこう》であったのも、また宜《むべ》なるかな。

仏教以外の学者を仏教では「外道《げどう》」と呼《よ》ぶ。何《なに》か間違《まちが》った人であるようにも聞こえるが、どういたしまして、優《すぐ》れた学者が目白押《めじろお》しだった。そして彼らは、さかんに仏教を批判《ひはん》した。批判《ひはん》の一つが、仏教は魂《たましい》の存在《そんざい》を否定《ひてい》した、だから、仏教は唯物論《ゆいぶつろん》だ、というものである（中村元《なかむらはじめ》『インド思想の諸問題』中村元選集第十巻　春秋社）。

自我《じが》は存在するのか、自我《じが》の存在をいかにして確められるか、これは古来より、哲学の大問題であった。

インドの一般哲学者は自我《じが》（アートマン）の存在を承認しているが、仏教では、その存在を否定した。

……人間には、「われ存在す」という自覚のあることが認められていたが、それは〈われ〉が実在《じつざい》することを証明するものではなくて、迷妄《めいもう》にすぎないと考えた。諸々《もろもろ》の煩悩《ぼんのう》が起こるのは、「われ存在す」という思いが根底に存在するからであるというのであった。

……だから仏教によると、「われが存在する」という自覚は断《だん》ぜられるべきものなのである。

それは、我執《がしゅう》のもとであるからである。(中村、前掲書)

仏教の目的は、悟《さと》り、すなわち諸々《もろもろ》の煩悩《ぼんのう》をなくして、解脱《げだつ》して涅槃《ねはん》に入ることである。その煩《ぼん》悩《のう》が生《しょう》じるというのも、「われが存《そん》す」という迷妄《めいもう》が根底《こんてい》に存《そん》するからである。ゆえに、「われが存《そん》す」という迷妄《めいもう》を断《だん》ずれば、涅槃《ねはん》に直行《ちょっこう》できる。

これが仏教の蘊奥《うんのう》である。

これが、「魂《たましい》はない」ということの意味なのである。


仏教では「魂《たましい》はない」と断《だん》じられていることを知れば、仏教に魂《たましい》の救いを求めている人は驚《きょう》愕《がく》することだろう。

「どうせ人間は死ねば無《む》になるんだ」などと、何《なに》か悟《さと》ったようなことをいっている輩《やから》、無神論《むしんろん》を振《ふ》り回《まわ》してきた人は、ああやっぱり、ザマァ見やがれというかもしれない。

しかし、「仏教では魂《たましい》の救いは得《え》られないのか」という疑問《ぎもん》を抱《いだ》く前に、「魂《たましい》」とは何《なに》かということを、考えたことはおありだろうか。

「魂《たましい》」とは何《なに》か。とくに定義《ていぎ》があるわけではない。人々の受《う》け取《と》り方が一致《いっち》しているわけでもない。

人間には、肉体の他《ほか》に魂《たましい》がある。肉体は死んでも魂《たましい》は生き残る。ここまで完全に信じている人は、いまどき何人いるのだろうか。

しかし、人が死ねば無《む》に帰し、あとには何《なん》にも残らない。こう達観《たっかん》しきれている人も、少ないのではないか。

死んだ後、肉体は滅《ほろ》んでも、何か滅《ほろ》びないものが残っている。――人はこう考えたいのではないか。心のどこかにこの希望《きぼう》があるのではないか。

この希望《きぼう》が、霊肉二元論《れいにくにげんろん》の背景《はいけい》にある。

肉体の根源《こんげん》に魂《たましい》がある。――このように考えたがる人間心理《しんり》を根拠《こんきょ》にして、宗教はそれぞれに、魂《たましい》、いや魂《たましい》のようなものを考えている。

西洋では、霊肉二元論《れいにくにげんろん》は、哲学史に名高《なだか》い。これに対し、インドの哲学者は、肉体の根底《こんてい》にアートマン（本来《ほんらい》の自我《じが》）という実在《じつざい》を想定《そうてい》した。肉体が死んでも、アートマンは生まれ変わり死に変わりして、実在《じつざい》を続けるのだ。

このバラモン教、ひいてはヒンドゥー教の輪廻転生《りんねてんせい》の思想《しそう》を、仏教は受《う》け継《つ》いで、さらに精密《せいみつ》化したのである。

輪廻転生《りんねてんせい》とは、一体、何《なに》が転生《てんせい》するのか？

仏教では、まだ悟《さと》りに達していない衆生《しゆじよう》（生き物）は、死に変わり生まれ変わって、六道《ろくどう》（ときに「りくどう」とも読むこともある）に転生《てんせい》する。六道《ろくどう》とは、天道、人間道、修羅道《しゆらどう》、畜生道《ちくしようどう》、餓《が》鬼道《きどう》、地獄道《じごくどう》である。衆生《しゆじよう》が死んだとき、業《ごう》（生前《せいぜん》の行《おこな》い）がよければ、より上の道《どう》に生まれる。

仏教は、生まれ変わるという輪廻転生《りんねてんせい》の考え方をバラモン教から受《う》け継《つ》いでも、その主体《しゆたい》であるアートマンの存在《そんざい》を否定《ひてい》したのである。

すべては仮定《かてい》、仮説《かせつ》であると考える仏教は、実在論《じつざいろん》（世界が心の外部《がいぶ》に独立《どくりつ》して存在《そんざい》するという説）を認《みと》めない。だから、「魂《たましい》」などという実在《じつざい》を認《みと》めることはないのである。

仏教が魂《たましい》を否定《ひてい》するとは、「魂《たましい》」という実体《じつたい》が存在《そんざい》することを否定《ひてい》するという意味なのである。

『豊饒の海』の真意

日本人にとって、この難解無比《なんかいむひ》な仏教哲学の最《もつと》も手頃《てごろ》な解説書《かいせつしよ》は？　と問われれば、筆者《ひつしや》は三島《みしま》由紀夫《ゆきお》（一九二五〜七〇）の最後《さいご》の小説『豊饒《ほうじよう》の海《うみ》』四部作《よんぶさく》を挙《あ》げる。仏教の唯識《ゆいしき》の哲学を補助線《ほじよせん》にしたこの作品は、三島が日本人に対して遺《のこ》した最《もつと》も適切《てきせつ》な仏教入門ともいえよう。

仏教には多くの宗派《しゆうは》があるが、教義《きようぎ》だけがあって、特別の信者《しんじや》もお墓《はか》もないという宗派《しゆうは》がある。それが唯識《ゆいしき》の法相宗《ほつそうしゆう》である。欧米《おうべい》の宗教常識《じようしき》から見ればありえないこの宗派《しゆうは》が、いわば仏教の根本的な教義《きようぎ》を説《と》く宗派《しゆうは》なのだ。唯識《ゆいしき》については後《のち》に改《あらた》めて解説《かいせつ》する。

法相宗《ほっそうしゅう》の徹底《てってい》的解説《かいせつ》、これが『豊饒《ほうじょう》の海』の大切な一つのテーゼなのだが、残念《ざんねん》ながらこの点を、学者も宗教者も文芸評論家《ぶんげいひょうろんか》も指摘《してき》していない。宗教を知らないからなのだ。これまでの大方《おおかた》の評論家《ひょうろんか》や読者は、『豊饒《ほうじょう》の海』を輪廻転生《りんねてんせい》の物語と理解《りかい》している。

ざっと話の筋《すじ》を説明してみよう。

第一巻の松枝清顕《まつがえきよあき》にはじまり、二、三巻でそれぞれ飯沼勲《いいぬまいさお》、月光姫《ジン・ジャン》に転生《てんせい》した主人公《しゅじんこう》は、次いで安永透《やすながとおる》へ生まれ変わってゆく。それを副主人公《ふくしゅじんこう》である本多繁邦《ほんだしげくに》が観察《かんさつ》している、というのがこの小説の構成《こうせい》で、三島は初《はじ》めの三部を輪廻転生《りんねてんせい》物語として設定《せってい》している。

しかし、最後《さいご》の最後《さいご》でどんでん返《がえ》しがある。三回の転生《てんせい》を経《へ》て、四人目として登場《とうじょう》する透《とおる》は全《まった》く異質《いしつ》の人物として登場《とうじょう》するのだ。その輪廻転生《りんねてんせい》の様子《ようす》を夢《ゆめ》で見届《みとど》けてきた本多《ほんだ》は驚愕《きょうがく》し、法相《ほっそう》宗《しゅう》の寺《てら》・月修寺《げっしゅうじ》に、八二歳となった清顕《きよあき》のかつての恋人《こいびと》・綾倉聡子《あやくらさとこ》を訪ねる。そのとき聡子《さとこ》は、本多《ほんだ》にこう語《かた》る。

「松枝清顕《まつがえきよあき》さんという方《かた》は、お名をきいたこともありません。そんなお方《かた》は、もともとあらしゃらなかったのと違いますか？　何《なん》やら本多《ほんだ》さんが、あるように思うてあらしゃって、実《じつ》ははじめから、どこにもおられなんだ、ということではありませんか？」

この聡子《さとこ》の言葉を正当《せいとう》に解釈《かいしゃく》し、本多《ほんだ》がそれまで大切にしてきた清顕《きよあき》の夢日記《ゆめにっき》を透《とおる》が焼いてしまったことを的確《てきかく》に理解《りかい》すれば、三島《みしま》のいっていることが理解《りかい》できる。つまり、人間の魂《たましい》が輪廻《りんね》転生《てんせい》することはない、ということである。

このように最後《さいご》の最後《さいご》で、三島《みしま》は魂《たましい》の輪廻転生《りんねてんせい》を明確《めいかく》に否定《ひてい》、ここに『豊饒《ほうじょう》の海』で三島《みしま》が主《しゅ》題《だい》にした唯識《ゆいしき》が明確《めいかく》に打ち出されている。

唯識《ゆいしき》の思想《しそう》は大変難解《なんかい》だが、一言《ひとこと》でいえば「万物流転《ばんぶつるてん》」、すべてのものは移《うつ》り変わる、ということである。

仏教の「空《くう》」という論理《ろんり》は、すべてが仮説《かせつ》であり、すべては関係であって、実在《じつざい》するものは何《なに》もない、というものである。

結論《けつろん》からいえば、魂《たましい》の輪廻転生《りんねてんせい》を否定《ひてい》した三島《みしま》は、生まれ変わって復活《ふっかつ》するのは何かという宿題を読者に残した。

魂《たましい》の輪廻転生《りんねてんせい》を否定《ひてい》すると、直《ただ》ちに難問《なんもん》が出てくる。輪廻転生《りんねてんせい》というのは仏教の根本思想《しそう》となっている。ヒンドゥー教の輪廻転生《りんねてんせい》は、人間には魂《たましい》（アートマン）というものがあって、人間が生まれ変わり死に変わりして、前のときにいいことをした人はより高いところに、悪いことをした人はより下にいく。だから上は天上《てんじょう》から、人間・修羅《しゅら》・畜生《ちくしょう》・餓鬼《がき》・地獄《じごく》まであるわけだ。

しかし、仏教では魂《たましい》の実在《じつざい》を否定《ひてい》する。魂《たましい》がなければ何《なに》が輪廻転生《りんねてんせい》するのか。何《なに》が因果律《いんがりつ》の支《し》配《はい》を受《う》けるのか。

人間の意志が輪廻転生《りんねてんせい》すると仮《かり》に解釈《かいしゃく》できないこともない。

しかし、「意志《いし》」という言葉は仏教では出てこないので、理解《りかい》がきわめて困難《こんなん》になった。本来《ほんらい》なら、トコトン突《つ》き詰《つ》めれば「唯識《ゆいしき》」まで行かなければいけないのだが。

日本人が思っている輪廻転生《りんねてんせい》というのは、ヒンドゥー教の観念《かんねん》がずいぶん混《ま》じっている。おそらく、仏教の真理《しんり》なんか有象無象《うぞうむぞう》にわかるわけがないと思った仏教の偉《えら》い坊《ぼう》さんたちが、恐《おそ》ろしくわかりやすいヒンドゥー教の教義《きょうぎ》やインド人の俗信《ぞくしん》（民間の迷信、民話）を仮《かり》に使って、布教《ふきょう》に努《つと》めたというところではないのだろうか。

だから、永久《えいきゅう》を過《す》ごす地獄《じごく》や極楽《ごくらく》が実在《じつざい》するなどというのは、もう仏教ではないわけである。

輪廻転生《りんねてんせい》のみならず、仏教というのは至《いた》るところ矛盾《むじゅん》だらけである。それも当然《とうぜん》で、西洋風の論《ろん》理学《りがく》だけに馴《な》れた人に、簡単《かんたん》に理解《りかい》できるわけがない。

乱暴《らんぼう》にいってしまえば、布教《ふきょう》に使《つか》われる仏教論理《ろんり》というのは、俗人《ぞくじん》をなんとか導《みちび》くための方便《ほうべん》であって、本当の仏教ではそんなことを一生懸命《いっしょうけんめい》考えたりはしないものである。だからそんな譬《たと》え話ばかりになっていて、初等的《しょとうてき》な矛盾《むじゅん》が生《しょう》じたりしているものもある。

例《たと》えば、一休禅師《いっきゅうぜんじ》の逸話《エピソード》がある。子供《こども》が猫《ねこ》を捕《つか》まえて殺《ころ》そうとしていたのを見とがめた一休禅《いっきゅうぜん》師《じ》が、「お止《や》めなさい、猫《ねこ》を殺《ころ》したら、あんたはその報《むく》いで来世《らいせ》は猫《ねこ》に生まれ変わってしまうぞ」と諭《さと》した。するとその子は、いきなり一休禅師《いっきゅうぜんじ》に躍《おど》り掛《か》かって殺《ころ》そうとしてきた。そしてこういった。「私は生まれ変わったら、来世《らいせ》は一休禅師《いっきゅうぜんじ》のような大知者《だいちしゃ》に生まれ変わりたい」。この子、なかなか頭がいい。論理《ろんり》上は一休禅師《いっきゅうぜんじ》の負けである。

一休禅師《いっきゅうぜんじ》というのは高《たか》い境地《きょうち》に達《たっ》した人ではあるが、子供《こども》にはそんな難《むずか》しいことを説《と》いてもしようがない。それでわかりやすい譬《たと》え話が出てくるようになる。この逸話《エピソード》にしても、一休禅師《いっきゅうぜんじ》もそんなことをいいたいのではないのだが、無理《むり》に譬《たと》え話を作れば往々《おうおう》にしてこのような矛盾《むじゅん》が出るものなのだ。

それぐらいのことさえ理解《りかい》していれば、カルト教団《きょうだん》にだまされるということも絶対ありえなかろう。地獄《じごく》に堕《お》ちるなんていわれたところで、「はぁ、そうですか」と聴《き》いていればよい。そんなことに悩《なや》む必要は全然《ぜんぜん》ない。

唯識入門

仏教の数ある宗派《しゅうは》の中で、特別の信徒《しんと》もいない、お墓《はか》もないという宗派《しゅうは》が法相宗《ほっそうしゅう》であることはすでに述《の》べた。この宗派《しゅうは》は仏教原論《げんろん》ともいえる「唯識《ゆいしき》」をその教義《きょうぎ》としており、三島《みしま》の『豊饒《ほうじょう》の海《うみ》』に登場《とうじょう》する綾倉聡子《あやくらさとこ》の入山《にゅうざん》した月修寺《げっしゅうじ》もこの法相宗《ほっそうしゅう》の寺に設定《せってい》されている。

唯識《ゆいしき》とは正しくいえば、「唯識所変《ゆいしきしょへん》」という。読《よ》み下《くだ》すと、「ただ（唯）識《しき》によって変《へん》じだされた所《ところ》のもの」であり、我々《われわれ》の識《しき》（心）こそがものごとを作り上げ、決定しているということをいっている。

法相宗《ほっそうしゅう》の寺である興福寺《こうふくじ》の高僧《こうそう》、多川俊映《たがわしゅんえい》師はその著書『唯識十章《ゆいしきじゅっしょう》』（春秋社）のなかで唯識《ゆいしき》を表《あらわ》す言葉として次の短歌《たんか》を引《ひ》いている。

手をうてば　鯉《こい》は餌《え》と聞き　鳥は逃《に》げ　女中《じょちゅう》は茶と聞く　猿沢池《さるさわのいけ》

手を叩《たた》くという行為《こうい》一つをとってみても、それを受け取る側の状態、条件《じょうけん》の違いでこれほど意味は異《こと》なってくる。つまり、耳から聞こえる音、すなわち耳識《にしき》は同じでも、意識《いしき》の差でその理解《りかい》の仕方《しかた》、存在《そんざい》の在処《ありか》がこれだけ変わるのである。

仏教原論である唯識《ゆいしき》とはその名が示すとおり、識《しき》のみという教説である。識《しき》の外《ほか》には何も実在《じつざい》しない。それを、あたかも実在《じつざい》しているように思うのは妄想《もうそう》にすぎない。それらを妄想《もうそう》と自覚することこそが修行《しゅぎょう》して涅槃《ねはん》に入るための事始《ことはじめ》である。すべての実在《じつざい》が妄想《もうそう》なのであるからそんなものを求めて悩む煩悩《ぼんのう》も妄想《もうそう》である。そこに気付けば、煩悩《ぼんのう》も消えて、涅槃《ねはん》へ向けて一直線である。

唯識《ゆいしき》論の理論は、行動心理学（behavior psychology）および精神分析学を譬《たと》え話につかうと、わかりやすい。

視覚（見る）、聴覚（聞く）、嗅覚（かぐ）、味覚（味わう）、触覚（触《さ》わる、感じる）という五つの知覚《ちかく》（perception）を、唯識《ゆいしき》論では五識（眼識《げんしき》、耳識《にしき》、鼻識《びしき》、舌識《ぜっしき》、身識《しんしき》）という。

ここまでは、行動心理学と似ているが、行動心理学では、意識《いしき》を知覚の一種とはしない。しかし、唯識《ゆいしき》論では、意識《いしき》が前五識《ぜんごしき》（五つの知覚）を総合し解釈する作用《さよう》を重視して、これもまた識《しき》の一種とする。意識《いしき》を第六識《だいろくしき》と呼び、そして、前五識《ぜんごしき》と意識《いしき》とを六識《ろくしき》という。

精神分析学では、無意識（潜在意識）が存在するとして、それを重視して分析の中心におく。

修行《しゅぎょう》の目的は煩悩《ぼんのう》をなくすることにある。しかし、煩悩《ぼんのう》は意識《いしき》ではコントロールできない。意《い》識《しき》でどんなに努力を重ねても、追えども払えども、煩悩《ぼんのう》はどこからともなく潜《もぐ》りこんでくる。煩悩《ぼんのう》はどこからくるのか。それは、我執《がしゅう》（自分にしがみつく）からくる。無著《アサンガ》は、「いつでも我執《がしゅう》（われにこだわる心）は起きていて断《た》えることはない」という大定理を発見した（『摂大乗論《しょうだいじょうろん》』）。人間の心を無意識の底までつきつめてゆくと、究極的には我執《がしゅう》につきあたる。六識《ろくしき》が間断《けんだん》（途切《とぎ》れている状態）しているときでも、我《が》にこだわる心は、寝ても覚《さ》めても動いている。つまり、自分が善行《ぜんこう》をしているつもりでも、深く自省《じせい》すると、「自分のためにしている」ことに気づく。善意で他人のために行《おこな》っているときでさえも、自分へのこだわりは捨てきれない。自分が心の底では悪いと思っていることは、気づかないままに憎《にく》んだりもする。その我執《がしゅう》は、必然的に不断《ふだん》に起きる。ゆえに、煩《ぼん》悩《のう》は必然であり、意識《いしき》においてどんなに努力しても修行《しゅぎょう》は無駄である。では、如何《いか》にするか。

無意識の底までおりていって、我執《がしゅう》の正体をつきとめることである。

フロイトの精神分析学が、無意識の底にある複合体《コムプレクス》の正体をつきとめてそれを意識《いしき》にもたらせば治療《ちりょう》できると考えたのと筋道《すじみち》は同じことである。しかも、フロイトの場合は、「我執《がしゅう》」の中心は性的我執《がしゅう》（リビドー）にあり、それ以外の我執《がしゅう》についてはあまり研究はしていない。

しかし、唯識論《ゆいしき》では、すべての我執《がしゅう》を論ずるのだから、研究対象はずっと広い。

この我執《がしゅう》の本体を、唯識《ゆいしき》では、末那識《まなしき》と呼ぶ。では、末那識《まなしき》とは何であり、どこからきたのか、何故《なにゆえ》にどのように働くのか。

末那識《まなしき》のさらに奥深くに、阿頼耶識《あらやしき》という識《しき》がある。

阿頼耶識《あらやしき》は、生命の中枢《ちゅうすう》であり、「我《が》」よりもさらにその根底にある生命そのものに執着《しゅうちゃく》する。阿頼耶識《あらやしき》の発見こそ、唯識《ゆいしき》論最大の発見であるとされている。

人間が行為（現行《げんぎょう》）をすればその痕跡《こんせき》が残る。これを種子《しゅうじ》という。種子《しゅうじ》は、阿頼耶識《あらやしき》中に残って蓄積《ちくせき》される。これは、すべての経験は無意識《むいしき》の中に残るというフロイトの考え方と同様で、「過去の経験は、意識《いしき》の中に何も残らなくても、無意識《むいしき》の記憶となって、すべて蓄積《ちくせき》されている」のだ。

この蓄積《ちくせき》を、「熏習《くんじゅう》」という。熏習《くんじゅう》とは、香りが衣服などに付くことをいい、過去の経験が、阿《あ》頼耶識《らやしき》に付着《ふちゃく》、蓄積《ちくせき》されることをいう。これを、「現行《げんぎょう》の種子《しゅうじ》は阿頼耶識《あらやしき》に熏習《くんじゅう》される」という。

例《たと》えば、よい行為（現行《げんぎょう》）をすれば、よい種子《しゅうじ》が熏習《くんじゅう》される（図①）。

種子《しゅうじ》は、また、現行《げんぎょう》を生む。例えば、よい種子《しゅうじ》からは、よい行為（現行《げんぎょう》）が生ずる（図②）。

これらの両図をあわせて画《か》けば、図③となる。

この、現行《げんぎょう》と種子《しゅうじ》とが、かわるがわる原因となり結果となって生み生まれる連鎖《れんさ》過程をまとめて画《か》いたものが、図④である。

この連鎖《れんさ》過程が、循環《じゅんかん》過程であることを重視して図示すれば、図⑤となる。

これは、いわば、最単純唯識模型《ゆいしきモデル》である。あたかも、質点の力学のごとく、また最単純ケインズ模型《モデル》(二七八頁参照)のごとく、ここで本質を把握《はあく》しておけば、これを複雑化し一般化することは容易である。

仏教学者は、やたらと複雑な話から始めたがるが、科学の議論のように、最単純模型《モデル》から話を始め、次第に複雑な模型《モデル》へと進めてゆけば、難解《なんかい》で有名な唯識論《ゆいしきろん》も、短時間で理解することもできる。

現行《げんぎょう》は行為のことをいうが、それは外面的行動だけでなく、その行動を内面から支える動機や、その結果生《しょう》じた心の状態をも含む。このような心もまた熏習《くんじゅう》されて、阿頼耶識《あらやしき》の中の無意識の記憶(複合体《コムプレクス》)としての種子《しゅうじ》として残る。

種子《しゅうじ》は、行動を生む力をもつ。種子《しゅうじ》が原因となって、結果としての行為(現行《げんぎょう》)となって現れる。どんなにこみいった唯識論《ゆいしきろん》も、この種子《しゅうじ》と現行《げんぎょう》との最単純模型《モデル》の複雑化として、いくらかの組み合わせとして表される。

練習問題を出そう。二つ以上の種子《しゅうじ》が熏習《くんじゅう》されたとき、そこから現行《げんぎょう》が生ずる過程を図示せよ。

答えは図⑥である。

ナーガールジュナ式の縁起《えんぎ》説をとれば、種子生《しゅうじしょう》種子《しゅうじ》の過程も、相互連関過程でなければならない。

さて、説明の事始《ことはじめ》として、あたかも、種子《しゅうじ》、現行《げんぎょう》、熏習《くんじゅう》、阿頼耶識《あらやしき》というような実体が存在するような説明をしてきたが、これは、本当はいけない。実在《じつざい》するものは何もなく、すべては空《くう》である。

刹那《せつな》に生滅《せいめつ》して無常《むじょう》である。激流《げきりゅう》の川の流れのようなものである(二六一頁参照)。

かくのごとく阿頼耶識《あらやしき》もまた無常《むじょう》である。すでに述《の》べたように、阿頼耶識《あらやしき》は生命に執《しゅう》する(すが

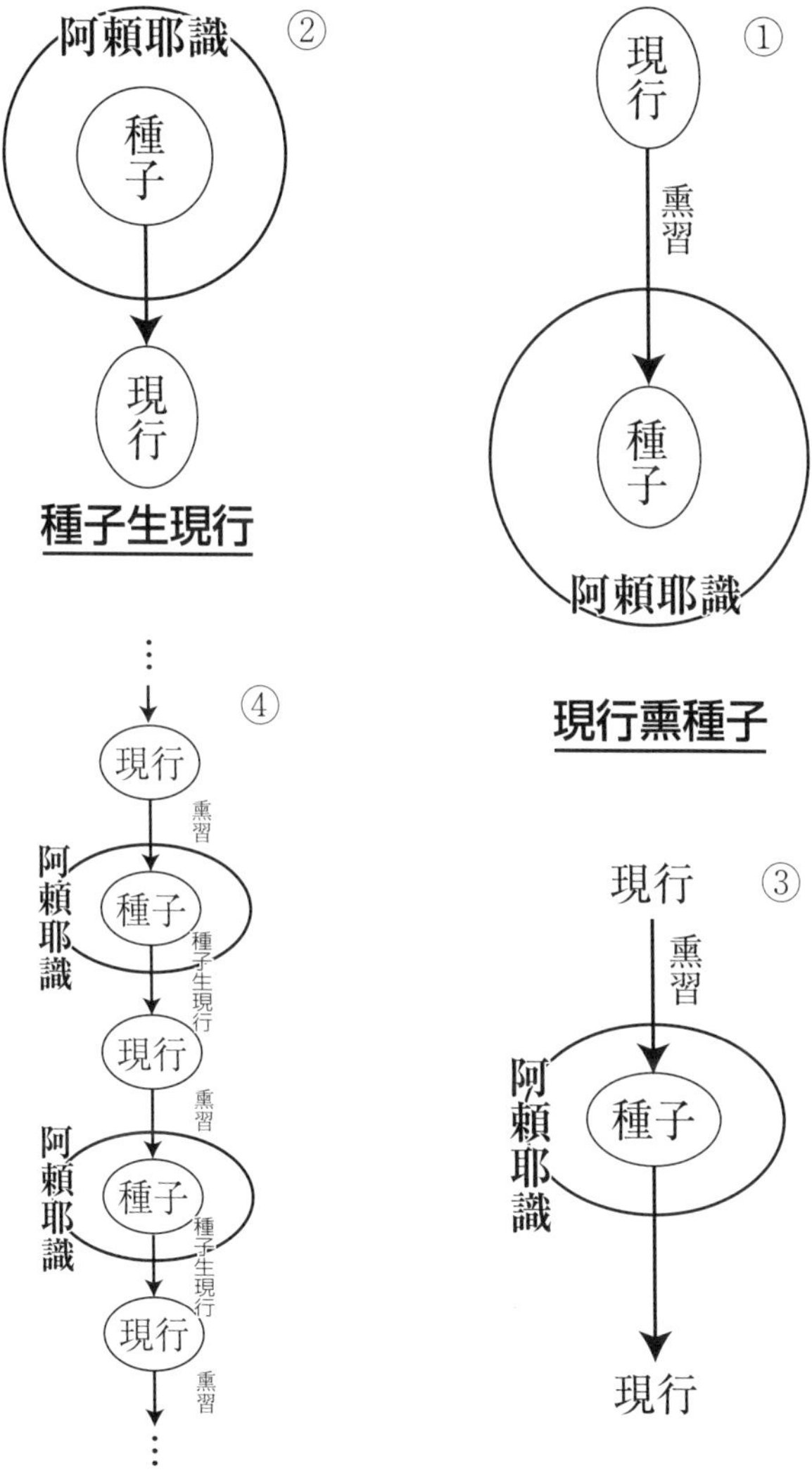
①
現行
熏習
種子
阿頼耶識
現行熏種子
②
阿頼耶識
種子
現行
種子生現行
③
現行
熏習
阿頼耶識
種子
現行
④
現行
熏習
阿頼耶識
種子
種子生現行
現行
熏習
阿頼耶識
種子
種子生現行
現行
熏習

りつく）心である。しかし、刹那《せつな》に生《しょう》じ刹那《せつな》に滅《めつ》する激流のように無常《むじょう》であれば、どこの何にすがりつくのか。すがりつきたくてもすがりつきようがないではないか。

そこで、無常《むじょう》であって常《じょう》ではないが、少しでも常《じょう》に近いものをさがしてきた。

肉体か。肉体ではない。心か。心でもない。しかし、心の中に一つだけ、無常《むじょう》を見つめる心（阿《あ》頼耶識《らやしき》）がある。この心の一部分だけが、他の無常《むじょう》のなかで、わりあいに常《じょう》に近いのではなかろうか。

この心の一部分は、常《じょう》（不変）に近いから、これこそ「我《が》」であるとしてしがみつく。その心（阿頼耶識《あらやしき》）の一部分を、とくに末那識《まなしき》という。末那識《まなしき》は、実在《じつざい》しない「我《が》」を実在《じつざい》すると錯覚《さっかく》して、あくまでもこれにしがみつくのだ。

現行《げんぎょう》から熏習《くんじゅう》され阿頼耶識《あらやしき》の中に蓄積《ちくせき》されている種子《しゅうじ》は、生まれてからの種子《しゅうじ》のすべてである。ここまでは、フロイトと同じだが、ここから先が違う。唯識《ゆいしき》論では、生まれる前、永遠の昔からの熏習《くんじゅう》による種子《しゅうじ》がすべて阿頼耶識《あらやしき》に蓄積《ちくせき》されていると考えている。すなわち、前世《ぜんせ》の種子《しゅうじ》も、前々《ぜんぜん》世《せ》の種子《しゅうじ》も、前々々……世の種子《しゅうじ》もすべて蓄積《ちくせき》されているのである。

遺伝子情報もまた種子《しゅうじ》の一種と唯識《ゆいしき》では捉《とら》えている。すなわち、阿頼耶識《あらやしき》は厖大《ぼうだい》なデータバンクといえよう。なにしろ生まれる前、遥《はる》か昔のいわば天地開闢《かいびゃく》の頃からの記憶《きおく》があるのだから。

阿頼耶識《あらやしき》の初めの種子《しゅうじ》は、永遠《えいえん》の過去《かこ》に入っている。いわば、天地開闢《かいびゃく》からの原意識《げんいしき》である。その種子《しゅうじ》の入り方、出方こそが輪廻転生《りんねてんせい》するのである。人間の意志《いし》、これも一種《いっしゅ》の譬《たと》えであって、

⑤

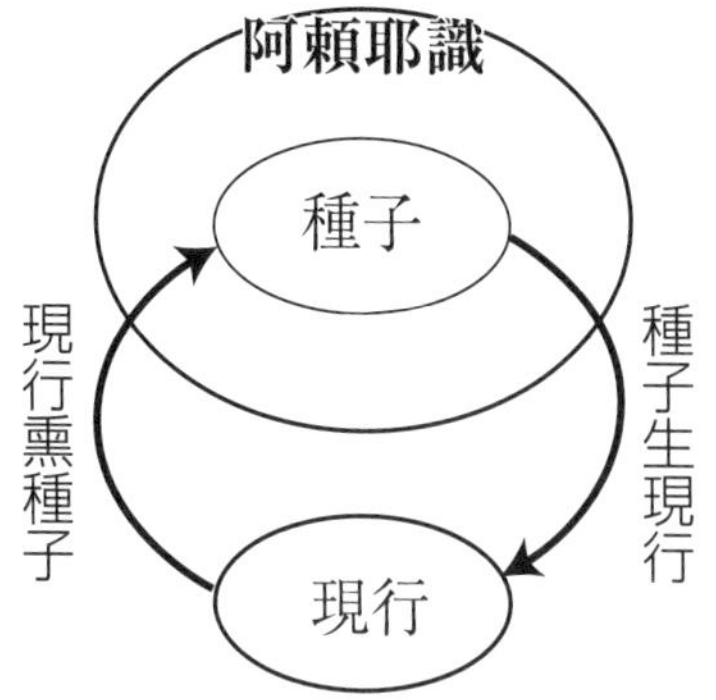

種子と現行との循環過程

⑥

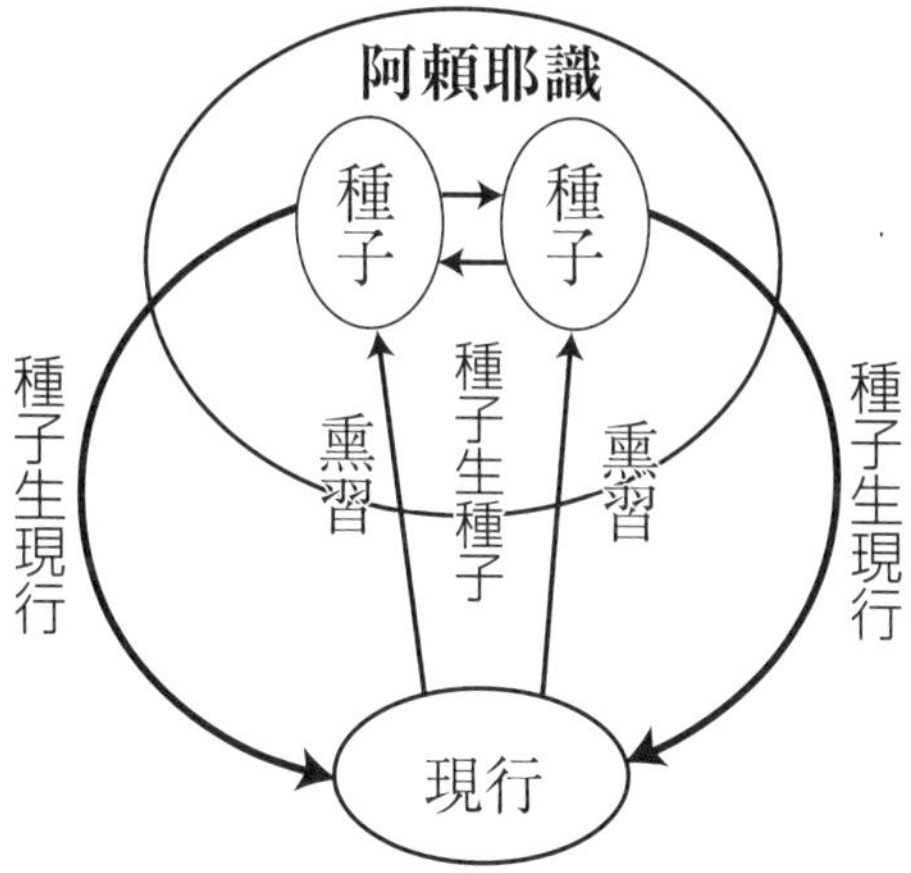

複数の現行熏種子

意志《いし》以前の誰《だれ》も自覚しない原意識《げんいしき》のようなものが、転生《てんせい》する。

この発想《はっそう》から考えると理解《りかい》できることがある。それは、経験《けいけん》も何《なに》もないのに、初めから、あるものごとに長《た》けている人がいること。特に世界史上の軍事《ぐんじ》的天才というのは、経験《けいけん》もないのに、学習もしないのに、戦争《せんそう》のやり方をすでに知っている。ナポレオンについては、メレジコフスキー（一八六六～一九四一）という詩人が研究した結果、経験《けいけん》・学習《がくしゅう》なしに、彼はすでに戦争《せんそう》を知っていたとしか理解《りかい》できない、と結論《けつろん》付けている。他《ほか》には西洋のアレキサンダー大王（マケドニア王。前三五六～三二三）、中国の霍去病《かくきょへい》（前漢の将軍。前一四一頃～一一七）、日本の源義経《みなもとのよしつね》（一一五九～八九）と、初戦《しょせん》より連戦連勝《れんせんれんしょう》の将軍《しょうぐん》などは、戦争《せんそう》に勝利《しょうり》する種子《しゅうじ》がすでに阿頼耶識《あらやしき》に熏習《くんじゅう》されていたと考えるのが、いちばん妥当《だとう》かもしれない。

ここで一つ重要《じゅうよう》なことは、輪廻転生《りんねてんせい》の論理《ろんり》である。この阿頼耶識《あらやしき》の説明で、魂《たましい》がなくとも、因《いん》果律《がりつ》に基《もと》づいて輪廻転生《りんねてんせい》ができることが明確《めいかく》にわかる。三島由紀夫《みしまゆきお》が『豊饒《ほうじょう》の海《うみ》』に表《あらわ》したことはまさにここにある。

救済の構造

唯識《ゆいしき》の解説《かいせつ》を通《とお》し、仏教に魂《たましい》がないことを解説《かいせつ》した。しかし、素朴《そぼく》に考えると、宗教には現世《げんせ》に利益《りやく》を求め、死後《しご》の魂《たましい》の救いを求めるという側面《そくめん》は付《つ》き物《もの》だ。

古代《こだい》インドにおいてすでに、「魂《たましい》がない」という主張《しゅちょう》は異様《いよう》であり、アートマン（自我《じが》、魂《たましい》）

の考え方を否定《ひてい》するのは、仏教と唯物論者《ゆいぶつろん》だけであった。そのために、仏教は唯物論《ゆいぶつろん》であるという非難《ひなん》が生まれたのである。

仏教は、元来《がんらい》、エリートのための宗教である。高度《こうど》な哲学体系《たいけい》を持ち、厳《きび》しい修行《しゅぎょう》を要求《ようきゅう》する。仏教は、体を痛《いた》めつける苦業《くぎょう》こそ要求《ようきゅう》しないが、その修行《しゅぎょう》の厳《きび》しさたるや、尋常一様《じんじょういちよう》なものではない。何《なに》しろ、悟《さと》りをひらいて仏になるための修行《しゅぎょう》なのである。

この点、キリスト教とは違う。キリスト教では、修行《しゅぎょう》を要求《ようきゅう》してはいない。人間が神（キリスト）になることを目指《めざ》す宗教ではない。いや、人間が神になるなんて滅相《めっそう》もない。天使《てんし》のトップでさえ、神になろうなどと思い上がれば、悪魔《あくま》にされてしまうのだ。

キリスト教では、その人を救うか救わないか、神の一存《いちぞん》で決まる。神が、この人を救うと意志決《いけっ》定《てい》すればそれで決まりだ。

仏《ほとけ》は、この人を救う（仏《ほとけ》にする）というような意志決定《いしけってい》をしない。いや、仏《ほとけ》が意志決定《いしけってい》したからとて、人を仏《ほとけ》にしてやれるものではない。仏《ほとけ》は、「彼はいついつに仏《ほとけ》になるであろう」と予言《よげん》することはできる（例。『法華経《ほけきょう》』「授記本《じゅきほん》第六」参照）。しかし、いますぐここで仏《ほとけ》にしてやると意志決《いけっ》定《てい》することはできない。仏《ほとけ》は、他の仏《ほとけ》によって任命《にんめい》されるのではなくて、自分自身の努力《どりょく》で覚醒《かくせい》しなければならないのだ。

この修行《しゅぎょう》が、どんなに年月《ねんげつ》をかけるものなのか。次期仏《じきぶつ》（釈迦《しゃか》の次の仏《ほとけ》）は弥勒菩薩《みろくぼさつ》であると、もうすでに決まってはいる。が、この菩薩《ぼさつ》は、目下《もっか》、兜率天《とそってん》（将来仏《しょうらいほとけ》になる菩薩《ぼさつ》が人間界に行く前の生を過ごすところ）で説法《せっぽう》をし修行《しゅぎょう》中である。弥勒《みろく》は、五六億七〇〇〇万年後に修行《しゅぎょう》が完了《かんりょう》して仏《ほとけ》になるとのことである。

仏教をキリスト教と比《くら》べるときに、「時間」のセンスがまるで違うことを注意しておく必要がある。

キリスト教を作りあげた人といわれている使徒《しと》パウロは、とにかく急いだ。彼が、「行動的禁欲《きんよく》」の説明をするときにオリンピックのマラソン選手を例に挙《あ》げたのも、最後の審判《しんぱん》の到来《とうらい》が差《さ》し迫《せま》った状態《じょうたい》に来ていたからである。

イエスは、ガリラヤ湖《こ》を一回りしたくらいの時間で、といっていたが、待てど暮《く》らせど最後の審《しん》判《ぱん》の日が来ないので、キリスト教徒は焦《あせ》りに焦《あせ》った。

キリスト教では、短ければ「いますぐ」、天地創造《てんちそうぞう》からいままででも五〇〇〇年とちょっとであるのに対し、仏教の時間だと、トップの菩薩《ぼさつ》である弥勒菩薩《みろくぼさつ》でさえ、仏になるためには五六億《おく》七〇〇〇万年はかかる。普通の人から修行《しゅぎょう》を重ねて菩薩《ぼさつ》になることは容易《ようい》ではない。その菩薩《ぼさつ》にしても四一もの位《くらい》があって、修行《しゅぎょう》を積み続けて上の位《くらい》に上っていくのである。菩薩《ぼさつ》の位《くらい》を一つ上るのに、どのくらいの時間がかかるのかを考えただけでも気の遠くなる話ではないか。

話を魂《たましい》に戻《もど》すと、いわゆる「魂《たましい》」という存在《そんざい》が肉体とは別に存在《そんざい》している、と考える宗教は実はむしろ少ない。

例《たと》えば、宗教教義上《きょうぎ》、最《もっと》も理路整然《りろせいぜん》としているイスラム教ではどう扱《あつか》っているか。

最後の審判《しんぱん》にあたり、すべての人は完全な肉体を持ってその審判《しんぱん》に臨《のぞ》み、審判《しんぱん》に適《かな》った者は緑《りょく》園《えん》といういわゆる天国のようなところで悦楽三昧《えつらくざんまい》の生活を送り、適《かな》わぬ者は地獄《じごく》へ堕《お》ち、灼熱《しゃくねつ》に焼かれる。勿論《もちろん》、生身《なまみ》の肉体を持ったままで、そこで永遠《えいえん》を過ごす。たとえ地獄《じごく》で悔《く》い改《あらた》めたところで、もう遅《おそ》い。いっそ殺《ころ》してくれと泣《な》き叫《さけ》んでも、もはや逃《に》げ出すことはおろか、死ぬことさえも叶《かな》わない。

死んだ後《あと》に魂《たましい》が地獄《じごく》に行くのであれば肉体的な苦しみからは解放《かいほう》されるのかもしれないが、地《じ》獄《ごく》に行くのは生身《なまみ》の肉体である。焼かれるのは自《みずか》らの肉である。

人間が死んでも、その状態《じょうたい》は暫定《ざんてい》的なものであるのだから、肉体は朽《く》ち果《は》てても、気にしない気にしない。最後の審判《しんぱん》のときには、神は、完全な肉体を還《かえ》してくださる。それまでの間が、いわゆる「魂《たましい》」という状態《じょうたい》なのだろうが、この期間《きかん》については『コーラン』に何も記述《きじゅつ》はない。

最後の審判《しんぱん》を受けた後は地獄《じごく》へも楽園《らくえん》へも、肉体をもったままで行く。魂《たましい》だけが行くのではない。

地獄《じごく》の苦しみも、魂《たましい》などというものが受けるのではなく、ほかならぬ、わが肉体が焼かれ苦しめられるのである。「火刑柱《かけいちゅう》の上で、とろ火にかけてゆっくり焚殺《ふんさつ》するのは、あらゆる死刑のなかで最《もっと》も残酷《ざんこく》な方法である」（高杉一郎・訳『権力とたたかう良心』みすず書房）と、世界史を跋渉《ばっしょう》（すべてよく見て）してきたシュテファン・ツヴァイクも曰《い》っている。それも、地獄《じごく》では、「半時間」どころではなく、永久《えいきゅう》にこの「限《かぎ》りない苦痛」を受けなければならないのである。

かくのごとく、イスラム教には肉体と別存在である「魂《たましい》」は存在しない。では、人間の肉体が朽《く》ち果て、最後の審判《しんぱん》に至《いた》るまでの間はどのような状態かというと、それについては記述《きじゅつ》がない。しかし、仮《かり》に「魂《たましい》」のような状態だったとしても、何《なに》もできず、何《なん》の知覚《ちかく》も持たず、ただ審判《しんぱん》の待合室《まちあいしつ》に佇《たたず》んでいるような状態なのだから、存在《そんざい》としての意味はなかろう。

キリスト教でも、元来《がんらい》、魂《たましい》（soul）とは、身体（body）から離《はな》れて別に存在《そんざい》するものとは考えていない。人を、全体として生きたものと考え、それを魂《たましい》というのである。これは基本《きほん》的にユダヤ教の考え方を受《う》け継《つ》いだもので、『旧約聖書』はこのように伝《つた》えている。

「ヤハウェ神土《しんど》の塵《ちり》をもって人を造り、生命《いのち》の息をその鼻に吹き入れたまえり。人すなわち生霊《いけるもの》となりぬ」（「創世記《そうせいき》」第二章　七）

人間が死んだらどうなるのか。ユダヤ教は、これについてほとんどふれていない。死後の世界という考え方はユダヤ教には本質的にないのである。これは、宗教的天才であるユダヤ人の卓見《たっけん》であると、マックス・ヴェーバーは感嘆《かんたん》した。文明最先進地帯《せんしんちたい》のエジプト、メソポタミアの宗教は死後《しご》の世界の説明に力をつくした。イスラエルが死後の世界を論ずれば、それらの亜流《ありゅう》となって独立《どくりつ》性を失《うしな》うだろう。それを避《さ》けた明断《めいだん》であったとしている。

ヤハウェは生ける神であり、生きている人間の神である。死の世界は、ヤハウェの関《かん》せざるところである。

イスラエルでも、民間には死者崇拝《すうはい》が全《まった》くなくなってしまったわけでもなかったが、それは、異《い》端《たん》として底辺《ていへん》におしやられて、正統《せいとう》な宗教に侵入《しんにゅう》してくることは、あまりなかった。聖書には、死後の世界、死者との交流《こうりゅう》について語《かた》られている箇所《かしょ》は滅多にない。わずかに記《しる》された箇所《かしょ》も、曖昧模糊《あいまいもこ》としている。

『旧約聖書』には、死後、人間の魂《たましい》が行く地獄《じごく》、天国《てんごく》（極楽《ごくらく》）についてほとんど語《かた》られてはいない。例外は、「人の子らの霊《れい》は上にのぼり、獣《けもの》の霊《れい》は地にくだるかを誰《だれ》が知るか」という一句ぐらいである（「伝道者の書」第三章　二一）。

キリスト教にも元来《がんらい》、身体とは別の「魂《たましい》」という思想《しそう》はなかった。したがって、天国《てんごく》、地獄《じごく》という概念《がいねん》もなかった。

最後の審判《しんぱん》に適《かな》った者が行く「神の国」では、どのような生活をするのか。『コーラン』における「緑園《りょくえん》」と違って『福音書《ふくいんしょ》』には何《なに》も書いていないが、永遠《えいえん》の生命《せいめい》が得《え》られることは確《たし》かである。

人は、「神の国」における永遠《えいえん》の生命《せいめい》を欣求《ごんぐ》（よろこんで求める）した。「神の国」に入るためには、罪《つみ》が赦《ゆる》されなければならない。行《おこな》いに関《かん》するかぎり、すべての人間は罪人《つみびと》である。しかし、信仰《しんこう》によって神の前に義《ただ》しい者となり、神の恩恵《おんけい》によって罪《つみ》を赦《ゆる》されて「神の国」に入る。

すなわち、罪《つみ》を赦《ゆる》されて永遠《えいえん》の生命《せいめい》を得《え》る、これが、キリスト教における救いの構造《こうぞう》である。

輪廻転生の真実

これはまた、仏教理解《りかい》の鍵《かぎ》ともなる。

パキスタン、インド北部を支配《しはい》したギリシャ人のミリンダ王（メナンドロス）は、仏教の高僧《こうそう》ナーガセーナ長老《ちょうろう》に質問《しつもん》する。人間は、死後生まれ変わるのかという質問《しつもん》である。その問いにナーガセーナ長老《ちょうろう》はこう答える。

罪《つみ》ある者は生まれ変わりますが、罪《つみ》なき者は生まれ変わりませぬ。（中村元、早島鏡正・訳『ミリンダ王の問い』平凡社東洋文庫）

仏教の「罪《つみ》」は、キリスト教の「罪《つみ》」とは違う。キリスト教の「罪《つみ》」は、原罪《げんざい》に淵源《えんげん》（根本的原因）をもち、「神への反抗《はんこう》」から生《しょう》ずる。律法《りっぽう》を守らないことが罪《つみ》になるというのも、律法《りっぽう》は神の命令（神との契約《けいやく》）であるからである。

それに対して、仏教の「罪《つみ》」の源《みなもと》は、煩悩《ぼんのう》である。

罪《つみ》を犯《おか》さないで涅槃《ねはん》に達《たつ》するためには戒《かい》を守らなければならないが、それを妨《さまた》げるのが煩悩《ぼんのう》である。

煩悩《ぼんのう》があるかぎり、死んでも生まれ変わる。生まれ変わり死に変わりして、六道《ろくどう》を輪廻転生《りんねてんせい》するのである。

生まれ変わって輪廻転生《りんねてんせい》することが、罪《つみ》あることの何《なに》よりの証左《しょうさ》である。

では、煩悩《ぼんのう》がなくなればどうか。涅槃《ねはん》に入り、輪廻転生《りんねてんせい》から解脱《げだつ》できる。死ねば、もはや、生まれ変わらず、涅槃《ねはん》で永遠《えいえん》を迎える。いわば、永遠《えいえん》の死である。これこそが、成仏《じょうぶつ》である。

これに対し、往生《おうじょう》という言葉は、他の世界へ転生《てんせい》すること、とくに「仏の国」へ生まれ変わることを意味している。

煩悩《ぼんのう》を解脱《げだつ》して涅槃《ねはん》に入る。

といってしまえば一言《ひとこと》であるが、これは実に大変なことで、厳《きび》しい修行《しゅぎょう》をしなければならず、その間、善行《ぜんこう》を積《つ》まなければならないことは勿論《もちろん》である。

仏教は分類狂《ぶんるいきょう》である。決擬論《けつぎろん》（Kasuistik　宗教上のこまかな分類）が大好きである。なにしろ、小乗仏教《しょうじょう》では、この世《よ》の迷《まよ》いを断《だん》じきった聖人《せいじん》にさえも四階級《かいきゅう》があるといい、大乗仏教《だいじょう》だと、菩薩《ぼさつ》に四一階級《かいきゅう》あるのだそうである。

聖人の最高位《さいこうい》である阿羅漢《あらかん》は、一切《いっさい》の煩悩《ぼんのう》を断《た》ち生死を離《はな》れた仏教修行《しゅぎょう》の最高段階《さいこうだんかい》に達《たっ》している。ここまで来ると輪廻転生《りんねてんせい》をしない。死んだらそれっきりで生まれ変わってはこない。その次位《じい》のランクの聖人ですら、不還《ふげん》といって、この世《よ》には、もはや還《かえ》ってはこないのである。

先に説明した兜率天《とそってん》に住む弥勒菩薩《みろくぼさつ》は、次期仏《じきぶつ》であり、一度人間界に生まれ変わった後に涅槃《ねはん》に行く。

繰り返すが、輪廻転生《りんねてんせい》は罪《つみ》の証《あかし》である。罪《つみ》（煩悩《ぼんのう》）を断《だん》じた人は、死ねばそれっきりであって、生まれ変わってはこない。生まれ変わってくるのは、罪《つみ》あればこそである。

よく、「死んで地獄《じごく》へ行く」などというが、仏教の場合は正確《せいかく》にいえば、「死んで、地獄《じごく》に生まれ変わる」といわなければならない。

「死んで神になる」という表現《ひょうげん》も、その意味は同じことである。仏教における神とは、イエスのような唯一《ゆいいつ》絶対神などではなく、天上《てんじょう》の住人《じゅうにん》である。梵天《ぼんてん》、帝釈天《たいしやくてん》……などの神も、天上《てんじょう》の住人であり、天上《てんじょう》で生活している。いわゆる天人《てんにん》も同様である。

天上《てんじょう》の神や天人《てんにん》の寿命《じゆみよう》は、地上の人間の一生とは比べものにならないくらいに長い（最短命の天人《てんにん》の寿命《じゆみよう》が九〇〇万年である）のだが、それでもやはり老衰《ろうすい》もある。天人五衰《てんにんごすい》（天人《てんにん》が命尽《つ》きんとするとき表れる五種の衰亡《すいぼう》の相《そう》）ともいうではないか。そしてその生命もやがて尽《つ》きる。天人《てんにん》、天上《てんじょう》の神も、六道輪廻《ろくどうりんね》から自由ではない。

いまは、天上《てんじょう》で限りない愉《たの》しみに耽《ふけ》っていても、来世《らいせ》は何に生まれ変わるのか。それは今生《こんじょう》までの業《ごう》による。今生《こんじょう》では、トロイのヘレンもアフロディーテ（ヴィーナス）も及《およ》ばないほどに美しい天人《てんにん》も、来世《らいせ》はドラ猫に生まれ変わるということもありうる。天上《てんじょう》から墜落《ついらく》して地獄《じごく》へ直行することもありうる。

仏教社会では、天上《てんじょう》、人間から地獄に至《いた》るまで、神、人間、犬猫、羅刹《らせつ》（地獄《じごく》の住人）に至《いた》るまで、みんなそこで生きている。このように理解《りかい》しなければならない。

ナニ？　神にも罪《つみ》があるんだって！　日本人はこう驚《おどろ》くことだろう。神でも天人《てんにん》でも、煩悩《ぼんのう》もあり罪《つみ》もある。ゆえに、仏教では、神や天人《てんにん》よりも、悟《さと》りをひらいた人のほうが上位《じょうい》にあると考える。

例《たと》えば、『法華経《ほけきょう》』の書き出しを見よ。

一切《いっさい》の如来《にょらい》・独覚《どっかく》・聖なる声聞《しょうもん》たち、過去・現在・未来の求法《ぐほう》者たちに敬礼したてまつる。

（坂本幸男、岩本裕・訳注『法華経』〈上〉岩波文庫）

ここにいう如来《にょらい》とは、仏である。独覚《どっかく》とは、仏の教えによらないで自《みずか》ら悟《さと》りを得《え》た人のことである。縁覚《えんがく》ともいう。声聞《しょうもん》とは仏の説教《せっきょう》を聞いて悟《さと》りをひらいた人である。

仏、独覚《どっかく》、声聞《しょうもん》などの、悟《さと》りをひらいた人は、釈迦《しゃか》の前では、天上の神々よりずっと格上《かくうえ》のほうに挙《あ》げられていることに注意されたい。

神々の帝王《ていおう》シャクラ（帝釈《たいしゃく》）も、四天王（増長天《ぞうちょうてん》、持国天《じこくてん》、毘沙門天《びしゃもんてん》　広目天《こうもくてん》）、世界の主である梵天《ぼんてん》（ブラフマン）……なども、ずっと後《あと》のほうに挙《あ》げられている。

天上の偉大《いだい》な神々といえども、求道《ぐどう》者であり、如来《にょらい》・独覚《どっかく》・聖《せい》なる声聞《しょうもん》たちとは違って、まだ、「……汚《けが》れもなければ、欲望《よくぼう》のわずらいもなく、自己に克《か》ち、心も理智《りち》も巧《たく》みに迷いを離れ」「諸の漏《ろう》を己《おのれ》に尽《つく》し、また煩悩《ぼんのう》もなく、己《おのれ》の利を逮得《たいとく》し、諸《しょ》の有結《ゆうけつ》を尽《つく》して、心に自在《じざい》を得たり」（同右）というところまでには至《いた》っていないのである。

つまり、天上の住民たる神々といえども、汚《けが》れもあり、利己《りこ》心もあり、煩悩《ぼんのう》もある存在《そんざい》にすぎない。ゆえに、煩悩《ぼんのう》を断《た》ち解脱《げだつ》し、悟《さと》りをひらくためには、説法《せっぽう》も聞き修行《しゅぎょう》もしなければならない。兜率天《とそってん》の弥勒菩薩《みろくぼさつ》の仕事は、神々に説法《せっぽう》をすることなのである。釈迦《しゃか》が、王舎城《おうしゃじょう》の霊鷲山《りょうじゅせん》で説教《せっきょう》をなさるのだと聞けば、神々も争《あらそ》って駆《か》けつけて、独覚《どっかく》や声聞《しょうもん》の下座《げざ》で説法《せっぽう》を聞く。

神々も天人《てんにん》も、六道輪廻《ろくどうりんね》から自由ではない。だから、天上で善果《ぜんか》を積《つ》んでおかないと、死んでから、この素晴《すば》らしい天上には生まれ変わらないかもしれない。五衰《ごすい》に哀《かな》しむ天人《てんにん》は、諸行無常《しょぎょうむじょう》は天上《てんじょう》も例外ではないと気がつく。

仏教徒には、ひたすら栄光（名誉）を追求《ついきゅう》し、嫉妬《しっと》に身をこがし、怒りくるうヤハウェは、何とも因業《いんごう》な神に見えることであろう。このような神が全知全能《ぜんちぜんのう》であることを知れば、身震《みぶる》いするに違いない。

古代インド宗教の影響

仏教では、梵天《ぼんてん》（ブラフマン）が世界を創造《そうぞう》したことになっているが、これは、バラモン教の神話を、仏教がそのまま採用《さいよう》したのである。

梵天《ぼんてん》は、大自在天《だいじざいてん》ともいい、天地を創造《そうぞう》し、維持《いじ》し、破滅《はめつ》させる。しかも、創造《そうぞう》と破滅《はめつ》を一回限りではなく限りなく繰《く》り返す。梵天《ぼんてん》は、衆生《しゅじょう》の輪廻《りんね》、存続《そんぞく》、解脱《げだつ》を成立させる（中村、前掲書）。

仏教は、古代《こだい》インドの諸宗教のなかでも独特なものであり、独自《どくじ》の発展《はってん》を遂《と》げたのではあるが、他宗教の思想《しそう》もふんだんに取り入れられ、とくに、文学、説話《せつわ》等においてその影響《えいきょう》は大きい。仏教は、もともと、「釈迦《しゃか》は全知《ぜんち》であるから、よい教えは他宗教のものであっても仏説《ぶっせつ》として取り入れてもよい」という態度《たいど》であった（宇井、前掲書）。つまり、仏教哲学は他宗教の哲学と根本的に異《こと》なるが、他宗教のよいアイディアを摂取《せっしゅ》する方針《ほうしん》を採《と》っていた。

いまに至《いた》るまで三千年ものあいだインド民衆《みんしゅう》の心をとらえてきたのはバラモン教である。バラモン教とは狭義《きょうぎ》にはヒンドゥー教の前段階《ぜんだんかい》ととらえられているが、広義《こうぎ》にはそれをも含《ふく》んだインド民族宗教を指《さ》している。バラモン教の根本となる聖典《せいてん》をヴェーダ（Veda）という。

バラモン（brahman）とはバラモン教の司祭者階級《しさいかいきゅう》である。さかんに呪術《じゅじゅつ》を行《おこな》って民衆《みんしゅう》に人気があり、つねに社会勢力《せいりょく》を保持《ほじ》していた。インドにおいて仏教は、いわば原始《げんし》宗教の一種であるバラモン教を駆逐《くちく》できず、逆に絶滅《ぜつめつ》させられてしまった。

バラモン教は仏教とはずいぶん違う。が、仏教に対する影響《えいきょう》は少ないものでなかった。ヴェーダの神々は、イスラエルのヤハウェとは違って、恐《おそ》ろしい神ではなかった。神は恩恵《おんけい》をふんだんに民衆《みんしゅう》に与《あた》え、露骨《ろこつ》な現世《げんせ》的欲望《よくぼう》も割合《わりあい》に容易《ようい》に叶《かな》えてくれた。

ヴェーダの神々は、このような現世《げんせ》的欲望《よくぼう》を豊《ゆた》かに叶《かな》えてくれる神である。豊穣《ほうじょう》な土壌《どじょう》に当時としては豊《ゆた》かな経済を築《きず》いたインドでは、砂漠《さばく》の民イスラエルとは違って、神から容易《ようい》に豊《ゆた》かな恵《めぐ》みを受けることは、信じ易《やす》かったのであろう。

ヴェーダの神々は、峻厳《しゅんげん》なヤハウェとは違って、戦《たたか》いの神ではなく、現世《げんせ》的欲望《よくぼう》を満《み》たしてくれる神であった。この点に関《かん》する限《かぎ》り、むしろ、古代《こだい》シリア・パレスチナの豊穣神《ほうじょうしん》、バアル神に近いのではないか。

バラモンは、祭司《さいし》であり、祭祀《さいし》を執《と》り行《おこな》う。しかもバラモン教の祭祀《さいし》は、ユダヤ教とは違い、単《たん》に神へのとりなしではなく不思議《ふしぎ》な霊力《れいりょく》を持つと考える。すなわち、「人々が正式の祭祀《さいし》の法則《ほうそく》に従って神々に祈願《きがん》するならば、神々は、それを欲《ほっ》すると否《いな》とに拘《かかわ》らず、必ず人々に恩恵《おんけい》を与《あた》えなければならぬのである」（中村、前掲書）。

バラモンは、神を強制《きょうせい》する方法を知っているという驚《おどろ》くべき特性《とくせい》を持っており、ユダヤ教、キリスト教とはまるで違っているうえに、仏教にもこの考え方は流れ込《こ》まなかった。それであればこそ、ユダヤ教・キリスト教、他方において、仏教を理解《りかい》するための格好《かっこう》の補助線《ほじょせん》になる。

「祭祀《さいし》（まつり）によって神を強制《きょうせい》する」とは、啓典《けいてん》宗教（ユダヤ教、キリスト教、イスラム教）にはあってはならないアイディアである。ユダヤ教は、早期にこの思想《しそう》を追放することに成功した

（ヴェーバー、内田訳、前掲書）。神以前に厳然《げんぜん》たる法則《ほうそく》があって、神といえども、この法を動かすことはできないという「法前神後《ほうぜんしんご》」の前提《ぜんてい》からこの思想《しそう》はでてくる。

ヴェーダ聖典《せいてん》の規定《きてい》どおりに祭祀《さいし》を挙行《きょこう》さえすれば、神々はルールにしたがって人間に恵《めぐ》みを与えなければならない。この際《さい》、信仰《しんこう》は問題とされない！

ヴェーダ聖典《せいてん》に記《しる》されているその祭祀《さいし》の法《ほう》は、神々よりも優位《ゆうい》に立っているということで、呪力《じゅりょく》によって神々をも駆使《くし》できるのである。

梵天《ぼんてん》は呪力《じゅりょく》によって天地（全宇宙）を創造《そうぞう》した最高神であり、すべての摂理《せつり》を司《つかさど》る。一神教《いっしんきょう》思想《し》が強調《そうきょうちょう》されているが、啓典《けいてん》宗教の一神《いっしん》とは違う。絶対者とはいえないのである。

梵天《ぼんてん》をヤハウェと比較《ひかく》することによって、啓典《けいてん》宗教における絶対神とはどういうものか、そこのところが明《あき》らかとなってくる。

実は、ヤハウェも、いきなり絶対的唯一《ゆいいつ》神に成《な》り上がったのではなかった。

古代《こだい》宗教は多神教《たしんきょう》である。エジプト王イクナートン（エジプト第一八王朝第一〇代の王、アメンーホテップ四世。在位前一三六七頃～一三四六頃）の宗教改革《かいかく》が生んだ太陽神アモン・ラーも唯一《ゆいいつ》神というには、あまりにも雑多《ざった》なものを残していた。

ヤハウェは、まことに独特《どくとく》な神であった。

「聞けイスラエルよ、われわれの神、ヤハウェは唯一《ゆいいつ》の者である」（「申命記《しんめいき》」第六章　四）と高らかに宣言している。すでに十戒《じっかい》のトップは、「汝《なんじ》らは私のほかに他の神々をもってはならない」

(「出《しゅつ》エジプト記」第二〇章 三、「申命記《しんめいき》」第五章 七)であったではないか。これが、イスラエル宗教の根本であり、律法《りっぽう》の第一でもある。

イスラエルの宗教では、ヤハウェ以外のいかなる神をも礼拝《れいはい》してはならない、と定《さだ》められていた。

しかし、初めは、他の神々の存在《そんざい》が、はっきりと否定《ひてい》されているわけではない。

そして、「他の神々は、ずっと劣《おと》った神である。あるいは無力《むりょく》である」という主張《しゅちょう》が、次第《しだい》に強くなっていった。

他の神々の存在《そんざい》、神としての権威《けんい》が完全に否定《ひてい》されたのは、第二イザヤにおいてである。ヤハウェは、他の神々に対して、「見よ、汝《なんじ》らは無《む》、汝《なんじ》らの業《わざ》はむなしい」(「イザヤ書」第四一章 二四)と宣言し、唯一《ゆいいつ》の真《しん》の神と主張《しゅちょう》した。

ここにおいて、ユダヤ教は、他の神々の存在《そんざい》を一切排除《いっさいはいじょ》する唯一神《ゆいいっしん》教として完成したのであった。

ヤハウェは、絶対的唯一神《ゆいいっしん》で人格神《じんかくしん》である。人格神《じんかくしん》であるから心理《しんり》を持つ。ねたみもするし、熱心《ねっしん》にもなる。ヤハウェは煩悩《ぼんのう》をはっきりと持つ生きている神なのである(八一頁参照)。

キリスト教は、ここから出発する。

キリスト教では、罪《つみ》が死の原因である。

これとまさに対蹠《たいせき》的に、仏教では罪《つみ》が生の原因である。

人間の始祖《しそ》アダムが神の命令にそむいて智慧《ちえ》の木の実を食べたので原罪《げんざい》が発生《はっせい》し、これがアダムの子孫たる人類が死ぬことの原因となった。ゆえに、罪《つみ》が消《き》えれば死も消える。

イエス・キリストが十字架《じゅうじか》上で人類の罪《つみ》を贖《あがな》いたもうた。キリストの贖罪《しょくざい》によって人類の罪《つみ》は消えた。人類は、永遠《えいえん》の生命《せいめい》を恢復《かいふく》したのであった。

キリスト教の救いは生《せい》である。救われた者は「神の国」で永遠《えいえん》の生命《せいめい》を得《え》る。救われなかった者は、永遠《えいえん》の死である。それに対し、仏教の救いは「死んで無《む》になる」という永遠の死である。死に変わり生まれ変わる六道《ろくどう》のどこにもない、涅槃《ねはん》に入ることなのである。

「死ねば無《む》になる」という無宗教者のような台詞《せりふ》が、実は仏教の大きなテーマであることがおわかりいただけたろうか。解脱《げだつ》して、「死んで無《む》になる」ことは、仏教では実に容易《ようい》なことではないのである。

なぜ「空」は理解しにくいか

煩悩《ぼんのう》を去《さ》り、悟《さと》りをひらき、涅槃《ねはん》に赴《おもむ》くことが、仏教の究極《きゅうきょく》の目標《もくひょう》である。

そして、空《くう》を悟《さと》ることが本当の悟《さと》りであり、仏教理解《りかい》の極意皆伝《ごくいかいでん》である。

曰《いわ》く、ある高僧《こうそう》は、面壁十年坐禅《めんぺきじゅうねんざぜん》しても、どうしても空《くう》がわからない。絶望《ぜつぼう》して自殺しようと高い崖《がけ》から身《み》を投《な》げて中ほどにさしかかったときに豁然《かつぜん》として空《くう》を悟《さと》った。しまった、もう遅《おそ》い、と思ったとき、梵天《ぼんてん》が現《あらわ》れて彼を救い、地上に返してやった。

また曰《いわ》く、大哲学者・無著《アサンガ》は苦心惨憺《くしんさんたん》して研究したがどうしても空《くう》がわからなかった。これを見て気をもんだ弥勒菩薩《みろくぼさつ》が、兜率天《とそつてん》から出張《しゅっちょう》して特訓《とっくん》してやったのでようやく無著《アサンガ》は空《くう》を理解《りかい》して、「空論《くう》」の大家《たいか》となった。

空《くう》に関しては、こんなストーリーがゴマンとある。

空《くう》は、高僧《こうそう》や大哲学者でさえ、なかなか理解困難《りかいこんなん》なのであり、空《くう》がわかれば、すぐさま仏様《ほとけ》になれるとまでいわれている。

それにしても、何百億《おく》年はかけられない。何《なに》か空《くう》の「早わかり」はないか。スピーディーな解説《かいせつ》書《しょ》はないか。アンチョコはないか。

よくいわれる一つは、「般若心経《はんにゃしんぎょう》」である。

わずか二六六文字のなかに仏教の真理《しんり》が込《こ》められている、ということになっている。「般若心経《はんにゃしんぎょう》」には立派《りっぱ》な翻訳《ほんやく》もある。解説書《かいせつしょ》も多い。それなのに、百万回唱《とな》えればわかるとか、一万回筆写《ひっしゃ》すれば功徳《くどく》がある、などの企画《きかく》があとをたたない。『福音書《ふくいんしょ》』や『コーラン』には、こんな企画《きかく》は考えられない。「空《くう》」についての翻訳《ほんやく》や解説書《かいせつしょ》を読んだからとて、何だか、わかったようなわからないような、そんな気になるにすぎないということではないのか。

「般若心経《はんにゃしんぎょう》」の中心は、「色即是空《しきそくぜくう》　空即是色《くうそくぜしき》」という、よく知られた一句《いっく》である。意味は、はっきりしている。色《しき》（物質的現象《ぶっしつてきげんしょう》）は空《くう》であり、すべての色《しき》は空《くう》から生《しょう》ずる。

ナーガールジュナ

六道輪廻《ろくどうりんね》を表した
チベットの曼陀羅《まんだら》

「ジャータカ」の〝捨身飼虎《しやしんしこ》〟を描いた敦煌《とんこう》の壁画

やはり、わかったようで、何《なん》だか、さっぱりわからない。

ある人は、「色即是空《しきそくぜくう》　空即是色《くうそくぜしき》」を、〝The color is the sky, the sky is the color〟と英訳したそうな。この英訳《えいやく》は日本人のあいだで人気を呼んだ。この人口に膾炙《かいしゃ》した一句《いっく》は、どうせわかりはしないのだから、こんなところでよかろう、ということか。

二六六文字を暗記《あんき》して、たいそうな功徳《くどく》が生《しょう》じたところで、わからないものはわからない。

空《くう》の解説書《かいせつしょ》として評価《ひょうか》が高いもう一つは、「維摩経《ゆいまぎょう》」である。維摩《ゆいま》が主人公《しゅじんこう》であるこのお経《きょう》は、全巻空《くう》の思想《しそう》で貫《つらぬ》かれており、昔《むかし》から、日本人にも中国人にも、一番人気のあるお経《きょう》の一つであった。

「般若心経《はんにゃしんぎょう》」とは違って、こちらのほうは何《なに》が書いてあるのかわからないということはない。ストーリーはわかるから、おもしろい読み物として読むならすぐにもわかる。しかし、どこがどう空《くう》の解説《かいせつ》かというと、そこは読者の読み方次第《しだい》にかかっている。例《たと》えば、アウグスティヌスの『告白《こくはく》』みたいなものだと思うとよい。ルソーの『告白《こくはく》』の手本《てほん》となり、昔からいまに至《いた》るまで人気が絶《た》えたことはないこの書物は、彼のキリスト教思想《しそう》の解説書《かいせつしょ》でもある。キリスト教思想《しそう》をどこまで深《ふか》く読みとれるかは、読者次第《しだい》である。誰《だれ》が読んでもほとんど同じに読める数学書《すうがくしょ》や自然科学書《しぜんかがくしょ》とは違うのである。

空《くう》が、何故《なぜ》、日本人には理解《りかい》されにくいか。その理由から考えはじめよう。

一つには、「論理《ろんり》」である。

日本人は、昔から論理《ろんり》が苦手《にがて》であった。日本人は論争嫌《ろんそうぎら》いだから、論理学《ろんりがく》が発達《はったつ》しようがないのである。中国人や韓国人《かんこく》、朝鮮人《ちょうせん》に接《せっ》して感《かん》ずることは、何《なん》と論争《ろんそう》が好きなんだろう、ということである。何《なに》かというとすぐ論争《ろんそう》を始《はじ》める。理屈《りくつ》好きなのである。

例《たと》えば喧嘩《けんか》がある。

彼らの喧嘩《けんか》は大論争《ろんそう》から始まる。相手《あいて》がどんなに悪いことをしたか、自分が如何《いか》に正しいかを、大声でさんざんまくしたてる。啖呵《たんか》なんていうものではない。一大宣言《いちだいせんげん》である。それがどんなに大喧嘩《げんか》に発展《はってん》するのかと思いきや、喧嘩《けんか》の本番《ほんばん》、殴《なぐ》り合いはナシなんていうことも珍《めずら》しくない。

そんな中国人や韓国《かんこく》人らと違って、日本人は「喧嘩《けんか》」といえば、取《と》っ組《く》み合《あ》いか殴《なぐ》り合い、つまり暴力行使《ぼうりょくこうし》である。口喧嘩《くちげんか》は、まだまだ喧嘩《けんか》のうちに入らないとさえ思っている。喧嘩《けんか》を一例《いちれい》にとったが、戦争《せんそう》でも政治《せいじ》でも経済《けいざい》でも、中国などでは、自分の主張《しゅちょう》を述《の》べることが重視《じゅうし》されており、宗教もまた例外《れいがい》ではない。

しかし、日本に比《くら》べれば遥《はる》かに発達《はったつ》していた中国の論理学《ろんりがく》も、インドに比《くら》べれば比較《ひかく》を絶《ぜっ》して劣《おと》っていたのである。

中国とインドとは、古代《こだい》東洋において、最高文化の双璧《そうへき》であったが、哲学、宗教に関《かん》する限《かぎ》り、インドは圧倒的《あっとうてき》に中国を陵駕《りょうが》していた。そしてインド論理学《ろんりがく》のレベルは、西洋文明、科学の源《みなもと》となったギリシャ論理学《ろんりがく》と肩《かた》を並べるほどの完成度を誇《ほこ》っていたのである。

ギリシャにおいて成立《せいりつ》した、アリストテレス（前三八四〜三二二）の形式論理学《けいしきろんりがく》は、これこそ完成された論理学《ろんりがく》であると、二〇〇〇年の間、揺《ゆ》るがぬ絶対性を誇《ほこ》っていた。世界最初の完全理論《りろん》（complete theory）として長く学問の手本《てほん》となったユークリッドの「幾何学原論《きかがくげんろん》」は、アリストテレスの形式論理学《けいしきろんりがく》のみを用《もち》いて公理《こうり》から諸定理《しょていり》を導《みちび》きだしている。形式論理学《けいしきろんりがく》が記号論理学《きごうろんりがく》（symbolic logic　集合論的論理学《しゅうごうろんてきろんりがく》）によって克服《こくふく》されたのは、ドイツの数学者・ヒルベルト（一八六二〜一九四三）によってである。

二〇〇〇年にもわたり完成された論理学《ろんりがく》として世界を支配《しはい》し続けてきた、このアリストテレスの形式論理学《けいしきろんりがく》を、空《くう》の理論家《りろんか》・ナーガールジュナ（龍樹《りゅうじゅ》。一五〇頃〜二五〇頃）は真《ま》っ向《こう》から否定《ひてい》したのである。

これは、実に驚《おどろ》くべきことといわずばなるまい。

空観《くうがん》（空《くう》の理論《りろん》）は、形式論理学《けいしきろんりがく》を否定《ひてい》した一種の超論理学《ちょうろんりがく》を使っている。このことが、空《くう》の理《り》解《かい》を途方《とほう》もなく困難《こんなん》にした。このことは、ユークリッド幾何学《きかがく》に比《くら》べて、非《ひ》ユークリッド幾何学《きかがく》の出現・理解《りかい》がはるかに困難《こんなん》であったことを思いだしただけで思《おも》い半《なか》ばにすぎよう。

空《くう》という文字に「から」という読みを持つ日本では、しばしば「無《む》」と混同《こんどう》され用《もち》いられた。インドでも中国でも、空《くう》は、なかなか理解《りかい》されず、空《くう》は虚無《きょむ》と同一視《どういっし》され、空観《くうがん》を信奉《しんぽう》する人はニヒリストと混同《こんどう》された。

こんな話がある。

日本へやって来たキリスト教の宣教師《せんきょうし》が、仏教僧《そう》が仏像に礼拝《らいはい》しているのを見て、昂然《こうぜん》としていった。

「仏像なぞ塵芥《ちりあくた》にすぎないではないか」

仏僧は悠然《ゆうぜん》として答えて曰《い》った。

「仏《ほとけ》もまた然《しか》り（仏様《ほとけ》だって、やはり塵芥《ちりあくた》にすぎません）」

宣教師《せんきょうし》はキリスト教徒だから、頭から、偶像崇拝《ぐうぞうすうはい》は悪いと決め込んでいる。

ところがこの仏僧は、仏像だけでなくて仏自身《じしん》も塵芥《ちりあくた》にすぎないと一喝《いっかつ》を喰《く》わせたのである。

「神はあるか」と問われれば、形式論理学《けいしきろんりがく》で答えれば、「ある」と「ない（あるのではない）」の二つしかない。

「神はある」と答えなければキリスト教やイスラム教の宗教の信者《しんじゃ》にはなれない。「神はない」と答えれば無神論者《むしんろんじゃ》になってしまう。

しかし、仏教徒はこうは考えない。

「仏はない」「仏なんかあるものか」「仏なんか塵芥《ちりあくた》にすぎない」と答えても、立派《りっぱ》に仏教徒でありうる。

「仏はある」「仏はない」「仏はある、と同時に、ない」「仏はある、のでもなければ、ない、のでもない」

形式論理学《けいしきろんりがく》であれば、右の四つの命題（文章）のうち、成立するのは一つだけである。そのとき、他の三つの命題《めいだい》は成立《せいりつ》しない。

が、形式論理学《けいしきろんりがく》を否定《ひてい》すれば、そうともいえない。右の四つの命題《めいだい》のうち、二つ以上が成立《せいりつ》することもありうる。

このように、形式論理学《けいしきろんりがく》を否定《ひてい》しているがゆえに、空《くう》の理解《りかい》は困難《こんなん》をきわめるのだ。

「空」と「無」はどう違うか

まず、空《くう》と無《む》は違うということを説明する。

正解を先にいえば、無《む》というのは有《ゆう》に対立《たいりつ》する概念《がいねん》であるのに対し、空《くう》はその両者《りょうしゃ》を超《こ》えた概《がい》念《ねん》である。すなわち、空《くう》は有《ゆう》でもなければ無《む》でもない。と同時に有《ゆう》であり無《む》である。また、有《ゆう》と無《む》以外のものでもある。形式論理学《けいしきろんりがく》でいえば全《まった》くありえないこの論理《ろんり》が、仏教の最《もっと》も大切、重大《じゅうだい》な論理《ろんり》なのである。

空《くう》の役割《やくわり》を、中村元《はじめ》博士はその著書《ちょしょ》で次《つぎ》のように解説している。

……空観《くうがん》はしばしば誤解されるようにあらゆる事象を否定したり、空虚なものであると見なして無視するものではなくて、実はあらゆる事象を建設し成立させるものである。『中論』によれば、

『空が適合するものに対しては、あらゆるものが適合する。
空が適合しないものに対しては、あらゆるものが適合しない』（『中論』二四・一四）

という。ナーガールジュナの著『異論の排斥』においても、

『この空性の成立する人にとっては、一切のものが成立する。
空性の成立しない人にとっては、何ものも成立しない』

といって同趣旨の思想をいだいている。漢訳では、

『もし人が空を信ぜば、かの人は一切を信ず。もし人が空を信ぜざれば、かれは一切を信ぜず』

と訳しているが、けだし適切であろう。すなわち一切皆空であるがゆえに一切が成立しているのであり、もしも一切が不空であり実有であるならば一切は成立し得ないではないか、というのである。（中村元『空の原理』中村元選集　第二二巻　春秋社）

ここに引用《いんよう》されている「中論《ちゅうろん》」とは、ナーガールジュナが著《あらわ》した、インド大乗仏教《だいじょうぶっきょう》中観派《ちゅうがんは》の根本典籍《てんせき》で、最《もっと》も完成された空《くう》の解説書《かいせつしょ》とされている。

これを一読《いちどく》すれば明《あき》らかなように、「一切《いっさい》が空《くう》であるがゆえに、一切《いっさい》が成立《せいりつ》している」というほどの大事な理論《りろん》なのである。

庵を結ぶ

空《くう》を理解《りかい》するうえで、中村元《はじめ》博士の貢献《こうけん》は瞠目《どうもく》に値《あたい》する。これによって、空《くう》は、我々《われわれ》に、ぐっと身近《みぢか》になった。中村博士は、記号論理学《ろんりがく》によって空《くう》の論理《ろんり》を表《あらわ》し、西洋哲学を例に引いて説明した。このようにして、難解至極《なんかいしごく》であった空《くう》の論理《ろんり》は、初めて現代人に明白《めいはく》となった。

とはいっても、逆に記号論理学《ろんりがく》にアレルギーを起《お》こす人もいないこともない。西洋哲学もすべての人によく知られているわけでもあるまい。ここでは、記号論理学《ろんりがく》、超論理学的《ちょうろんりがくてき》説明は後回しにして、日常言語を使って話を進めよう。

この世《よ》に存在《そんざい》するものはすべて実体《じったい》はない。すべて因縁《いんねん》によって存在《そんざい》するようになったものである。これが空《くう》である——といわれても、まださっぱりわかるまい。「色即是空《しきそくぜくう》 空即是色《くうそくぜしき》」(この世界の森羅万象《しんらばんしょう》は空《くう》である。しかも、空《くう》から森羅万象《しんらばんしょう》が発生《はっせい》する)と、いきなりいわれるのと、あまり変わらないであろう。

単純《たんじゅん》に受け取る者からすれば、「この世《よ》に存在《そんざい》するものはすべて無《む》である」ということになってしまう。譬《たと》え話でいっているのではなく、本気でこんなことをいいたてる者、すなわち、「空論者《くうろんしゃ》」(空観《くうがん》を主張《しゅちょう》する者)はニヒリストだと批判《ひはん》されたのは、この理由による。

中国でも、空《くう》は、老荘《ろうそう》思想における「無《む》」と同じ意味であると思われた。そのためか、老子がインドへ行って釈迦《しゃか》になったという説まで唱《とな》えられたほどである。

空論《くうろん》の主唱者《プロタゴニスト》、ナーガールジュナはこの誤解《ごかい》を解《と》かなければならなかった。空《くう》の理論《りろん》を「空観《くうがん》」と呼《よ》ぶが、ナーガールジュナはこれを基礎《きそ》づけた。彼は多くの著書《ちょしょ》を残しているが、代表的著作《だいひょうちょさく》が、先に挙《あ》げた「中論《ちゅうろん》」である。これをもって、彼の学派《がくは》を中観派《ちゅうがんは》という。ヨーロッパの学者も、中観派《ちゅうがんは》を、虚無主義《きょむしゅぎ》・否定主義《ひていしゅぎ》などと評している（中村、前掲書）。さらに、幻影説《げんえいせつ》（docetism）と決めつける人さえいるほどである。

他宗教からの攻撃《こうげき》だけではない。攻撃《こうげき》の砲火《ほうか》は、仏教内部からも集中《しゅうちゅう》してきた。

仏教には大きく分けて、大乗《だいじょう》仏教、小乗《しょうじょう》仏教の二派がある。両者の一番大きな違いを端的《たんてき》にいうと、自分が悟《さと》りを得ることのみを目的にするのが小乗《しょうじょう》仏教で、その悟《さと》りを広めて人々を救うところまで視野《しや》に入れているのが大乗《だいじょう》仏教といえる。

仏教は基本的に個人救済《きゅうさい》の宗教であり、もっといえば本来《ほんらい》、他人のことなどどうでもよく、自身の救済《きゅうさい》のみを目指《めざ》している。釈迦《しゃか》の出家動機《しゅっけどうき》は老病苦死《ろうびょうくし》などの苦しみを如何《いか》に解明《かいめい》し、自《みずか》ら悟《さと》りをひらくためであった。世の人を救おうと思ったのでも、仏から命令されたのでもない。悟《さと》りの境地《きょうち》に至《いた》り、そのまま入滅《にゅうめつ》しようとしたところを、地上の王たる梵天《ぼんてん》の願いにより、それを聞き入れ鹿野苑《ろくやおん》で最初の説教《せっきょう》をしたにすぎない。本来やる必要のない、他の衆生《しゅじょう》も救うことに協力しようという釈迦《しゃか》のこの行動を、仏の慈悲《じひ》、と呼ぶのである。

日本に伝《つた》わっているのは大乗《だいじょう》仏教であるため、日本では、世《よ》を救うことを求めず、自《みずか》らの哲学の研鑽《けんさん》に打ち込み、自分だけが救われることを目的にした小乗仏教《しようじようきよう》を軽視《けいし》し、攻撃した。

宗教の優劣《ゆうれつ》は着眼点《ちやくがんてん》により異《こと》なるのでどちらが上下ということはないが、この性格のゆえに小乗《しよう》仏教は驚《おどろ》くほど緻密《ちみつ》な学問体系《たいけい》を作り上げ、早くに説一切有部《せついっさいうぶ》なる、優《すぐ》れた学派《がくは》も生んだ。

この説一切有部《せついっさいうぶ》（略して「有部《うぶ》」という）や、同じく有力な学派である経量部《きようりようぶ》は、「中観派《ちゆうがんは》は、途方《とほう》もない異端《いたん》であると攻撃した」（同右）。

そればかりか、同じ大乗《だいじよう》である喩伽行派《ゆがぎよう》、とくに後期《こうき》の喩伽行派《ゆがぎよう》からも、「ひとつの極端《きよくたん》に固執《こしゆう》する極端説《きよくたん》である」として批判を受けた。

「中論《ちゆうろん》」は、「すべては無《む》である」といっているのではない。「有《ゆう》」とともに「無《む》」をも否定《ひてい》しているのである。アリストテレス以来の実在論《じつざいろん》によれば、有《ゆう》か無《む》かどちらかである。有《ゆう》でなければ無《む》、無《む》でなければ有《ゆう》である。ところがナーガールジュナを始祖《しそ》とする仏教の論理《ろんり》はそうは考えない。

江戸前期《えどぜんき》の臨済《りんざい》僧である至道無難《しどうぶなん》（一六〇三〜七六）の「草木国土、悉皆成仏」（『仮名法語』）に、

草木も　国土もさらに　なかりけり　ほとけといふも　なおなかりける

という歌がある。

祖師《そし》の一人である仏教僧《そう》が、空《くう》を説明して人を教え導《みちび》くために、「仏《ほとけ》はいない」と公然《こうぜん》と曰《い》って

いるのである。

破天荒《はてんこう》の秀才《しゅうさい》といわれた法然《ほうねん》（浄土宗《じょうどしゅう》の開祖《かいそ》。一一三三〜一二一二）は、どんなに仏法《ぶっぽう》を学んでもどうしても納得《なっとく》することができず、栄西《ようさい》（臨済宗《りんざいしゅう》の開祖《かいそ》。一一四一〜一二一五）に仏について質問した。栄西《ようさい》答えて曰《いわ》く。「仏《ほとけ》などいない。いるのは狸《たぬき》と狐《きつね》ばかりである」。

「仏教徒が無仏論者《むぶつろんしゃ》である」とは、キリスト教徒にとっては、摩訶不思議《まかふしぎ》なことであるかもしれない。キリスト教もヘレニズム世界を通過《つうか》したときにギリシャ思想《しそう》の洗礼《せんれい》を受けており、アリストテレスの実在論《じつざいろん》を、根強《ねづよ》く受《う》け継《つ》いでいるのである。だからどうしても、「無《む》」であれば「有《ゆう》」ではないと考えてしまう。しかし、実在論《じつざいろん》を否定《ひてい》し、形式論理学《けいしきろんりがく》を超えるナーガールジュナの論法《ろんぽう》を用《もち》いる仏教徒は、「無《む》」であると同時《どうじ》に、「有《ゆう》」であっても、一向《いっこう》に平然《へいぜん》としていられる。「仏《ほとけ》なんかない」といったそばから、仏様《ほとけ》を肯定《こうてい》し仏様《ほとけ》に礼拝《らいはい》し、仏像をつくってこれにもまた礼拝《らいはい》しても矛盾《むじゅん》など少しも感じなければ、悩《なや》みもしない。

一切《いっさい》は、空《くう》であるからである。

空《くう》は、有《ゆう》でもなければ無《む》でもない。有《ゆう》と無《む》とを超えて、統合《とうごう》したところにある。

では、どのように統合《とうごう》したのか。

『愚管抄《ぐかんしょう》』の著者として知られている慈円《じえん》（一一五五〜一二二五）の歌がある。

ひきよせて　むすべば柴《しば》の　庵《いおり》にて　とくればもとの　野はらなりけり

ここに「空《くう》」があるといっている。

「庵《いおり》」とは、草木《くさき》を結《むす》ぶなどして作った質素《しっそ》な小屋のことで、僧《そう》や世捨《よす》て人などが仮《かり》ずまいとしたものである。庵《いおり》は「建築する」とはいわず、「結《むす》ぶ」といった。

そこらへんにある柴《しば》をかきよせて結《むす》んで作ったから庵《いおり》になる。もし、結《むす》び目を解《と》いてしまえば、そこには何もない。

この歌は、明快《めいかい》に「空《くう》」を説明している。

庵《いおり》は、あるのか、ないのか。

柴《しば》を結《むす》べば庵《いおり》はある。結《むす》び目を解《と》けば庵《いおり》はない。

したがって、庵《いおり》は、あるともいえるし、ないともいえる。

それと同時に、あるともいえないし、ないともいえない。

庵《いおり》の存在《そんざい》、有無《うむ》は、「結《むす》び」にかかっている。

結《むす》べは庵《いおり》はあるし、結《むす》ぶまではなかった。結《むす》びを解《と》けば、庵《いおり》はなくなる。

これぞ、空《くう》である。

空《くう》は、たしかに無《む》である。しかし、それと同時に有《ゆう》でもある。

すべての実在《じつざい》は空《くう》である。庵《いおり》などという実在《じつざい》は、もともと存在《そんざい》しなかった。が、空《くう》（非実在《ひじつざい》）は、実在《じつざい》を生みだす。結《むす》びさえすれば、たちまち庵《いおり》ができる。庵《いおり》は実在《じつざい》となるのである。空《くう》から、すべての実在《じつざい》は出現《しゅつげん》する。

この例《れい》によって、「庵《いおり》という実在《じつざい》はない」ということが了解《りょうかい》されよう。「結《むす》ぶ」ことがなければ、庵《いおり》は存在《そんざい》しない。無《む》である。柴《しば》を「結《むす》ぶ」ことにより、庵《いおり》は有《ゆう》に変換《へんかん》される。「空即是色《くうそくぜしき》」である。が、「結《むす》び」を解《と》けば、庵《いおり》はなくなる。有《ゆう》は無《む》に変換《へんかん》される。「色即是《しきそくぜ》空《くう》」である。

有《ゆう》でもなければ無《む》でもない。それと同時に、有《ゆう》でもあり無《む》でもある。有《ゆう》と無《む》とを超《こ》えて、これらを統合《とうごう》している。「有《ゆう》」と「無《む》」とは、「結《むす》ぶ」ことによって、たちまち自由に変換《へんかん》されるのである。

唯識とファンダメンタリズム

人間の「識《しき》」の外《ほか》にはなにものも実在《じつざい》しない。実在《じつざい》するとするのは妄想《もうそう》にすぎない。この妄想《もうそう》をうち破ることから始めなければならない。

これが、仏教原論としての唯識《ゆいしき》のエッセンスである。

圧縮《あっしゅく》しつくせばこの一言《ひとこと》で表現できるのだが、仏教の教科書における唯識《ゆいしき》論はそれほど単純ではない。「唯識《ゆいしき》三年」といわれるほどで、学習だけで三年はかかる。世の人々が理解《りかい》するまでにはずいぶんの時間を要するとされているフロイトの精神分析学よりこみいっているのだから、その困難《こんなん》さは窺《うかが》いしれよう。

しかし、絶好の譬《たと》え話がある。それは、キリスト教の項で説明したファンダメンタリズムとの比喩《ひゆ》である。

クリスチャン・サイエンスの祖、メアリー・ベイカー・エディはすでにファンダメンタリストとして紹介したが（一六八頁参照）、その教義は、「実在《じつざい》するものは神だけである」を根本とし、そこから次なる命題を導いた。

「唯一実在《ゆいいつじつざい》する神は善である。悪は実在《じつざい》しない。したがって病気や老衰《ろうすい》や苦痛は実在《じつざい》しない」

「病気や老衰《ろうすい》や苦痛が実在《じつざい》すると思うのは、人間の妄想《もうそう》にすぎない」

「ゆえに、妄想《もうそう》にすぎないことに気づけば、これらは即座《そくざ》に消える」

これが、メアリー・ベイカー・エディの理論であり、「汝《なんじ》の信仰《しんこう》、汝《なんじ》を癒《いや》せり」の一言《ひとこと》で重病人を救ってきた彼女の基盤である。

彼女は、イエスが贖罪死《しょくざいし》を遂《と》げたのだから、人間が死ぬことはなくなった、とも確信していた。そして、事実、永遠に生きるつもりでいたのだが、九〇歳でその生涯を閉じた。彼女の死は信者に大ショックを与え、四散《しさん》する者も出たが、いまだに彼女の復活を信じている信者も少なくない。

前章でも紹介したストーリーだが、このクリスチャン・サイエンスほど、人間の内なる心（精神）と外なる行動（肉体）との関係を明示する例は他にないし、仏教の唯識《ゆいしき》を理解するための比喩《ひゆ》としても最適《さいてき》である。

「病気、老衰《ろうすい》、苦痛が妄想《もうそう》にすぎないことを自覚すれば、それらはすぐ消える」、すなわち、実在《じつざい》論（人間の外にものが実在《じつざい》するとする説）は妄想《もうそう》にすぎないと自覚すれば、実在《じつざい》は消える。つまり、「欲望は実在《じつざい》しない。それは妄想《もうそう》にすぎない」ことを自覚すれば、一切《いっさい》の煩悩《ぼんのう》は消え、解脱《げだつ》して「涅槃《ねはん》」に入る。

唯識《ゆいしき》の仏教における効用は覿面《てきめん》なものがある。だが、ファンダメンタリストとは違って、刹那《せつな》にして「ものが実在《じつざい》すると思うことは妄想《もうそう》にすぎない」と、思考を転換《てんかん》することは困難《こんなん》である。この妄想《もうそう》を払うために、仏教ではヨーガなどによる長年の修行《しゅぎょう》を続けるのである。

唯識《ゆいしき》は深い哲学に根ざし、精神分析学にも勝《まさ》る理論体系を持っている。日本人は古来《こらい》、哲学は苦手《にがて》で、理論は嫌《きら》いである。その日本人が、唯識《ゆいしき》を、そして空《くう》をどう体得《たいとく》していたかを次に見る。

日本で「空」はどう受け入れられたか

露《つゆ》と落ち　露《つゆ》と消えぬる　わが身かな　浪華《なにわ》のことは　夢のまた夢

空《くう》という思想は、インドでも誤解《ごかい》され続けていたことは前にも述《の》べた。唯物論《ゆいぶつろん》かニヒリズムという誤解は、インドばかりでなく日本にもある。日本人は哲学音痴《おんち》のゆえに仏教を簡単《かんたん》に受け入れ、自分らのいいように変容《へんよう》させ吸収《きゅうしゅう》させてきたのだが、その中で、空《くう》の思想《しそう》を深く悟《さと》った人も何人か出てきている。ところがその理解《りかい》は、研究書や論文という類《たぐい》ではなく、和歌などに数多く表れているのだ。

冒頭《ぼうとう》に挙《あ》げたのは、世《よ》に名高《なだか》い、豊臣秀吉《とよとみひでよし》の辞世《じせい》の句である。これなどは、空《くう》と唯識《ゆいしき》について大変深い理解をしている句《く》だ。

夢とは実在《じつざい》ではないが、夢を見ているときには確《たし》かに存在《そんざい》していると思っている。虎に襲《おそ》われた夢を見たとしよう。大概《たいがい》の人は、「夢なんだから喰《く》われてしまえ」などとは思わず必死《ひっし》になって逃げるものだ。この夢とは何《なに》か、という思考法《しこうほう》で現世《げんせ》を考えてみると、実は夢と変わるところはない。一刹那《いちせつな》前のことは一刹那《いちせつな》後にはもはや存在《そんざい》しないのだから。秀吉《ひでよし》は、貧《まず》しい農家《のうか》に生まれ、そこから足軽《あしがる》、侍大将《さむらいだいしょう》、ついには摂政関白《せっしょうかんぱく》にまでなった。それは現実《げんじつ》のことなのか。夢ではいけないのか。それを現実《げんじつ》のことと思うのが誤《あやま》りなのではないか。唯識《ゆいしき》はこう考えている。すべては仮説《かせつ》であり、モデルにすぎないのである。

〈空《くう》〉の教えは、当時の人々にはなかなか理解《りかい》しがたいものであったらしい。そこで種々《しゅしゅ》の譬喩《ひゆ》にたよって教《おし》えが述《の》べられている。

『現象界《げんしょうかい》というものは、星や、眼の翳《かげ》、灯《とも》し火や、露《つゆ》や、水泡《うたかた》や、夢や、電光《でんこう》や、雲のよう、そのようなものと、見るがよい。』

『一切《いっさい》の有為法《ういほう》は、夢《ゆめ》・幻《まぼろし》・泡《あわ》・影《かげ》の如《ごと》く露の如《ごと》く、また電《いかづち》の如《ごと》し。まさにかくの如《ごと》き観《かん》を作すべし。』（『金剛経』大正蔵、八巻、七五二中）（中村、前掲書）

本能寺《ほんのうじ》に斃《たお》れた織田信長《おだのぶなが》が好んで舞《ま》ったといわれる、能『敦盛《あつもり》』の「人間《じんかん》五十年、下天《げてん》のうちに比《くら》ぶれば、夢幻《ゆめまぼろし》のごとくなり」という一節にも空《くう》を見いだせるし、中村博士は著書の中で、戦国大名の大内義隆《おおうちよしたか》（一五〇七〜五一）が家臣《かしん》の陶晴賢《すえはるかた》（一五二一〜五五）に襲《おそ》われ殺《ころ》された折《おり》の辞世《じせい》の句、

討《う》つものも　討《う》たるるものも　もろともに　如露亦如電《にょろやくにょでん》　応作如是観《おうさにょぜかん》

という句《く》を挙《あ》げている。

ミリンダ王の問い

哲学が最《もっと》も発達《はったつ》したギリシャとインドとの正面《しょうめん》きっての対決、それが『ミリンダ王の問い』である。

ここでは、析空観《しゃっくうがん》という分析《ぶんせき》方法で空《くう》が説明されている。

ミリンダ王（ギリシャ名はメナンドロス）は、前一六〇年〜一四〇年頃にインドへ侵入《しんにゅう》、西北イ

ンドのシアルコット（現パキスタン）を首府《しゅふ》としてインドを統合《とうごう》し、その勢力《せいりょく》はガンジス河流域にまで及《およ》んでいた（中村、同右）。

ミリンダ王の権力は強大であり、また名君《めいくん》としても知られ、哲学の教養《きょうよう》は豊かで論客《ろんきゃく》としても聞こえていた。すなわち、「自《みずか》ら恃《たの》むこと高く、弁舌と論鋒《ろんぽう》で向かうところ敵なく、印度はいまや知的な籾殻《もみがら》にすぎぬと見くびっていたミリンダ王が、初めて真の知的優越者ナーガセーナ長老に会ったのは、このような光彩陸離《こうさいりくり》たる都市においてである」（三島、前掲書）。

ここで行われたのが、ギリシャ論理学《ろんりがく》と仏教論理学《ろんりがく》・空《くう》の論理学《ろんりがく》との一騎打《いっきう》ちであり、「空《くう》」の解明《かいめい》を図《はか》る絶好《ぜっこう》の討論《とうろん》である。平凡社東洋文庫の『ミリンダ王の問い』（中村元、早島鏡正・訳）の一節を要約《ようやく》して紹介《しょうかい》しよう。

ミリンダ王はナーガセーナに、「尊者《そんじゃ》よ、あなたは何《なん》という名なのですか」と問いかける。「大王よ、私はナーガセーナと呼ばれています。しかしながら、大王よ、ナーガセーナというのは、じつは名まえのみにすぎないのです。そこに人格的個体《じんかくてきこたい》は認《みと》められないのであります」。

これを聞きとがめたミリンダ王は、「人格的個体《じんかくてきこたい》はないというあなたが、ナーガセーナと呼《よ》ばれているところのものは、いったい何《なに》ものなのか」と問いかける。

髪《かみ》か、爪《つめ》か、皮膚《ひふ》か、肉か。骨《ほね》か、心臓《しんぞう》か、涙か、尿《にょう》か。物質《ぶっしつ》的な形か、形成作用《けいせいさよう》か。しかして、それらの合体《がったい》したものか。いずれの質問にもナーガセーナは、「そうではない」と答えた。ミリンダ王はいう。
「尊者《そんじゃ》よ、わたくしはあなたに幾度《いくど》も問うてみたのに、ナーガセーナを見出《みいだ》しえない。尊者《そんじゃ》よ、ナーガセーナとは実はことばのことにすぎないのですか？　しからば、そこに存《そん》するナーガセーナとは何《なに》ものなのですか？　尊者《そんじゃ》よ、あなたは、『ナーガセーナは存在《そんざい》しない』といって、真実ならざる虚言《きょげん》を語ったのです」

もしも、ナーガセーナという者が、「じつは名前にすぎない」というのであれば、ナーガセーナは唯名主義者《ノミナリスト》（真《しん》に存在《そんざい》するのは個々のものだけであって、普遍《ふへん》的なものは便宜《べんぎ》上の名前にすぎないとする主張《しゅちょう》を行う者。nominalist）といわれよう。実際《じっさい》、ヨーロッパには、仏教徒、とくに中観派《ちゅうがんは》を唯名論者《ノミナリスト》とする学者もいるのである。しかし、唯名論《ゆいめいろん》とは普遍的《ふへんてき》なものとしての概念《がいねん》が実際《じっさい》に存在《そんざい》するという実念論《じつねんろん》（realism）に対立《たいりつ》する立場であり、個々《ここ》のものの実在《じつざい》を肯定《こうてい》する実在論《じつざいろん》には間違《まちが》いないので、実在論《じつざいろん》を否定《ひてい》する仏教からすれば、この考えには肯《がえ》んじがたい。

人格的個体《じんかくてきこたい》は認《みと》められないといい、髪《かみ》か、体毛《たいもう》か、爪《つめ》か、形《かたち》か、感受作用《かんじゅさよう》か……などと聞いてみると、それらのいずれでもないと答え、それらを合《がっ》した全体かと聞けば、そうでもないと答える。部分にあらず全体にあらず、では、それらのほかにナーガセーナがあるのか、とたたみ込んでも、そうでもないと答える。

それでは、ナーガセーナはどこにも存在《そんざい》しないのか。目の前に現《げん》に存在《そんざい》するナーガセーナは無《む》なのか。だとすれば、仏教は虚無《きょむ》主義である。

形式論理学《けいしきろんりがく》を当然のこととして教えこまれたミリンダ王のこの理解《りかい》は、論理学《ろんりがく》的にはまっとうなものだ。それを真《ま》っ向《こう》から否定《ひてい》するには、仏教の超論理学《ちょうろんりがく》を納得《なっとく》させるしかない。ナーガセーナもまた応酬《おうしゅう》する。王に、ここまで歩いてやって来たのか、と尋《たず》ねると、王は車でやって来たという。

「大王よ。もしもあなたが車でやって来たのであるなら、何が車であるかを告げてください。大王よ、轅《ながえ》（馬や牛につなぐため車の前に長く伸びた二本の柄）が車ですか」

ナーガセーナが問《と》うと、王は「そうではない」と答える。では、軸《じく》か、車輪《しゃりん》か、車体《しゃたい》か。それらの合《がっ》したものか。それら以外に車があるのか。王はナーガセーナの問いにすべて否《いな》と答えた。では、そこに車はないのか。そこに存在する車は何ものか。名前だけのものか。

ミリンダ王はここに来て、空《くう》を悟《さと》る。

「轅《ながえ》に縁《よ》って、軸に縁《よ》って、車体に縁《よ》って〈車〉という名前が起こるのです」

ナーガセーナ長老は、大王の理解《りかい》を敷衍《ふえん》（説明追加）していう。

「そうです。大王よ、あなたは車を正しく理解《りかい》されました。それと同様に、私にとっても、形に縁《よ》って、感受作用《かんじゅさよう》に縁《よ》って、表象作用《ひょうしょうさよう》に縁《よ》って、形成作用《けいせいさよう》に縁《よ》って、識別作用《しきべつさよう》に縁《よ》って、〈ナーガセーナ〉という名まえがおこるのであります。そこに人格的個体《じんかくてきこたい》は存在《そんざい》しないのです」

ミリンダ王は、実念論《じつねんろん》だけでなく、唯名論《ゆいめいろん》をも克服《こくふく》したのであった。

この「車の譬《たと》え」は、昔《むかし》から人々に愛好されたストーリーであり、仏教入門として最良《さいりょう》のものとされている。難解《なんかい》このうえない空《くう》が、ギリシャ哲学者との対話《たいわ》によって、みごとに説明されている。

このように、車を車輪《しゃりん》などのいくつかの構成《こうせい》部分に分解《ぶんかい》してみせて、車という実体はないと観《かん》ずる説明を「析空観《しゃっくうがん》」という。これは、小乗《しょうじょう》仏教の説《と》く空《くう》である。

これに対して大乗《だいじょう》仏教では、ものの存在《そんざい》そのものを空《くう》であると見なす。小乗《しょうじょう》は、空《くう》のみを見て不空《ふくう》を見ないから「但空《たんくう》」であり、大乗《だいじょう》は、一切《いっさい》の事物《じぶつ》を空《くう》であると見なしながら、同時に空《くう》でない面も見るから「不但空《ふたんくう》」、すなわち中道空《ちゅうどうくう》を明らかにするという（中村、前掲書）。

仏教の実在論

ギリシャ哲学においては、実在論《じつざいろん》はその哲学の根本にあった。啓典《けいてん》宗教にとっての実在論《じつざいろん》は、神の実在《じつざい》の証明《しょうめい》として決定的に重要《じゅうよう》である。神の実在《じつざい》を否定《ひてい》しようものなら、それは唯物論《ゆいぶつろん》者になってしまう。ところが仏教では、すでに説明をしたように実在論《じつざいろん》そのものを否定《ひてい》している。その故《ゆえ》に、仏教は唯物論《ゆいぶつろん》である、という誤解《ごかい》があったことはすでに記《しる》した。

ナーガールジュナは、すべて存在《そんざい》するものは、本当は仮《かり》にそう考えておくだけであって、実体《じったい》は一刹那《いちせつな》に実在《じつざい》して、一刹那《いちせつな》に消えるとした。要《よう》するに、あっという間に現《あらわ》れ、あっという間に消えるのが存在《そんざい》というものの真《しん》の姿《すがた》と考えたのだ。

ちなみに、刹那《せつな》とはきわめて短い時間のことをいうが、仏教では立派《りっぱ》な時間単位《たんい》の一つであって、指を弾《はじ》く間の時間が六四刹那《せつな》という説や、一昼夜《いっちゅうや》が六四八万刹那《せつな》（一日二四時間として計算すると一刹那《せつな》は約〇・〇一三秒）という説などがある。

さらにいえば、時間という概念《がいねん》にもさまざまな捉《とら》え方がある。現代で常識《じょうしき》的に認識《にんしき》されているのはニュートンの時間概念《がいねん》で、そこに客観《きゃっかん》的に存在していると考えられている。ところが仏教では、客観《きゃっかん》的な時間があるのではなく、時間は向《む》こうから来て向《む》こうへ去《さ》っていく、と考えている。日本語にある「時が来た」「時は去った」という表現は、本来はこの仏教的概念《がいねん》から来たものである。

そもそも唯識《ゆいしき》は、自然現象《げんしょう》や社会現象《げんしょう》がみな外界《げかい》に実在《じつざい》していると捉《とら》えるのは大きな誤《あやま》りであるという思想《しそう》である。人間が実在《じつざい》していると思っているものは、みな妄想《もうそう》であり、人間の識《しき》にすぎない。自《みずか》らの識《しき》で自覚《じかく》したという理由《りゆう》で実体《じったい》と捉《とら》えているところに錯覚《さっかく》があるのである。

例《たと》えば、目の前にリンゴがある。いま目の前にあるリンゴは、一刹那《いちせつな》前のリンゴと同じであるということはどう証明《しょうめい》できるのだろうか。色形《いろかたち》が変《か》わっていない、自分が目を離《はな》さず見ていた……根拠《こんきょ》はすべて識《しき》にすぎない。人間もまた同じこと。

ところが、科学の発達《はったつ》によって面白《おもしろ》いことがわかってきた。分子生物学《ぶんしせいぶつがく》によると、人間の身体は六カ月経《た》つと完全に細胞《さいぼう》が入れ替《か》わってしまうという。物質《ぶっしつ》としてみた場合、実際にも全《まった》く別物になっているのだ。爪《つめ》や頭髪《とうはつ》はそのままあり続けているのではなく、元々存在《もともとそんざい》していたものがなくなり、新たに生《は》えてきたものによりあり続《つづ》けているように見えるだけで、手足にしても細胞《さいぼう》レベル、分子《ぶんし》レベルでいえば、生死を経《へ》て入《い》れ替《か》わっているのである。まさに一刹那《いちせつな》に存在《そんざい》し、一刹那《いちせつな》に消えるということを地《じ》でいく話である。

この事実《じじつ》は、唯識《ゆいしき》の説《と》く「人空《にんくう》」と符合《ふごう》する。自己《じこ》の身体の内に実体《じったい》としての自我《じが》（アートマン）は存在《そんざい》しない、と解《かい》するこの考え方は、人間の心身《しんしん》が空《くう》であることを説《と》いている。

この仏教の実在論《じつざいろん》は、我々《われわれ》が慣《な》れている通常《つうじょう》のギリシャ形式論理学《ろんりがく》では説明《せつめい》ができないので、その説明には法華経《ほけきょう》にもあるように、譬《たと》え話が多用《たよう》されることになる。この一刹那《いちせつな》に現れ、一刹那《いちせつな》に消えることを理解《りかい》するのには、激流《げきりゅう》の譬《たと》えが適《てき》している。

激流に手を入れると、その手には激しい水の流れを感じるだろう。しかし、いま手に触れている水と、一刹那《いちせつな》後に触《ふ》れた水は同じ水ではない。それを、持続して水に触《ふ》れていると自覚《じかく》するのは、同じ水があるがごとく思う錯覚《さっかく》にすぎない。仮《かり》に同じ水があるとしているだけなのだ。存在《そんざい》とはそういうもので、実体《じったい》があるのではないと仏教では説《と》いているのだ。

因縁とは直接、間接の原因である

先の庵《いおり》の例における（二五〇頁参照）、この「結《むす》ぶ」ということが、仏教でいう「縁起《えんぎ》」である。縁起《えんぎ》はまた、因縁《いんねん》ともいわれる、仏教の根本論理《こんぽんろんり》である。

「縁起《えんぎ》」「因縁《いんねん》」という言葉は、普通《ふつう》の言葉になってしまって、無自覚《むじかく》に使われているようであるが、本来《ほんらい》の意味は、現在の使用法とは全《まった》く異《こと》なる。

実は、「縁起《えんぎ》」も「因縁《いんねん》」も、仏教理論《りろん》の専門用語《せんもんようご》であり、正確《せいかく》に用いられなければならない。それは例《たと》えば、「エネルギー」「エントロピー」といった物理学《ぶつりがく》の専門用語《せんもんようご》が、日常用語《にちじょうようご》にも使われるようになり、ときに歪《ゆが》められて用《もち》いられる状況《じょうきょう》を思えばよい。

ここでは、「縁起《えんぎ》」も「因縁《いんねん》」も、専門用語《せんもんようご》として用《もち》いる。ご用心めされよ。

縁起《えんぎ》とは、まず初めには、因果《いんが》のことである。「此《これ》あれば彼《かれ》あり、此《これ》なければ彼《かれ》なし」ということである。

例《たと》えば、「青酸《せいさん》カリを飲んだから死んだ」「自動車に轢《ひ》かれて死んだ」という類《たぐい》である。これは、「青酸《せいさん》カリを飲まなければ死ななかった」「自動車に轢《ひ》かれなければ死ななかった」ともなる。

つまり、

原因C→結果E

という、原因（cause）から結果（effect）への一方的な因果《いんが》関係である。

これを、単純因果関係《たんじゅんいんが》（simple causality）、線型因果関係《せんけいいんが》（linear causality）という。

しかし、仏教における因縁《いんねん》とは、この単純因果関係《たんじゅんいんが》に限らない。

ちなみに、因縁《いんねん》とは、直接《ちょくせつ》の原因を因《いん》といい、間接《かんせつ》の原因を縁《えん》というところから来ており、例えば上記《じょうき》の例を用いると、青酸《せいさん》カリを飲んだことが「因《いん》」、失恋《しつれん》したことが「縁《えん》」といったようなことである。

しかしここまでであれば、仏教の因果律《いんがりつ》とは、複数《ふくすう》原因の因果《いんが》関係論にすぎない。いわば、複数《ふくすう》線型因果《せんけいいんが》関係か。

科学方法論的にも、このことをよく意識《いしき》しておくことは重要《じゅうよう》でもある。

例えば、実験計画法《じっけんけいかく》（experimental design）においても、このアイディアは重要《じゅうよう》である。庵《いおり》という果《か》（結果）は、庵《いおり》を結《むす》ぼうとする人の意志《いし》を因《いん》（原因）とする。縁《えん》は、柴《しば》や縄《なわ》などである。因縁《いんねん》がなければ、庵《いおり》は存在《そんざい》しない。因縁《いんねん》によって「結《むす》ばれ」たからこそ、庵《いおり》ができて、それは存在《そんざい》する。さらに詳《くわ》しく省察《しょうさつ》すれば、この庵《いおり》が結《むす》ばれて出来上がるまではそこには何《なに》もなかった。まだバラバラのままでそこらへんに存在《そんざい》している（後《のち》に材料《ざいりょう》となる）柴《しば》、縄《なわ》などは、庵《いおり》などではない。庵《いおり》は無《む》である。空《くう》なのである。「色即是空《しきそくぜくう》」である。が、「こんなぐあいに庵《いおり》をつくってやろう」という因《いん》がはたらけば、柴《しば》、縄《なわ》などの縁《えん》で「庵《いおり》は結《むす》ばれ」て、出来上がる。すなわち、空《くう》から庵《いおり》という色《しき》は有《ゆう》となるのである。これが「空即是色《くうそくぜしき》」である。

空《くう》を理解《りかい》する急所《きゅうしょ》は、このギリシャ的論理《ろんり》学者と超論理《ろんり》学者のエピソードに表れた「縁《よ》って」ということの理解《りかい》である。

素朴《そぼく》に考えて、「原因によって」と解《かい》することもできる。これだけでも、実に大発見なのである。

仏教の尊者《そんじゃ》アッシジは行者《ぎょうじゃ》サーリプッタに教えを乞《こ》われて、釈迦《しゃか》の教えの要旨《ようし》を語って曰《い》った。

もろもろの事がらは原因から生じる。

真理の体現者はそれらの原因を説きたまう。

これを聞いて行者《ぎょうじゃ》サーリプッタは、「もしそれだけが釈迦《しゃか》の教えであるとしても、それだけで十分である」と感歎《かんたん》して、直《ただ》ちに仏教に入信した。

「すべての事がらは原因から生じる」、因果律《いんがりつ》は行き渡っている。

これは大発見である。一貫《いっかん》して因果律《いんがりつ》に立つという刮目《かつもく》すべき立場である。

それは、偶然《ぐうぜん》を拒否《きょひ》する。

仏教は、善因楽果《ぜんいんらくか》、悪因苦果《あくいんくか》（よいことをすればよい報《むく》いを受け、悪いことをすれば悪い報《むく》いを受ける）という因果律《いんがりつ》で徹底《てってい》している。説話《せつわ》にも、「よい人は極楽《ごくらく》へ行き、悪い人は地獄《じごく》へ行く」と教えているではないか。仏教の論理《ろんり》は一貫《いっかん》したものであって、「よい人も偶然《ぐうぜん》に地獄《じごく》へ行くこともある。悪い人も偶然《ぐうぜん》に極楽《ごくらく》へ行くこともある」と教えてはいないし、「よい人が極楽《ごくらく》へ行く確率《かくりつ》は九〇パーセント、地獄《じごく》へ行く確率《かくりつ》が一〇パーセント」「悪い人は、その逆である」とも教えていない。「偶然《ぐうぜん》」を拒否《きょひ》し、確率《かくりつ》もまた拒否《きょひ》している。仏教の因果応報《いんがおうほう》は、天気予報《てんきよほう》とは違うのだ。

科学に譬《たと》えれば、古典力学《こてんりきがく》を連想《れんそう》させる因果律《いんがりつ》である。

古典力学《こてんりきがく》における質点《しつてん》の運動は、初期条件《しょき》（初めの位置と初速度《しょそくど》）と力が定《さだ》まれば、一義的《いちぎてき》に決まってしまう。統計力学《とうけいりきがく》や量子力学《りょうしりきがく》とは違って、確率的《かくりつ》な考え方は少しも入っていないのである。そのため、前章《ぜんしょう》では、仏教の因果律《いんがりつ》を大砲《たいほう》の弾《たま》に、キリスト教の予定説を誘導《ゆうどう》ミサイルになぞらえたのだ。

仏教は、キリスト教とは根本的に違って、また、ユダヤ教ともイスラム教とも違って、予定説を入れる余地《よち》は少しもない。「救われるか、救われないか（比喩《ひゆ》的にいえば、極楽《ごくらく》へ行くか地獄《じごく》へ行くか）は、全《まった》く仏の自由な意志《いし》決定によって決まる」という考え方は、仏教には片鱗《かけら》すら見当たらない。そもそも、「仏の意志《いし》決定」というアイディアがないのである。救われるか救われないかは、仏が決めるのではない。仏以前に存在《そんざい》する法《ダルマ》によって決まるのである。すべて本人次第《しだい》なのである。その決まりかたは、因果律《いんがりつ》による。

ゆえに、仏教の論理《ろんり》が終始《しゅうし》因果律《いんがりつ》で貫《つらぬ》かれていることは、宗教社会学的、宗教心理学的に、驚《おどろ》くべきことである。

ヴェーバー的表現を用いれば、仏教の神義論《しんぎろん》は、ヒンドゥー教同様、幸福の神義論《しんぎろん》なのだ。

単純因果ではないナーガールジュナの「中論」

このように、空《くう》を論ずるときに出てくる「縁《よ》って」を、単純《たんじゅん》に「原因によって」と解《かい》しても、仏教の真意からほど遠いとはいえないし、これぞ仏教の特徴《とくちょう》であるといえなくもない。初期の仏教でも、このように解《かい》して用《もち》いられてきた。

ところが、ナーガールジュナにいたって、一大展開《てんかい》がなされたのであった。いやあるいは、釈迦《しゃか》の本心に返《かえ》ったというべきか。

「中論《ちゅうろん》」では、縁起《えんぎ》を、「縁《えん》によって起こること」と解《かい》しているだけではなく、もっと広い意味にも理解《りかい》している。すなわち、論理《ろんり》的な依存《いぞん》関係の意味にとっているのである。

「中論《ちゅうろん》」における「縁起《えんぎ》した」とは、「縁《えん》によって起こること」よりは、広い意味に用いられるようになった。この従来用法《じゅうらいようほう》の意味変換《いみへんかん》に、まず注意いただきたい。

「中論《ちゅうろん》」のいう縁起《えんぎ》とは、「これを縁《えん》としていること」を示し、相互依存《そうごいぞん》の意である。因果性《いんがせい》（単純因果《たんじゅんいんが》、線型因果《せんけいいんが》）より意味が広いのである。

つまり、小乗仏教《しょうじょう》ではまず、

A→B

と、単純因果《たんじゅんいんが》（線型因果《せんけいいんが》）の意味に用いられてきたと思われる。

菩提樹《ぼだいじゅ》の下《もと》で釈迦《しゃか》が悟《さと》った、十二因縁《じゅうにいんねん》（十二の項目とその関係によって、人間の現実の生を説明するとともに、どうすれば生の苦しみから離れることができるのかという根拠を示す方法）も、大変に精緻《せいち》な

教義《きょうぎ》ではあるものの、構造《こうぞう》は単純因果《たんじゅんいんが》で、先の図に倣《なら》えば、

A→B→C→D→……→Z

の型である。

十二因縁《じゅうにいんねん》を簡単《かんたん》に説明すると、無明《むみょう》（無知《むち》）から行《ぎょう》（形成力《けいせいりょく》）が生じ、行《ぎょう》から識《しき》（心作用《しんさよう》）が生じ、識《しき》から名色《みょうしき》（精神と肉体）が生じ、名色《みょうしき》から六入《ろくにゅう》（眼、耳、鼻、舌、身、意の六識《ろくしき》）が生じ、六入《ろくにゅう》から触《そく》（心が対象と接触《せっしょく》すること）が生じ、触《そく》から受《じゅ》（感受作用《かんじゅさよう》）が生じ、受《じゅ》から愛《あい》（愛欲《あいよく》、妄執《もうしゅう》）が生じ、愛《あい》から取《しゅ》（執着《しゅうちゃく》）が生じ、取《しゅ》から有《う》（生存）が生じ、有《う》から生《しょう》（生まれていること。生存）が生じ、生《しょう》から老死《ろうし》（老いてゆき死ぬこと）が生ずる、というものである。

誰《だれ》もが悩む老死の問題の原因は生まれたことにあり、さらにその原因をたどっていけば、ついには「無明《むみょう》」という原因にたどり着くという、仏教の根本教義《きょうぎ》である。

この大原理も因果《いんが》関係は単純《たんじゅん》で、線型因果関係《せんけいいんがかんけい》の連鎖《れんさ》にすぎない。図示するとこうなる。

無明《むみょう》→行《ぎょう》→識《しき》→名色《みょうしき》→六入《ろくにゅう》→触《そく》→受《じゅ》→愛《あい》→取《しゅ》→有《う》→生《しょう》→老死《ろうし》

この単純《たんじゅん》因果《いんが》の連鎖《れんさ》は、「風《かぜ》が吹くと桶屋《おけや》が儲《もう》かる」という構図と同じものである。

さらに、もっと広く縁起《えんぎ》というときには、もう少し複雑《ふくざつ》な、「因縁《いんねん》」、すなわち複線型因果関係《ふくせんけいいんがかんけい》をもいう。因《いん》は主《しゅ》原因、すなわち起原《きげん》であり、縁《えん》は補助《ほじょ》原因（副原因、従原因）、すなわち作用《さよう》を表し、図示すれば次のようになる。

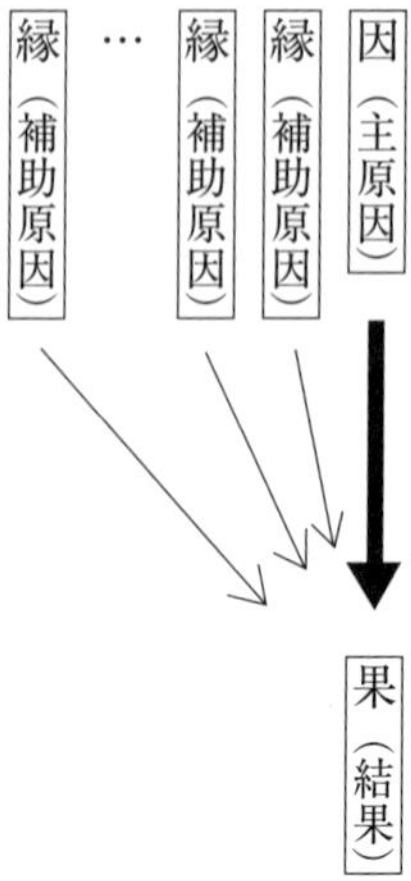

これはどういう因果関係《いんがかんけい》かというと、植物が生ずる因縁《いんねん》を思えばよい。

植物が生えてくるためには、まず種《たね》を蒔《ま》かねばならない。これが因《いん》である。

しかし、種《たね》を蒔《ま》いただけで成長《せいちょう》するものではなく、適当《てきとう》な土、水、栄養、光、空気……が必要である。これが縁《えん》であり、因《いん》という起原《きげん》、縁《えん》という作用《さよう》がそろってはじめて、果《か》という結果、この場合は植物が育つという結果をもたらすのである。

これに対し、中観派《ちゅうがんは》の「縁起《えんぎ》」の解釈はまるで違う。単純因果《たんじゅんいんが》関係ではなく相互依存《そうごいぞん》関係(mutual interaction)なのである。

この相互依存関係《そうごいぞんかんけい》を図示すればこうなる。

あるいは、

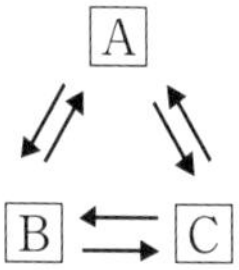

AがBを決める、すなわちA→Bという単純因果《たんじゅんいんが》関係ではなく、互《たが》いに因《いん》となり果《か》となり、互《たが》いが互《たが》いを決めあい、両者とも相互依存関係《そうごいぞんかんけい》を通じて、同時に決まるのである。

この因果関係《いんがかんけい》を、同時因果《どうじいんが》関係(simultaneous causality)という。

これが、それまでの仏教の因果関係《いんがかんけい》とは違う、ナーガールジュナの因縁《いんねん》であり、すなわち「空《くう》」の構造《こうぞう》なのである。

このように、「縁起《えんぎ》」の意味変換《いみへんかん》、意味拡大《いみかくだい》にともなって、「これがあるとき、あれがある」という定型句《ていけいく》の意味も変わった。

「これがあるとき、あれがある。あたかも短があるとき長がある如《ごと》くである」(チャンドラキールティの学説。中村、同右）。

この例は、中観派《ちゅうがんは》理論の一大飛躍《ひやく》であり、哲学的に大きな意味を持つ。

それまで小乗《しょうじょう》仏教では、縁起《えんぎ》とは「縁《えん》によって起こること」、つまり時間的生起《せいき》関係を意味するものと解《かい》されてきた。「此《これ》があるとき彼《かれ》がある」とは、「よいことをすれば、よい報《むく》いがある＝善因《ぜんいん》楽果《らくか》」「猫《ねこ》を殺《ころ》せば、猫《ねこ》に生まれ変わる」というように、原因があれば、その後、結果が生起《せいき》するというふうに、時間的な単純因果《たんじゅんいんが》を意味《いみ》してきていた。

しかし、「これがあるとき、あれがある。あたかも短《たん》があるとき長《ちょう》があるが如《ごと》くである」となると、意味は全《まった》く違う。それは、論理的相関《ろんりてきそうかん》関係を意味するようになったのである。

これは、従来《じゅうらい》の法有《ほうゆう》（法は独立に存在する）の立場とは豁然《かつぜん》と対立している。法有《ほうゆう》の立場だと、「長《ちょう》」も「短《たん》」も独立《どくりつ》に存在しうるものであると考える。「長《ちょう》」や「短《たん》」という「在《あ》り方」にすぎないものを実体《じったい》だと思っていたのであった。

中観派《ちゅうがんは》は、「長《ちょう》」と「短《たん》」とは論理《ろんり》的相関《そうかん》関係のなかで成立《せいりつ》している。これが縁起《えんぎ》であるとするのである。そのように、諸事物《しょじぶつ》も相互《そうご》に依存《いぞん》することによって成立《せいりつ》している。

この縁起《えんぎ》・論理《ろんり》的相依《そうい》性（相互依存《そうごいぞん》関係）の例を、「中論《ちゅうろん》」は、さらにいくつか挙《あ》げている。

わかり易《やす》い例として有名なのは、「母と子」の例である（「百論《ひゃくろん》」「大智度論《だいちどろん》」「菩提行経《ぼだいぎょうきょう》」など）。

自然的存在《そんざい》としては、母があって子が生まれる。その逆はありえない。

が、「在《あ》り方」として考えれば、そうとばかりもいえない。母は子を生まないうちは母ではありえない。子を生むことによって初めて母といいうる。このように、母と子とは互いに相依《あいよ》っている。互《たが》いに独立《どくりつ》に母と子とを考えることはできない。

このように、一切《いっさい》の法は相互依存《そうごいぞん》関係によって成立《せいりつ》していると説いているのである。

最新科学に至り、科学は仏教に追いついた

空《くう》を考える場合、形式論理学《けいしきろんりがく》も記号論理学《ろんりがく》も弁証法《べんしょうほう》も否定《ひてい》しているので、説明は困難《こんなん》を極《きわ》める。そこで本書では、江戸時代《えどじだい》の、「釈迦牟尼《しゃかむに》は たとえ話しが 巧みなり」という川柳《せんりゅう》にもあるように、仏教がその論理《ろんり》を伝《つた》えるのに多用する譬《たと》え話から入ることにし、歌や詩などで「空《くう》」を説明してきた。

空《くう》を説明する譬《たと》え話として、近代科学におけるモデル（模型《もけい》）ほど適切《てきせつ》なものはない。釈迦《しゃか》の「法華経《ほけきょう》」における譬《たと》え話、イエス・キリストの『福音書《ふくいんしょ》』における譬《たと》え話のようなものか。

まず、ユークリッド幾何学《きかがく》から見てゆこう。

幾何学《きかがく》が前提《ぜんてい》とする点や線は、あるのかないのか。

線は、全《まった》く幅《はば》がなくて長《なが》さだけがあるということになっている。そんな「線」は実在《じつざい》するのか。どんなに細《ほそ》く鉛筆《えんぴつ》を削《けず》ったところで、ほんの少しの幅《はば》はあるに決まっている。長さだけあって少しの幅《はば》もない「線」などありえない。

位置だけを示《しめ》す点も同じことである。現実世界《げんじつせかい》には、大きさを持たない点などありえない。実在論《じつざいろん》を否定《ひてい》するのに、これほど適切《てきせつ》なサンプルもあるまい。

線は、外界《げかい》にある物質《ぶっしつ》としてはありえない。人の識《しき》のなかにあるものにすぎない。しかも、感覚《かんかく》とも関係しない。

点も線も、実在《じつざい》するものではなく、モデル、すなわち仮《かり》に考えておいたものにすぎない。

それは、有《ゆう》でもなく無《む》でもない。それは有《ゆう》であると同時に無《む》である。それは、有無《うむ》以外のものでもある。

すなわち、それが空《くう》である。

さらに、論《ろん》を進めよう。

形式論理学《けいしきろんりがく》、記号論理学《ろんりがく》、そしてユークリッド幾何学《きかがく》も同様だが、まず行う作業《さぎょう》は定義《ていぎ》を決めることである。直線とはなんぞや、三角形とはなんぞや、という定義《ていぎ》を述《の》べて、それから公理《こうり》という命題《めいだい》を作る。そしてその公理《こうり》から形式論理学《けいしきろんりがく》、あるいは記号論理学《ろんりがく》だけを使って、さまざまな定理《ていり》を導《みちび》き出す。これが完全理論《かんぜんりろん》である。いわば、初めに定義《ていぎ》ありき、という学問体系《たいけい》である。

近代において、その体系《たいけい》ですべて真理《しんり》が導《みちび》き出せるとする考えに最初に疑義《ぎぎ》を抱《いだ》いたのが、マックス・ヴェーバーである。マックス・ヴェーバーこそ資本主義論《しほんしゅぎろん》の祖《そ》のように呼ばれているが、そのヴェーバーは資本主義《しほんしゅぎ》を語《かた》る際、初めに資本主義《しほんしゅぎ》の定義《ていぎ》を下《くだ》すことをせず、議論《ぎろん》を終えてから定《てい》義《ぎ》を下《くだ》すという態度《たいど》をとった。なぜなら、資本《しほん》主義らしきもの、資本《しほん》主義に似《に》たものといった疑似《ぎじ》資本《しほん》主義が多数存在《たすうそんざい》するため、定義《ていぎ》を満《み》たすだけの条件整理《せいり》ができておらず、その状況《じょうきょう》下で定義《ていぎ》付けをすると、真相《しんそう》の解明《かいめい》に支障《ししょう》を来《きた》す。まずはそういった条件を全部整理《せいり》した上で本質《ほんしつ》を解明《かいめい》し、定義《ていぎ》を下《くだ》そうというのがヴェーバーの考えだった。

　実はこの考え方は、現代数学の考え方に通《つう》ずるものがある。

最新の数学の手法《しゅほう》は、まず無定義要素《むていぎようそ》を要請《ようせい》する。すなわち何《なに》も定義《ていぎ》しないのである。点、線などの定義《ていぎ》付けを何《なに》も行わず、無定義《むていぎ》のままの要素《ようそ》を用《もち》い公理《こうり》を作り、定理《ていり》を導《みちび》き出す。無定義要素《むていぎようそ》の本質《ほんしつ》は、無定義《むていぎ》のまま、仮《かり》にそういうものとして考えておく、いわば仮想《かそう》のものなのである。

　実例《じつれい》として有名な例を一つ挙《あ》げておく。ユークリッドの五つの公理《こうり》に関《かか》わるエピソードである。ユークリッドの五つの公理《こうり》のうち、第一公理《こうり》から第四公理《こうり》までは比較的単純《ひかくてきたんじゅん》なものである。すなわち、「二点を結《むす》ぶ直線はただ一本のみ」「任意《にんい》の線分《せんぶん》は延長《えんちょう》できる」「円は任意《にんい》の点と任意《にんい》の半径《けい》で作図《さくず》できる」「すべての直角《ちょっかく》は等《ひと》しい」という四つの公理《こうり》である。問題は第五公理《こうり》で、ユークリッドの表《あらわ》した表現でいえば、「一直線《いっちょくせん》が他《た》の二直線《にちょくせん》と交《まじ》わってできる角《かく》のうち、同じ側《がわ》にある二つの内角《ないかく》の和《わ》が二直角《にちょっかく》より小さければ、この二直線《にちょくせん》を限《かぎ》りなく延長《えんちょう》するとついには交《まじ》わる」というもの。複雑《ふくざつ》ないい回しだが、これは、「直線外《ちょくせんがい》の一点を通《とお》って、その直線《ちょくせん》に平行《へいこう》な直線《ちょくせん》はただ一本しかない」という表現《ひょうげん》に置《お》き換《か》えられ現代に伝《つた》わっている。

この公理《こうり》の発表以来《いらい》、数多くの数学者が先《さき》の四つの公理《こうり》からこの第五公理《こうり》の証明《しょうめい》をしようと試《こころ》み躍起《やっき》になっていた。

そして一九世紀になり、ロシアにロバチェフスキー（一七九二〜一八五六）という天才数学者が現れた。彼は帰謬法《きびゅうほう》（ある命題《めいだい》Aを証明《しょうめい》するのに、Aでないという前提《ぜんてい》からは矛盾《むじゅん》が生《しょう》ずることを示《しめ》して行《おこな》う証明法《しょうめいほう》。背理法《はいりほう》ともいう）を用《もち》い、第五公理《こうり》を否定《ひてい》して幾何学《きかがく》を構築《こうちく》すればどこかで矛盾《むじゅん》に突《つ》き当《あ》たるだろうと考えたのだ。ところが、いくら考え進めても全《まった》く矛盾《むじゅん》に突《つ》き当《あ》たることなく一つの体系《たいけい》が出来上がってしまった。非《ひ》ユークリッド幾何学《きかがく》の誕生《たんじょう》である。

これは、科学史上《しじょう》の一大事《いちだいじ》であった。それまで自明《じめい》の真理《しんり》であると思われていた公理《こうり》というものが、真理《しんり》ではなく一つの仮定《かてい》であるということが明《あき》らかになったのである。

ニュートン力学《りきがく》もまたしかり。慣性《かんせい》の法則《ほうそく》、運動の法則《ほうそく》、作用反作用《さようはんさよう》の法則《ほうそく》、いずれも絶対の真《しん》理《り》だと捉《とら》えられていたのが実《じつ》は仮定《かてい》にすぎないことが明《あき》らかになった。

数学、物理学《ぶつりがく》のみではなく、経済学も同じことである。

かつては経済の法則《ほうそく》は絶対の真理《しんり》と信じられており、だからこそマルキストなどは、マルクス理《り》論《ろん》を理解《りかい》しない輩《やから》は皆殺《みなごろ》しにすべし、などと極論《きょくろん》していたのだが、ケインズ理論《りろん》が理解《りかい》されるに至《いた》り、どの理論《りろん》も一つのモデルに過《す》ぎない、ということが一般《いっぱん》に認《みと》められるようになった。そのため、ケインズ理論《りろん》の出現《しゅつげん》により一旦《いったん》は排斥《はいせき》された古典派《こてんは》も一つのモデルということで勢《いきお》いを復活《ふっかつ》した。そして九〇年代以降の理論経済学《りろんけいざいがく》に至《いた》り、両者のみならず、経済理論《りろん》とは特定《とくてい》の仮定《かてい》の下《もと》に成《な》り立っているモデルであるので、対比《たいひ》して研究すべきという認識《にんしき》が常識《じょうしき》となったのである。

ヴェーバー、ケインズ理論と「空」

この因果律《いんがりつ》の構造《こうぞう》を、現代の経済学にあてはめてみよう。

まず、因縁《いんねん》とは何《なに》か、ということを繰《く》り返す。本来、因《いん》は主な原因、縁《えん》は補助《ほじょ》原因を表している。単純《たんじゅん》に因果律《いんがりつ》といっても、ただ一つの原因で物事《ものごと》が起きるわけではなく、主原因と無数《むすう》の補助《ほじょ》原因によって起きるのである。

現在の科学でも困難なことの一つに、純粋《じゅんすい》な因果律《いんがりつ》を求めることがある。因《いん》はある程度《ていど》想像がついても、縁《えん》となれば無数に存在《そんざい》する。となると、実験《じっけん》をするプロセスとして、原因らしきものをすべて挙《あ》げたうえで、その中の一要件《いちようけん》だけを変更《へんこう》し、他《ほか》の要件《ようけん》はすべて固定《こてい》する実験《じっけん》を各要件《かくようけん》ごとに繰《く》り返すことが必要であり、そこで初めて因果律《いんがりつ》が確定《かくてい》できる。しかし、現実にそのようなことは、おいそれとできはしない。

例《たと》えば、タバコがガンの原因になるということはまだ証明《しょうめい》されていない。タバコを吸《す》う人と吸《す》わない人を単純《たんじゅん》に比《くら》べても、科学的には意味をなさない。なぜなら、その人の体質《たいしつ》、食事《しょくじ》、住環《じゅうかん》境《きょう》、そういった種々《しゅしゅ》の条件に差《さ》があっては、そちらが原因かもしれないという疑問《ぎもん》が出る。では、その他の条件を全《まった》く揃《そろ》えて、喫煙習慣《きつえんしゅうかん》のあるなしだけというサンプルを作れるのか。仏教用語でいうなら、喫煙《きつえん》以外の因縁《いんねん》をすべて揃《そろ》えられるのか。現実的にそんなことは無理《むり》なので、タバコがガンの原因だということはいまだに証明《しょうめい》できていない。

因果《いんが》といっても、一つの因《いん》だけで決まる単純《たんじゅん》因果律《いんがりつ》というのはきわめて少なく、現実には無数の縁《えん》も結果に大影響《えいきょう》を及ぼす。

マックス・ヴェーバーが、「資本《しほん》主義の精神《せいしん》が、資本《しほん》主義を作った」といったなどと誤解《ごかい》をしている人も多い。否《いな》である。ヴェーバーはそんな単純《たんじゅん》なことは言っていない。資本《しほん》主義の登場《とうじょう》に際《さい》し、最《もっと》も基本になったのが資本《しほん》主義の精神《せいしん》であると言っただけだ。それが主《しゅ》原因である。その他にも、技術《ぎじゅつ》の進歩、資本の蓄積《ちくせき》、商業《しょうぎょう》の発達、数多《あまた》の間接《かんせつ》原因があるけれど、それらが縁《えん》であり、これら諸因縁《しょいんねん》が相依《あいよ》って資本《しほん》主義は生まれた、そういうことをいっている。

先に説明した因縁《いんねん》の図示にならうとこうなる。

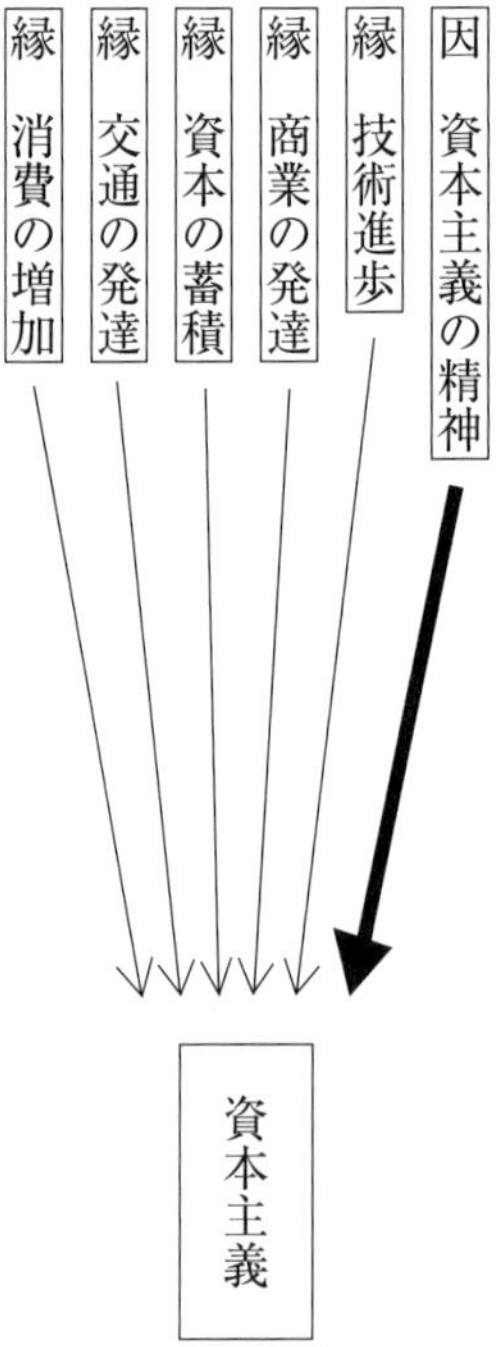

つまり、因果律《いんがりつ》とは、無数の因《いん》と縁《えん》によって、結果が出る。これがまず、重要な一点。もう一つ、大事なことは、法は互《たが》いに相依《あいよ》って成立しているということ。このことを諸法《しょほう》の相依《そうい》といい、空《くう》ということの根本《こんぽん》である。つまり、因果関係《いんがかんけい》は、Ａが因《いん》、Ｂが果《か》と限《かぎ》られているわけではなく、あるときにはＢが因《いん》となり、Ａが果《か》となることも起《お》きるのだ。

しかも、空《くう》であるということは、普通の存在論《そんざいろん》とは異《こと》なり、刹那刹那《せつなせつな》に変《か》わる。もっとも、相互《そうご》に原因になって結果になるというのなら、刹那刹那《せつなせつな》に因《いん》と果《か》が変わるから可能《かのう》になることではある。

この空《くう》のモデルとしてわかりやすいのが、スパイラルである。

デフレ・スパイラルという現象《げんしょう》がある。賃金《ちんぎん》を安くするとデフレは進行して、物価《ぶっか》が下がる。物価《ぶっか》が下がるとますますデフレが進行して、賃金《ちんぎん》が下がらざるをえなくなる。お互《たが》いが原因と結果になって、どんどんデフレが酷《ひど》くなる。だからスパイラルの場合《ばあい》には、直線型因果律《ちょくせんけいいんがりつ》（リニアコーザリティー）ではない。その意味では、スパイラルコーザリティーは、相互依存型因果律《そうごいぞんけいいんがりつ》といえよう。

経済学の例でいえば、ケインズ模型《モデル》がこれに当たる。

消費Ｃと、国民生産（国民所得《しょとく》）Ｙとの関係は、ＣはＹを決め（有効需要《ゆうこうじゅよう》の原理《げんり》）、ＹはＣを決める（消費関数《しょうひかんすう》）。両者の相互依存関係《そうごいぞんかんけい》を図示するとこうなる。

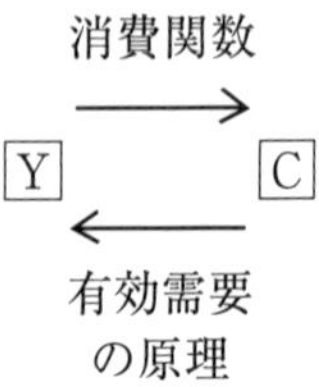

経済的諸変数は、すべてが相互《そうご》依存《いぞん》の中で決まる。ナーガールジュナの解明《かいめい》した空《くう》の論理《ろんり》、因縁《いんねん》によって、論理《ろんり》的生起《せいき》関係であるこのようなモデルが理解《りかい》できるのである。

それでもスパイラルの場合はそれでいい。単純《たんじゅん》に原因→結果であったら、その連鎖《れんさ》をどこかで止めれば、それでデフレは終結《しゅうけつ》するのだが、デフレ・スパイラルは、いったん始動すると、互《たが》いに原因となり結果となって、どこまでも波及《はきゅう》していくから、止めるに止められない。そのため、デフレ・スパイラルは誰《だれ》もが恐《おそ》れている。

空《くう》とは、諸方《しょほう》が互《たが》いに相依《あいよ》り、相互《そうご》に限定《げんてい》する関係《かんけい》において成立《せいりつ》している如実相《にょじつそう》を意味しているものである、と中村博士は解説《かいせつ》している。

小乗《しょうじょう》仏教の僧《そう》たちは山奥《やまおく》に引きこもって、熱心《ねっしん》な研究を続けていたが、因果律《いんがりつ》は、原因→結果という構図《こうず》のリニアコーザリティーしか考ええなかった。これは、小乗《しょうじょう》の学僧《がくそう》を非難《ひなん》すべきことではない。むしろ、ギリシャ哲学も、イスラム世界も考え及《およ》ばなかった、スパイラルのような因果《いんが》律《りつ》もある、と発見した大乗《だいじょう》の天才を称《たた》えるべきであろう。

スパイラルの構図《こうず》は、先に説明した阿頼耶識《あらやしき》の種子《しゅうじ》の熏習《くんじゅう》にも見て取れる。一刹那《いちせつな》ごとに変化を遂《と》げる阿頼耶識《あらやしき》は新たな種子《しゅうじ》を得て、互《たが》いに相依《あいよ》って、その依存《いぞん》の関係がまた新たな変化を生む。その変化は変化を生み、それがまた変化を生む。変化は果《は》てしなく広がっていくのである。その過程《かてい》で、原因は結果となり、結果が原因となって、現象《げんしょう》としてはスパイラルと似たようなことが起きることになる。

空《くう》とは有無《うむ》を超越《ちょうえつ》し、相互依存《そうごいぞん》と同義《どうぎ》である。

モデル、仮説《かせつ》、すなわち、アリストテレス論理学《ろんりがく》を用い、絶対の真理《しんり》の存在《そんざい》を前提《ぜんてい》に考えられた論理《ろんり》に対し、ナーガールジュナの説《と》いた、すべてを仮《かり》のものとする空《くう》の発想《はっそう》がまさにこれなのである。

近代の科学が現代にいたりようやくたどり着《つ》いた模型《モデル》は、すでに二〇〇〇年近く前に仏教哲学が唱《とな》えていた論理《ろんり》でもあったのだ。

空《くう》の思想《しそう》がご理解《りかい》いただけただろうか。しからばあなたにも、涅槃《ねはん》への道が開かれる。

空《くう》と縁起《えんぎ》と唯識及《ゆいしきおよ》びそれらのあいだの関係を徹底的に説明した。

仏教哲学の理解《りかい》はここにつきる。

第5章❖【イスラム教】は絶好の宗教の手本

メッカで行なわれる礼拝

イスラムの真髄はひたすら『コーラン』にあり

アメリカでいま、イスラム教徒が大変な勢《いきお》いで増《ふ》えているそうだ。とにかくわかりやすく効験《こうけん》あらたかな宗教であるから、ロシアなどでもますます広まるであろう。

歴史上、大変印象《いんしょう》的なことは、イスラム教化した国が仏教に変わったという事例《じれい》が一つもないことである。逆《ぎゃく》の例は非常《ひじょう》に多く、西域《さいいき》（シルクロード）諸国は、昔は仏教国であったが、みんなイスラム教に改宗《かいしゅう》した。

キリスト教国がイスラム教になった国は多いけれど、その逆は中世《ちゅうせい》までは少なかった。「原罪《げんざい》をイエスが贖罪《しょくざい》した」などという不可解《ふかかい》な教義《きょうぎ》や、「空《くう》」の、「唯識《ゆいしき》」の、といった理屈《りくつ》は一切《いっさい》ない。昔のアフリカなどでキリスト教がイスラム教に取《と》って代《か》わられたというのは割《わり》と普通《ふつう》のことだったのである。

本来《ほんらい》、宗教原論《げんろん》を説《と》くのであれば、まず、イスラム教から始《はじ》めるべきであることは冒頭《ぼうとう》にも記《き》した。それは、イスラム教では「宗教の戒律《かいりつ》」、「社会の規範《きはん》」、「国家の法律《ほうりつ》」が全《まった》く一致《いっち》しているという理由ばかりではなく、ユダヤ教、キリスト教、そして仏教を知るうえでも、このうえないテキストとなるからだ。

しかし、多くの日本人はこういう。周《まわ》りにイスラム教徒なんていないし、第一、イスラム教の本質についてわかりやすく解説した本がない、と。確《たし》かにイスラム教徒の日本人は本当に少ない。だが、イスラム教の一番わかりやすい解説書《かいせつしょ》は日本でも簡単《かんたん》に手に入る。

もう気づいた方もあるだろう。答えはまさに、『コーラン』である。

アラブ諸国《しょこく》へ行くと、朝起きてから夜寝るまで、もう『コーラン』一色。日本人には想像もつかないだろうが、挨拶《あいさつ》も『コーラン』。道を歩きながらも『コーラン』。街中《まちなか》には朗々《ろうろう》たる声で『コーラン』が唱名《しょうみょう》されている国が多いし、子供だって真《ま》っ先《さき》に『コーラン』の暗記《あんき》から始める。まさに『コーラン』『コーラン』また『コーラン』である。

日本人は『コーラン』を読んだこともないくせに、ただなじみが薄《うす》いというだけで読むことさえも敬遠《けいえん》するが、イスラム教を理解《りかい》するためには、どんな人の話を聞くより、『コーラン』を読むのが一番よい。

『コーラン』は難《むずか》しいと思いこんでいる人も多いが、決してそんなことはない。『コーラン』ほど明快《めいかい》で、わかりやすく、魅惑《みわく》的な教典《きょうてん》は、他《ほか》になかなかあるものではない。

論理《ろんり》が明快《めいかい》なることの例を一つ挙《あ》げてみよう。

キリスト教の大事《だいじ》な教義《きょうぎ》にニケア信条《しんじょう》と呼ばれるものがあることは説明した。イエス・キリストは神である、と同時に完全《かんぜん》な人間である。そのうえ、三位一体説《さんみいったいせつ》、すなわち、父と子と聖霊《せいれい》が一体《いったい》となる。とてもわかりにくい教義《きょうぎ》ではあるが、日本人が正統《せいとう》と考えているキリスト教にとっては最重要《さいじゅうよう》の教義《きょうぎ》なのだ。しかし難解至極《なんかいしごく》でこれほど理解《りかい》を絶《ぜつ》する教義《きょうぎ》はないことは、キリスト教の章で説明したとおりである。

ところが、それを明確《めいかく》に否定《ひてい》しているのがイスラム教である。イエスは単《たん》なる人にすぎない。神だなんてとんでもない。ただ優《すぐ》れた預言者《よげんしゃ》であるにすぎない。また同じように、マホメットもただの人間であり、最も優《もつと》《すぐ》れた預言者《よげんしゃ》にすぎない。

三位一体説《さんみいったいせつ》もきっぱり否定《ひてい》しており、神＝アッラーはただ一人に決まっている。二でもなければ三でもない。神が三人いて、三人が一体であるなんて、そんな曖昧《あいまい》なことはない。このように、客観的《かんてき》に見たら、『コーラン』のほうが明らかに筋《すじ》が通《とお》っている。

では、キリスト教の最大特徴《とくちょう》である予定説はどうか。

イスラム教にも予定説的なドグマはある。天命《てんめい》（カダル）である。「天地間《てんちかん》のすべてのことは、神の意志《アッラーいし》による。例外はない」。全知全能《ぜんちぜんのう》のアッラーは、現世《げんせ》の人間の過去《かこ》も未来もすべて決めたまう、というこの命題《めいだい》は予定説といえる。ところがキリスト教と全然違《ぜんぜんちが》う点は、よいことをすれば神に来世《らいせ》で救済《きゅうさい》されるという。これは紛《まぎ》れもない因果律《いんがりつ》の論理《ろんり》である。

キリスト教の本来《ほんらい》の教義《きょうぎ》ではよいことをせよなどとは一言《ひとこと》も触《ふ》れていない。それどころか、プロテスタントなどは本来的《ほんらい》でない教義に猛烈《もうれつ》に反対する。ルターは、よいことをせよと書いてある本は、すべて聖書のなかに入れていないほどだ（六〇頁参照）。なぜならキリスト教にとっては紛《まぎ》れもなく異端《いたん》であるから。神を信ずる以外のことを本来《ほんらい》のキリスト教は求《もと》めないのだ。

ところが『コーラン』には、至《いた》るところによいことをせよと書いてある。

もう一つ、『コーラン』の特徴《とくちょう》は、その「よいこと」とはどういうことかはイスラム法（シャリーア）が決めるということである。是非《ぜひ》、善悪《ぜんあく》というのはイスラム法によって決まる。

よいことをすればどうなるか。このうえない極楽《ごくらく》、イスラムでは「緑園《りょくえん》」、または「緑《みどり》の園《その》」という表現をしているが、そこへ連《つ》れていく。悪いことをすれば、地獄《じごく》へ堕《お》とす。

地獄極楽《じごくごくらく》という世界が実体的《じったい》なものとして述《の》べられているのも、イスラム教の大きな特徴《とくちょう》である。仏教にも一応《いちおう》そういうふうなことが書いてあるが、仏教では実体的《じったい》な存在《そんざい》を否定《ひてい》する。したがって、地獄極楽《じごくごくらく》などというものはないのだというところへ教え導《みちび》くために、仮《かり》に考えられているに過《す》ぎない。

キリスト教では、最高啓典《けいてん》である『福音書《ふくいんしょ》』やその他の新約聖書では譬《たと》え話として使われるが、実体的な存在《そんざい》として考えるのは、異端《いたん》中の異端《いたん》である。日本人が持っているキリスト教的天国《てんごく》と地獄《じごく》というのは、『神曲《しんきょく》』などの文学作品から来ていることは前述《ぜんじゅつ》した。

そして何《なに》より決定的なことは、ペラギウス論争《ろんそう》（一〇五頁参照）でわかるように、ただ神の意志《いし》のみを認《みと》め、人間には意志《いし》の自由はないとしたキリスト教に対し、イスラム教では人間の意志《いし》の自由というのを認《みと》めている。よいことをするも悪いことをするのも、決めるのは本人で、本人の責任《せきにん》だと認《みと》めているのだ。

イスラム教の予定説は、現世《げんせ》限りの予定説である。現世《げんせ》で幸福になるか不幸になるかは、神がすでに決めてしまっている、ということだ。しかし、来世《らいせ》で天国《てんごく》（緑園《りょくえん》）へ行くか地獄《じごく》へ行くかは、現世《げんせ》でよいことをするか悪いことをするかによって決《き》まる。つまり因果律《いんがりつ》であり、この点は仏教と同じである。

すなわち、現世《げんせ》でどんなに不幸《ふこう》になっても、それにめげずに神の教え、すなわちイスラム法を正確《せいかく》に守れば、来世《らいせ》で「緑園《りよくえん》」に行くことができ、守らなければ地獄《じごく》へ行く。

プロテスタントのカルヴァン派が信じているような予定説ではないから、すでに説明したバニヤン描《えが》くところによる、駆《か》け出さずにはいられないという緊張《きんちよう》関係は生まれずにすむ（一六一頁参照）。いても立ってもいられなくなるような暇《ひま》があったら、よいことをすればよい。そうすれば来世《らいせ》は「緑園《りよくえん》」へ行ける。

大切な点をいくつかピックアップしたが、特に大事なことを一言《ひとこと》で要約《ようやく》すると、イスラム教は、ユダヤ教とキリスト教を高く評価《ひようか》しているが、最終的な正しい解釈《かいしやく》の仕方《しかた》はすべて『コーラン』にある、ということだ。

イスラムの何を信じるのか

日本人と『コーラン』の論理《ろんり》は、あまりにも違《ちが》いすぎる。せっかくの『コーラン』ではあるが、読み方がわからなくては、読んだことにならないから注意をいくつかしておくことにする。

まず、大切なことは、神を信ずるという信じ方が違う。

日本で最《もつと》も理想的《りそうてき》な宗教家ともいわれる西行法師《さいぎようほうし》（一一一八〜九〇）に、

「なにものの　おわしますかは　知らねども　かたじけなさに　涙こぼるる」

なる歌がある。日本人であれば、この歌に西行法師《さいぎようほうし》の深い信仰心《しんこうしん》を感じ取るだろうが、イスラム教ではこんなことでは信じたことになりはしない。

この作品は、西行法師《さいぎようほうし》が伊勢《いせ》の皇大神宮《こうたいじんぐう》に参拝《さんぱい》したときの歌だが、皇大神宮《こうたいじんぐう》に誰《だれ》が祀《まつ》ってあるか西行法師《さいぎようほうし》が知らないわけがない。天照大神《あまてらすおおみかみ》について講義《こうぎ》せよといわれれば何時間でも講義《こうぎ》できるほどよく知っているはずなのだ。その人が「なにものの……」などといっている。

アッラーを信じるとはどういうことか。『コーラン』のなかには、アッラーのさまざまな特性《とくせい》や美点《びてん》、そして能力《のうりょく》などが至《いた》るところに表現《ひょうげん》されている。それらのこと全部を心底《しんそこ》信じることがアッラーを信じるということなのである。

曰《いわ》く、アッラーは絶対で天地を創造《そうぞう》した。人間に生《せい》を与えた。人間を死なせた。アッラーは永存《えいぞん》する。アッラーは存在《そんざい》して永存《えいぞん》して唯一《ゆいいつ》であって永久《えいきゅう》であって全能《ぜんのう》であって計算高い……。ある人が数えたところ、『コーラン』には九九の特性《とくせい》が記《しる》されており、とにかくそれらのすべてのことを信じなければアッラーを信じたことにはならない。

日本の天照大神《あまてらすおおみかみ》にしても、最高神であって、天皇《てんのう》のご先祖《せんぞ》であって、などといくつかの特性《とくせい》、性格《せいかく》があるが、それを箇条書《かじょうが》きにして全部信じなければ天照大神《あまてらすおおみかみ》を信じたことにならないという信じ方を日本人はしない。

キリスト教でもそんなにはしつこくない。大事なことははじめに三つ。まず、神は天と地の間のすべてのものの創造者《そうぞうしゃ》であること。そして神は、「全知全能《ぜんちぜんのう》（オムニポーテント）」であること。最後に神はどこにでもいる、すなわち、「遍在《へんざい》（オムニプレゼンツ）」であること。この三つを認《みと》め、信じれば、イエスが起こした数多《あまた》の奇蹟《きせき》も容易《ようい》に信じることができる。原罪《げんざい》はキリストの贖罪《しょくざい》によって赦《ゆる》され、人間は永遠《えいえん》の生命《せいめい》を得《え》た。アガペーで神と隣人《りんじん》を愛し、主《しゅ》の祈《いの》りを捧《ささ》げればなにごとも叶《かな》えられる。これを信じることがキリスト教の信仰《しんこう》なのである。

アッラーの九九の特性《とくせい》のなかにこの天地創造《てんちそうぞう》、全知全能《ぜんちぜんのう》、遍在《へんざい》という三つの特性《とくせい》も勿論《もちろん》入っている。が、他の宗教に比《くら》べ特筆《とくひつ》すべきは、これらの諸特性《しょとくせい》をすべて信じなければならないことである。さらに注意するべきことは、アッラーの慈悲《じひ》深きことが大変に強調《きょうちょう》されていることで、これはイスラム教の大きな特徴《とくちょう》だ。

『旧約聖書』の最大の神学的《しんがく》難点《なんてん》は何《なに》か。神は契約《けいやく》を守らぬ民《たみ》に対しては鏖《みなごろし》も厭《いと》わず罰《ばつ》を与《あた》えてきた。イスラエルの民もまた何回も神のいいつけに背《そむ》く。そのたびに神は厳《きび》しい罰《ばつ》を与《あた》えるが、なぜか、ノアの洪水《こうずい》のときやソドム、ゴモラとは違って、鏖《みなごろし》にまではしない。これはなぜなのかが、ユダヤ教では説明できない。ところが、イスラム教では説明がつく。アッラーは非常に寛大《かんだい》であるから、悪いことをしても、赦《ゆる》す場合もあるのだ。

このような数々の特性《とくせい》をすべて信じること、すなわち、これをこう信じ、こう表しなさいと具体《ぐたい》的に決まっているということが大変重要《じゅうよう》な点なのである。

イスラム教では、何《なに》をどう信じるかが明快《めいかい》に特定《とくてい》されており、信仰《しんこう》とは、神（アッラー）、天使《てんし》（マラク）、教典《きょうてん》（キターブ）、預言者《よげんしゃ》（ナビー）、来世《らいせ》（アーキラット）、天命《てんめい》（カダル）の六つを信じることを指す。これを六信《ろくしん》という。

まず、第一が神（アッラー）。信じ方はすでに述《の》べた。

第二に、天使《てんし》（マラク）も信じなくてはならない。

天使《てんし》といえばキリスト教、と思い浮かべる人は多かろうが、キリスト教では天使《てんし》の位置がはっきりしていないのに比《くら》べ、イスラム教では神に仕《つか》える清浄《せいじょう》な霊《れい》と規定《きてい》され、マホメットに神の啓示《けいじ》を告《つ》げた大天使《だいてんし》ガブリエルを筆頭《ひっとう》に、中天使《ちゅうてんし》、小天使《しょうてんし》……という具合《ぐあい》に階級《かいきゅう》により地位《ちい》が決められており、天使《てんし》を信じることもイスラム教徒《きょうと》の義務《ぎむ》である。

第三が教典《きょうてん》（キターブ）。これは神が大天使《だいてんし》ガブリエルを介《かい》して人間に示《しめ》した啓示《けいじ》である。その数は一〇四。なかでも最《もっと》も神聖《しんせい》とされるものは、別格《べっかく》の最高啓典《けいてん》『コーラン』を筆頭《ひっとう》に、モーセに与《あた》えられた『トーラー』（五書《ごしょ》）、ダビデに与《あた》えられた『詩篇《しへん》』、イエスに与《あた》えられた『福音書《ふくいんしょ》』の四書である。

第四は預言者《よげんしゃ》（ナビー）。預言者《よげんしゃ》とは、神意《しんい》を人間に伝えるために神が送った人のことである。なかでも特に重要なのは、アダム、ノア、アブラハム、モーセ、イエス、そして最大にして最後の預言者《よげんしゃ》マホメット。この後、もう預言者《よげんしゃ》は現れない。これがイスラム教にとって決定的に重要なこととなる。

第五は、来世《らいせ》（アーキラット）。来世《らいせ》といっても、仏教でいう生まれ変わっていく来世《らいせ》のことではなく、最後《さいご》の審判《しんぱん》を受けた後《のち》に赴《おもむ》く緑園《りょくえん》、ないしは地獄《じごく》のことを指《さ》す。現世《げんせ》の行動が、最後の審《しん》判《ぱん》において精密《せいみつ》に吟味《ぎんみ》され、無罪《むざい》であれば、先に説明した緑園《りょくえん》に行けるが、有罪《ゆうざい》となれば地獄行《じごくゆ》きとなる。どちらも行《ゆ》くのは魂《たましい》ではなく生身《なまみ》の人間である。

最後が天命《てんめい》（カダル）。「天地間のすべてのことは、神の意志《いし》による。例外はない」との命題《めいだい》を信じることである。

この六信《ろくしん》を信じてはじめて、イスラム教の信仰《しんこう》たりうるのである。

イスラム規範の数々

イスラム教では、勤行《ごんぎょう》（修行《しゅぎょう》）をも明確《めいかく》に特定《とくてい》している。規範《きはん》の決まっていないキリスト教とは根本的に違い、イスラム教徒たる者、必ず行わねばならない宗教的義務《ぎむ》である。

イスラム教の信仰《しんこう》とは、信心《しんじん》という内面的行動と、勤行《ごんぎょう》という外面的行動の両方が揃《そろ》ってはじめて信仰《しんこう》たりうるのである。

勤行《ごんぎょう》は、信仰告白《しんこうこくはく》（シャハダ）、礼拝《れいはい》（サラート）、断食《だんじき》（サウム）、喜捨《きしゃ》（ザカート）、巡礼《じゅんれい》（ハッジ）であり、これを五行《ごぎょう》という。

第一番目に来るのは信仰告白《しんこうこくはく》。「アッラーの他《ほか》に神なし。マホメットはその使徒《しと》である」と、絶《た》えず口に出して唱《とな》えること、と決められている。

その次は礼拝《れいはい》。毎日五回、決まった時間に、メッカの方向に向かい、礼拝《れいはい》しなければならない。特に金曜は神聖《しんせい》な日で、モスクに集《つど》い、公式に礼拝《れいはい》を行《おこな》わねばならない。ちなみに、モスクをイスラム寺院《じいん》と呼《よ》ぶ人がいるが、それは間違《まちが》いである。イスラム教には寺院《じいん》はないので、礼拝所《れいはいじょ》、集会所《しゅうかいじょ》というのが正しい。なぜなら、イスラム教には僧侶《そうりょ》がいないからである。

ここでコメントを一つ。礼拝《れいはい》は『コーラン』によって義務《ぎむ》づけられているが、やり方の細目《さいもく》までが載《の》っているわけではない。『コーラン』は絶対の啓典《けいてん》だが、細《こま》かいことまですべて網羅《もうら》できるわけではないので、それを補《おぎな》うべく、さまざまな教典《きょうてん》がある。『コーラン』を第一法源《ほうげん》とし、第二法源《ほうげん》、第三法源《ほうげん》と続き、第一〇法源《ほうげん》までがある。法源《ほうげん》については後《のち》に説明するが、ここでは礼拝《れいはい》の細目《さいもく》は第二法源《ほうげん》たる『スンナ』に記《しる》されていることを記《き》すにとどめる。

第三番目は断食《だんじき》である。イスラム暦《れき》九月（ラマダン）に、一カ月間断食《だんじき》をしなければならない。この期間は、日の出から日没《にちぼつ》まで何《なに》も食べてはいけない、飲んでもいけない。大変厳《きび》しい勤行《ごんぎょう》ながら、日本人の断食《だんじき》のイメージとはかなり違う。日本の断食《だんじき》は一週間なら一週間、何も食《しょく》さないことを指《さ》すことが多いが、イスラム教の断食《だんじき》は、日が暮《く》れたら何を食べてもかまわない。『コーラン』を読むと、「その晩《ばん》は妻と交《まじ》わるがよい」とまで書いてある。それなら簡単《かんたん》では、と思う向《む》きもあろうが、実際に行《おこな》ってみれば大変な修行《しゅぎょう》で、人によっては体調《たいちょう》に多大《ただい》な影響《えいきょう》が出るほどだ。そのためか例外《れいがい》は設《もう》けられていて、妊娠《にんしん》している女性や、病人、年寄《としよ》りはやらなくてもよろしい。他《ほか》に旅行中の人も除外《じょがい》される。だから極端《きょくたん》な話、どうしても空腹《くうふく》に耐《た》えられなくなれば旅行《りょこう》に出ればよいのである。

規範《きはん》を持つ宗教の特徴《とくちょう》として、規範《きはん》が厳密《げんみつ》な分、抜《ぬ》け道もまた合法《ごうほう》的に可能《かのう》となることがある。食物規制《しょくもつきせい》などにしても、食べてはいけないと明示《めいじ》されているのなら、それ以外は食べてもよいことになる。

逆にキリスト教のように、規範《きはん》が明示《めいじ》されていない宗教は、何《なに》をやるにつけ論争《ろんそう》を巻《ま》き起こしたりする。またやっかいなのが日本教《にほんきょう》。決まりがあるようなないような、きわめて曖昧《あいまい》なところで成《な》り立っている。例《たと》えば食物規制《しょくもつきせい》の場合はどうか。別《べつ》に決まりはないと思われていたが、山本七平《やまもとしちへい》氏が実《じつ》はあったことを発見した。例《たと》えば四《よ》つ足《あし》の動物である。江戸時代《えどじだい》までは牛や豚などは、普通《ふつう》は食べない。いまでも犬猫《いぬねこ》は食べないが、禁止《きんし》をされているわけではない。なぜなら日本には規範《きはん》がないからである。ところが江戸時代《えどじだい》にも猪肉《いのししにく》を食《た》べている。その抜《ぬ》け道《みち》は、猪肉を山にいる鯨《くじら》の肉《にく》、すなわち山鯨《やまくじら》ということにした。兎《うさぎ》も鳥の一種《いっしゅ》だということにして食べていた。だから、兎《うさぎ》の数え方は一羽二羽《いちわにわ》なのである。

こういう、曖昧《あいまい》な抜《ぬ》け道《みち》というのは、イスラム教の場合、ありえない。抜《ぬ》け道《みち》も正確《せいかく》に決まっており、論理《ろんり》が通らなければならない。

四番目は喜捨《きしゃ》（ザカート）。仏教にも喜捨《きしゃ》はあるが、大きな違いは、仏教の喜捨《きしゃ》は義務《ぎむ》ではないが、イスラム教では喜捨《きしゃ》、貧しき人に恵《めぐ》むというのは、宗教的義務《ぎむ》であること。イスラム社会では宗教的義務《ぎむ》＝道徳的義務《どうとくぎむ》＝法律的義務《ほうりつぎむ》であるから、税金《ぜいきん》という性質《せいしつ》も持っている。ただし、税金《ぜいきん》と違うのは、ごまかそうとしないし、節約《せつやく》するための努力《どりょく》もしないことである。神に対する義務《ぎむ》であるから、税理士《ぜいりし》を雇《やと》ってなるべく額《がく》を少なくするという発想がない。ましてや、ごまかすなどとはとんでもない。法律《ほうりつ》でもあるから所得《しょとく》の四〇分の一と、額《がく》まできちんと決まっている。基礎《きそ》となるのは、あくまで所得《しょとく》であり、財産《ざいさん》ではないことに注意を要《よう》す。これが明示《めいじ》されているところにイスラム法の厳密《げんみつ》さが見える。また、喜捨《きしゃ》の他に、任意《にんい》的な寄付《きふ》（サダカ）もあるが、これは義務《ぎむ》ではないので、所得の一〇〜一五パーセントというところが多いようだが、あくまで自分で決めればよく、厳密《げんみつ》には額《がく》も決まっていない。これもまた、「稼《かせ》ぎの中から自分に必要な分だけを神からもらい、あとは寄付《きふ》する」という思想が根底にあるため、「まけさせよう」とは考えないのである（U・D・カーン・ユスフザイ『私のアラブ・私の日本』CBSソニーブックス）。

もう一つの注意は、喜捨《きしゃ》はするほうが偉《えら》くて、されるほうが偉《えら》くないということはなく、するされるとは無関係であることだ。双方《そうほう》ともいいことをしていることになる。イスラム国で物乞《ものご》いにお金をあげると、「アッラーの恵《めぐ》みが貴方《あなた》にありますように」といわれたりする。アンタがアッラーに褒《ほ》められるために俺《おれ》はアンタの金をもらってやるんだ、という顔をされたみたい、という日本人がいた。どうも日本人にこういう表現は受け入れられがたいようだ。

最後が巡礼《じゅんれい》（ハッジ）である。イスラム暦《れき》一二月に聖地《せいち》メッカのカーバ神殿《しんでん》を中心に行われる儀《ぎ》式《しき》への参加《さんか》である。成人《せいじん》は一生《いっしょう》の内《うち》最低一度は行《おこな》うべきとされてはいるが、自発《じはつ》的義務《ぎむ》であるので、十分な費用や体力、能力のない人にまで義務化《ぎむか》しているわけではない。

しかし、可能な信者は地を這《は》ってでも、何度でも参加《さんか》する。自分で行けないときは、自分の友達や子孫に行かせる。金銭援助《きんせんえんじょ》も惜《お》しまない。そして巡礼《じゅんれい》を行った人はとても尊敬《そんけい》される。巡礼《じゅんれい》の道中《どうちゅう》は、イスラム教徒であれば敵《てき》も味方《みかた》も関係なく、みな同胞《どうほう》となる。人種《じんしゅ》も社会的地《ち》位《い》も無視《むし》される。王族《おうぞく》も庶民《しょみん》もみんな平等《びょうどう》。ここに驚《おどろ》くべきほどの連帯《ソリダリテ》が生まれる。

この連帯《ソリダリテ》について、在日イスラム圏《けん》ジャーナリストの書いた好例があるので紹介しよう。

そして、ハッジに参加した人びとは『ハッジ』という称号をもらう。日本でいうと、ハッジは「先生」という感じである。

「先生、おはよう!」というように、ハッジに参加したあとは、街の人びとから、「ハッジ、おはよう!」と呼びかけられる。

それがイスラムの人間にとっては、すばらしく気持ちがいい。ハッジの称号は他の行為によっては得られるものではない。純粋に信仰の深さを証明するものだからである。(中略)

ハッジに来た人たちは、そのテントに貧富や肌の色の違いの区別なく、まず落ちつく。

実際、ハッジに集まった人たちは、男性は綿の長いパイルのような布を一枚体に巻くだけ。女性はもう一枚使って、顔だけを出して頭から全身を覆《おお》う。

だから、現実問題として、誰が金持ちなのか、あるいは大統領なのか、ひとりの小さな市民なのか全く区別がつかない。

ここでは、そういう経済力の違いはもちろん、国籍の違い、肌の色の黒い、白い、黄色い、赤い、そういう違いが一切問題にならない。

そういう相違を越えて、みんなが一緒に同じ方向に向かって祈る。

この体験は非常に大きな影響を個々人にもたらす。イスラムの人間は、日本人のように国籍にはあまりこだわらないと述べたが、それはこのように現実に国籍を越えたところで、同じイスラムとして連帯するという体験をする場があるからである。（ユスフザイ、前掲書）

この例からも明らかなように、巡礼《ハッジ》は理想的連帯《ソリダリテ》を生む。アノミー（無連帯《むれんたい》のこと。詳しくは三八四頁参照）が防《ふせ》げる。イスラム教の強みはここにある。

日本でも、巡礼《じゅんれい》の風習《ふうしゅう》はあったし、伊勢参《いせまい》りなども盛《さか》んだったが、征夷大将軍《せいいたいしょうぐん》からその辺《へん》の庶民《しょみん》まで皆《みな》が平等《びょうどう》などということは起きなかった。これでは連帯《ソリダリテ》は生まれにくい。


イスラム教徒は、これら六信五行《ろくしんごぎょう》をはじめ、『コーラン』に従《したが》う行動をとって、初めて信者《しんじゃ》たりうるのである。

ジャーナリズムの世界などでは、イスラム教過激派《かげきは》などに対しファンダメンタリストという用語《ようご》を用い、日本では原理主義《げんりしゅぎ》といういい方をあてて使っているが、使い方が間違《まちが》っていることは、前に記《しる》したファンダメンタリズムの説明でわかるはずである。

それに関《かん》する付帯《ふたい》状況を説明すると、キリスト教のファンダメンタリズムという場合には普通《ふつう》政治とは関係ない。「信仰《しんこう》汝《なんじ》を癒《いや》せり」などという命題は政治と無関係だ。
ところが、イスラム教の場合には必《かなら》ず行動と関係する。イスラム教における理想《りそう》的な政治という
のは、イスラム教の『コーラン』の学者が専制《せんせい》政治を行うのが政治の理想なのだ。なにしろ、「宗
教の戒律《かいりつ》」、「社会の規範《きはん》」、「国家の法治《ほうち》」が一致《いっち》しているのだから、これも当然《とうぜん》なのである。

『コーラン』の読み方の極意

イスラム教を知るにはまず『コーラン』、これが何より重要であることは章頭《しょうとう》にも記《き》した。いよいよこれより、『コーラン』の読み方を伝授《でんじゅ》する。
まず、開扉《かいひ》。『コーラン』を読む以上、このくらいはまず暗記《あんき》してもよかろう。

慈悲《じひ》ふかく慈愛《じあい》あまねきアッラーの御名《みな》において……

讃《たた》えあれ、アッラー、万世《よろずよ》の主、
慈悲《じひ》ふかく慈愛《じあい》あまねき御神《おんかみ》、
審《さば》きの日（最後の審判《しんぱん》の日）の主宰《しゅさい》者。
汝《なんじ》をこそ我らはあがめまつる、汝《なんじ》にこそ救いを求めまつる。
願わくば我らを導《みちび》いて正しき道に辿《たど》らしめ給《たま》え、

汝《なんじ》の御怒りを蒙《こうむ》る人々や、踏みまよう人々の道ではなく、
汝《なんじ》の嘉《よみ》し給《たま》う人々の道を歩《あゆ》ましめ給《たま》え。

（井筒俊彦訳『コーラン』岩波文庫。以下同様）

まず最初が、「慈悲《じひ》ふかく慈愛《じあい》あまねきアッラーの御名《みな》において」。この言葉は、『コーラン』のなかにたびたび登場する慣用句《かんようく》のようなものだが、仏教で慈悲《じひ》という言葉になれている日本人は当たり前と思っても、世界の宗教常識《じょうしき》からすれば、これは実に驚《おどろ》くべきことなのである。『旧約聖書』の「創世記《そうせいき》」は、神が天地を創造《そうぞう》したことから始まり、『新約聖書』の『福音書《ふくいんしょ》』は預言者《よげんしゃ》アブラハムの末《すえ》、ダビデの末《すえ》、イエスの系譜《けいふ》から始まる。しかし『コーラン』は「慈悲《じひ》」なる言葉からスタートだ。

イスラムの慈悲《じひ》と仏教の慈悲《じひ》は、同じ慈悲《じひ》ながら実体はずいぶんと異《こと》なる。日本では仏《ほとけ》は慈悲《じひ》深いというが、因果応報《いんがおうほう》の論理《ろんり》に貫《つらぬ》かれている仏《ほとけ》は、正しい道徳《どうとく》を守るためにどのような修行《しゅぎょう》をすればよいかは教えられるが、罪《つみ》を犯《おか》してしまった人を、仏《ほとけ》の権限で赦《ゆる》すことはできない。ところがイスラム教でいう慈悲《じひ》は、アッラーがその権限《けんげん》で悪事《あくじ》を犯《おか》した人も赦《ゆる》すことができる、という意味に直結《ちょっけつ》する慈悲《じひ》である。

ここでもう、読み方のポイントが出てきた。

心から悔《く》い改《あらた》めれば赦《ゆる》されるということは、宗教的矛盾《むじゅん》を内包《ないほう》している。つまり、アッラーに赦《ゆる》

す権限《けんげん》があるのなら悪事《あくじ》を働《はたら》いてもかまわない。後《あと》で反省《はんせい》すればよいということなのだ。そこを読まないといけない。

ヤハウェは罪《つみ》を赦《ゆる》さない。命令にそむけば鏖《みなごろし》である。イエスは善悪《ぜんあく》どちらにかかわらず行動は問《と》わず、ただ信仰《しんこう》のみを問《と》う。この両者にも悔《く》い改《あらた》めるという表現はあり、強調《きょうちょう》されてはいるのだが、「悔《く》い改《あらた》め」たらどういうことになるのかが曖昧《あいまい》なままなのである。

ところが、日本人には心から悔《く》い改《あらた》めた者は赦《ゆる》すべきだという思いこみがある。しかもそれはよいことだとも思っている。実はこれは、世界的にも歴史的にも常識外《じょうしきはず》れな考え方なのだ。

いくつか例を挙《あ》げる。大儒《たいじゅ》である孔子《こうし》が魯《ろ》の大臣《だいじん》に就《つ》いたとき、真《ま》っ先《さき》に行ったのは、悪徳大臣《あくとくだいじん》の粛清《しゅくせい》であった。それもなまぬるい処置《しょち》ではなく、死刑《しけい》に処《しょ》した。日本人は、孔子《こうし》ともあろう人が人を死刑《しけい》にするんですか、追放《ついほう》ぐらいでよかったんじゃないですか？　という疑問《ぎもん》をすぐに浮かばせる。聖人《せいじん》とは情《なさ》け深い人だから、たとえ死刑囚《しけいしゅう》にでも救《すく》いをさし伸べるだろう、とこう思う。

ところが、それが違う。死刑《しけい》になるべき人は断固《だんこ》死刑にするのが聖人《せいじん》なのだ。

もう一つ、例を挙《あ》げる。サリンを撒《ま》いて何十人も殺《ころ》した輩《やから》が死刑《しけい》になっていない（編集部注：事件から23年後の２０１８年７月、教団元代表ら13人の死刑執行）。断固死刑《だんこしけい》に処《しょ》すべし、というマスコミもない。これがアメリカだったらもう大変な騒《さわ》ぎになっていること、間違《まちが》いない。アメリカの刑《けい》法《ほう》はもともと、人殺《ひとごろ》しは死刑《しけい》というのが原則《げんそく》で、死刑《しけい》でないのが例外である。これが常識《じょうしき》なのだ。

だから、慈悲《じひ》ふかく慈愛《じあい》あまねきアッラーなどという表現は、日本人はうっかり聞《き》き逃《のが》すかもしれないが、欧米人《おうべいじん》が聞いたら「なんて神様だ！」と驚愕《きょうがく》するような神なのだ。神《アッラー》は予定説と因果《いんが》律《りつ》の両方を使っているのである。

驚愕《きょうがく》はまだ続《つづ》く。

まことに、信仰なき者どもは、お前（マホメットを指す）がいかに警告しても、また警告しなくても同じこと。（いずれにせよ）信仰に進み入ることはなかろうぞ。アッラーは封緘《ふうかん》をもって彼らの心を閉ざし、またその耳を閉ざし給うた。またその眼《め》には蔽《おお》いが掛けられている。彼らには大きな懲罰《ちょうばつ》が加えられるであろうぞ。

これは、二重予定《にじゅうよてい》説、すなわちカルヴァンが解釈《かいしゃく》したパウロの説《せつ》と同じ考え方である。信仰《しんこう》に入る者、信仰《しんこう》なき者は初《はじ》めから決まっていて、懲罰《ちょうばつ》が必然《ひつぜん》に下《くだ》る人間がいる。これは、人間に自由意志《いし》がないということを指《さ》しており、これはアッラーによって決められている。この点では紛《まぎ》れもなく予定説である。ところが、予定説的な発想はここだけで、全体的な論理《ろんり》にはなっていない。

この趣旨《しゅし》の文言《もんごん》がしばらく続いた後《あと》にこういう言葉が出てくる。

だが信仰《しんこう》を抱《いだ》き、かつ善行《ぜんこう》をなす人々に向っては喜びの音信《たより》を告げ知らしてやるがよいぞ。

この件《くだり》に、因果律《いんがりつ》だけを見るのは、まだ読み方が足《た》りない。このポイントは、信仰《しんこう》と善行《ぜんこう》、内面的行動と外面的行動の両方を要求《ようきゅう》していることである。信じるだけでもいけないし、よい行いをするだけでも不足である。

ここでおさらいをする。キリスト教の根本では信仰《しんこう》のみが問題であって、行いは関係ない。キリスト教と全《まった》く正反対なのが儒教《じゅきょう》で、行動だけでいい。聖人《せいじん》のような行動をする者は、要するに聖人《せいじん》である。心中《しんちゅう》の思考とは一切《いっさい》関係ない。そこまで極端《きょくたん》に儒学《じゅがく》を解釈《かいしゃく》する研究者もいる。

仏教には諸説《しょせつ》があり一概《いちがい》にはいい切れない。反唯識論者《はんゆいしきろんしゃ》は、心の中で何を思おうとも正しい行いをすれば諒《りょう》とする、という者もあれば、唱名《しょうみょう》さえとなえていれば、善行《ぜんこう》でも悪行《あくぎょう》でも関係ない、とする者もある。

イスラムの法源

このように、日々《ひび》の行動に大きな宗教的意味を持つイスラム教は、当然《とうぜん》その行動の規範《きはん》を明確《めいかく》にすることが求められる。そのためにイスラム法がある。イスラム法は、啓典《けいてん》であり、絶対の啓示《けいじ》である『コーラン』を、イスラム法の第一法源《ほうげん》としている。が、歴史が進展《しんてん》し、社会が複雑《ふくざつ》になり、またイスラム教が世界に広まってゆくにつれ、『コーラン』の中の用語の解釈《かいしゃく》や、命令の施行規則《しこうきそく》が必要になってくる。『コーラン』に明示《めいじ》されていない細目《さいもく》を補《おぎな》う必要も出てくる。

『コーラン』を補《おぎな》うために第二法源《ほうげん》「スンナ」がある。それでも不十分なので、さらにそれを補《おぎな》うために第三法源《ほうげん》「イジュマー」、第四法源《ほうげん》「キヤース」が定められた。
ここまでは確定しているが、以下、第五法源《ほうげん》から第十法源《ほうげん》までは諸説《しょせつ》があり、イスラム教全体で確定《かくてい》しているとはいえない。ここでは、アブドル＝ワッハーブ・ハッラーフ著・中村廣治郎訳による『イスラムの法　法源と理論』（東京大学出版会）に従《したが》い解説をしていくこととする。

第一法源《ほうげん》『コーラン』
神の言葉である『コーラン』は、天使《てんし》ガブリエルが神の使徒《しと》モハメットの心に、アラビア語の表《ひょう》現《げん》と真実《しんじつ》なる観念《かんねん》とを共《とも》に持ち来《きた》ったものである。したがって、いかなる改竄《かいざん》も変更《へんこう》も認《みと》められず、そのためアラビア語以外の言葉で書かれたものは『コーラン』とは認《みと》められない。

第二法源『スンナ』
神の使徒《しと》（マホメット）から出た言葉、行為、承認《しょうにん》を記《しる》した書。『コーラン』の概略的《がいりやくてき》、無制約《むせいやく》的《てき》な記述《きじゅつ》を詳《くわ》しく説明したり、制約《せいやく》したり、限定《げんてい》したりする。また、『コーラン』が沈黙《ちんもく》している判断《はんだん》を定立《ていりつ》し、創設《そうせつ》する。当然《とうぜん》、その内容に『コーラン』との対立や矛盾《むじゅん》はありえない。「スンナ」の語義《ごぎ》は「道」である。

第三法源《ほうげん》『イジュマー』

使徒《しと》の死後において、その時代のムスリムのなかの全ムジュタヒド（法解釈《かいしゃく》のための方法論的基《き》礎固《そがた》めをした正統《せいとう》四法学派《ほうがく》の確立者《かくりつしゃ》。解釈《かいしゃく》の資格《しかく》を有《ゆう》する法学者）が、ある事件についての法判断《はんだん》において一致《いっち》すること。「イジュマー」の語義《ごぎ》は「決断」である。

第四法源《ほうげん》『キヤース』

その判断についての明文《めいぶん》を持たない事件と、明文《めいぶん》のなかに判断《はんだん》が示《しめ》されている事件とを、明文《めいぶん》に示《しめ》されている判断《はんだん》で結合《とうごう》すること。ただし、この判断《はんだん》の理由《りゆう》を両件《りょうけん》が共有《きょうゆう》していることが条件となる。「キヤース」の語義《ごぎ》は「類似《るいじ》のものでものを評価すること」である。

以下、第五法源《ほうげん》『イスティフサーン』、第六法源《ほうげん》『無記《むき》の福利《ふくり》』、第七法源《ほうげん》『慣習《かんしゅう》』、第八法源《ほうげん》『イスティスハーブ（併存《へいぞん》していると考えること）』、第九法源《ほうげん》『イスラム前の法』、第十法源《ほうげん》『教友《きょうゆう》の意見』と続いている。

イスラム法の解釈《かいしゃく》は、この法源《ほうげん》の順に検討《けんとう》され、判断《はんだん》がなされる。このイスラム法の、「コーラン→スンナ→イジュマー……」というシステムは、ユダヤ法の、「トーラー→ミシュナ→バライタ→ゲマラ……」というシステムと同様である。絶対不変《ふへん》なものは『コーラン』のみであり、第二法《ほう》源《げん》以下は、十分《じゅうぶん》な理由が存在《そんざい》すれば変更不可能《へんこうふかのう》というわけではない。例《たと》えば、礼拝《れいはい》の回数は『スンナ』により一日五回と決められていたが、トルコ近代化の父、ケマル・アタチュルク（一八八一〜一九三八）が大統領《だいとうりょう》になった折《おり》に、社会活動への支障《ししょう》を理由に、礼拝《れいはい》を一日三回に改《あらた》めている。

ここまで綿密《めんみつ》な規定《きてい》を作り上げているのがイスラムの法体系《たいけい》であり、ユダヤ教以外の他宗教には見られない特徴《とくちょう》である。

信仰があればわかる

イスラム教は、ただアッラーを信じればよいのではなく、アッラーに関するすべてのことを信じなければ信じたことにならない、と説明した。それにも関連した文章がここにある。

まことにアッラーは蚊《か》でも何でも平気で譬《たと》え話にお引きになる（当時マホメットは、彼に敵対する人々、特にキリスト教徒から、彼に下る天啓《てんけい》には蚊《か》とか蜂《はち》、蟻《あり》、蜘蛛《くも》のような賤《いや》しいものが譬《たと》えとして使われるということでひどい嘲笑《ちょうしょう》をあびせられたのである）。信仰ある人々ならば、それが主の下し給《たも》う真理であることがわかる筈《はず》。しかし、無信仰の者どもは、こんなものを譬《たと》えとして一体アッラーはどうするつもりなのかなどという。

ここで大事なことは二つある。まず一つは、アッラーの譬《たと》えがわからないということは、まだ信《しん》仰《こう》ではないということ。もう一つは、譬《たと》え話とはいえ現実の真理《しんり》であるということ。『コーラン』

を読むと、仏教のこともわかるという好例《こうれい》がここである。

仏教の最《もっと》も優《すぐ》れた経典《きょうてん》の一つに『法華経《ほけきょう》』があるが、この中には仏教の真理《しんり》はどうだなど一言《ひとこと》も書いていないことは、前章《ぜんしょう》でも説明した。ほとんどすべてが譬《たと》え話なのである。平田篤胤《ひらたあつたね》が、「法華経《ほけきょう》というのはこの薬《くすり》は凄《すご》いと書いた効能《こうのう》書《が》きだけで、薬《くすり》の入っていない薬箱《くすりばこ》のようだ」と評したことは、前にも紹介したが、江戸《えど》時代の高僧《こうそう》・白隠禅師《はくいんぜんじ》（一六八五～一七六八）や日本最初の文学博士・姉崎正治《あねさきまさはる》（一八七三～一九四九）も若《わか》かりし頃『法華経《ほけきょう》』を読み、最低《さいてい》につまらないと思ったという。しかし、後年《こうねん》読んだところ、やっと意味がわかって最高《さいこう》のお経《きょう》だと評価《ひょうか》した。

これが、「信仰《しんこう》ある人々ならば真理《しんり》であることはわかるはず」ということである。

ちなみに仏教を知ろうと思うなら、『法華経《ほけきょう》』と、そのイントロダクションたる『維摩経《ゆいまぎょう》』、そして仏教の真理《しんり》を解説した『勝鬘経《しょうまんぎょう》』の三冊を通読《つうどく》するのがよい。難《むずか》しければ『コーラン』を一読《いちどく》したあとに読むとよくわかる。

ユダヤ、キリスト、イスラム、それぞれの失楽園

アダムとイブが禁断《きんだん》の果実《かじつ》を食べ、エデンの園《その》を追《お》われる『旧約聖書』の記述《きじゅつ》は、人間の原罪《げんざい》に及《およ》ぶ重要《じゅうよう》なシーンである。それは、ユダヤ教、キリスト教ばかりではなく、『コーラン』にも記述《きじゅつ》があるのだ。

……「これアーダム。汝《なんじ》は妻と共にこの楽園に住み、どこなりと好むところで（果実を）思う存分食べるがよい。但《ただ》し、この木にだけは、決して近寄るなよ。（近寄れば）不義を犯《おか》すことになるぞ」。しかるにイブリースは二人を誘惑してこの禁を破らせ、二人をそれまでの（無垢《むく》の）状態から追い出してしまった。そこで我らはいった、「堕《お》ちて行け。一人一人がお互いに敵となれ。地上に汝《なんじ》らの宿があろう、かりそめの楽しみがそこにあろう」と。しかし（その後）アーダムは主から（特別の）御言葉を頂戴《ちょうだい》し、主は御心《みこころ》を直して彼に向かい給《たも》うた。まことに主はよく思い直し給《たも》うお方《かた》。主は限りなく慈悲ぶかいお方。我ら（アッラー自称）は言った、「さ、もろともにここから堕《お》ちて行け。しかしやがてわしは汝《なんじ》らに導《みちび》き（『コーラン』の啓《けい》示《じ》）を下しつかわすであろう。その時、わしの導《みちび》きに従う者は決して恐ろしい目に逢《あ》いはせぬ。悲しみに逢《あ》うこともあるまいぞ。

この話、「創世記《そうせいき》」の記述《きじゅつ》と後半が大きく違う。これが『コーラン』の独創《どくそう》であって、この最後の一つの言葉がなければ『旧約聖書』と同じなのだが、これがあるためにイスラム教の特徴《とくちょう》を最大限に伝《つた》えている。

ユダヤ教では、ヤハウェに人間は楽園《らくえん》から追放《ついほう》されっぱなしである。

キリスト教では、イエスが原罪《げんざい》を担《にな》いたもうて、人々のために死にたもうた。そのおかげで、人々は救われた。

十字軍を迎《むか》え撃《う》つイスラム教の「聖戦《ジハード》」

預言者《よげんしゃ》マホメットの前に現れた天使。偶《ぐう》像崇拝《ぞうすうはい》を徹底的に禁ずるゆえに、マホメットの顔の部分は潰《つぶ》されている

ところが、アッラーは、追放《ついほう》を申《もう》し渡《わた》した後《のち》思い直《なお》して、『コーラン』の啓示《けいじ》に従《したが》えば怖《こわ》い目、悲しい目には遭《あ》わせないぞ、と声をかけている。一番最初の開扉《かいひ》にあるように、なんと慈悲《じひ》深く、慈愛あまねきアッラー。ヤハウェ、イエスに比《ひ》し、アッラーが一番優《やさ》しいといわれる意味がおわかりであろう。

この節《せつ》に続く文言《もんごん》に、とても重要なイスラム教の特徴《とくちょう》が現《あらわ》れている。

だが、不信の徒《やから》となって、我ら（アッラーの自称）の下す神兆《しんちょう》（奇蹟《きせき》を指《さ》す）を嘘呼ばわりする者どもは劫火《ごうか》の住人となって、永遠にそこに留《とど》まらねばならぬぞ。

神兆《しんちょう》、すなわち奇蹟《きせき》なるものを、マホメットは一回も起こしていない。では、イスラム教では何をもって奇蹟《きせき》とするのかというと、イエスやそれ以前の預言者《よげんしゃ》たちに下《くだ》したもうた奇蹟《きせき》を指《さ》す。それらをすべて事実として信じよ、といっている。そして、その奇蹟《きせき》の集大成《しゅうたいせい》、最大の奇蹟《きせき》が『コーラン』であるとの論理《ろんり》なのだ。

現《げん》にイスラム教では、トーラー（『モーセ五書』）も『福音書《ふくいんしょ》』も、聖典《せいてん》として認《みと》めている。それまでの奇蹟《きせき》によってできたものも十分聖典《じゅうぶんせいてん》なのである。同じ理由《りゆう》でイスラムの第九法源《ほうげん》としてイスラム以前の法律《ほうりつ》という論拠《ろんきょ》がある。ただし、『コーラン』以外のそれら聖典《せいてん》の解釈《かいしゃく》を認《みと》めないだけなのだ。したがって、エデンの園の話が『コーラン』に登場《とうじょう》しても全然不思議《ぜんぜんふしぎ》ではない。「出《しゅっ》エジプト記」の紅海《こうかい》が割《わ》れて道ができた話も『コーラン』にある。勿論《もちろん》、海を割《わ》らせたもうたのはアッラーである。

また、イスラム教を最高としたうえで、人々は自分の信じるものに従って、どの宗教を信じてもよい、と他宗教の信仰《しんこう》も認《みと》めている。そればかりか、「アッラーは、各々《おのおの》の民族に、その民族の言葉で語《かた》る預言者《よげんしゃ》を下《くだ》したまえり」とはっきり書いており、中国における孔子《こうし》、インドにおける釈迦《しゃか》らをも預言者《よげんしゃ》として認《みと》め、敬意《けいい》を表《ひょう》している。

イスラム教が他宗教に寛大《かんだい》なこと、仏教と双璧《そうへき》である。「右手に『コーラン』、左手に剣」という言葉から、イスラムに好戦的《こうせんてき》な印象《いんしょう》を見てとる人も多かろうが、あれはキリスト教徒がプロパガンダに使ったものに違いない。イスタンブールやエジプトの地に行くと、イスラム政権下で建立《こんりゅう》された、キリスト教の建造物《けんぞうぶつ》がきちんと残っている。これに対し、キリスト教国に残っているイスラムの大モスクを思い浮かべることができるだろうか。歴史的に見れば、仏教を保護《ほご》したといわれるアショカ王（前三世紀頃、インドのマガダ国に君臨《くんりん》したマウリヤ朝第三代の王）も、仏教以外の宗教を全部保護《ほご》している。

宗教の寛大《かんだい》さを計《はか》るに、エジプトにおける「コプト教」が絶好の試金石《しきんせき》となる。

キリスト教の流れを汲《く》むコプト教は、ニケア信条《しんじょう》の「イエスは完全な人間であり、完全な神である」という考えにも、アリウス派の「イエスの神性否定」にも与《くみ》さず、イエスの神性を強調《きょうちょう》して人性を軽視《けいし》した。普通《ふつう》に考えれば、イエスが神であることを絶対に拒否《きょひ》するイスラム教よりも、イエスを神として認《みと》めている分、キリスト教正統派のニケア信条《しんじょう》に近いといってよいであろう。

ところが、このコプト教を、ギリシャ正教は異端《いたん》として徹底的《てってい》に弾圧《だんあつ》、迫害《はくがい》を重ねた。やむなくイスラム圏《けん》であるエジプトに逃《のが》れたコプト教は、彼《か》の地で温《あたた》かく迎えられ、宗教の自由を認《みと》められ、現在もエジプトに多くの教会を持っている。

イスラム教の寛大《かんだい》さはかくのごとくである。

酷《ひど》いのはキリスト教のほうで、イスラム勢《せいりょく》力を駆逐《くちく》した後《あと》のスペインなどでは、きわめて残酷《ざんこく》な方法でイスラム教徒を片《かた》っ端《ぱし》から殺《ころ》した。

このような事態《じたい》になった場合、イスラム教徒には決定的《けっていてき》に不利《ふり》な点があることをご記憶《きおく》だろうか。キリスト教徒は信仰《しんこう》を内《うち》に秘《ひ》め、外面はとぼけていれば教徒だとは露見《ろけん》しないが、イスラム教徒は隠《かく》しおおせない。信仰告白《しんこうこくはく》は声に出さなければならない、礼拝《れいはい》はしなければならない。しかも、信《しん》仰《こう》と行動をはっきりさせなければ信仰《しんこう》したことにならない。

悲惨だったのは日本の隠《かく》れ切支丹《キリシタン》である。キリストの信仰《しんこう》はただ内面的に信じていれば、外面では何をしようがかまわない。踏《ふ》み絵《え》などはドンドン踏《ふ》めばよかった。イエスやパウロに相談したなら迷《まよ》うことなく「踏《ふ》め」というはず。それを教えてあげる人もいなかったのだから酷《ひど》いものである。

これも宗教を知らないばかりに起きた事件といってよい。

イスラムが認めないキリスト教教義

イスラム教では、『福音書《ふくいんしょ》』も非常に尊《とうと》い教えであると認《みと》めるけれど、正しい解釈《かいしゃく》は『コーラン』によるとしている。その他の解釈《かいしゃく》は間違《まちが》っているという。

なかでも絶対認《みと》めないところの一つは、イエスの神性《しんせい》である。イエスは偉大《いだい》な預言者《よげんしゃ》ではあるけれど神ではないと『コーラン』は明記《めいき》している。そして、イエスの母はマリアであるとは認《みと》めるけれど、神の母であるとは決して認《みと》めない。根拠《こんきょ》は『コーラン』にある。そこには、アッラーには妻《つま》もなければ親もない子もない、ときちんと書いてあるのだ。マリアが神の母なら、それはアッラーの母になるということだから、『コーラン』の記述《きじゅつ》と矛盾《むじゅん》する。したがって、マリアは単《たん》なる預言《よげん》者《しゃ》の母であり、一人の正直《しょうじき》な女にすぎない、といっている。

このへん、日本教《にほんきょう》と大きく違う。一神教では神は一人、つまり、ヤハウェもアッラーも同じ神なのだ。アッラーはイスラムの神、ヤハウェはユダヤ人の神であるとは考えない。英語の『コーラン』を読むと、アッラーのことをザ・ゴッドと訳《やく》している。定冠詞《ていかんし》付きのゴッドである。

ゆえに、『コーラン』の下《もと》ではキリストはただの預言者《よげんしゃ》。

マホメット自身にしても、普通《ふつう》の人間であり、ただの預言者《よげんしゃ》であると自認《じにん》している。

『コーラン』の原著者《げんちょしゃ》がマホメットだと思っている人は間違《まちが》いである。本当の著者《ちょしゃ》はアッラーである。

もっと正確《せいかく》にいえば、アッラーの教えを大天使《だいてんし》ガブリエルが、マホメットに発信《はっしん》し、マホメットがそれを世に広めた。

このガブリエルという大天使《だいてんし》は、多方面《たほうめん》でずいぶんと活躍《かつやく》している。キリスト生誕《せいたん》の様子《ようす》を記した絵や彫刻《ちょうこく》によく現《あらわ》れているのに気づいている方《かた》もおいでだろう。マリアの受胎告知《じゅたいこくち》をしたのもこのガブリエルである。マホメットに対しては『コーラン』の発信者《はっしんしゃ》となった。

では、『福音書《ふくいんしょ》』の著者《ちょしゃ》は?

それはイエス・キリスト。マタイだとか何《なん》だとかいろんな人がいるけれども、あれは著者《ちょしゃ》ではなくて伝道者《でんどうしゃ》である。

したがって、キリスト教というういい方は正しく、マホメット教といういい方は正しくない。この伝《でん》でいえば、仏教をブッディズムというのも違う。あれはブッダ以前にあった法《ほう》だからということはすでに述べた。同じく儒教《じゅきょう》も孔子《こうし》教ではない。儒教《じゅきょう》の教義《きょうぎ》は孔子《こうし》が作ったものではなく、堯《ぎょう》・舜《しゅん》・三王《さんおう》・周公《しゅうこう》の礼を説《と》いたものだからである。

イスラムの罪

これほど寛大《かんだい》なイスラム教が定《さだ》める最大の罪が偶像崇拝《ぐうぞうすうはい》である。

この点では啓典《けいてん》宗教は共通《きょうつう》している。

例えば、ダビデ王は、忠実《ちゅうじつ》な兵士を前線《ぜんせん》へ送り、戦死させその妻《つま》を奪った。

例えば、そのダビデの子、ソロモン王などは七〇〇人の妻と三〇〇人の妾《めかけ》を持ち、淫猥《いんわい》の限《かぎ》りを尽《つ》くした。

例えば、イスラエルの民は、黄金の犢《こうし》の像を拝《おが》んだ。

この三つの罪《つみ》のなかでどれが一番悪いかというと、黄金の犢《こうし》の像を拝《おが》んだことである。それに比《くら》べれば、前二つの罪《つみ》などイスラムにおいては軽い罪《つみ》なのだ。

しかし、ここでもアッラーは驚《おどろ》くべき寛大《かんだい》さを見せる。

「これ、みなの者、犢《こうし》を（神として）拝むとは、己《おの》れに己《おの》れが害《あだ》なすようなもの。さあ悔《く》い改めてお前たちの創《つく》り主におわびをせい。いっそお前たちお互いに殺し合え。その方が創り主のお心にかなって、お前たちに（赦《ゆる》しの）お顔を向けて下さるかも知れん。まことに（アッラーは）よくお思い直して下さるお方《かた》、まことに慈愛あまねきお方だから」と。汝《なんじ》らは言ったものだ、「ムーサー（モーセ）、我々はアッラーをはっきりこの眼《め》で見るまではお前のいうことなぞ信用しないぞ」と。するとたちまち汝《なんじ》らの見ている前で、電光一閃《いっせん》、汝《なんじ》らを撃《う》った。

その後で我らは一旦《いったん》死んだ汝《なんじ》らをまた甦《よみがえ》らせてやった。もしかすれば汝《なんじ》らにも感謝の念が起るかも知れぬと思って。

偶像崇拝《ぐうぞうすうはい》は死に値《あたい》する罪《つみ》である。それでもなお、アッラーの寛大《かんだい》さは失われない。

そして、こういった話、奇蹟《きせき》を事実として信じることのできる人々のみが、イスラム教への信仰《しんこう》の扉《とびら》を開くことができる。

イスラム教は、借《か》り奇蹟《きせき》ながら、これほど奇蹟《きせき》を尊重《そんちょう》する。キリスト教、ユダヤ教の啓典《けいてん》宗教も同様である。仏教は、「奇蹟《きせき》」を認めず、神通力《じんつうりき》も通常能力《のうりょく》の延長《えんちょう》と理解《りかい》する。儒教《じゅきょう》も奇蹟《きせき》をあまり重要視《じゅうようし》しないが、孔子《こうし》はそれを重要視《じゅうようし》していたようだ。孔子《こうし》の望《のぞ》んだ奇蹟《きせき》は、瑞祥《ずいしょう》である。聖人《せいじん》が現《あらわ》れると、龍《りゅう》、鳳凰《ほうおう》、麒麟《きりん》などの瑞獣《ずいじゅう》が現れる。ところがそのような吉《きっ》兆《ちょう》は一つも現れず、孔子《こうし》は俺《おれ》は聖人《せいじん》でなかったのかとフラストレートした、という話がある。

イスラム教成立前《せいりつまえ》の中東《ちゅうとう》近辺には、伝統神《でんとうしん》、偶像崇拝《ぐうぞうすうはい》がはびこっていて、イスラム教はそれらを片端《かたはし》から破壊《はかい》した。しかし、破壊対象《はかいたいしょう》とするのは『コーラン』の教えに反《はん》しているものに限《かぎ》って赦《ゆる》されたことで、勝手《かって》な方法を持ち出してやみくもに破壊《はかい》してよかったわけではない。

非常に簡単な分類があり、偶像崇拝《ぐうぞうすうはい》は絶対禁止《ぜったいきんし》、『コーラン』によらない崇拝《すうはい》はまあ黙認《もくにん》、そして『コーラン』の崇拝《すうはい》が最高《さいこう》というわけだ。

ところで、飲酒《いんしゅ》を禁《きん》じているのは、何《なに》教かおわかりか。仏教では飲酒戒《おんじゅかい》というのが五戒《ごかい》の一つとして存在《そんざい》するが、キリスト教には飲酒戒《おんじゅかい》はないのである。だからキリスト教ではお酒《さけ》を飲んで悪いとはいってない。葡萄酒《ぶどうしゅ》などは祝福《しゅくふく》のときはどう飲むかなどときちんと書いてある。一番厳格《げんかく》といわれるカルヴァン派でも、酒を飲むこと自体は悪くない。ただ、酒を飲んで理性《りせい》を失うのが悪いといっているだけで、いくら飲んでも酔《よ》っぱらわないという人は、いくら飲んでもいい。でもそんな人はなかなかいないから、結局、酒を禁止《きんし》するのと同じことになる、というだけのことだ。

イスラム教では現世《げんせ》では禁止《きんし》であるが、来世《らいせ》では飲《の》み放題である。こういうと、不思議《ふしぎ》な顔をする人がいる。出稼《でかせ》ぎに来ているイラン人とかは平気でお酒《さけ》を飲んでいるじゃないか、と。

これにはイスラム教義《きょうぎ》上の必然的な理由があるのだ。

いままで説明をしたように、アッラーは大変慈悲《じひ》深い。お酒を飲《の》んだぐらいの軽い罪《つみ》は、その後の行動次第で赦《ゆる》してくださる。なかにはおかしな人々もいて変造《へんぞう》コインや偽造《ぎぞう》カードを日本人に売《う》りつけたりもしており、真面目《まじめ》なイスラム教徒や、引っかかった日本人は迷惑をしているようだが、異教徒を騙《だま》すことなどというのも、教義《きょうぎ》的には割合《わりあい》に軽《かる》い罪であろうから、やはりその他の行い次《し》第《だい》できっとお赦《ゆる》しくださる、と考えられているのである。

感情豊かな現実的宗教

同じくまた我らは汝《なんじ》らのうちから一人を（選び）、使徒《しと》として汝《なんじ》らのもとに遣《つか》わし、汝《なんじ》らのために我らの神兆（ここでは『コーラン』のこと）を読誦《どくじゅ》してきかせ、汝《なんじ》らを浄化し、また汝《なんじ》らに聖典と聖智《せいち》とを教え、汝《なんじ》らがいままで知らないで来たことをいろいろ教えさせようとした。それ故、汝《なんじ》らこのわしのことを忘れてはならぬぞ。さすれば、わしも汝《なんじ》らのことを忘れはせぬ。わしに感謝するのじゃ。わしに向って忘恩の振舞をするでないぞ。

この神様、恐《おそ》ろしく恩着《おんき》せがましい。他にも「出《しゅつ》エジプト記」の頃の話を持ち出して感謝せよといったりしている。実に三千年前のことで感謝せよというのだ。しかしここで、全知全能《ぜんちぜんのう》の神がなぜ人間に向《む》かって、わしのことを忘れてはならぬ、などというのだろう、とお思いの方《かた》はおるまいか。そういうふうに考えること自体が不信心《ふしんじん》の証《あかし》である。

さて、ここで大事なのはマホメットの出自《しゅつじ》である。「汝《なんじ》らのうちから」がポイントである。つまりマホメットは預言者《よげんしゃ》であるけれども、普通《ふつう》の人間である。これを明示《めいじ》している。

アッラーのさばけているところは他にもある。

『新約聖書』には、他人によいことをするなら隠《かく》れてやるべし、という件《くだり》がある。人前でやれば、それだけで報《むく》いを受けてしまうから、神は何も報《むく》いを与えられない。

アッラーは、そんなケチくさいことはいわない。施《ほどこ》しを見せびらかしてもそれはかまわない、やらないよりはずっといい、といっている。イスラム教においては、施《ほどこ》しは陰徳《いんとく》を積《つ》むなどという行為ではなく、はっきりと決まった義務《ぎむ》。見せびらかすことに何《なん》ら差《さ》し障《さわ》りはない。でも隠《かく》してやるなら、もっと自分の身《み》のためになる、と一言《ひとこと》付け加えている。そしてその直後にまた慈悲《じひ》の言葉。

「その功徳《くどく》で前に犯《おか》した悪事《あくじ》まですっかり帳消《ちょうけ》しになる」。

悪事《あくじ》まで帳消《ちょうけ》しになるというのが大事《だいじ》なことであって、これは繰《く》り返《かえ》し繰《く》り返《かえ》しアッラーの言葉として現《あらわ》れる。

『コーラン』には随所《ずいしょ》に、他の教典《きょうてん》では見られない文言《もんごん》が出てくる。なかでも日本人が驚愕《きょうがく》すること請《う》け合《あ》いなのがこの言葉だ。

アッラーに素晴らしい貸付けをする者はいないか。何倍にもしてそれを返却して戴《いただ》けるぞ。

神様に貸《か》しを作る、投資《とうし》するなどという発想は、神学的《しんがく》には正統《せいとう》とはいえないが、そう考えたほうがありがたみははっきりする。日本人にはかえってわかりやすい論理《ろんり》なのではないか。もともと日本人には、儀式《ぎしき》をしたり、供《そな》え物をするとその対価《たいか》として神が願いごとを叶《かな》えてくださる、という発想がある。いわゆる御利益《ごりやく》主義だ。合格祈願《ごうかくきがん》のお賽銭《さいせん》にしても、そのへんの学校なら百円でいいけれど、有名校だから千円入れとこう、などと考えたりする。この発想に近いものは、古代インドのバラモン教も持っていた。その意味で因果応報《いんがおうほう》である。（二三四頁参照）

マホメットがこのように考えるのは、彼自身が商人だったせいもあったかもしれない。

その当時のアラブ地域《ちいき》は、商業が非常に発達《はったつ》していて、メッカは商業の一大中心地《いちだい》だったので、こういう考え方になるのは必然《ひつぜん》という説もある。『コーラン』のなかには、アッラーは正しい給料《きゅうりょう》の与《あた》え主《ぬし》であるとか、偉大《いだい》なる商人であるとか、簿記《ぼき》の名人であるとか、商業に関係する言葉が後から後《あと》から出てくる。

教えのなかにも、滞《とどこお》っている利息《りそく》は帳消《ちょうけ》しにせよといってみたり、悔《く》い改《あらた》めれば元金《もときん》までは失わないようにしてやる云々《うんぬん》ともある。

極《きわ》めつけには、「まことにアッラーは勘定《かんじょう》早くおわします」。勘定《かんじょう》早いも勘定《かんじょう》高いも意味はあまり変わらない。神様にこんなことをいって、よく怒《おこ》られないものだ、と日本人なら考えるところであろう。

こういった例《れい》や緑園《りょくえん》の官能《かんのう》的な記述《きじゅつ》は『コーラン』のありとあらゆるところに出現する。つまり、イスラム教は、人間の眼にはさまざまな欲望《よくぼう》の追求《ついきゅう》こそが美しく見えるのだ、ということをよく知っている。そのため、欲情《よくじょう》の追求《ついきゅう》を否定《ひてい》せず、しかし目の前の欲望《よくぼう》など大したことはなく、よいことをすればあの世では遥《はる》かに凄《すご》い欲望《よくぼう》の追求《ついきゅう》がなされます、とこう教えている。

欲望《よくぼう》の追求《ついきゅう》こそが迷《まよ》いであると最《もっと》も罪悪視《ざいあくし》する仏教とはこの点で根本的に異《こと》なっている。儒教《じゅきょう》では個人レベルでの欲望《よくぼう》の追求《ついきゅう》は否定《ひてい》しないが、社会レベルでは争《あらそ》いの原因になるという理由で否定《ひてい》している。

イスラム教の天国と地獄

仏教、キリスト教に実体《じったい》的な天国《てんごく》がないのと対照《たいしょう》的に、イスラム教では実体《じったい》的に、緑園《りょくえん》と呼ばれる天国《てんごく》と、業火《ごうか》で苦しめる地獄《じごく》がある。何度も説明しているが、少し踏《ふ》み込んで解説《かいせつ》する。最後の審判《しんぱん》に関する考え方はキリスト教と全《まった》く同じである。最後の審判《しんぱん》に至《いた》り、そのときに再《ふたた》び肉体が与《あた》えられる。そして、その個人の行状《ぎょうじょう》が細大漏《さいだいも》らさず審理《しんり》される。裁判の折《おり》にはマホメットが弁護人《べんごにん》となって力になってはくれるが、あくまで生前《せいぜん》の行状《ぎょうじょう》が問《と》われるので、救われるも救われないも要《よう》は自分次第《しだい》である。やはり、個人救済《こじんきゅうさい》の宗教なのである。

その先がキリスト教と少し違っていて、イスラム教ではもはや死ぬことはなくなる。キリスト教では審判《しんぱん》に適《かな》った人は永遠《えいえん》の生命《せいめい》、適《かな》わなかった人は永遠の死が待っている。ところがイスラム教では、完全な肉体を持った人はもはや死ぬことはないのだから、そのまま地獄《じごく》へ行ったら目も当てられない。朝から晩《ばん》まで火炎《かえん》に苛《さいな》まれ、たいへんな苦痛《くつう》が待っていて、いっそ死んだほうがましと泣《な》きついても、もはや死ぬことは許されない。

一方、天国《てんごく》へ行ったらどうなるのかというと、これはもう最高の毎日が待っている。イスラム教では飲酒《いんしゅ》を禁《きん》じているが、天国《てんごく》へ行った人はいくら飲んでもいい。しかもそのお酒というのが、飲むとこのうえなく気持ちよくなるけど、全然酔っぱらわない。そういう結構《けっこう》なお酒をいくらでも飲める。勿論酒手《もちろんさかて》など誰も要求《ようきゅう》しないから飲み放題なのである。すでに述《の》べたことだが、ここがイスラム教理解の急所なので、もう一度繰《く》り返しておく。

……彼らはやがて潺々《せんせん》と河水流れる緑園《りょくえん》に赴《おもむ》くであろうことを。その（緑園《りょくえん》の）果実を日々の糧《かて》として供《きょう》されるとき彼らはいうことであろう、「これは以前に（地上で）私たちの食べていたものとそっくりでございます」と。それほどによく似たものを（見かけは地上の果物とそっくりだが味は全然違うのでなお美味《おい》しく感じる）食べさせて戴《いただ》けるうえに、清浄無垢《せいじようむく》の妻たちをあてがわれ、そこにそうして永遠に住まうであろうぞ。

「神の国」と違うところは、セックスについてもちゃんと記述《きじゆつ》が及《およ》んでいることである。それもものすごく官能《かんのう》的な記述《きじゆつ》である。飛びきりの絶世《ぜつせい》の美女がいて、絹《きぬ》の着物を着て、黄金《おうごん》の腕輪《うでわ》をしてなどと『コーラン』には書いてある。そしてセックスも、し放題《ほうだい》なのだ。絶世《ぜつせい》の美女で何から何まで最高で、もっと凄《すご》いのは何回セックスをしても女性は処女《しよじよ》のまま、そういう飛びきりの女性があてがわれる。

しかしこれにコメントを加《くわ》えると、イスラム教というのは男性についての天国しか書いていない。女性が天国《てんごく》へ行ったら絶世《ぜつせい》の美男《びなん》がいて、無限《むげん》にセックスを楽しめ、そして相手の美男《びなん》は何回交《まじ》わっても童貞《どうてい》を失いませんとは一言も書いていない。

同性愛者《どうせいあいしや》についても書いていない。これはどういうことかというと、イスラム教は、キリスト教、ユダヤ教とは違って、同性愛《どうせいあい》を禁止《きんし》していないということである。それならばそういう場合についても記述《きじゆつ》があるかというと、一切《いつさい》ない。他《ほか》にも例《たと》えば、緑園《りよくえん》の情景描写《じようけいびようしや》のなかに、冷《つめ》たい水が潺々《せんせん》として流れている、などという表現《ひようげん》があるが、北極圏《ほつきよくけん》や南極圏《なんきよくけん》の人であれば、こんなことを喜びはしないだろう。熱暑《ねつしよ》の国、岩と砂の国で生まれた宗教だからこそそういう発想になったことも窺《うかが》える。

とにかく、恐《おそ》ろしく肉感的《にっかんてき》、官能的《かんのうてき》で、すべての欲望《よくぼう》を満足《まんぞく》させるというのがイスラム教の天国《てんごく》なのである。

聖戦の犠牲者

アッラーの路《みち》に斃《たお》れた人々（「聖戦《ジハード》」すなわち異教徒《いきょうと》との戦いにおいて戦死《せんし》した人々）のことを死人《しびと》などと言ってはならぬ。否《いな》、彼らは生きている。ただ汝《なんじ》らにはそれがわからないだけのこと。

この件《くだり》は、イスラム教理解《りかい》にとってべらぼうに大事《だいじ》である。アッラーのための戦い、聖戦《せいせん》（ジハード）で死んだ者は死んだことにならない、いや、生きているのだ。

最後の審判《しんぱん》のとき、イスラム教徒はすべて肉体を持って生き返ることは記《き》した。そして、審判《しんぱん》を受ける。しかし、聖戦《ジハード》で倒《たお》れた者は、すでに生きて天国《てんごく》に入ることができる。

神学的《しんがくてき》には解釈《かいしゃく》は多様《たよう》だが、この理解《りかい》が最《もっと》も大事である。

これなら、戦闘《せんとう》に当たり、現世《げんせ》の死など恐《おそ》れるに足りぬ。

キリスト教は十字軍《じゅうじぐん》を繰《く》り出し、イスラムに戦争を仕掛《しか》けた。キリスト教には戦争に関する教義《きょうぎ》など何《なに》もない。何《なに》しろ教義《きょうぎ》自体《じたい》が全《まった》くない。あるのは、イエスを神と認《みと》めない異教徒《いきょうと》は人間ではないから殺《ころ》してもよい、という根拠《こんきょ》だけである。異教徒《いきょうと》鏖《みなごろし》、掠奪《りゃくだつ》やり放題《ほうだい》、十字軍《じゅうじぐん》のみならず大《だい》航海《こうかい》時代における先住民《せんじゅうみん》、ヨーロッパ人から見た野蛮人征服《やばんじんせいふく》も同じ行動原理《こうどうげんり》である。

ところが、イスラムには聖戦《ジハード》という教義《きょうぎ》があり、しかも現世《げんせ》で戦死をすれば最後には天国《てんごく》が待っている。日本では一向門徒《いっこうもんと》が同じような論理《ろんり》で戦争に参加《さんか》、織田信長《おだのぶなが》をさんざんに苦《くる》しめたことを考えるだけでも、如何《いか》に強力《きょうりょく》な軍隊《ぐんたい》になりうるか想像ができよう。

『コーラン』には、「騒擾《そうじょう》がすっかりなくなるまで戦い抜け、しかし向《む》こうが止《や》めたなら汝《なんじ》らも害《がい》意《い》を捨《す》てねばならぬぞ」とも書かれており、イスラム側から好戦《こうせん》的態度《たいど》をとることに抑制《よくせい》をかけている。

生きている神

日本人が啓典《けいてん》宗教でいう「神」の概念《がいねん》を理解《りかい》できない理由の一つに、死んだ人が神になるといった感覚《かんかく》が強いことが挙《あ》げられよう。古くは、神武天皇《じんむてんのう》、菅原道真《すがわらのみちざね》、新しいところで、明治天皇《めいじてんのう》、乃木大将《のぎたいしょう》、靖国神社《やすくにじんじゃ》……。ところが、『コーラン』ではこういっている。

アッラー、此《こ》の生ける神、永遠の神をおいて他に神はない。

これは、啓典《けいてん》宗教にとっては決定的に重要《じゅうよう》なことである。

啓典《けいてん》宗教では神は生《い》きている存在《そんざい》、すなわち神は生き物なのである。

わかりやすく、乱暴《らんぼう》にいうと、この宇宙のどこかに神という生物《せいぶつ》が生きていて、それは永遠《えいえん》に生き続けるのである。

もっと論理的《ろんりてき》にいうと、本当に生きているのは神だけともいえる。

だから『旧約聖書』にも、「彼は神が生きているように」と、確《たし》かに生きているという表現《ひょうげん》を使っている。

神とは生き物であり、どんなふうに抽象化《ちゅうしょうか》しようとも、基本的《きほんてき》に人格神《じんかくしん》なのである。生きているからこそ、『旧約聖書』にあるように、我《われ》はねたみの神なるぞ、などという表現が出てくるのだ。生きているから、人格神《じんかく》だから、他の神《かみ》をたてたりするとねたむ。抽象存在であれば、ねたんだりする必要は全《まった》くあるまい。

啓典《けいてん》宗教ではないところでは、いわゆる概念的《がいねんてき》神というケースがある。例《たと》えば儒教《じゅきょう》。絶対神《ぜったいしん》に該当《がいとう》するのは天である。勿論《もちろん》生き物ではない。

仏教においては、仏陀《ぶつだ》はかつては人という生き物だったけれど、もう死んでしまって六道《ろくどう》のどこにもいない。しかも、仏が何で尊《とうと》いのかといえば、真理《しんり》を悟《さと》ったから尊《とうと》いのであって、存在《そんざい》そのものが尊《とうと》いのではない。このことについては、後世《こうせい》、いろいろと理屈《りくつ》をつける者も現れたが、彼らの説は本来の仏教とは違う。

もう一つ、仏教《ぶっきょう》では生きている神の地位《ちい》は本当に低い。仏教の「神」というのは、ものすごく地位が低いので、やはり六道輪廻《ろくどうりんね》のなかにあって、仏《ほとけ》の話を聞いて悟《さと》らなければだめなのである（二三二頁参照）。

しかし、啓典《けいてん》宗教の神とは、紛《まぎ》れもなく最高の存在《そんざい》である生き物なのだ。

イスラム教と他宗教

『コーラン』を読んだ日本人が持つ感想の一つに、アッラーが自分たちの考えている「神」の姿《すがた》とずいぶん印象《いんしょう》が違う、ということがあろう。なにより、おそれ多いという感覚《かんかく》が日本とは違う。それは多分に、農業国家《のうぎょうこっか》で生まれた国民と、商業国家《しょうぎょうこっか》で生まれた宗教という差異《さい》があろう。

日本は遥《はる》か昔から、農業が聖《せい》なる職業《しょくぎょう》として確立《かくりつ》していたので、商業の発達《はったつ》は遅れていた。それは神話を見ても明らかで、天皇《てんのう》は稲《いね》を植《う》えたり、天照大神《あまてらすおおみかみ》は機《はた》を織《お》ったりなさるけれど、天皇《てんのう》が商売《しょうばい》をなさるというわけではないし、天照大神《あまてらすおおみかみ》は織《お》った布《ぬの》を市《いち》に出していたわけでもない。天《てん》皇《のう》は勘定《かんじょう》高くおわします、といわれたら、悪口《わるぐち》のように聞こえておそれ多《おお》いと日本人は思うであろうが、イスラムでは勘定《かんじょう》高いということは非常によいことなのだ。正確に勘定《かんじょう》して、正確に支払い、正しく儲《もう》けるのはよいことに決まっている。

宗教戒律《かいりつ》、倫理規範《りんりきはん》、国家の法律《ほうりつ》が全《まった》く一致《いっち》するイスラム教とユダヤ教が、実は本来《ほんらい》の宗教の姿《すがた》と考え、他の宗教はそこから逸脱《いつだつ》していると考えたほうが、宗教はむしろ捉《とら》えやすいことは繰《く》り返し説明しているが、イスラム教のアウトラインを理解《りかい》したところで、他宗教をもう一度考察《こうさつ》してみよう。

例《たと》えば、仏教はどうか。仏教でいう因果応報《いんがおうほう》とは、よい行いにはよい報《むく》いがあり、悪い行いには悪い報《むく》いがくる。では善悪《ぜんあく》はどう決めるのか、この点が仏教にはすっぽり抜《ぬ》けている。仏教の掟《おきて》は釈迦《しゃか》が決めたまいしものであり、僧《そう》の二五〇戒《かい》、尼《あま》の三四八戒《かい》を中心として、律蔵《りつぞう》という大きなお経《きょう》があり、律宗《りっしゅう》という宗派《しゅうは》ができるほど厖大《ぼうだい》なものではある。が、社会が変化したとき、どう変わるのか、外国に仏教が伝わっていったとき、どう違ってくるのか。この意味での仏教の掟《おきて》を補足《ほそく》する試《こころ》みはなされていない。また、僧侶《そうりょ》の戒律《かいりつ》を中心としたうえで、一般社会の規範《きはん》、国家の法律《ほうりつ》はいかにあるべきかとの研究《けんきゅう》も不足である。もう一つ、仏教の場合、キリスト教、イスラム教、儒教《じゅきょう》と違い、考察《こうさつ》の範囲《はんい》を人間界だけに限《かぎ》っていない。では、神や天人《てんにん》、畜生《ちくしょう》、修羅《しゅら》、餓鬼《がき》、地獄《ごく》に堕《お》ちた人にとって、何《なに》がよいことで、何《なに》が悪いことなのか。猫《ねこ》の善悪《ぜんあく》は何《なに》か。鼠《ねずみ》を獲《と》ることはよいことか、悪いことか。

それは、キリスト教も同様《どうよう》である。近代民族国家《きんだいみんぞくこっか》の成立《せいりつ》時、それら国家はローマ法を基準《きじゅん》に法律《ほうりつ》を作った。これはどこから来《き》たのかというと、カトリック教会である。カトリック教会は、キリスト教の法体系《ほうたいけい》ではなく、ローマ法体系《ほうたいけい》により運営《うんえい》されていた。法律的《ほうりつてき》にはグロテスクな存在《そんざい》であった。しかしそれも仕方《しかた》がない。『福音書《ふくいんしょ》』には法律《ほうりつ》はなく、手本《てほん》になりえないのだから。

宗教戒律《かいりつ》、倫理規範《りんりきはん》、国家の法律《ほうりつ》が一致《いっち》しないということは、これほど重大な矛盾《むじゅん》を招《まね》くのである。

ここで誰《だれ》もが抱《いだ》く疑問《ぎもん》がある。なにゆえにそれほど精緻《せいち》であったイスラム教が近代国家を作れず、矛盾《むじゅん》に満《み》ちたキリスト教が近代の覇者《はしゃ》たりえたのか。これはまさに、その宗教体系《たいけい》ゆえに起きた。答《こた》えから先にいえば、近代国家を形成《けいせい》するにあたり、イスラム教には決定的《けっていてき》な弱点《じゃくてん》があった。それは、マホメットが最後《さいご》の預言者《よげんしゃ》であったことである。

したがって、新しい預言者《よげんしゃ》が出てきて、マホメットが決めたことを改訂《かいてい》するわけにいかない。つまり、神との契約《けいやく》の更改《こうかい》・新約《しんやく》はありえない。未決事項《みけつじこう》の細目《さいもく》補充《ほじゅう》は可能だが、変更《へんこう》は不可能。このような教義《きょうぎ》から、イスラムにおいては、法《ほう》は発見《はっけん》すべきものとなり、新しい立法《りっぽう》という考えは出にくくなった。必然的《ひつぜんてき》に中世《ちゅうせい》の特徴《とくちょう》である伝統《でんとう》主義社会が形成《けいせい》され、そこを脱却《だっきゃく》できる論拠《ろんきょ》を持ちえなかった。これが、イスラムが近代を作れなかった最大の理由である。

では今度は逆に、キリスト教は、なぜ近代を作りえたのか。

労働《ろうどう》に関するコメントは、すでにキリスト教の項《こう》で述《の》べた。

詳《くわ》しくは、拙著《せっちょ》『世紀末・戦争の構造』（徳間文庫）に詳述《しょうじゅつ》したが、ここでは宗教的見地《けんち》からざっと説明する。

決定的に重要《じゅうよう》なのは予定説である。

神は絶対である。人間社会の是非《ぜひ》、善悪《ぜんあく》など一切拘泥《いっさいこうでい》しない。カルヴァンなどは、人間が神の律《りっ》すべき社会の法則《ほうそく》を考えるだけでも神に対する冒瀆《ぼうとく》とまで主張《しゅちょう》する。他方《たほう》、神が許可《きょか》したのであれば、法律《ほうりつ》や世の中のしきたりも自由に変更《へんこう》しうる。これが、キリスト教の法《ほう》に対する考え方である。

そこへ持ってきて、カルヴァンらに代表されるプロテスタントは、予定説による、世の中には選《えら》ばれざる者と選《えら》ばれし者がおり、我々《われわれ》だけが神に選《えら》ばれた、という確信《かくしん》を持っていた。ゆえに、神の御心《みこころ》に適《かな》う法律《ほうりつ》は作ることができると確信《かくしん》した。そして、神に選《えら》ばれた者は正しい法律《ほうりつ》を作ることができると確信《かくしん》するに至《いた》ったのである。そこで、新しい法律《ほうりつ》がプロテスタントの手により出現《しゅつげん》することとなった。

伝統《でんとう》を打ち破ることができないイスラム教では、伝統《でんとう》に反する立法《りっぽう》は原理《げんり》的に不可能であったが、キリスト教では、神が赦《ゆる》したまえば可能であった。これが、キリスト教が近代《きんだい》を作り、イスラム教が作れなかった、根本的理由である。

資本主義になぜ後れをとったか

もう一つ、イスラム教ではなく、キリスト教が近代を作った、重大な宗教的要因《よういん》がある。その前に補助線《ほじょせん》を引く。

ユダヤ教とカトリックは、金儲《かねもう》けを絶対許《ゆる》さない。

この言葉に首を傾《かし》げる者は多かろう。ユダヤの商人・シャイロックは高利貸《こうりが》しではないか、カトリック教会は秘蹟《ひせき》で大儲《おおもう》けしたではないか。

シャイロックは確《たし》かに利子《りし》を取った。しかし、相手は異教徒《いきょうと》であり、ユダヤ人ではない。これはユダヤ教の教義《きょうぎ》に適《かな》っている。

一方、中世《ちゅうせい》カトリックの論理《ろんり》は、儲《もう》けを欲《ほっ》して儲《もう》けるのは禁止だが、結果として儲《もう》かるのはかまわない、というもの。だから、これも問題はない。禁止しても、抜け道はいくらでもあった。

キリスト教の本質《ほんしつ》として、物事《ものごと》の倫理規範《りんりきはん》は人間の外面ではなく内面にあるとしている。内面において、労働《ろうどう》は救済《きゅうさい》だと念《ねん》じて行うかどうかが大事なのであり、その結果は問われない。秘蹟《ひせき》や免罪符《めんざいふ》をルターが否定《ひてい》したのは、内面的な動機《どうき》と関係なしに、儀礼《ぎれい》によって救済《きゅうさい》されるとしたからで、金を取った、という結果を責《せ》めているわけではない。

この内面的、外面的という二分法的思考法《にぶんほうてきしこうほう》が、キリスト教と資本《しほん》主義を語るうえでのキーポイントである。

パウロはキリスト教において最重要人物の一人であるが、最大の功績《こうせき》は、人間の内面と外面は全《まった》く違うということ、すなわち、内面と外面の二分法《にぶんほう》を明らかにしたことである。パウロのこの大独創《だいどくそう》がなければ、キリスト教は世界宗教たりえないどころか、生き残ることすらできなかったと、マックス・ヴェーバーはいっている。

原始《げんし》キリスト教は、ローマの法律《ほうりつ》に反《はん》するとの理由で大弾圧《だんあつ》を被《こうむ》った。生き残るためにパウロが採《と》った方策《ほうさく》が、この二分法《にぶんほう》である。ローマの市民は、外面的にはローマの法律《ほうりつ》どおりに行動し、内面においてはキリスト教徒たれ、と人間の内面と外面、すなわち信仰《しんこう》と行動を峻別《しゅんべつ》した。キリスト教には法《ほう》も規範《きはん》もないので、こういう側面《そくめん》を元々《もともと》持っているのだが、特に強調《きょうちょう》して誰《だれ》にでもわかる形で解説《かいせつ》したのがパウロである。それゆえに、キリスト教はパウロ教だともいわれている。

キリスト教が資本《しほん》主義を生み出す原動力《げんどうりょく》になった理由は、まさにこの二分法《にぶんほう》にある。キリスト教では、この二分法《にぶんほう》によって、信仰《しんこう》と人間の行動を全《まった》く別個《べっこ》にしているため、信仰《しんこう》を変えることなく、外面的行動を変えることができた。

資本《しほん》主義を成立させるための、法律《ほうりつ》、規範《きはん》、人々の行動様式《エトス》は、すべてこの外面的行動だけを規《き》制《せい》している。例《たと》えば、資本《しほん》主義国の憲法《けんぽう》は「良心の自由」を確実《かくじつ》に保証《ほしょう》し、国家権力《けんりょく》や、それ以外の権力《けんりょく》が人間の内面に侵入《しんにゅう》することを絶対に拒否《きょひ》している。このゆえに、宗教の自由は確保《かくほ》されているのである。

しかし、イスラム教のように人間の内面と外面が密接《みっせつ》に絡《から》みあっているような宗教ではこうはいかない。イスラム法が資本《しほん》主義法と矛盾《むじゅん》したときにはどうなる。イスラム法が優先《ゆうせん》されれば、資本《しほん》主義の法律《ほうりつ》は機能《きのう》しなくなるかもしれない。現《げん》に、トルコにおいてはケマル・アタチュルク以前のイスラム法で、一日に五回もの拝礼《はいれい》を要求していた。これでは、資本《しほん》主義の活動は著《いちじる》しく阻害《そがい》される。

また、「イン・シャー・アッラー（アッラーの思《おぼ》し召《め》しによって）」という思想は、資本《しほん》主義的約束不履行《ふりこう》のための慣用句《かんようく》のように、資本《しほん》主義諸国ビジネスマンには思われているだろう。

人間の間の契約《けいやく》が絶対でなければ、資本《しほん》主義は機能《きのう》しえない。ビジネスの場で、「イン・シャー・アッラー」が資本《しほん》主義法に優先《ゆうせん》されれば、商品と資本《しほん》は流通しなくなり、企業《きぎょう》は動けなくなる。

このように、資本《しほん》主義とデモクラシーと近代法とが成立し、機能《きのう》するためには、パウロ的な、人間の外面と内面、行動と内心とを峻別《しゅんべつ》する二分法《にぶんほう》がどうしても必要だったのである。

欧米諸国《おうべいしょこく》の真似《まね》をして近代法を作っても、キリスト教的な法律《ほうりつ》やキリスト教的な政治制度は、イスラム法と衝突《しょうとつ》して動かなくなってしまう。

まさにこのことが、中世を制覇《せいは》したイスラム教が資本《しほん》主義体制全盛《ぜんせい》の現代社会で後《おく》れをとった理由なのである。

第6章❖日本に遺された【儒教】の負の遺産

儒教《じゅきょう》の祖《そ》・孔子《こうし》像

儒教のキーワード

キリスト教のキーワードは「予定説」、仏教のキーワードは「空《くう》」、イスラム教のキーワードは『コーラン』であった。そして儒教理解《じゅきょうりかい》のキーワードは、ズバリ「官僚制度《かんりょうせいど》」である。

原始《げんし》儒教《じゅきょう》は極《きわ》めて素朴《そぼく》な宗教であった。初期の儒学者《じゅがくしゃ》は、社会的地位も低く、屋根《やね》の上に上《のぼ》ってほうほうと大きい声を出して魂《たましい》を呼《よ》び出したり、儀式《ぎしき》の進行役《しんこうやく》などをやっていた。大きく変わったのは、孔子《こうし》の出現《しゅつげん》からである。孔子《こうし》が儒教《じゅきょう》の祖《そ》なのかといえば、孔子《こうし》自身も否《ひ》定《てい》しており、「述《の》べて作らず」、すなわち昔《むかし》の聖人《せいじん》がいったことを総合《そうごう》して述《の》べているのみといっている。

しかし、別な意味では孔子《こうし》が儒教《じゅきょう》を作ったといっても過言《かごん》ではない。屋根《やね》の上に上《のぼ》ってほうほうなどといっている儀式屋《ぎしきや》のような、そんな原始《げんし》宗教を受《う》け継《つ》いで、体系《たいけい》的な宗教にしたのだから。

では儒教《じゅきょう》の目的は何《なに》か。

答えは単純明快《たんじゅんめいかい》で、高級官僚《こうきゅうかんりょう》を作るための教養《きょうよう》を与《あた》える宗教である。

そんな宗教があるのか、魂《たましい》の救済《きゅうさい》はいかに求めるというのか、そう問う人もあろうが、行動様《よう》式《しき》こそが宗教と考えれば、間違《まちが》いなく宗教なのである。

魂《たましい》の救済《きゅうさい》が別に宗教の本義《ほんぎ》ではないが、それにだって儒教《じゅきょう》は大きく関わっている。

中国人にいわせると、人の魂《たましい》には魂《こん》と魄《はく》があり、人が死ぬと、魂《こん》は天に昇《のぼ》り、魄《はく》は地に潜《もぐ》る。

そして、子孫が祭祀《さいし》を行えば天と地から戻《もど》ってきて復活《ふっかつ》すると伝《つた》えられている。その魂《たましい》が無事《ぶじ》に復活《ふっかつ》できるようにするため、一番大事《だいじ》なことは何《なに》かといえば、子孫を長《なが》く保《たも》つことである。それも、各々《おのおの》の家というレベルではなく、国民のどの子孫もうまく保《たも》てるようにするために、必然《ひつぜん》的によい政治を求めるのである。

中国におけるよい政治には、その中間項《ちゅうかんこう》として必ず官僚制《かんりょうせい》が不可欠《ふかけつ》なのだ。これを理解《りかい》するために最《もっと》も有用《ゆうよう》なのが、時を同じくして発展《はってん》した古代《こだい》ギリシャとの比較《ひかく》である。

古代《こだい》ギリシャには官僚制《かんりょうせい》の概念《がいねん》がない。役人《やくにん》はいなければいないほうがいいと考えていた。職業役人《しょくぎょうやくにん》は全《まった》くいらないが、それでは、統治《とうち》に支障《ししょう》が出る。そこで、役人《やくにん》は抽選《ちゅうせん》で選《えら》んで任期《にんき》を短くした。選挙《せんきょ》すら避《さ》けた。選挙《せんきょ》などという選《えら》び方をした日には、手間《てま》はかかるし、当選者《とうせんしゃ》が長く居《い》座《すわ》ることになる。

これほど、官僚制《かんりょうせい》を徹底的《てっていてき》に悪徳視《あくとくし》したのである。

もっとも、最盛期《さいせいき》のアテネ本国《ほんごく》の市民は二万〜三万人くらいにすぎず、そのため官僚制《かんりょうせい》をそれほど必要としていなかったようだ。

ところが巨大帝国《きょだいていこく》は官僚制《かんりょうせい》なしではすまされない。マックス・ヴェーバーは官僚制《かんりょうせい》の代表的な例として、中国と古代エジプトを挙《あ》げている。

その中国では、紀元前《きげんぜん》一五〇〇年頃に殷《いん》という古代《こだい》国家が成立《せいりつ》しており、そこにはもう官僚制《かんりょうせい》があった。『史記《しき》』によると、夏《か》という国家が殷《いん》の前にあるのだが、これはまだ実在《じつざい》が確定《かくてい》されていない。しかし、『史記《しき》』の記述《きじゅつ》どおりだとすると、ここにもう官僚《かんりょう》は存在《そんざい》している。

そして、その官僚制《かんりょうせい》が近代官僚制《きんだいかんりょうせい》と同じような形を取ったのは紀元前《きげんぜん》四世紀あたりの戦国《せんごく》時代。戦国七雄《せんごくしちゆう》といわれた七カ国がしのぎを削《けず》った時代だが、当時すでに、近代ヨーロッパ列強並《れっきょうな》みの人口規模《きぼ》を持っており、製鉄《せいてつ》などの技術《ぎじゅつ》も開発《かいはつ》され、商業《しょうぎょう》も盛《さか》んで巨大な財《ざい》をなす者が幾百人もいたほどで、経済も発達していた。

つまり、戦国七雄《せんごくしちゆう》は近代列強並《れっきょうな》みの富《とみ》と力を持っていた。また、近代列強《れっきょう》と同じく、領域《りょういき》国家（領土《りょうど》の確定《かくてい》した国家）になっていた。そして、戦争専門《せんもん》の兵で組織《そしき》する常備軍《じょうびぐん》が完成《かんせい》されていく。王の権力も大きくなり、王の周《まわ》りには封建《ほうけん》的諸勢力《しょせいりょく》に代わって体系《たいけい》的な官僚制《かんりょうせい》が形作《かたちづく》られてきた。

日本でできた最初の常備軍《じょうびぐん》は、一六世紀半《なか》ばの織田信長《おだのぶなが》軍である。ヨーロッパの常備軍誕生《じょうびぐんたんじょう》は、近代もかなり進んでからのことである。しかも山賊海賊《さんぞくかいぞく》の類《たぐい》をかき集めて軍隊にしていたほど台所《だいどころ》は苦《くる》しかった。

これほど進んでいた当時の中国では、そのトップに立ついわば総理大臣《そうりだいじん》をいかなる人物群《ぐん》より選《えら》んだか。

古来《こらい》、王の周りの統治《とうち》階級は、王家親族《おうけしんぞく》、有力貴族《ゆうりょくきぞく》。ところが、名君《めいくん》と呼ばれる王は奴隷《どれい》たちから宰相《さいしょう》（総理大臣《そうりだいじん》）を選んでいた。いまから考えれば驚《おどろ》きの一言《ひとこと》であろう。歴史上有名な、殷《いん》の傅説《ふえつ》（帝武丁《ぶてい》の宰相《さいしょう》）、秦《しん》の百里傒《ひゃくりけい》（穆公《ぼくこう》の宰相《さいしょう》）は、奴隷《どれい》であった。斉《せい》の桓公《かんこう》に仕《つか》えた管仲《かんちゅう》も、捕虜《ほりょ》となって死刑を赦《ゆる》された奴隷《どれい》の身分から宰相《さいしょう》に抜擢《ばってき》された。「宰相《さいしょう》」とは、もとは奴隷《どれい》の一種、という意味なのである。

料理人《りょうりにん》や、捕虜《ほりょ》や、羊飼《ひつじか》い、そういった者たちが総理大臣《そうりだいじん》に抜擢《ばってき》された。古代《こだい》エジプトでも奴隷《どれい》から選《えら》ばれた総理大臣《そうりだいじん》がいることに、マックス・ヴェーバーは注目《ちゅうもく》した。

なぜ、奴隷《どれい》なのか。貴族《きぞく》はときに王に口答《くちごた》えするが、奴隷《どれい》は「ははーっ」「仰《おお》せられたことは従《したが》うことでございます」と無条件《むじょうけん》で従《したが》う。つまり、専制君主《せんせいくんしゅ》に従《したが》う人間が官僚《かんりょう》として有能《ゆうのう》なのである。

勿論《もちろん》奴隷《どれい》なら誰《だれ》でもいいわけではない。能力《のうりょく》は当然《とうぜん》必要である。戦国《せんごく》時代末期《まっき》になると、弁舌《べんぜつ》だけを武器《ぶき》に、諸国《しょこく》を旅《たび》して王に政策《せいさく》を進言《しんげん》する縦横家《じゅうおうか》という一団《いちだん》まで現《あらわ》れたが、何《なん》のことはない流《なが》れ者《もの》である。それでも統治能力《とうちのうりょく》を認《みと》められれば、総理大臣《そうりだいじん》として就職《しゅうしょく》できた。

その統治能力《とうちのうりょく》を、古代王朝《こだいおうちょう》を栄《さか》えさせた礼《れい》を教えようとした官僚予備校《かんりょうよびこう》が、すなわち孔子《こうし》の学校（孔門《こうもん》）である。それは、大きな注目《ちゅうもく》を浴《あ》びるようになった。これが儒学《じゅがく》の起こりといってよい。

儒学《じゅがく》の商売敵《しょうばいがたき》もいて、それが法家《ほうか》。法家《ほうか》とは読んで字《じ》のごとく、元々《もともと》は法律《ほうりつ》を教《おし》える学派《がくは》のことである。代表《だいひょう》は春秋戦国《しゅんじゅうせんごく》の末期《まっき》に出た韓非子《かんぴし》（？～前二三三頃）。その元祖《がんそ》は春秋《しゅんじゅう》時代の大国《たいこく》・斉《せい》に仕《つか》えた管仲《かんちゅう》（？～前六四五頃）といわれている。儒家《じゅか》と法家《ほうか》の関係は複雑《ふくざつ》で、お互《たが》い嫌《きら》い合っているくせに、孔子《こうし》の孫弟子《まごでし》・荀子《じゅんし》（？～前二三五頃）の門下《もんか》から、法家《ほうか》の韓非子《かんぴし》や李斯《りし》（秦始皇帝《しんしこうてい》の宰相《さいしょう》。？～前二一〇）が出ているといった具合である。

韓非子《かんぴし》は国家に最《もっと》も害《がい》を与《あた》えるのは儒家《じゅか》、と訴《うった》え続けたほどで、実際問題としても、その頃各国に登用《とうよう》され重く用《もち》いられたのは、圧倒的《あっとうてき》に法家《ほうか》だった。

儒教《じゅきょう》が重く用《もち》いられはじめたのは、紀元前二世紀頃の前漢《ぜんかん》の時代で、七代皇帝武帝《ぶてい》（前一五七～前八七）のときに、董仲舒《とうちゅうじょ》（前一七九頃～前一〇四頃）という儒学者《じゅがくしゃ》を抜擢《ばってき》、儒学《じゅがく》を前漢《ぜんかん》の国教《こっきょう》とした。国教《こっきょう》といっても、三〇年戦争後のヨーロッパとは違い、国民みんなが信じなければならないというわけではない。何《なに》より、儒教《じゅきょう》を国教に採用《さいよう》した武帝《ぶてい》自身は、後《のち》に道教《どうきょう》となる黄老《こうろう》の学《がく》の方士《ほうし》を登用《とうよう》していた。ここで大事なコメントがある。

儒教《じゅきょう》は、政治をよくして民《たみ》を救うという集団救済《しゅうだんきゅうさい》の宗教である。病気を治《なお》すとか、長生きしたいとか、個人の救いなどには何《なん》の役にも立たない。そこで個人救済《こじんきゅうさい》は道教《どうきょう》が受け持った。道教《どうきょう》の強《つよ》みとして特徴《とくちょう》的なことには超能力《ちょうのうりょく》による救済《きゅうさい》を容認《ようにん》していることがある。仙人《せんにん》になる術《じゅつ》、不老不死《ふろうふし》をもたらす術《じゅつ》などが道教《どうきょう》の売りものになった。

しかし、儒家《じゅか》は官僚《かんりょう》に次々と登用《とうよう》されていったが、道家《どうか》は官僚《かんりょう》になっていない。

この前漢《ぜんかん》の時代、官僚《かんりょう》への登用《とうよう》には選挙《せんきょ》という制度《せいど》が採用《さいよう》されていた。これは現代でいう選挙《せんきょ》ではなく、地方名望家《めいぼうか》の推薦《すいせん》による選抜法《せんばつほう》である。この推薦基準《すいせんきじゅん》は、親孝行《おやこうこう》かどうか、行いが正しいかどうか、という儒学《じゅがく》的項目《こうもく》を基準《きじゅん》にしていた。そして、役人《やくにん》あるいは皇帝《こうてい》による考査《こうさ》を経《へ》て官《かん》僚《りょう》に登用《とうよう》し、その官僚制《かんりょうせい》を充実《じゅうじつ》させていった。

ヨーロッパに絶賛された科挙

そして儒学《じゅがく》の大転換《だいてんかん》が行われる事件が、六世紀末に起きた。巨大帝国《きょだいていこく》・隋《ずい》の誕生《たんじょう》である。

それまで推薦《すいせん》によって選《えら》んでいた官僚《かんりょう》を、ペーパーテストでも選《えら》ぶようにしたのである。このテストは科目による選挙ということで、「科挙《かきょ》」と名づけられた。これが、科挙《かきょ》の始《はじ》まりである。

科挙《かきょ》は次代《じだい》の唐以降《とういこう》にも受《う》け継《つ》がれたが、この時代まではまだまだ貴族《きぞく》が生き残っており、貴族出身高級官僚《しゅっしんこうきゅうかんりょう》と科挙出身高級官僚《かきょしゅっしんこうきゅうかんりょう》との二本立てだった。

　唐《とう》は、楊貴妃《ようきひ》（玄宗《げんそう》の妃。七一九〜七五六）の逸話《エピソード》などで知られる安史《あんし》の乱（七五五〜七六三年に及《およ》んだ安禄山《あんろくざん》、史思明《ししめい》による反乱）により弱体化《じゃくたいか》し、九〇七年ついに滅亡《めつぼう》した。その後も五代の戦乱時代には弱体国家《じゃくたいこっか》が続き、相次《あいつ》ぐ戦乱《せんらん》によりほとんどの貴族《きぞく》は死に絶《た》えた。そして九六〇年、巨《きょ》大帝国《だいていこく》・宋《そう》の誕生《たんじょう》を迎《むか》える。この時代に至《いた》り、高級官僚《こうきゅうかんりょう》の登用《とうよう》は科挙《かきょ》一本になった。宋《そう》の滅亡《めつぼう》後、中国は異民族王朝《いみんぞくおうちょう》・元《げん》が支配《しはい》し、中国古来《こらい》の伝統《でんとう》はあまり重《おも》んじられなかったが、科挙《かきょ》の制度《せいど》は、しばらくの中断《ちゅうだん》を経《へ》て、元代《げんだい》後半に復活《ふっかつ》した。この後、明《みん》、清《しん》とこの制度《せいど》は存続《そんぞく》され、実に千数百年に及《およ》ぶ歴史を刻《きざ》んだのである。

　重要《じゅうよう》なことは、このようなペーパーテストで高級官僚《こうきゅうかんりょう》を選《えら》ぶなどという制度《せいど》はかなり異様《いよう》なもので、フランスの啓蒙思想家《けいもうしそうか》を中心《ちゅうしん》に、ヨーロッパ諸国《しょこく》では、これが理想的制度《りそうてきせいど》だともてはやされたほどである。

　当時のヨーロッパでは、高級官僚《こうきゅうかんりょう》は貴族《きぞく》に限《かぎ》られていた。普通《ふつう》の役人《やくにん》でも貴族《きぞく》か、せいぜい準《じゅん》貴族《きぞく》である。人口のわずかにしか門戸《もんこ》は開《ひら》かれていなかった。

革命《かくめい》前のフランスなどはとくに酷《ひど》い。役人《やくにん》は原則《げんそく》として貴族《きぞく》、準貴族《じゅんきぞく》、もしくは金持ちに限《かぎ》られた。売官《ばいかん》などは日常茶飯事《にちじょうさはんじ》だった。その結果、革命《かくめい》直前の課税状況《かぜいじょうきょう》は、ものすごく不公平《ふこうへい》で、高《こう》収入層《しゅうにゅうそう》はあまり払《はら》わないのに対して、最低所得層《しょとくそう》の農民《のうみん》がほとんどの税金《ぜいきん》を負担《ふたん》した。啓蒙思想《けいもうしそう》家《か》たちが、中国の科挙《かきょ》を理想的制度《りそうてきせいど》と称《たた》えたのも無理はない。

ではこの科挙《かきょ》、宗教的にいかなる意味を持っていたか。科挙《かきょ》の出題科目《しゅつだいかもく》は、儒教《じゅきょう》の古典《こてん》に限《かぎ》られていた。これが決定的に大事《だいじ》な点である。

その間、則天武后《そくてんぶこう》（唐《とう》の高宗《こうそう》の皇后《こうごう》。自《みずか》ら即位《そくい》し、国号《こくごう》を周《しゅう》と改めたが、死後、唐《とう》に復された。六二四頃～七〇五）の時代など、道教《どうきょう》が隆盛《りゅうせい》の時期もありはしたが、ついに科挙《かきょ》の受験科目《じゅけんかもく》にはならなかった。儒教《じゅきょう》では、ヨーロッパ式の宗教弾圧《だんあつ》ということを行っていないが、中国においては、科《か》挙《きょ》に道教《どうきょう》や仏教、イスラム教といった他宗教を入れなかったというのが、最大の宗教弾圧《だんあつ》といえよう。

科挙《かきょ》は、千数百年にわたり儒教一辺倒《じゅきょういっぺんとう》の出題《しゅつだい》であったが、だんだん儒教《じゅきょう》のなかでも出題範囲《しゅつだいはんい》が狭《せば》まってきて、明《みん》や清《しん》の時代になると、南宋《なんそう》時代に現《あらわ》れた大儒者《だいじゅしゃ》・朱子《しゅし》（朱熹《しゅき》。一一三〇～一二〇〇）の哲学である朱子学一辺倒《しゅしがくいっぺんとう》となった。

科挙の転機

さらに、一五世紀初頭《しょとう》に明《みん》第三代皇帝に即位《そくい》した成祖永楽帝《せいそえいらくてい》（一三六〇～一四二四）が驚《おどろ》くべきことを行った。朱子学《しゅしがく》に基《もと》づいた、科挙《かきょ》の国定教科書『四書大全《ししょたいぜん》』『五経大全《ごきょうたいぜん》』を作ってしまったのである。四書《ししょ》とは、論語《ろんご》、孟子《もうし》、大学《たいがく》、中庸《ちゅうよう》、五経《ごきょう》とは、易経《えききょう》、詩経《しきょう》、書経《しょきょう》、礼記《らいき》、春秋《しゅんじゅう》を指《さ》し、いずれも朱子《しゅし》が選んだ儒教古典《じゅきょう》である。

受験《じゅけん》の主催者《しゅさい》、しかも最高権力者《けんりょくしゃ》が、受験《じゅけん》問題の解説《かいせつ》書を作る。そのうえ、八股文《はっこぶん》なる答案《とうあん》の書き方まで指導《しどう》した。いわば皇帝《こうてい》が作ったアンチョコである。これが社会に与えた影響《えいきょう》は甚大《じんだい》なものとなった。

一つには、これさえ勉強すればよいという指針《ししん》ができたために、受験者層《じゅけんしゃそう》が飛躍《ひやく》的に広がったことである。貴族階級《きぞくかいきゅう》のすでに絶滅《ぜつめつ》したこの時期、特権階級《とっけんかいきゅう》への道は高級官僚《こうきゅうかんりょう》になるしかない。その手段《しゅだん》は科挙《かきょ》のみにあり、その科挙《かきょ》は身分《みぶん》に依《よ》らず、決まった勉強をすれば大変狭き門《たいへんせまもん》ながらも、誰《だれ》にでも合格《ごうかく》の可能性《かのうせい》はあった。

この高級官僚《こうきゅうかんりょう》の特権《とっけん》たるや凄《すさ》まじいもので、政治権力《けんりょく》と社会の名誉《めいよ》が独占《どくせん》でき、大きな富も得られる。

登龍門《とうりゅうもん》という言葉は中国で出来たものだが、科挙《かきょ》の表現としてよく使われた。鯉《こい》が滝《たき》をさかのぼると龍《りゅう》になる。ということは、科挙《かきょ》に合格《ごうかく》すれば鯉《こい》と龍《りゅう》くらいの差《さ》ができる。

ヨーロッパと違い、いかに大金持ち、大地主《じぬし》であろうと、それだけでは決して高級官僚《こうきゅうかんりょう》になれなかったのが宋《そう》以後の中国。ところが、高級官僚《こうきゅうかんりょう》になると、そんな大金持ち顔負《かおま》けの財産《ざいさん》が築《きず》けたのである。なぜならこの頃の中国には公金《こうきん》と私財《しざい》の区別《くべつ》がない。簡単《かんたん》にいえば、税金《ぜいきん》と賄賂《わいろ》の区《く》別《べつ》がない。つまり、お金は取り放題《ほうだい》、その一部を皇帝《こうてい》に差し上げればいい。一部といっても、大体

官僚に厳罰を適用した
明の太祖洪武帝《たいそこうぶてい》・朱元璋《しゅげんしょう》

南宋の「状元宰相《じょうげんのさいしょう》」文天祥《ぶんてんしょう》
は中国史上に残る忠臣

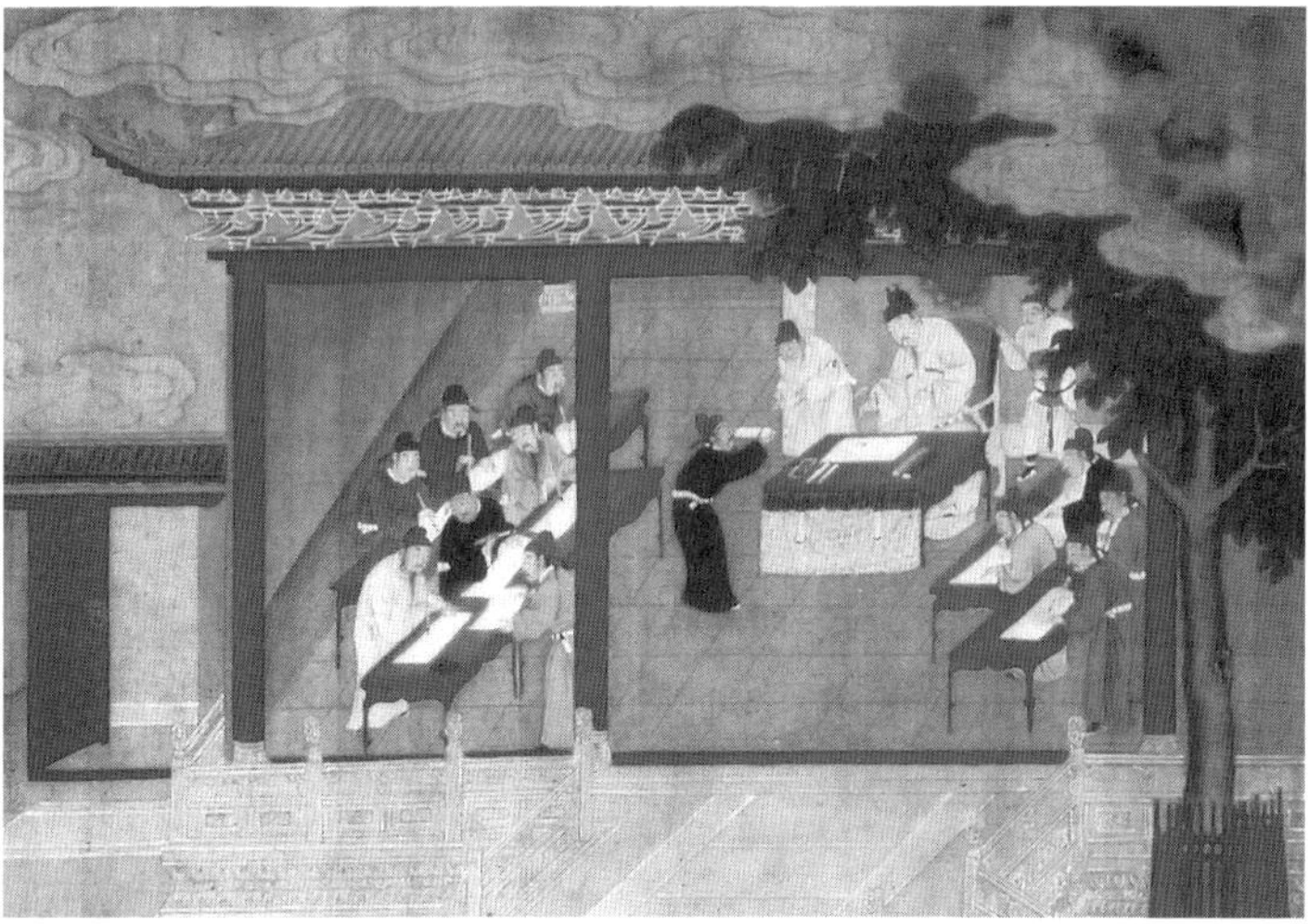

宋代の科挙受験風景

百分の一から千分の一ぐらい。勿論《もちろん》、時代や場合によって差《さ》はあるが。

中国では県令《けんれい》（知事《ちじ》）というと、高級官僚《こうきゆうかんりよう》の最下《した》っ端《ぱ》である。そんな下《した》っ端《ぱ》の廉潔《れんけつ》な県令《けんれい》といえども、三年やれば、孫子《まごこ》の代《だい》まで財《ざい》をなすほどお金が貯《た》まるといわれた。最下《した》っ端《ぱ》でさえこれほど儲《もう》かるのだから、大臣などの高官《こうかん》ともなれば国家予算《よさん》の何年分もお金が貯《た》まる人もいた。国家予《よ》算《さん》の実《じつ》に十倍の賄賂《わいろ》を取っていた高官《こうかん》さえ歴史上数人を数《かぞ》えている。

これほどの権力《けんりよく》、財産《ざいさん》、名誉《めいよ》を手中《しゆちゆう》にできる高級官僚《こうきゆうかんりよう》になる手段《しゆだん》は、唯一《ゆいいつ》科挙《かきよ》のみ。となれば、受験勉強《じゆけんべんきよう》ばかりの世の中になるのは必然《ひつぜん》である。

腐敗する官僚制

ヨーロッパ人もうらやむほど優《すぐ》れた制度《せいど》であった科挙《かきよ》も、千年も続けば制度疲労《せいどひろう》を起こし、制度《せいど》腐朽《ふきゆう》に至《いた》る。

唯一《ゆいいつ》の高級官僚登用《こうきゆうかんりようとうよう》試験《しけん》に、皇帝《こうてい》が受験教科書《じゆけんきようかしよ》や答案《とうあん》の書き方まで指導《しどう》するようになっては、何《なに》をかいわんや。

永楽帝《えいらくてい》がこの暴挙《ぼうきよ》を行うまでは、儒教倫理《じゆきようりんり》に適《かな》うテキストがいろいろ使われていた。なかでも有名なのが謝枋得《しやぼうとく》（一二二六〜八九）の著《あらわ》した『文章軌範《ぶんしようきはん》』。これは古今《ここん》の名文《めいぶん》を撰《せん》したもので、『三国志《さんごくし》』に名高い諸葛孔明《しよかつこうめい》（一八一〜二三四）の『出師表《すいしのひよう》』など、忠君愛国《ちゆうくんあいこく》の意識《いしき》を発憤興起《はつぷんこうき》せしめる文章が集められている。

科挙《かきょ》に首席《しゅせき》で合格《ごうかく》した者を「状元《じょうげん》」と呼ぶが、宋《そう》代までの「状元《じょうげん》」には、まさに大国《たいこく》の総理大《そうりだい》臣《じん》にふさわしいような人材《じんざい》が多数輩出《はいしゅつ》された。

中でも一三世紀中頃、弱冠《じゃっかん》二〇歳で首席合格《しゅせきごうかく》を果《は》たした文天祥《ぶんてんしょう》（一二三六～八二）は南宋《なんそう》の滅亡《めつぼう》に際《さい》し最後まで抵抗《ていこう》を続け、名臣《めいしん》中の名臣《めいしん》と称《たた》えられているほどの人物であった。

初めは本当に総理大臣《そうりだいじん》にふさわしい人物が出ていたのが、だんだん堕落《だらく》して、単《たん》にテキストどおりに解答の書ける人間のみが合格《ごうかく》するようになっていった。

さらに、そういう形で科挙《かきょ》に合格《ごうかく》した人間が試験官《しけんかん》になり、自分と同じような者を官僚《かんりょう》に登用《とうよう》する。ここにおいて、科挙《かきょ》は官僚《かんりょう》の自己増殖《じこぞうしょく》の過程《かてい》となった。このことも急速《きゅうそく》に堕落《だらく》した一つの大きな原因である。

このことが儒教《じゅきょう》の宗教的堕落《だらく》といえる。カトリックの堕落《だらく》とも、仏教の堕落《だらく》とも全《まった》く異《こと》なった堕落《だらく》である。

こうして論を進めていくと、中国のことではなく、現在の日本のことを言っているような気さえしてくるであろう。日本人には、儒教《じゅきょう》の影響《えいきょう》を多大《ただい》に受けているという自覚《じかく》のある人も多かろうが、日本に最《もっと》も大きな影響《えいきょう》を与えた儒教教義《じゅきょうきょうぎ》は、生活・思想《しそう》の面ではなく、弊害《へいがい》ともいえるまさにこの官僚制度《かんりょうせいど》、受験制度《じゅけんせいど》であるといえよう。

官僚制の害をどう抑えるか

官僚制《かんりょうせい》がまともに動くための条件《じょうけん》の一つとして必要不可欠《ふかけつ》なものは、官僚制《かんりょうせい》と競合《きょうごう》するカウンターバランスシステムである。

中国において、科挙《かきょ》のみに基《もと》づいた官僚制《かんりょうせい》が千年近くも続《つづ》いたのは、このカウンターバランスシステムがあったからで、それがなければ腐敗《ふはい》と消滅《しょうめつ》はもっと早い時代に訪《おとず》れていたことだろう。

そのカウンターバランスシステムとは何《なに》か。

ズバリ、宦官《かんがん》である。

皇帝《こうてい》のプライベートな部分を世話《せわ》する宦官《かんがん》は、後宮《こうきゅう》に入る必要性から、男性器《だんせいき》を切除《せつじょ》されており（去勢《きょせい》）、もともと古代《こだい》においては罪人《ざいにん》の職務《しょくむ》であった。皇帝《こうてい》の側用人《そばようにん》のようなイメージのある宦官《かんがん》は、その印象《いんしょう》の悪さから一段低い印象《いんしょう》に見られがちだが、その権力《けんりょく》、能力《のうりょく》はなかなかに侮《あなど》れない。

宦官《かんがん》は高級官僚《こうきゅうかんりょう》ではないから、科挙《かきょ》は受けない。しかし、権力《けんりょく》に繋《つな》がるヒエラルキーができ、その組織《そしき》は官僚化《かんりょうか》する。すなわち、宦官制《かんがんせい》は科挙《かきょ》による官僚制《かんりょうせい》とは全《まった》く違った組織なのだ。ここが大事な点で、中国には、科挙《かきょ》の官僚《かんりょう》制と宦官《かんがん》の官僚制《かんりょうせい》の二つが存在《そんざい》し、その二つが相互《そうご》にチェックス・アンド・バランシズ（checks and balances）をしあっていた。これが、中国の官僚制《かんりょうせい》が長く存続《そんぞく》した大きな理由である。

宦官《かんがん》が最《もっと》も力を持ったのは明代《みん》で、それは科挙《かきょ》の堕落《だらく》と無関係でない。

科挙《かきょ》に合格《ごうかく》するというのは想像を絶《ぜっ》して大変なことである。何《なに》しろ、鯉《こい》が龍《りゅう》になるくらいの難関《なんかん》である。四書五経《ししょごきょう》を暗記《あんき》するのは当たり前というくらいなのだから、四〇歳で合格《ごうかく》すればまだ早いほう、七〇過《す》ぎて合格《ごうかく》する人も珍《めずら》しくない。だから、先に挙《あ》げた文天祥《ぶんてんしょう》などは天才中の大天才なのである。

これだけ大変な試験《しけん》ともなれば、生まれたときから受験勉強《じゅけんべんきょう》しかやらない人間でないと合格《ごうかく》は難しい。それでも、制度の初期《しょき》の頃はまだよかったけれど、永楽帝《えいらくてい》がテキストを変えてからは生まれてからそればっかり勉強することになる。忠臣意識《ちゅうしんいしき》や先人《せんじん》の気概《きがい》を感じ取るような勉強の仕方《しかた》より、受験テクニックに集中《しゅうちゅう》する。こんな人間、使いものになるとお思いか。大事件があっても、文章力や古典知識《こてんちしき》はあるが、決断力《けつだんりょく》や政治力の蓄積《ちくせき》のない科挙官僚《かきょかんりょう》は何《なに》もできない。宦官《かんがん》は四書《ししょ》五経《ごきょう》も知らず、学もないが、体験と才覚《さいかく》だけでいままでやってきた蓄積《ちくせき》がある。となれば、受験一辺倒《じゅけんいっぺんとう》の高官《こうかん》などより遥《はる》かに役に立つ。

明《みん》代に、土木堡《どぼくほ》の変《へん》という、皇帝《こうてい》が異民族《いみんぞく》の捕虜《ほりょ》になってしまった大事件が起きた。これを解決したのは宦官《かんがん》である。同じ明《みん》代に大航海《だいこうかい》を成《な》し遂《と》げた鄭和《ていわ》（一三七一～一四三四頃）も宦官《かんがん》で、ちなみに鄭和《ていわ》は本心ではイスラム教徒である。

明《みん》代以後になるといざというときの頼りは宦官《かんがん》であった。

日本に遺された爪跡

儒教《じゅきょう》が日本にもたらした官僚制《かんりょうせい》だが、それを日本人は明治《めいじ》以降に受け入れてしまった。最大の欠陥《けっかん》は、カウンターバランスをとる組織《そしき》を作らずに、官僚制《かんりょうせい》を導入《どうにゅう》し、さらには、経済組織《そしき》でも何《なん》でもその官僚制《かんりょうせい》を手本《てほん》にして作ってしまったことである。つまり、対処法《たいしょほう》なしに官僚組織《かんりょうそしき》的なものが自己増殖《じこぞうしょく》をしてしまった。

カウンターバランス組織《そしき》があれば、両方ともに腐敗《ふはい》してもそれぞれの仕方《しかた》は、官僚《かんりょう》の腐敗《ふはい》の仕《し》方《かた》とは全《まった》く違ったものになり、ともかくそれぞれの機能《きのう》は果《は》たす。ところが日本では全部が同じような官僚組織《かんりょうそしき》だから、行政《ぎょうせい》も、企業《きぎょう》も、学校《がっこう》もみんな同じように腐朽《ふきゅう》して、どれもが機能《きのう》しなくなった。

日本では、儒教《じゅきょう》そのものはもう生きていないが、儒教《じゅきょう》による弊害《へいがい》はますます壮絶《そうぜつ》を極《きわ》めている。そして、儒教《じゅきょう》自体はもはやエトスたりえていないが、官僚制度《かんりょうせいど》、受験制度《じゅけんせいど》という奇態《きたい》な行動様式《ようしき》として残っている。

古代ギリシャ人が官僚制《かんりょうせい》を罪悪視《ざいあくし》したことはすでに指摘《してき》したが（三三四頁参照）、近代国家は官《かん》僚制《りょうせい》抜《ぬ》きには語りえない。そのため、欧米諸国《おうべいしょこく》では弊害《へいがい》を制御《せいぎょ》するためのさまざまな努力《どりょく》が常《つね》に続《つづ》けられている。

アメリカではスポイリングシステムを採《と》っている。これは、ジャクソン大統領《だいとうりょう》（第七代。一七六七〜一八四五）のときから始められた制度で、大統領《だいとうりょう》、政権党《せいけんとう》が変《か》わったときに、原則《げんそく》として高級《こうきゅう》官僚《かんりょう》を全部入れ替える。

もう一つは、ソ連のスターリンシステムがある。これは、高級官僚《こうきゅうかんりょう》を大量に粛正《しゅくせい》する。

このどちらかが、一番手っ取り早いのだが、日本では両方ともやらない。

この二つがダメとなると、あとは朱元璋《しゅげんしょう》システムである。朱元璋《しゅげんしょう》（明《みん》の太祖洪武帝《たいそこうぶてい》。一三二八〜九八）とは、佃戸《でんこ》（農奴的《のうど》小作人）の出身で、幼くして父母を失い出家した後《のち》、紅巾《こうきん》軍に参加し頭《とう》角《かく》を現し、ついには明《みん》を建国《けんこく》した大人物であり、役人《やくにん》に対する懲罰《ちょうばつ》を非常に重くしたことでも有名である。

悪事《あくじ》を働《はたら》いた役人《やくにん》は容赦《ようしゃ》なく鞭打《むちう》ちの刑《けい》。鞭《むち》といっても実は大きな棒《ぼう》で、三〇発も叩《たた》けばまず死んでしまうほど。昨日《きのう》まで威張《いば》っていた役人《やくにん》が、ボロボロの身体《からだ》になって人目《ひとめ》にさらされ、抑止効《よくしこう》果《か》となった。それでも足《た》りない悪徳役人《あくとくやくにん》は死刑に処《しょ》しただけでなく、その皮を剝《は》ぎ、役所に飾《かざ》らせたのだ。

科挙《かきょ》を受験《じゅけん》する秀才《しゅうさい》だって、あそこにお祖父様《じいちゃま》がいらっしゃる、ここにお父様《とうさま》がいらっしゃるとなったら、悪《わる》いことはするものではない、と身にしみて思うであろう。

日本でも、信賞必罰制度《しんしょうひつばつせいど》は必要であろう。もっとも、そうすると北から南まで日本の役所至《いた》るところは皮《かわ》だらけになってしまうかもしれないが。

厳罰制度《げんばつせいど》と並《なら》んで中国が採《と》っていた官僚腐敗《かんりょうふはい》の防止策《ぼうしさく》に、官僚《かんりょう》の行動を監視《かんし》・調査《ちょうさ》・告発《こくはつ》する監察制度《かんさつせいど》がある。孫文《そんぶん》（一八六六〜一九二五）も、立法《りっぽう》、行政《ぎょうせい》、司法《しほう》に監察《かんさつ》を加えて、四権分立《よんけんぶんりつ》を唱《とな》えていたほど、中国では重要視《じゅうようし》されていた。特徴的《とくちょう》なことは、権力内《けんりょくない》に独立組織《どくりつそしき》として持っていたことである。日本のそれは、権力の組織《そしき》の内部に監察担当部署《かんさつたんとうぶしょ》があるだけという点で、決定的《けってい》に違う。これも、中国の官僚制《かんりょうせい》があまりに強大《きょうだい》で、あまりに特権的《とっけん》だったことに起因《きいん》しよう。

監察《かんさつ》の責任者《せきにんしゃ》・御史大夫《ぎょしたいふ》は、官僚《かんりょう》に対し、疑《うたが》いだけで有罪《ゆうざい》にできる。「疑《うたが》わしきは罰《ばっ》せず」という罪刑法定《ざいけいほうてい》主義の正反対で、疑《うたが》われた官僚《かんりょう》が助かるためには、自《みずか》らの無実《むじつ》を完全立証《りっしょう》しなければならない。できなければ有罪《ゆうざい》が確定《かくてい》する。

この制度《せいど》自体は古くから中国にあり、御史大夫《ぎょしたいふ》が副総理《ふくそうり》的な地位を得《え》たこともあるが、官僚統制《かんりょうとうせい》という意味でいつも絶大な機能《きのう》を発揮《はっき》している。

イギリスの経済・社会学者パーキンソン（一九〇九〜一九九三）は、その唱《とな》えたパーキンソンの法則《ほうそく》で、役人《やくにん》は放《ほう》っておくと自己繁殖《じこはんしょく》してどんどん増《ふ》えると看破《かんぱ》した。

そして、拡大《かくだい》は複雑《ふくざつ》を生み、複雑《ふくざつ》は腐敗《ふはい》を生むことも指摘《してき》した。

もともとが、カウンターバランスをとる制度《せいど》がなければ否応《いやおう》なしに腐敗《ふはい》する制度《せいど》なのだ。

儒教《じゅきょう》の求めた子孫の永続《えいぞく》の思想《しそう》が、官僚《かんりょう》の自己増殖《じこぞうしょく》に繋《つな》がっているという意見にも一理《いちり》はあるが、本来《ほんらい》の科挙《かきょ》制度の狙《ねら》いと実際のギャップが、官僚制《かんりょうせい》の腐敗《ふはい》を促進《そくしん》したことも否《いな》めない。

本来《ほんらい》、貴族制度《きぞくせいど》に対抗《たいこう》するところから始まった官僚制度《かんりょうせいど》は、そのゆえに世襲《せしゅう》を許《ゆる》さない。そのため、門戸《もんこ》を公平《こうへい》に開こうとしたときにペーパーテスト、すなわち科挙《かきょ》という手段《しゅだん》を採《と》った。この公平《こうへい》さ、先進性《せんしんせい》に、貴族《きぞく》政治の弊害《へいがい》を見続《みつづ》けてきたヨーロッパの知識人は喝采《かっさい》を送ったわけである。

しかし、高級官僚《こうきゅうかんりょう》の特権《とっけん》が強化《きょうか》され、財力《ざいりょく》を持つにつれ、その色彩《しきさい》が少しずつ変容《へんよう》を遂《と》げていく。

親が高級官僚《こうきゅうかんりょう》であると、子供が役人《やくにん》になるのに非常《ひじょう》に有利《ゆうり》になる。なにしろ、受験技術《じゅけんぎじゅつ》には秀《ひい》でている、資産《しさん》はある、科挙《かきょ》に合格《ごうかく》する雰囲気《ふんいき》はある、そして、いろいろな人脈《じんみゃく》を作りやすい。科挙《かきょ》に合格《ごうかく》した後《あと》もこの恩恵《おんけい》に与《あずか》ることができ、それがまた次の世代《せだい》に、といった具合《ぐあい》に、だんだんと世襲的色彩《せしゅうてきしきさい》を帯《お》びてくる。

実質的《じっしつてき》世襲《せしゅう》とまではいかない理由は、やはり試験が厳《きび》しいからである。また、環境《かんきょう》が整《ととの》っても、本人《ほんにん》にその力がなければどうしようもない。

現代の日本を見よ。まさに、受験地獄《じごく》という儒教《じゅきょう》の弊害《へいがい》のみが跋扈《ばっこ》（はびこる）するような世界と思いはしないか。

第7章❖日本人と宗教

僧形《そうぎょう》八幡神《はちまんしん》坐像《ざぞう》。神功皇后《じんぐうこうごう》を母后《ぼこう》に持つ応神天皇《おうじんてんのう》は、本地垂迹《ほんちすいじゃく》により、「八幡大菩薩《はちまんだいぼさつ》」として知られる（薬師寺《やくしじ》）

日本という宗教無法地帯

ここまで、主《おも》な宗教の要点《ようてん》を解説《かいせつ》してきたが、この章ではそれぞれの宗教と日本の関係を、歴史を踏《ふ》まえながら考察《こうさつ》していこう。

日本人の国民宗教は何《なに》かというと、山本七平氏《やまもとしちへい》は「日本教《にほんきょう》」という表現を用《もち》いた。なにしろ、儒教《じゅきょう》でもキリスト教でも仏教《ぶっきょう》でも、みんな日本教《にほんきょう》になってしまうのだから。

日本で仏教がなぜ栄《さか》えたのかというと、日本教《にほんきょう》に変化して戒律《かいりつ》をみんな取《と》り払《はら》ってしまったからであろう。儒教《じゅきょう》も、日本に入ってきたら戒律《かいりつ》をみんな取り払われてしまった。

韓国を例《れい》にとると、キリスト教、仏教《ぶっきょう》、儒教《じゅきょう》と、主《おも》な宗教が三つある。同時に二つ以上信じるということは原則的にはないものの、日本では、日本教徒《にほんきょうと》であれば仏教も儒教《じゅきょう》も完全に規範《きはん》を取り去ってしまうので、簡単《かんたん》に両立できる。

仏教の日本化に関してはすでに説明したが、儒教《じゅきょう》にしても同じことである。例《たと》えば、本来《ほんらい》の儒教《じゅきょう》は、親孝行《おやこうこう》とはこういうふうにやる、君主《くんしゅ》に忠義《ちゅうぎ》とはこういうふうにやるというようにマニュアルが決まっている。だから簡単《かんたん》に親孝行《おやこうこう》といっても、それはもう大変ややこしい。その一番極端《きょくたん》な例《れい》は、親が死んだ場合の葬式《そうしき》と喪《も》を考えるとよい。

親が死んだ場合には、何オクターブの声を出してこういうふうに泣け、涙をこのくらいこぼせと、細《こま》かいところまで決まっている。だからこそ中国では哭き女《な》などという商売《しょうばい》ができるのだ。こんなマニュアルどおりにできる人は、普通《ふつう》、いはしないからである。

喪《も》に服《ふく》すのも大変な決まりがある。父が死んだ場合は何年間、母が死んだ場合には何年間、あれをしてはいけない、これをしてはならないとみんな決まっている。

君主《くんしゅ》に対する忠義《ちゅうぎ》も明細《めいさい》が決まっていて、これこれこういう人はこれだけの義務《ぎむ》があると明示《めいじ》されている。

ところが日本ではそういう規範《きはん》や基準《きじゅん》が全部消《き》えてしまった。

徳川《とくがわ》時代に儒教《じゅきょう》が国教《こっきょう》のようになったとき、こんな話があった。

儒教道徳《じゅきょうどうとく》に理解《りかい》の深い、ある殿様《とのさま》が孝行息子《こうこうむすこ》には褒美《ほうび》を取らせるとおふれを出した。誰《だれ》が一番孝行《こうこう》かと探《さが》し回っていた家来《けらい》が、理想的《りそうてき》な孝行息子《こうこうむすこ》がいると聞きつけた。早速《さっそく》調査に行ったところ、件《くだん》の孝行息子《こうこうむすこ》が母親に足を洗《あら》わせているところにバッタリ出会《であ》ってしまった。親に足を洗《あら》わせるとは何事《なにごと》かと詰問《きつもん》したら、その息子《むすこ》がこういった。

「私のお袋《ふくろ》は私の足を洗《あら》っているときに最大の幸福《こうふく》を感じているんです。だから足を洗《あら》わせるのが親孝行《おやこうこう》でございます」

これと同じ主旨《しゅし》の話が落語になって残っている。お前は親のいうことを聴《き》かないで心配ばかりかけているのは親不孝《おやふこう》じゃないのかといったら、そうじゃありません、適当《てきとう》に心配かけないと、親は安心して死んでしまいます――。

こんな屁理屈《へりくつ》が通るのも、規範《きはん》、基準《きじゅん》がなければこその話なのである。

日本人が現在陥《おちい》っている宗教パニックは、予定説がだいぶん絡《から》まっている。

神が決めたら人間のいかなる力をもってしても変更《へんこう》は不可能《ふかのう》、どんなに熱心《ねっしん》に拝《おが》んでも全《まった》くの無駄《むだ》という予定説は、因果律《いんがりつ》的思考《しこう》に慣《な》れている日本人にとって驚《おどろ》き以外のなにものでもない。ヴェーバーも書いているように、いかなる懺悔《ざんげ》もいかなる善行《ぜんこう》も儀式《ぎしき》も全《まった》く効力《こうりょく》がないのが、予定説の本質なのだ。

今現在のカルト教団の基本的なやり方というのは、予定説のやり方をとって、あなたはだめなんだ、世の中だめなんだと説《と》き、ただし私を信じれば奇蹟《きせき》を起こす、というものが多い。その奇蹟《きせき》によってあなた方《がた》を救済《きゅうさい》します、という純粋《じゅんすい》な予定説ではないものの、予定説一歩《いっぽ》手前の論法《ろんぽう》である。

なぜなら、因果律《いんがりつ》であれば、別にナントカ教団《きょうだん》についていこうとしなくても、普通《ふつう》に戒律《かいりつ》を守って普通《ふつう》に善行《ぜんこう》を施《ほどこ》していれば、地獄《じごく》に堕《お》とされるなんてありえない。その意味だけでいえば、世《せ》間《けん》を騒《さわ》がせたオウムの教祖《きょうそ》だとか、最近の「天声《てんせい》」やらという人はある種《しゅ》の天才ともいえる。天声《てんせい》なんて天が勝手《かって》にいうもので、余人《よじん》に聞けたら天声《てんせい》ではないのだから、宗教論理《ろんり》上、まことに使い勝手《がって》がよい。そのことだけでいえば宗教論理《ろんり》的には適《かな》っているのだ。かの教祖《きょうそ》は逮捕《たいほ》されてしまったが、天声《てんせい》の内容を会議によって決めていたなどの、でっち上げが露見《ろけん》したから糾弾《きゅうだん》されるのであって、天声《てんせい》という現象《げんしょう》自体に疑念《ぎねん》が確定《かくてい》したわけではない。

そういうものを世間《せけん》の常識《じょうしき》や、権力で弾圧《だんあつ》しようなどというのは少しおかしな話になる。めちやくちゃな宗教だから歯止《はど》めをかけねば、という問題ではなく、宗教というのはもともとそういう恐《おそ》ろしいものなのだ、という認識《にんしき》がまずなければ、日本人の宗教ショックは一向《いっこう》に癒《い》えないだろう。

日本人とユダヤ人

日本人の宗教観《かん》を考察《こうさつ》するに必要な作業《さぎょう》は、日本人とユダヤ人との比較《ひかく》である。

なぜなら、神が約束《やくそく》の土地を与《あた》えたもうた、という民族《みんぞく》は世界中でただ二つ、日本民族とユダヤ民族だけだからである。

ところが与《あた》え方が全《まった》く違う。ユダヤの与え方は『旧約聖書』に書いてあるように、契約《けいやく》であるのに対し、日本の与《あた》え方は天《てん》の原理《げんり》なのである。

『日本書紀《にほんしょき》』にこう書いてある。

葦原《あしはら》の千五百秋《ちいほあき》の瑞穂《みつほ》の国は、是《これ》、吾《わ》が子孫《うみのこ》の王《きみ》たるべき地なり。爾皇孫《いましすめみ》、就《い》でまして治《しら》せ。行矣《さきくませ》。宝祚《あまのひつぎ》の隆《さか》えまさむこと、当《まさ》に天壌《あめつち》と窮《きはま》り無《な》けむ。

天照大神《あまてらすおおみかみ》が孫の瓊瓊杵尊《ににぎのみこと》に命じて、「汝《なんじ》、日本に行って天皇《てんのう》におなりなさい」とのたもうた。

そして日本の天皇《てんのう》が栄《さか》えることは天地と共に無限《むげん》に続く、といって日本という豊葦原《とよあしはら》の瑞穂《みつほ》の国、この表現はユダヤ人たちの乳《ちち》と蜜《みつ》の流れる云々《うんぬん》というのと同じだが、豊《ゆた》かな米が穫《と》れる素晴《すば》らしい国をおまえに与《あた》える、と仰《おお》せられているわけだ。

この神勅《しんちょく》を日本の神道《しんとう》では最《もっと》も重要視《じゅうようし》していて、明治維新《いしん》ではものすごい働きをしたのだが、これが実は予定説だということに気づいた人はほとんどいない。

ごくわずかの例外の中に、江戸《えど》時代の山崎闇斎《やまざきあんさい》（儒学者。一六一八〜八二）率《ひき》いた崎門学派《きもんがくは》の佐藤《さとう》直方《なおかた》（一六五〇〜一七一九）がいる。天皇《てんのう》の地位は悪いことをしてもよいことをしても、あるいは何《なに》をしてもしなくても、永久《えいきゅう》に子孫に与《あた》えられる、こういう構造《こうぞう》になっていることを発見した。

これは儒教《じゅきょう》的考え方からいえばとんでもないことで、子孫に天子を継《つ》がせるのはその子が有徳《ゆうとく》の場合に限《かぎ》る。もし有徳《ゆうとく》でなければ、革命《かくめい》が起き、そして徳《とく》のある人が天子になる。儒教《じゅきょう》のこの考え方は、紛《まぎ》れもない因果律《いんがりつ》である。徳《とく》があるから天子になる、徳《とく》がなければ天子を辞《や》める、原因と結果がはっきりしている。

ところが日本の神勅《しんちょく》には徳のあるなしなどとは一言《ひとこと》も書いていない。すでに決まっている。つまり予定説に他ならない。

注意するべきことは、日本は血縁《けつえん》社会（父《パトリモニアル》系社会か母《マトリモニアル》系社会）ではないのに、日本の予定説は血縁《けつえん》予定説なのである。血縁《けつえん》予定説は、明治維新《めいじいしん》のときに絶大《ぜつだい》な威力を発揮《はっき》した。

では、ユダヤ教はどうか。

『旧約聖書』によると、ユダヤの民《たみ》が神との契約《けいやく》を守るのであれば、望《のぞ》みの土地を永遠《えいえん》におまえたちに与《あた》える。敵が攻めてくれれば奇蹟《きせき》によって追い払う。永遠《えいえん》におまえたちは富《と》み栄《さか》え、最高の幸福《こうふく》を獲得《かくとく》する。しかし、神との契約《けいやく》、神の命令を破《やぶ》ったならば、直《ただ》ちに鏖《みなごろし》にする。特別な温情《おんじょう》をかけたとしても、外国に攻《せ》め込まれて討《う》ち滅《ほろ》ぼされ、この上なく惨《みじ》めな状態になることは免《まぬが》れまい、とこういっている。

このとおり、ユダヤ教は根本的には因果律《いんがりつ》である。よいことをしても、悪いことをしても、おまえたちに望《のぞ》みの土地を与《あた》えてやるとは神様もいっていない。

「出《しゅつ》エジプト記」にはこのことを神が実践《じっせん》した様子が描《えが》かれている。

モーセに率《ひき》いられたイスラエルの民《たみ》はエジプトから出たまではよいけれど、エジプトのファラオの軍隊《ぐんたい》が追撃《ついげき》して来る。民《たみ》たちが逃げに逃げて紅海《こうかい》までたどり着いたところ、海が割《わ》れ水が引き、道ができた。大急ぎで渡りきった民《たみ》を追いかけ、後ろからファラオの軍隊《ぐんたい》がやって来るや、神は兵隊どもをみんな溺《おぼ》れさせてくださった。

映画などでもあまりに有名なこの場面、これは最大の奇蹟《きせき》だから、『コーラン』にも繰《く》り返《かえ》し、繰《く》り返《かえ》し出てくる。何千年も前にイスラエルの民にしてやったことを、アラブ人にまで恩《おん》を着《き》せるのだから、神《アッラー》もたいしたものである。とまあこれは冗談《じょうだん》だが。

大事なことは、これほどの奇蹟《きせき》を起こし助けてやったという裏《うら》には、神との契約《けいやく》を守った場合に限《かぎ》るという厳重《げんじゅう》な条件が付いている、ということである。

「出《しゅつ》エジプト記」の話をもう少し続けよう。もともとカナンにはイスラエルの民《たみ》のために与《あた》えたかなりの土地があったのだが、飢饉《ききん》を避《さ》けるために民《たみ》はエジプトに逃《に》げだした。ところが、そこでは奴隷《どれい》になってしまい、「出《しゅっ》エジプト記」に記《しる》されたように、もう一回カナンの地に帰ったところ、そこには他《ほか》の民族《みんぞく》が住《す》み着いてしまっていた。さあどうするか。

神が下《くだ》した命令は何《なに》かということが、「ヨシュア記」に書かれている。この「ヨシュア記」、日本では神父《しんぷ》や牧師《ぼくし》はほとんど教えない。なぜなら、イスラエルの民《たみ》が神の命により、自《みずか》らに与《あた》えられた地にすでに住んでいる民人《たみびと》を鏖《みなごろし》にしてしまう、というストーリーだからである。共存《きょうぞん》したわけではないのだ。

以前にこの話を日本人学生に教えたところ、ものすごい反応《はんのう》を起こした。なかには、「イスラエル人は、昔《むかし》そんな悪いことをしたんですか。だったらヒトラーに鏖《みなごろし》にされるのも当然《とうぜん》かもしれませんね」と驚く人さえあった。日本人にとって、仏教の因果律《いんがりつ》がいかに身についているかがおわかりであろう。

それ以前《いぜん》に重大《じゅうだい》な問題としてあるのが、よい悪いの判断である。ユダヤ教を含《ふく》む啓典《けいてん》宗教においては、神の欲《ほっ》することがよい、神が欲《ほっ》しないことが悪い、これが大原則《げんそく》である。神の命令は絶対正しい。神が鏖《みなごろし》にせよと命じたらそのとおりに鏖《みなごろし》にしないといけない。例外を設《もう》けたり、許《ゆる》したりしたら、そんなことをした人が罰《ばっ》せられる。

いわば、神を基準《きじゅん》とした以外の倫理観《りんりかん》はありえないのである。先の日本人学生は、個人としての倫理観《りんりかん》だとか、日本人としての倫理観《りんりかん》があるので、「たとえ、神の命《めい》とはいえ、鏖《みなごろし》はいけないことだ」などと考える。かくのごとく、日本人は初めから宗教には無縁《むえん》な人たちといえよう。この視点《してん》からすれば、最高の啓典《けいてん》たる聖書の中身を、人間が勝手《かって》に選択《せんたく》するなどとは瀆神《とくしん》行為にほかならない。だから欧米《おうべい》では小さな子供にも、「ヨシュア記」でも何《なん》でもそのまま聞かせている。だが日本では、そんなことは全《まった》く考慮《こうりょ》せず、啓典《けいてん》の一部にも拘《かかわ》らず平然《へいぜん》と隠《かく》して聖書を教えている。やはり、宗教無知《むち》の日本人らしい教え方といわずばなるまい。

シュテファン・ツヴァイクが、大航海《だいこうかい》時代にクリスチャンが新大陸各地《しんたいりくかくち》で行《おこな》った先住民虐殺《せんじゅうみんぎゃくさつ》に対し、こんなに敬虔《けいけん》でいい人が何であんなに残酷《ざんこく》なことをしてるのだろうと嘆《なげ》いている。それは二〇世紀の常識《じょうしき》で答え、神学《しんがく》を論じているので、ツヴァイクのような大天才をもってしても、その辺《あた》りがなかなか理解《りかい》しにくくなっている。

この大航海《だいこうかい》時代の時期、ローマ法王《ほうおう》には、「異教徒《いきょうと》は人間であるのかないのか」という質問がたびたび寄《よ》せられている。キリスト教でも人を殺《ころ》してはならない、という倫理《りんり》はある。ところが問題は、異教徒《いきょうと》は人間であるかどうかが定《さだ》かではないことである。人間でないのであれば殺《ころ》してもかまわない。このことは初期《しょき》の国際法をよく見るとわかる。異教徒《いきょうと》は野蛮人《やばんじん》であり、人間ではないという前提《ぜんてい》のもとに作られたのが、初期《しょき》国際法である。したがって、野蛮人《やばんじん》は奴隷《どれい》にしようが、殺《ころ》そうが、全《まった》く自由だった。オランダ人、スペイン人、ポルトガル人だけでなくイギリス人、フランス人、アメリカ人もみんな同様《どうよう》の行動をとっている。インディアンなどの原住民《げんじゅうみん》を鏖《みなごろし》にして、土地をはじめ何《なに》から何《なに》まで白人が持っていってしまった。

ある学者が一九世紀になって記録《きろく》を調べた結果、白人は、黒人と結《むす》んだ契約《けいやく》を守ったことは一回もないことがわかってきた。根本的にいえば相手が人間でなければ契約《けいやく》を破《やぶ》っても何《なん》ら問題はない。

一九世紀後半になると先住民《せんじゅうみん》に対する意識《いしき》も、人間でないとは決《き》めつけはしないまでも、人間であるとも思わない、というふうに変わってくる。これを進歩《しんぽ》といってよいのかどうかは疑問《ぎもん》であるが、中間くらいに思うようになっていることは確《たし》かである。それにしたところで、契約《けいやく》を無条件で破《やぶ》ってよいとはいわないまでも、何《なに》か適当《てきとう》な理屈《りくつ》を付ければよい、というくらいのものである。

もう一つの実例《じつれい》が十字軍《じゅうじぐん》。十字軍《じゅうじぐん》ほど残酷《ざんこく》なことを好き勝手《かって》にやった軍隊《ぐんたい》はないということが、歴史研究の結果、明らかになった。それも神の命《めい》により、人間とはいえない異教徒《いきょうと》を相手にしているのだ。ましてや相手は聖地《せいち》を占領《せんりょう》するような不届《ふとど》き者である。そんな連中《れんちゅう》、殺《ころ》そうが何《なに》をしようがかまうことはない、こう思って不思議《ふしぎ》はない。

第二章で述べたように、二〇〇〇年三月に、ヨハネパウロ二世が行《おこな》った、十字軍《じゅうじぐん》＝キリスト教徒による異教徒《いきょうと》殺戮《さつりく》の謝罪《しゃざい》は、宗教教義《きょうぎ》には全《まった》く適《かな》っていないものなのである。

日本の仏教が生き残ったわけ

もう一つ、日本人の心身《しんしん》にきわめて日本的な形でしみこんでいる仏教について考察《こうさつ》する。

仏教というのは、釈迦《しゃか》が定《さだ》めたもうた「戒《かい》」を守る。それが、仏教の根本ともいえる。唐招提寺《とうしょうだいじ》を建立《こんりゅう》した鑑真《がんじん》和上《わじょう》（六七八～七六三）が、千辛万苦《せんしんばんく》をものともせず日本に渡来《とらい》したのも、正しい戒《かい》を教えるためであった。それくらい規範《きはん》は仏教にとって大切である。

ところが、その大切な規範《きはん》を全廃《ぜんぱい》してしまった国がある。それこそが日本である。その、とんでもない犯人は誰《だれ》か。それは誰《だれ》あろう、伝教大師最澄《でんぎようだいしさいちよう》（七六七〜八二二）である。

しかも彼が作った比叡山《ひえいざん》、日本仏教の総本山《そうほんざん》の中の総本山《そうほんざん》のようになったが、その元祖《がんそ》開山《かいざん》が形式的な天台《てんだい》の円戒《えんかい》に置《お》き換《か》えて、実質的に規範《きはん》を全廃《ぜんぱい》してしまったのだ。

最高の寺の開山《かいざん》が規範《きはん》を全廃《ぜんぱい》する……こんな無茶苦茶《むちゃくちゃ》なことは外国では考えられない。それから後《あと》の人はどうしたのかというと、やっぱり大先生がそうだったら跡継《あとつ》ぎの中先生、小先生も、これに倣《なら》わなくてはしようがない。それを裏づける思想《しそう》が、天台本覚論《てんだいほんがくろん》である。この思想《しそう》が古代《こだい》から中《ちゆう》世《せい》日本にかけて編《あ》み出された。その頃《ころ》の坊主《ぼうず》（もともと一坊の主僧を表す）というのはいまの坊主《ぼうず》と違ってものすごく学問がある。その例《れい》に漏《も》れず、天台本覚論《てんだいほんがくろん》というのは学問的に見れば大変に立派《りつぱ》なものであるが、仏教の本義《ほんぎ》からすると異端《いたん》も異端《いたん》、とんでもない大異端《いたん》的な代物《しろもの》だった。

なにがそんなに異端《いたん》なのか。

仏教の根本には、悟《さと》りをひらくためには迷《まよ》いを絶《た》たなければならない、という考えがある。それが仏教的な考えであり、そのために仏教の坊主《ぼうず》というのは苦心惨憺《くしんさんたん》する。

ところが天台本覚論《てんだいほんがくろん》というのはどういう教えかというと、迷《まよ》ったままで成仏《じようぶつ》できる、という、本来の仏教とはかけ離れたものだった。

総本山《そうほんざん》のそのまた総本山《そうほんざん》である比叡山延暦寺《ひえいざんえんりやくじ》でこの天台本覚論《てんだいほんがくろん》というのが発達したというのが、日本仏教の秘密を解《と》く最大の鍵《かぎ》である。

最澄《さいちょう》が始めた規範《きはん》全廃《ぜんぱい》の思想《しそう》を完成させたのが、実は、法然《ほうねん》、親鸞《しんらん》、また別なところで日蓮《にちれん》（一二二二〜八二）といった仏教革命者《かくめいしゃ》たちであった。法然《ほうねん》、親鸞《しんらん》というと何《なん》となくわかったような気がするけれど、日蓮《にちれん》も同様《どうよう》といわれると変な顔をする読者がいるかもしれない。なにしろ、日蓮《にちれん》自身はものすごく厳格《げんかく》で禁欲的《きんよくてき》な人であったから。

それに対する答えは簡単《かんたん》で、禁欲《きんよく》的といっても、日蓮上人《にちれんしょうにん》の場合、それが単《たん》なる趣味《しゅみ》であったからというよりない。今《いま》は「粗食《そしょく》の勧《すす》め」などということが流行《はや》りだが、粗食《そしょく》のほうが好みという人だっている。ビフテキよりおしんこがいいという人は少なくない。だから贅沢三昧《ぜいたくざんまい》より禁欲《きんよく》のほうがよいという人も当然《とうぜん》いる。日蓮上人《にちれんしょうにん》はそういう人だったのだ。

それが信教《しんきょう》上の必要事項《じこう》ではなく、ただの趣味《しゅみ》だったことの証拠《しょうこ》には、日蓮上人《にちれんしょうにん》は決して、「禁欲《きんよく》しろ」だとか「酒を飲むな」などと、一言《ひとこと》もいっていないことを挙《あ》げれば足りよう。単純に、日蓮上人《にちれんしょうにん》がしないんだから俺たちもしないようにしようと、周《まわ》りの人間が勝手《かって》にしているだけのことなのだ。たまたま結果的にそうなっただけだから、それは教えでも何《なん》でもない。

日蓮上人《にちれんしょうにん》の教えとは何《なに》かというと、南無妙法蓮華経《なむみょうほうれんげきょう》と唱《とな》えればよいと、それが中心である。それで本質《ほんしつ》的には十分《じゅうぶん》とし、それで誰《だれ》もが成仏《じょうぶつ》へ向かうと唱《とな》えた。

この点は、法然上人《ほうねんしょうにん》、親鸞聖人《しんらんしょうにん》のほうが徹底《てってい》している。「南無阿弥陀仏《なむあみだぶつ》」と唱《とな》える唱名《しょうみょう》だけでいい、修行《しゅぎょう》も学問も一切《いっさい》必要ないといっている。これこそ仏教的な考え方からいったら、大変な異端《いたん》なのだ。

まず異端《いたん》だというのはどういうことかというと、本来《ほんらい》の仏教では大変な修行《しゅぎょう》を要求する。そのうえ、善行《ぜんこう》、善果《ぜんか》の積《つ》み上げをやりなさいともいう。それから学問も重要《じゅうよう》ですよ、とこういうことをいっている。

ところが法然《ほうねん》及《およ》び親鸞《しんらん》は、そんなことは一切《いっさい》必要ないといってしまった。

いい切ったうえでこの教義《きょうぎ》を体系的《たいけい》に論理《ろんり》づけたのは、同じく法然《ほうねん》、親鸞《しんらん》で、彼らは末法思想《まっぽうしそう》に、それを関連《かんれん》づけた。すなわち、いまはもう末法《まっぽう》の、末《すえ》の世《よ》である。もはやどんな修行《しゅぎょう》をしてもどんな善行《ぜんこう》を積んでも、どんな学問をしても到底悟《とうていさと》りはひらけない。それらはすべて無駄《むだ》なのだから、そんなことは止《や》めて、南無阿弥陀仏《なむあみだぶつ》と唱《とな》えて仏様に縋《すが》れば、仏様が自動的に救済《きゅうさい》してくださる、という考えを世《よ》に広《ひろ》めたのだ。

日蓮上人《にちれんしょうにん》はこのように説明したわけではないが、「法華経《ほけきょう》」は万能《ばんのう》なお経《きょう》で「南無妙法蓮華経《なむみょうほうれんげきょう》」と唱《とな》えることがいちばん大切で、その他《ほか》はあまり重要ではないと世間《せけん》に広《ひろ》めた。

これは、驚《おどろ》くべき革命《かくめい》といってよい。

かくして、日本の仏教は戒律《かいりつ》を全部取り払った。このことは本来《ほんらい》の仏教では絶対に考えられないことであるが、その点をとらえると、キリスト教の布教《ふきょう》の形式《けいしき》と大変によく似ていることに気づくであろう。

いまの話に関連《かんれん》して、実在論《じつざいろん》と仏教の関係を述《の》べよう。まず第一に、仏教には実在論《じつざいろん》がない。啓典《けいてん》宗教は実在論《じつざいろん》が中心であるが、仏教は存在《そんざい》を否定《ひてい》し、すべてが仮《かり》だと主張《しゅちょう》をする。したがって、実在論《じつざいろん》的な考えがある教えは全部間違《まちが》いとする。

中国の浄土教《じょうどきょう》がずいぶんそのことに悩《なや》んだようである。考えてもみよ、南無阿弥陀仏《なむあみだぶつ》と唱《とな》えれば極楽浄土《ごくらくじょうど》に成仏《じょうぶつ》できるとしたのはいいけれど、極楽浄土《ごくらくじょうど》などという実在《じつざい》があってよいものか。俗《ぞく》ウケを狙《ねら》うため、極楽浄土《ごくらくじょうど》は方便《ほうべん》として使《つか》うとしても、弥陀《みだ》の本願《ほんがん》であっという間に極楽浄土《ごくらくじょうど》に行けてしまうなんてことが許《ゆる》されるのか、と。

また、極楽浄土《ごくらくじょうど》に導《みちび》いてくれるのは阿弥陀如来《あみだにょらい》であるが、阿弥陀如来《あみだにょらい》などという実在《じつざい》を前提《ぜんてい》としているところもいけない。このような数々の矛盾《むじゅん》を正すため、中国の浄土教《じょうどきょう》ではいろいろ工夫《くふう》を重《かさ》ね、阿弥陀如来《あみだにょらい》などという実在《じつざい》は本当はいないのだ、とした。そして、如来《にょらい》とは真理《しんり》に到達《とうたつ》した者のことで、仏陀《ぶつだ》と同義《どうぎ》であるから、阿弥陀如来《あみだにょらい》はこの世界に実在《じつざい》していないということになる。そこで、いつでも如来《にょらい》になれるのであるが、法蔵菩薩《ほうぞうぼさつ》として人間を救うために、仮《かり》にまだ菩薩《ぼさつ》の位《くらい》に留《とど》まって修行《しゅぎょう》中であるという解釈《かいしゃく》にしたのだ。

日本の浄土宗《じょうどしゅう》は教義《きょうぎ》を説明するときに、このような工夫《くふう》はしていない。そのため、日本の浄土《じょうど》宗《しゅう》は、もはや仏教ではなくなってしまっている。本当は心から極楽浄土《ごくらくじょうど》に生まれたいという希望《きぼう》を持つ人は、すべて救済《きゅうさい》したいと考え、そういう意志《いし》があるだけなんだ、そういう人が実在《じつざい》しているわけではありませんよ、と説《と》かなければならないのだ。

この意志《いし》、それこそが弥陀《みだ》の本願《ほんがん》だという。この言葉は最《もつと》も重要《じゆうよう》である。
そうなると、内的信仰《しんこう》のみが重要という意味でキリスト教に非常に似てくる。
そういう弥陀《みだ》の本願《ほんがん》があるだけである。「実在《じつざい》のものは何《なに》もない」とまでは日本では説明しない。

もう一つ、日本で仏教が大成功したのは本地垂迹説《ほんちすいじやくせつ》に拠《よ》るところが非常に大きい。本地垂迹《ほんちすいじやく》というのは、「本地《ほんち》（根本の物体）より迹《じやく》（具体的《ぐたいてき》な姿《すがた》）を垂《た》れる」という意味で、もともとは法華経《ほけきよう》に由来《ゆらい》する思想《しそう》であり、「絶対・真実《しんじつ》の仏が釈迦《しやか》としてこの世に姿《すがた》を現《あらわ》したこと」を指《さ》すのだが、転じて、「諸仏《しよぶつ》、諸菩薩《しよぼさつ》が衆生《しゆじよう》を救うためにそれぞれの風土《ふうど》社会に応《おう》じて身を現《あらわ》すこと、またはその姿《すがた》」をいうようになった。中国でもいわれることだが、最《もつと》も盛《さか》んだったのは、日本古来《こらい》の神を仏になぞらえた日本である。よく知られている「八幡大菩薩《はちまんだいぼさつ》」がいい例《れい》で、ほかにも各地の神社《じんじや》にも本地仏《ほんちぶつ》が確定《かくてい》されている。例《たと》えば、伊勢内宮《いせないくう》は盧遮那仏《るしやなぶつ》（救世観音《ぐぜかんのん》）、春日一宮《かすがいちのみや》は不空羂索観音《ふくうけんじやくかんのん》、二宮《にのみや》は薬師如来《やくしによらい》、といった具合《ぐあい》である。逆にいえば、日本に神道《しんとう》があったおかげで仏教は隆盛《りゆうせい》したともいえよう。

ところがキリスト教の場合は本地垂迹《ほんちすいじやく》が不徹底《ふてつてい》だからあまり広まらなかった。例《たと》えばマリア様は天照大神《あまてらすおおみかみ》で、神武天皇《じんむてんのう》はすなわちキリストである、そこまで徹底《てつてい》すればなんとかなったのかもしれない。

日本のことをよく調べてみると、本当に仏教を信じている人などはいないということさえ可能《かのう》である。比叡山《ひえいざん》の僧兵《そうへい》が日吉《ひえ》神社の御輿《みこし》を担《かつ》いで暴《あば》れたことはすでに紹介《しょうかい》したが、例《れい》はまだある。護良親王《もりながしんのう》、足利義教《あしかがよしのり》のように、比叡山《ひえいざん》の座主《ざす》が還俗《げんぞく》を命じられて征夷大将軍《せいいたいしょうぐん》の座に就《つ》いたりしているのだ。キリスト教でローマ法王《ほうおう》が還俗《げんぞく》を命《めい》じられて将軍《しょうぐん》になるなんてありえっこない。もっともそれが日本の日本たる所以《ゆえん》なのだが。

宗教から政治へ移行した檀家制度

日本において発達《はったつ》した檀家《だんか》という独特《どくとく》の制度《せいど》は、寺院《じいん》に所属《しょぞく》し、寺僧《じそう》に布施《ふせ》する在俗信徒《ざいぞくしんと》を称《しょう》しているが、実はこの制度《せいど》、宗教的にはムチャクチャなものなのだ。

もともとインドにはサンガ（僧伽《そうぎゃ》）という仏教集団があった。本来は組合《くみあい》、共同体を意味する言葉だが、やがて仏教を奉《ほう》ずる者たちの集団《しゅうだん》を表すようになった。このサンガ、どういう特徴《とくちょう》を持っているかというと、政治権力《けんりょく》と全《まった》く無関係であることだ。もう一つ、サンガの規範《きはん》は、世間《せけん》の規範《きはん》と異《こと》なっている。この意味でサンガというのは俗世間《ぞくせけん》とは全然《ぜんぜん》違う。

ところが、仏教がインドから中国に伝《つた》わるや、この意味で九〇度の転換《てんかん》をする。すなわち、中国における仏教の寺院《じいん》は政治権力《けんりょく》と無縁《むえん》ではいられなくなった。その理由は、環《かん》境《きょう》、とくに気候《きこう》に拠《よ》るところが大きい。暖《あたた》かい、いや暑《あつ》い気候《きこう》を持つインドでは、着《き》るもの、住《す》むところに多少不自由してもなんとかなる。真《ま》っ裸《ぱだか》で野宿《のじゅく》をしても暮《く》らせるからだ。しかし、北方に位置《いち》する中国では、下手《へた》をすれば凍《こご》え死んでしまうかもしれない。

小さなコメントを加《くわ》えると、インドの虎《とら》はあまり人を襲《おそ》わないそうな。だけど中国の虎《とら》は人を遠慮《えんりょ》なしに食べてしまう。中国の物語、『水滸伝《すいこでん》』などを読《よ》んでも、そんなシーンがたくさん登場する。だから逆に、虎《とら》のほうから逃《に》げ出すようなら大聖人《せいじん》だと評価《ひょうか》される。例《たと》えば天台智顗《てんだいちぎ》という人は、天台山《てんだい》で修行《しゅぎょう》したとき、虎《とら》がいまにも襲《おそ》いかからんと寄《よ》って来たけれど、あまりにも智顗《ちぎ》の態度《たいど》が堂々《どうどう》としていたので、おそれをなした虎《とら》は退散《たいさん》したという話まで伝《つた》わっている。しかし、そんな人は例外《れいがい》中の例外《れいがい》で、ほとんどの中国の人は虎《とら》に対する恐怖心《きょうふしん》を持っている。まあ、虎《とら》の話はここまでにしておこう。

中国に伝わった仏教で、もう一つ決定的に重要《じゅうよう》なことは、社会階級《かいきゅう》との関係にある。インドでは聖人《せいじん》であるかどうかということと、社会階級《かいきゅう》、社会的地位は関係がない。関係ないけれども、聖人《せいじん》は社会において最高の尊敬《そんけい》を受《う》ける。だから聖人《せいじん》というのは凄《すご》く貧乏《びんぼう》で食《く》うや食《く》わずであっても、そういう人は最高の階級《かいきゅう》の人が来《き》てもその上位に立つ。もともと、インド仏教には階級《かいきゅう》という観念《かんねん》がない。そして、宗教を司《つかさど》る人は、最高階層《かいそう》にいるとされている。そういう認識《にんしき》が社会に存在《そんざい》する。

ところが中国の場合には、財産《ざいさん》も社会的地位もない人は、上の階層《かいそう》にいるなどと誰《だれ》も考えない。聖人《せいじん》だといったところで、下手《へた》をすれば変《か》わり者扱《ものあつか》いをされる。

では、どうするのか。中国では寺院《じいん》が厖大《ぼうだい》なお金を貯《た》めて立派《りっぱ》な伽藍《がらん》を作らないと、上流階級《かいきゅう》の人の信仰《しんこう》が得られない。中国でどぎついほどのお金集めをした寺院《じいん》があったが、それは僧《そう》がえげつないからという理由ばかりではなく、それをしないとどうしても布教《ふきょう》に差《さ》し障《さわ》るから、という側《そく》面《めん》が大きい。

中国では政治権力者《けんりょくしゃ》が社会の最高位《さいこうい》にいるが、インドでは必《かなら》ずしもそうではない。仏教の文献《ぶんけん》を読んでみると大変おもしろいことが載《の》っている。

世の中にいろいろな害悪《がいあく》がある。その中に盗賊《とうぞく》の害《がい》というのがある。その次《つぎ》に王の害《がい》というのがある。――こんなことが書いてあるのだ。インド人にとって、王なんていなければいないほうがいい。ところが中国では、王や皇帝《こうてい》が大変に偉《えら》く、絶対に必要と考えている。この階層意識《かいそういしき》の差《さ》が第二点である。

第三番目には家族制度《せいど》との関係。世界中で家族制度《せいど》がない国などはないが、インドの家族制度《せいど》というのは宗教とうまくマッチするようにできている。一例を挙《あ》げると、ヒンドゥー教でもこう教えている。人間は、子供の頃は修行《しゅぎょう》せよ、修行《しゅぎょう》してよい教育《きょういく》を受《う》けよ。教育《きょういく》が完成して一人前の大人に達したら家庭《かてい》を営《いとな》み、商売《しょうばい》に励《はげ》め。そしてある一定《いってい》の年齢《ねんれい》になったら、つまり商売《しょうばい》を定年《ていねん》するくらいの年齢《ねんれい》になったら、商売《しょうばい》も家庭も全部解散《かいさん》して宗教生活に入るべし。

いわば、人生のローテーションという考え方で、人生の中に宗教の時間というものがちゃんと組《く》み込《こ》まれている。

一方、中国の家族というのは、イデオロギーから見たらローテーションなどはない。だから中国で宗教に生きようと思うなら、家族を捨《す》てなければならない。

ところが中国では家族というのはイデオロギーの中心にあるから、家族を捨てるというのは大変な非倫理《りんり》的行動となる。現実には、いろいろな妥協《だきょう》を行ってきたけれど、これが中国仏教生活における最大の問題となっている。

それからもう一つ、なにしろ仏教ではテーマの一つが反暴力《はんぼうりょく》である。仏教の中国伝来《でんらい》時、仏教はそのテーマを強く出しすぎて、僧侶《そうりょ》は軒並《のきな》み兵役《へいえき》を拒否《きょひ》、仏教を重《おも》んずる為政者《いせいしゃ》がそれを容認《ようにん》してしまったから、大変なことになった。それが仏教排撃《はいげき》の原因となり、布教《ふきょう》の上で大変な障害《しょうがい》になった。

仏教にそういう障害《しょうがい》が内包《ないほう》されている。いい例《れい》が釈迦《しゃか》である。釈迦《しゃか》の釈迦《しゃか》国はゴータマが出家《しゅっけ》したために外国に滅《ほろ》ぼされてしまった。ところがインド人は、イデオロギーがないわけではないものの、国なんか滅《ほろ》びてもかまわないという観念《かんねん》がどこかにある。先に説明した、王なんていなくてもかまわない、という心理《しんり》と同じなのである。

ところが中国ではそんなこと全《まった》く考えない。兵隊にも行かず外国に滅《ほろ》ぼされるなどということは大変な不忠《ふちゅう》の極《きわ》みである。

そのうえ中国では、仏教を尊重《そんちょう》した時代に税金《ぜいきん》まで免除《めんじょ》してしまった。兵役《へいえき》にも行かない、金も払《はら》わない、そんな仏教が盛《さか》んになったら国が危《あぶ》なくなる。

中国人が仏教を排撃《はいげき》した理由は、家族生活否定《ひてい》の懸念《けねん》というイデオロギー的側面《そくめん》を除《のぞ》けば、兵役《へいえき》と経済《けいざい》の問題につきる。

だから中国の仏教に対する弾圧《だんあつ》というのは、キリスト教における弾圧《だんあつ》と違って、全面的な禁止《きんし》というのは案外《あんがい》少ない。一定《いってい》の規模《きぼ》までは許《ゆる》すが、それ以上の増加《ぞうか》は、国が危《あぶ》なくなるという理由から許《ゆる》さない。

廃仏《はいぶつ》を盛《さか》んに訴《うった》えた韓退之《かんたいし》（韓愈《かんゆ》。唐《とう》の思想《しそう》家、文学者。七六八〜八二四）の仏教批判《ひはん》は、仏教の教義《きょうぎ》が悪いとはいわず、社会に対しての影響《えいきょう》に関してだけ攻撃《こうげき》の矢を向《む》けている。その点、キリスト教と全然《ぜんぜん》違う。

プロテスタントとカトリックの争《あらそ》いは、教義《きょうぎ》の解釈《かいしゃく》に対する争《あらそ》いであり、社会的影響力《えいきょうりょく》への論点など二の次のこととなる。ところが中国における仏教批判《ひはん》は、先に述《の》べた家族制度、兵役《へいえき》、経済の問題なのである。

だから中国の仏教寺院《じいん》というのは盛《さか》んに金儲《かねもう》けに走り、当然《とうぜん》政治権力《けんりょく》と関わりを持つ。そうでなければ生き残れないのだから、これもやむをえまい。

政治権力《けんりょく》、社会規範《きはん》と関係のなかったインドの仏教は、中国に入ってくるとこうして九〇度転《てん》換《かん》して、政治権力《けんりょく》とも特定《とくてい》の関係を持ち、金儲《かねもう》けもするようになった。

ところが仏教が中国から日本に入ってくると、さらに九〇度転換《てんかん》する。インドとは一八〇度の転《てん》換《かん》である。

僧侶《そうりょ》と政治権力《けんりょく》が関係ないというのがインドで、中国に入って、僧侶《そうりょ》は政治権力《けんりょく》と関係ができた。そして日本に入ってきてどうなったか。日本の僧侶《そうりょ》というのは初《はじ》めは国家公務員《こっかこうむいん》だった。僧侶《そうりょ》であるかどうかという免許証《めんきょしょう》は、政府《せいふ》が出し、官位《かんい》、僧侶《そうりょ》の位《くらい》もみな政府《せいふ》が決める。だから平安《へいあん》時代を通《とお》してずっと、僧侶《そうりょ》といえば、すなわち国家公務員《こっかこうむいん》。

このように、日本での仏教は、政治と無関係どころか、全《まった》く政治的になったのだ。

極端《きょくたん》な例《れい》は、すでに述《の》べたように、護良親王《もりながしんのう》のごとく、天皇《てんのう》の命令で還俗《げんぞく》して、叡山《えいざん》の座主《ざす》が征夷大将軍《せいいたいしょうぐん》に任命《にんめい》されたりする。

そういう現象《げんしょう》が根本《こんぽん》にありながらも、鎌倉《かまくら》時代になって一大改革《いちだいかいかく》があった。仏教の民衆《みんしゅう》への広がりはこの頃のことだ。

法然《ほうねん》、親鸞《しんらん》、日蓮《にちれん》も民衆《みんしゅう》のなかで支持《しじ》され世《よ》に出てきた。親鸞《しんらん》の流《なが》れを受《う》け継《つ》ぎ組織化《そしきか》したのが蓮如《れんにょ》（室町《むろまち》時代の浄土《じょうど》真宗《しんしゅう》中興《ちゅうこう》の祖《そ》。一四一五〜九九）。一向門徒《いっこうもんと》は、しまいには一大戦闘力《いちだいせんとうりょく》にまでなった。

また、教義《きょうぎ》が簡単《かんたん》になったことも特徴的《とくちょうてき》であった。南無阿弥陀仏《なむあみだぶつ》、あるいは南無妙法蓮華経《なむみょうほうれんげきょう》と唱《とな》えればいいのだから、簡単《かんたん》なことこのうえなし。

それまでは僧侶《そうりょ》になるのは大変で、学問を積《つ》んで、朝廷《ちょうてい》から官位《かんい》を貰《もら》って初めて僧侶《そうりょ》になる。ところが、鎌倉《かまくら》時代以降《いこう》は誰《だれ》でもなれるようになった。南無阿弥陀仏《なむあみだぶつ》、南無妙法蓮華経《なむみょうほうれんげきょう》とさえ唱《とな》えれば成仏《じょうぶつ》できるというのだから、ものすごい速度《そくど》で仏教徒の範囲《はんい》が広まったのも宜《むべ》なるかな。日本仏教における、第一回目の宗教革命《かくめい》といってもいい。

日本の僧侶《そうりょ》は政府《せいふ》によって地位を支《ささ》えられている、政治ときわめて関《かか》わりの深い存在《そんざい》と説明したが、日蓮《にちれん》はもう一歩進んで、仏教と国家を結《むす》びつけていた。すなわち、仏教主導《しゅどう》での国家を作ろうとしていたのである。

日本仏教に宗教性なし

いままで説明した流れをまとめると、日本の宗教家というのは国家公務員《こっかこうむいん》だった。それが鎌倉《かまくら》時代の第一次宗教革命《かくめい》で崩《くず》れて、そして誰《だれ》でも自由に宗教家になれるようになった。それが親鸞革命《しんらんかくめい》と日蓮革命《にちれんかくめい》である。これによって宗教は完全に民衆《みんしゅう》のものになった。

それを別の意味で政府の力で統一《とういつ》しようとしたのが、徳川幕府《とくがわばくふ》の檀家《だんか》制度である。これによって宗教が政治の手段《しゅだん》、もっといえば走狗《そうく》となった体制《たいせい》が完成した。

だから仏教の本来《ほんらい》の建前《たてまえ》からみると、中国では九〇度、日本においては一八〇度転換《てんかん》したことになり、その転換《てんかん》は平安《へいあん》時代に始まり江戸《えど》時代に完成した。それが檀家制度《だんかせいど》である。

この事態《じたい》を一つの側面《そくめん》から見ると、政治は、民衆《みんしゅう》のレベルまで含《ふく》めて宗教を支配《しはい》したので、宗教家は、つまりお寺の僧侶《そうりょ》たちは何《なに》もしなくても安穏《あんのん》としていられる。悟《さと》りなどはひらいてもひらかなくても関係ない。学問をしてもしなくても関係ない。なぜなら、政治の一部分となって地位を得《え》たからである。

この時点《じてん》で信仰《しんこう》という意味での宗教性は絶《た》たれたといって過言《かごん》ではないのだ。

もう一つ、家族制度《せいど》を全面的に否定《ひてい》したのがインド仏教である。しかしそれでは中国ではやっていけないので、なんとか妥協点《だきょうてん》を見つけようとし、家族制度《せいど》と混在《こんざい》したのが中国仏教の対処《たいしょ》であり、また悩《なや》みとなった。これが日本に来ると、宗教というのが完全に家族制度《せいど》と共生《きょうせい》してしまった。なにしろ、妻帯《さいたい》はする、子供は作る。寺の代々の跡取《あとと》り（世襲《せしゅう》）さえ作ったのだから、ここにおいても本来《ほんらい》の仏教とは一八〇度の転換《てんかん》。堕落《だらく》もここまで来れば極《きわ》まれりという状態であろう。

学問的レベルでも大違いとなった。平安《へいあん》時代を見ると、僧侶《そうりょ》の知的レベルは国内最高峰《さいこうほう》。なにせ、国家公務員《こっかこうむいん》として、いまでいう国立大学教授《こくりつだいがくきょうじゅ》のような役割《やくわり》を果《は》たしていたのだから。もっともいまでは、大学教授《きょうじゅ》のほうも堕落《だらく》してしまった。

時代が下《くだ》って、江戸《えど》時代の初《はじ》め頃まではまずまずのレベルを保《たも》っていた。ところがいまは最低という人さえいる。仏教系の大学の駐車場《ちゅうしゃじょう》を見てくるといい。高級外車《こうきゅうがいしゃ》がずらりと並《なら》んで、壮観《そうかん》というか何《なん》というか。みんな、お寺《てら》のドラ息子《むすこ》である。勿論《もちろん》、真面目《まじめ》な方《かた》もおられるが。

かつての僧《そう》のレベルを表《あらわ》す何《なに》よりの証拠《しょうこ》がある。

『八宗綱要《はっしゅうこうよう》』という書物がある。平安《へいあん》末期から鎌倉《かまくら》時代の初めにかけて活躍《かつやく》した凝然大徳《ぎょうねんだいとく》（一二四〇～一三二一）という僧侶《そうりょ》が、わずか二九歳のときに書いたものであることに注意したい。

この解説書が何冊も出版《しゅっぱん》されているが、一番よいのは、日本の仏教研究《けんきゅう》の大家《たいか》であり、東大教授を務《つと》めた平川彰《ひらかわあきら》氏の解説である。「仏教のイントロダクションとして、ブッディズムの最高の本は何《なん》ですか」と問われると即座《そくざ》にこの『八宗綱要《はっしゅうこうよう》』を挙《あ》げる。しかもこの考えは多くの研究《けんきゅう》者に支持《しじ》されている。しかし、平川《ひらかわ》教授ほどの碩学《せきがく》でさえ、私がもっとわかりやすくいいものを代わりに書きますとは、絶対にいわなかった。実に七〇〇年近く前に書かれた本が、いまだに仏教入門書としては最高の本なのである。

無規範の弊害、規範の弊害

僧侶《そうりょ》の婚姻《こんいん》に関していえば、明治までは僧侶《そうりょ》が結婚できるというのは、いくつかの宗派《しゅうは》に限られていた。本来、仏教では僧侶《そうりょ》に結婚を許《ゆる》すということはありえないのである。が、親鸞革命《しんらんかくめい》以後、日本では僧侶《そうりょ》に結婚を許《ゆる》す宗派《しゅうは》も出てきた。

ところが明治になって政府が、僧侶《そうりょ》の婚姻《こんいん》を許《ゆる》した。政治権《けんりょく》力がそういうことを許可《きょか》するなどということは、仏教の考え方からはありえない。

僧侶《そうりょ》の婚姻《こんいん》については、親鸞聖人《しんらんしょうにん》がすでにその革命《かくめい》の元祖《がんそ》である。では、親鸞聖人《しんらんしょうにん》が何《なん》で婚姻《こんいん》したのか。その合法性《ごうほうせい》の根拠《こんきょ》は、聖徳太子《しょうとくたいし》（五七四〜六二二）にある。聖徳太子《しょうとくたいし》が夢に現《あらわ》れて、「余《よ》は婚姻《こんいん》を許《ゆる》す」とおっしゃったからという話が伝《つた》わっている。

日本における聖徳太子信仰《しょうとくたいししんこう》は大したものではあったけれど、聖徳太子《しょうとくたいし》といえば、仏教に理解《りかい》は持っていたとはいえ、単《たん》なる政治権力者《けんりょくしゃ》であり、悟《さと》りをひらいたわけでもなければ、ましてや僧《そう》侶《りょ》でもない。そういう人に許《ゆる》すといわれて、それで許《ゆる》されると考えるのがおかしくはないか。これが、お釈迦《しゃか》様が現《あらわ》れて許すといわれたのなら話はまだわかるのだが、親鸞聖人《しんらんしょうにん》にしてからがこのような矛盾《むじゅん》を抱《かか》えている。

実はこの方策《ほうさく》は、日本が併合《へいごう》時代に朝鮮《ちょうせん》でやって大失敗をしている。朝鮮総督府《ちょうせんそうとくふ》は仏寺の僧侶《そうりょ》が婚姻《こんいん》することを許《ゆる》した。すると朝鮮人《ちょうせんじん》は吃驚仰天《びっくりぎょうてん》して、政治権力者《けんりょくしゃ》がそんなことを許《ゆる》すとは何事《なにごと》だと大騒《さわ》ぎになった。実際に婚姻《こんいん》した僧侶《そうりょ》も現《あらわ》れ、事態《じたい》はさらに紛糾《ふんきゅう》した。いまだに韓国《かんこく》ではそういう僧侶《そうりょ》は破戒僧《はかいそう》として許《ゆる》そうとしない。いまでも原則《げんそく》として、韓国《かんこく》の僧侶《そうりょ》は婚姻《こんいん》できない。まあそれが当然《とうぜん》なのだ。韓国《かんこく》の宗教家に聞くと、日本は韓国《かんこく》でいろいろなことをしてきたが、最大の悪事《あくじ》は、信仰《しんこう》に政治権力《けんりょく》が口を出したことだといっている。

ところが日本人で、僧侶《そうりょ》の婚姻許可《こんいんきょか》が政治権力《けんりょく》の最大の暴虐《ぼうぎゃく》だと糾弾《きゅうだん》した人はいない。その意味で聖徳太子《しょうとくたいし》は最大の悪党《あくとう》だという仏教徒もいない。そもそも仏教の戒律《かいりつ》を最初に捨《す》て去った最《さい》澄《ちょう》でさえ、悪党《あくとう》とは呼《よ》ばれない。そういう土壌《どじょう》が日本にはあったのだ。

こういうことには、キリスト教の場合にはものすごく厳《きび》しい。ところが、僧侶《そうりょ》は婚姻《こんいん》してはならないという規律《きりつ》は、キリストが決めたのではないし、昔《むかし》からあったのでもない。カトリック教会が勝手《かって》に決めたものである。カトリックが勝手《かって》に決めたのだから、法王《ほうおう》が勝手《かって》に廃止《はいし》してもよかったのに、カトリックはその廃止《はいし》をしなかった。それでどうなったか。婚姻《こんいん》はいけないが、妾《めかけ》ならいいだろうと考えたのである。

笑《わら》い話のようだが、本当にそれをやった法王《ほうおう》や枢機卿《すうききょう》がたくさんいる。

それをマルチン・ルターは堕落《だらく》だとして大非難《ひなん》した。身びいき、えこひいきを意味するネポティズムという言葉は、法王《ほうおう》らが自《みずか》らの子供を甥《おい》（ネポス）と偽《いつわ》り、登用《とうよう》し地位を引き上げたことに由《ゆ》来《らい》してできた言葉であることは前にも説明した。

キリスト教社会、ヨーロッパ社会がこういう堕落《だらく》に陥《おちい》ったというのは、婚姻《こんいん》という制度《せいど》が厳重《げんじゅう》だったからである。その点、日本などは婚姻《こんいん》という制度自体《せいどじたい》が本来《ほんらい》ない。だから、いいかげんにできたともいえる。

ここでコメントしておくと、日本に婚姻《こんいん》という制度《せいど》ができたのは明治《めいじ》時代のことである。以前に夫婦別姓問題《ふうふべっせいもんだい》が国会内外で議論《ぎろん》となったが、そんなことも知らない人が、夫婦同姓《ふうふどうせい》がよいだとか悪いだとかいうのがナンセンスなのだ。明治二三年以前は夫婦別姓《ふうふべっせい》であった。別姓《べっせい》であるのが当然《とうぜん》だったのだ。

注意深《ちゅういぶか》く歴史を見ればすぐわかる。源 頼朝《みなもとのよりとも》の正式《せいしき》の妻は北条政子《ほうじょうまさこ》であって、源 政子《みなもとのまさこ》ではない。夫婦同姓《ふうふどうせい》であれば当然《とうぜん》源 政子《みなもとのまさこ》になるはずなのに、そうはならない。他《ほか》にも例はいくらでもある。秀吉《ひでよし》の妻の北政所《きたのまんどころ》を豊臣《とよとみ》ねねともいわなければ、徳川家《とくがわけ》に嫁《とつ》いだ皇女和宮《こうじょかずのみや》を、徳川親子《とくがわちかこ》ともいわないのである。

ところがヨーロッパと違う点は、大多数《だいたすう》の日本人には姓《せい》がなかった。だから、最高の皇室《こうしつ》に姓《せい》がない。皇室《こうしつ》はいまだになく、一般庶民《いっぱんしょみん》にはかつてなかった。姓《せい》があるのは中間の階級《かいきゅう》だけだった。だから姓《せい》なんて、なんとつけてもいいし、自分勝手《じぶんかって》につけてよい。秀吉《ひでよし》などは、最初は単《たん》なる日吉《ひよし》丸《まる》、日吉丸《ひよしまる》から木下藤吉郎《きのしたとうきちろう》になって、羽柴秀吉《はしばひでよし》から豊臣秀吉《とよとみひでよし》になった。このように姓《せい》にこだわらないことからも、今日的価値《こんにちてき》でいう婚姻《こんいん》という制度《せいど》がなかったことが窺《うかが》われよう。

日本に宗教戦争はなかった

日本の国家神道《こっかしんとう》の理解《りかい》は本当に難《むずか》しい。何《なに》が難《むずか》しいのかというと、日本人は心のなかでは神道《しんとう》だけしか信じないというほどのメンタリティを無意識《むいしき》のうちに内包《ないほう》しているからである。先に例を挙《あ》げたように、比叡山《ひえいざん》の僧兵《そうへい》にしても、法華経《ほけきょう》ではなくて日吉神社《ひえじんじゃ》の神を奉《ほう》じるのだ。非常《ひじょう》に重要《じゅうよう》で難《むずか》しいことなので、例《れい》を挙《あ》げて説明する。

日本に宗教戦争はなかった。こういうとほとんどの歴史家が反対する。日本だってあったではないか、三井寺《みいでら》と比叡山《ひえいざん》の争《あらそ》いは何《なん》なんだ、と。

しかしあれは宗教戦争ではない。ヤクザの喧嘩《けんか》と同じで、ただの縄張《なわば》り争《あらそ》いである。三井寺《みいでら》と比《ひ》叡山《えいざん》は両方とも天台宗《てんだいしゅう》で、法華経《ほけきょう》第一主義。密教《みっきょう》が混《ま》じっているのも変わりない。

教義《きょうぎ》を戦わすのなら宗教戦争であるが、教義《きょうぎ》は全《まった》く同じなのだから、宗教戦争たりえない。

日本人は神道《しんとう》しか本来《ほんらい》は信じないのに、表面《ひょうめん》に出さないから分析《ぶんせき》に難しいという点は他《ほか》にもまだある。仏教を信じている顔をして本当は神道《しんとう》、などということが日常的《にちじょう》にあるのだ。

その何《なに》よりの証拠《しょうこ》が、先に説明した本地垂迹説《ほんちすいじゃくせつ》で、八幡大菩薩《はちまんだいぼさつ》というふうに仏教と神道《しんとう》をくっつけたおかげで仏教は繁栄《はんえい》した。キリスト教はそこまで徹底《てってい》できずなかなか受《う》け入れられなかったが、例外的《れいがい》に信仰《しんこう》を得《え》た、いわゆる隠《かく》れ切支丹《キリシタン》の信仰対象《しんこうたいしょう》は、マリア観音《かんのん》だったことからもそれは窺《うかが》えよう。

マリア観音《かんのん》が出てきたところで触《ふ》れておくが、キリスト教の神学的《しんがく》な最大の難問《なんもん》はマリア信仰《しんこう》にある。（一四六頁参照）

古代《こだい》においてキリスト教がヘレニズムを転々《てんてん》とする間に、マリア信仰《しんこう》は、「あれはインチキだ、邪教《じゃきょう》だ」と、神学者《しんがくしゃ》のものすごい攻撃にさらされたのだ。

イスラム教もそのことを知っている。

イスラム教でも、『福音書《ふくいんしょ》』が『コーラン』に次《つ》ぐ最高教典《さいこうきょうてん》扱《あつか》いをされるほど、キリスト教を認めているが、マリア信仰《しんこう》に限っては断固否定《だんこひてい》して譲《ゆず》らない。すでに述《の》べたように、『コーラン』にも「マリアというのは単《たん》なる一人の正直《しょうじき》な女にすぎない」とはっきり書いてある。

ユダヤ教の神であるヤハウェの母は誰《だれ》だなどとは一切《いっさい》いっていない。

イスラム教に至《いた》っては、アッラーの母などという発想も出てこない。なぜなら『コーラン』に、「アッラーには親もなければ子もない、妻《つま》もない」とはっきり書いてあるからだ。

このように、マリア信仰《しんこう》というのは啓典《けいてん》宗教から見たら恐《おそ》ろしく異質《いしつ》なことであり、神学的に見ると、困難きわまりない教義《きょうぎ》なのである。イエスが三位一体《さんみいったい》であり、そのうえ、マリアまでが信仰《しんこう》対象《たいしょう》となれば、一神教《いっしんきょう》どころではなく四神教《しんきょう》になってしまう、という指摘《してき》は前にも紹介したとおりだ。

キリスト教が日本に入ってきたとき、十二使徒《しと》の話などの、多様《たよう》なキリスト教の教義《きょうぎ》としての最も大切な部分は日本人にはなかなか理解《りかい》できなかった。ところが、一番すんなり入ってきたのがマリア信仰《しんこう》なのである。

ヘレニズムの人々にとっては神様の母親という概念《がいねん》が入りにくいが、日本人にとっては入りやすい。神様のお袋《ふくろ》なら神様に決《き》まっている、というふうにストンと入ってくる。

だから日本人もキリストが神様として入ってくることに関してはほとんど異議《いぎ》は唱《とな》えなかった。なぜ弾圧《だんあつ》を受けたかといえば、「キリストだけが神様だ」といったからにほかならない。「キリストもまた神様だ」、といえば差《さ》し支《つか》えなかったというわけだ。

日本にはキリスト教は戦国《せんごく》時代以降《いこう》、盛《さか》んに入ってきた。ついには、わざわざ鎖国《さこく》しなければならないほど入ってきたのだから、驚《おどろ》くべき影響力《えいきょうりょく》といえよう。ところが全然《ぜんぜん》入ってきていないのがイスラム教だ。

それも驚愕《きょうがく》に値《あたい》すべきことだが、もっと驚愕《きょうがく》することは、この事実に驚《おどろ》く歴史家がいないということである。大航海《だいこうかい》時代初期までは、イスラム教圏《けん》の航海技術《こうかいぎじゅつ》のほうがキリスト教圏《けん》の航海技《こうかいぎ》術《じゅつ》より遥《はる》かに進んでいた。このことは、ヴァスコ・ダ・ガマ（ポルトガルの航海《こうかい》家。一四六九頃～一五二四）をみただけでわかる。喜望峰《きぼうほう》から先はイスラム圏《けん》の水先案内人《みずさきあんないにん》を雇《やと》ってカルカッタまで到《とう》着《ちゃく》したというのだから。それほど進んだ航海技術《こうかいぎじゅつ》を持っているイスラム教徒が、なぜか日本に入ってきていない。というのは、どの文献《ぶんけん》にもイスラム教徒が来たという記録《きろく》が残っていない。イスラム教徒はインド、中国までは十分《じゅうぶん》入ってきた。東南アジアにだってずいぶん入ってきているのに。

日本の天皇信仰はキリスト教だった

天皇信仰《てんのうしんこう》についても大変に難しい問題がある。ここで詳細《しょうさい》に解説はできないが、誤解《ごかい》をしている日本人がとても多いので、アウトラインだけを簡単《かんたん》に説明《せつめい》しよう。

天皇信仰《てんのうしんこう》は、建国神話《けんこくしんわ》以来の日本神道《しんとう》がベースにある、つまり隠《かく》れ神道《しんとう》として天皇信仰《てんのうしんこう》があると考えている人がほとんどではないか。しかし根本的には、明治以降《めいじいこう》の天皇信仰《てんのうしんこう》は隠《かく》れ神道《しんとう》ではない。では何《なに》かというと、隠《かく》れキリスト教に近いのである。

驚愕《きょうがく》した人も多かろうが、これはものすごく大事なことである。

日本の天皇信仰《てんのうしんこう》は何《なに》に似《に》ているかというと、神道《しんとう》になど似《に》ておらず、キリスト教に似《に》ている。

非常に大雑把《おおざっぱ》にいうと、天皇信仰《てんのうしんこう》システムによって日本の神道《しんとう》はむしろほぼ根絶《ねだ》やしにされてしまった。これを指摘《してき》する人はほとんどいないが、これを明確《めいかく》に指摘《してき》したのが平泉 澄《ひらいずみきよし》博士である。

具体的《ぐたいてき》に説明すると、明治《めいじ》の国家権力《けんりょく》によって日本の古来《こらい》からの神社《じんじゃ》は数多く壊《こわ》されてしまい、素朴《そぼく》な民衆《みんしゅう》の心にある神社《じんじゃ》ではなく、ごく一部の神社《じんじゃ》しか生き残りを許《ゆる》されなかった。と同時に、神社《じんじゃ》のさまざまな宗教的儀式《ぎしき》に至《いた》るまで国家権力《けんりょく》が介入《かいにゅう》し決定《けってい》した。

本来《ほんらい》、神道《しんとう》というのは、明治以前《めいじいぜん》までは非常に原始的《げんしてき》なものだった。それを明治以後《めいじいご》は行政《ぎょうせい》、役人《やくにん》の考《かんが》え方《かた》で体系《たいけい》的なものに変《か》えてしまった。

筆者《ひっしゃ》は以前春日大社《かすがたいしゃ》に参詣《さんけい》したときに、昔《むかし》から伝《つた》わっていたいろいろな儀式《ぎしき》のことを質問したのだが、明治《めいじ》になってから役人《やくにん》が、そんなのみんな止《や》めてしまえ、こういうのを命令どおりにやれ、といってきて以来、ずいぶん失《うしな》われたそうである。春日大社《かすがたいしゃ》に対してすらお役人《やくにん》が宗教儀式《ぎしき》を決めたのだなあと、改《あらた》めてなるほどと思ったものだ。

このように日本の明治政府《めいじせいふ》というのは、婚姻《こんいん》してよいだとか何《なん》だとかいうのみならず、宗教の儀《ぎ》式《しき》まで国家統制下《とうせいか》に置いた。

一歩進んでいえば、明治政府《めいじせいふ》は富国強兵《ふこくきょうへい》を目指《めざ》す国家政策《せいさく》上、宗教を作らなければならなかった。いわゆる天皇《てんのう》を神とした、新しい宗教《しゅうきょう》を作り上げなければならないので、既存《きぞん》の都合《つごう》の悪いものは全部つぶして新設《しんせつ》の天皇教《てんのうきょう》に改《あらた》めさせた、とこういう構図《こうず》なのである。筆者《ひっしゃ》が、天皇信仰《てんのうしんこう》がキリスト教に似《に》ていると論じたのは、まさにその点である。

当時の先進国《せんしんこく》、伊藤博文《いとうひろぶみ》（一八四一～一九〇九）らが派遣《はけん》された先進ヨーロッパ諸国《しょこく》は、まだ民《みん》主《しゅ》主義国家というには未発達《みはったつ》で、立憲《りっけん》主義国家、すなわち憲法《けんぽう》による政治統治体制《せいじとうちたいせい》をとっていた。しかしなぜヨーロッパで憲法《けんぽう》による政治《せいじ》が可能だったのかというと、それはキリスト教という確《かく》たる宗教が背景《はいけい》にあったから可能だったのだと、伊藤博文《いとうひろぶみ》らは気がついた。

立憲《りっけん》国家体制を作るには、キリスト教のような強力《きょうりょく》な一神教信仰化体制《いっしんきょうしんこうかたいせい》を導入《どうにゅう》するのが必要である。しかし、仏教も儒教《じゅきょう》も、決して一神教《いっしんきょう》ではなく、強い求心力《きゅうしんりょく》たりえない、全《まった》く無力《むりょく》の存《そん》在《ざい》であった。ヨーロッパのようにキリスト教もない。そこで考え出されたのが、天皇教《てんのうきょう》という強力《きょうりょく》な一神教《いっしんきょう》なのである。

日本人は腹《はら》のうちでは神道《しんとう》しか信じないような内面を持っており、崇拝対象《すうはいたいしょう》が天皇《てんのう》だとなれば、もとから信じたい気持ちがあるので、まとめられる。しかし、このために考えられる国家神道《こっかしんとう》というのは、本来《ほんらい》の神道《しんとう》とは似ても似つかないものだったこともあり、本来《ほんらい》の神道《しんとう》を司《つかさど》る神社《じんじゃ》などには神事《しんじ》の変更《へんこう》、改廃《かいはい》などを強《し》いることになった。そして、神道《しんとう》を再編成《さいへんせい》して、天皇教《てんのうきょう》を確立《かくりつ》し、それを以《もっ》て資本《しほん》主義とデモクラシーを推進《すいしん》させようとした。

非常に大きなテーマなので、このあたりのことは拙著《せっちょ》『「天皇」の原理』をご一読いただきたい。

戦後日本の共同体の変遷は天皇信仰の崩壊

戦前日本の共同体《きょうどうたい》システムの基本形としては、頂点《ちょうてん》における天皇《てんのう》システム、底辺《ていへん》における村落《そんらく》共同体《きょうどうたい》の二本立てだった。

ただし、一口《ひとくち》に村落共同体《そんらくきょうどうたい》といってもこれには注意が必要で、村落共同体《そんらくきょうどうたい》は共同体《きょうどうたい》であるけれども血縁共同体《けつえんきょうどうたい》ではなかった。それは一緒に仕事をするという共同体《きょうどうたい》であったのだ。

日本の共同体《きょうどうたい》には、宗教共同体《しゅうきょうきょうどうたい》、血縁共同体《けつえんきょうどうたい》、地域共同体《ちいききょうどうたい》というのはない。すべて労働共同体《ろうどうきょうどうたい》だけである。

それが戦後まず、頂点《ちょうてん》としての天皇共同体《てんのうきょうどうたい》が、敗戦と、天皇《てんのう》の人間宣言《せんげん》によって崩《くず》れた。それから底辺《ていへん》における村落共同体《そんらくきょうどうたい》は、昭和三〇年代、高度経済成長《こうどけいざいせいちょう》がスタートすると徐々《じょじょ》に徐々《じょじょ》に崩《くず》れていって、昭和三〇年代後半から急速《きゅうそく》に崩壊《ほうかい》が加速《かそく》、四〇年代からもうなくなってしまったも同然《どうぜん》になった。となれば、凄《すさ》まじきアノミー状態《じょうたい》になるのは必然である。

それを収束《しゅうそく》したのが一つは左翼《さよく》運動であり、もう一つは会社であった。ところが左翼《さよく》団体というのは内ゲバがお家芸《いえげい》で、片《かた》っ端《ぱし》からつぶれていったり、縮小化《しゅくしょうか》したりして、連帯《れんたい》を失っていった。

いま、日本のカルト宗教、教団《きょうだん》は、その信者《しんじゃ》たちのアノミー救済《きゅうさい》のために機能《きのう》している。日本に現在吹き荒れているアノミー禍《か》は、日本人の絶対信仰《しんこう》である天皇信仰《てんのうしんこう》が突《つ》き崩《くず》されたため、ということが遠因《えんいん》としてある。そのアノミーを救済《きゅうさい》しなくてはならなくなり、カルト教がそこにはまった、というところである。

アノミー（anomie）とは何《なん》ぞや。これはフランスの社会学者エミール・デュルケム（一八五八〜一九一七）の用語であり、普通《ふつう》「無規範《むきはん》」「無秩序《むちつじょ》」などと訳《やく》されるが、それはむしろアノミーが引《ひ》き起《お》こす結果《けっか》である。

そこでこの言葉を一言《ひとこと》で定義《ていぎ》すれば、「無連帯《むれんたい》」というのがその本質《ほんしつ》である。人と人とを結《むす》びつける連帯《ソリダリテ》（solidarité）が失《うしな》われ、人々は糸の切れた凧《たこ》のようになり社会をさまよう。孤独《こどく》、不安《ふあん》、狂気《きょうき》、凶暴《きょうぼう》。気弱《きよわ》な人は死にたくなる。いや、死んでしまう。アノミーはどんな病気よりも恐《おそ》ろしい（二九六頁、三九七頁参照）。

会社も、変容《へんよう》を遂《と》げていく。多くの日本人が誤解《ごかい》していることに、終身雇用《しゅうしんこよう》制や年功序列《ねんこうじょれつ》が日本的経営だという認識《にんしき》があるが、これはとんでもない間違《まちが》いで、この制度《せいど》は以前の日本にはなく、決して雇用慣習《こようかんしゅう》ではなかった。では、いつからそうなったかというと、このアノミー状態《じょうたい》を収束《しゅうそく》していく昭和三〇年代半《なか》ばからである。この制度《せいど》を導入《どうにゅう》することにより、日本の会社は本来の利《り》益追求《えきついきゅう》団体から、共同体《きょうどうたい》へと性格を転換させていった。

この両者以外にも一部の宗教団体、新興《しんこう》宗教によってアノミーは吸収《きゅうしゅう》されたが、宗教団体も割《わり》合《あい》にもろく、一旦急増《いったんきゅうぞう》はしたものの急速《きゅうそく》に力を失っていったのである。だからその間隙《かんげき》を埋《う》めるために起《お》きてきたことが校内暴力《ぼうりょく》と家庭内暴力《ぼうりょく》。そして、九〇年代に猖獗《しょうけつ》を極《きわ》めたカルト教団《きょうだん》が出てきたのである。

カルト教団とマルキシズム

天皇教《てんのうきょう》が敗戦によって壊《こわ》されて、それによってアノミーが生《しょう》じた。その空白を埋《う》めるべく現《あらわ》れたいまのカルト教団《きょうだん》やその前にはマルキシズム、その中間に存在《そんざい》する家庭内暴力《ぼうりょく》や校内暴力《ぼうりょく》というのは、その意味で全《まった》く同型《アイソモーフィック》といえる。

しかし、大学紛争《ふんそう》、それにその周辺《しゅうへん》のイデオロギー活動などには、アノミー以外では説明できないものもある。それは本質《ほんしつ》がマルキシズムなどとは別物だからなのだ。

筆者《ひっしゃ》は安保論争《あんぽろんそう》時にはアメリカに留学《りゅうがく》中だった。その当時、安保騒動《あんぽそうどう》の指導者がどんどんアメリカにやって来たので、私は片《かた》っ端《ぱし》から質問《しつもん》してみたのだ。「君たちは安保《あんぽ》のどこに反対なんだ?」。大体《だいたい》みんな、「始《はじ》めから終《しま》いまでみんな反対だ」と答えてくる。

それで、一番の急所《きゅうしょ》を聞いてみた。急所《きゅうしょ》は、安保《あんぽ》そのものに反対なのか、改正《かいせい》に反対なのか。ところがその答えはどっちであるのかもはっきりしない。とにかく絶対反対だと断《だん》ずるのみ。

いろいろ細《こま》かいことを聞いてみると、この連中は安全保障《あんぜんほしょう》条約《じょうやく》なる代物《しろもの》を読んだことがないということがわかってきた。つまり彼らは、全《まった》く知りもしないもののために絶対反対と主張《しゅちょう》し、命を捨《す》てるといっていたのだ。彼らは要《よう》するにわっしょいわっしょいと騒《さわ》ぐことが目的だったのである。

それから十年たって、大学紛争《ふんそう》の嵐《あらし》が吹き荒れたとき、やはり驚《おどろ》くべき現象《げんしょう》があった。あれだけの大きな紛争《ふんそう》だったのに、彼らの掲《かか》げた要求《ようきゅう》というのは処分反対くらいのものしかなく、何《なん》の具体的要求《ぐたいてきようきゅう》もないし、改革案《かいかくあん》もない。その点、カルチェラタンに代表されるヨーロッパの大学紛《ふん》争《そう》とは全《まった》く違い、これもやはり、彼らの目的は騒《さわ》ぐこと自体にあったのである。

騒《さわ》げば連帯《ソリダリテ》ができる。連帯《ソリダリテ》ができれば気持ちが楽《らく》になる。参加する人間にとってみればカルト教を信ずることと全《まった》く同じことである。

かつて三菱重工《みつびしじゅうこう》のビルを爆破《ばくは》した狼《おおかみ》グループという極左《きょくさ》がいて、その闘争《とうそう》手段は無差別殺人であった。その点右翼《うよく》だったら狙《ねら》った人間を必殺《ひっさつ》する。殺《ころ》すだけの理由を持って殺《ころ》す。ところが狼《おおかみ》グループはそうではない。誰《だれ》でもいいから殺《ころ》してしまえ、という論理《ろんり》なのである。カルト教団も同じことをやった。誰《だれ》でもいいから殺《ころ》してしまえ、サリンを撒《ま》いて誰《だれ》が死んだところでかまわない。社会学的にいえば、両者の構造《こうぞう》は全《まった》く同じことなのだ。

インチキ宗教の見分け方

人々がアノミーのはけ口を既存《きぞん》宗教に求めないで、カルト教団《きょうだん》のほうに求めたというのにはいくつもの理由が考えられるが、一つには教義《きょうぎ》の伝《つた》え方があろう。既存《きぞん》宗教は、広く布教《ふきょう》の旅を経《へ》て、風土文化《ふうどぶんか》の異《こと》なる人々に触《ふ》れ、その教義《きょうぎ》の論理体系《ろんりたいけい》を磨《みが》いてきた長い歴史を持っており、教義《きょうぎ》的には深化《しんか》し洗練《せんれん》されている傾向がある。

それに対して、カルト教団の多《おお》くは既成《きせい》宗教のつまみ食い、いいとこ取り的な教義《きょうぎ》を唱《とな》えるところが多く、体系《たいけい》がしっかりしているとはいいがたいところも多数ある。酷《ひど》いところになると、仏教とキリスト教の融合《ゆうごう》などという、教義《きょうぎ》も体系《たいけい》もあったものではない、というくらいデタラメなものまである。逆に体系《たいけい》のないぶん、状況や信者《しんじゃ》、あるいは教祖《きょうそ》の都合《つごう》に合わせ、融通無碍《ゆうずうむげ》に変化でき、信者《しんじゃ》にとってはときにわかりやすく、身近《みぢか》なものとなりうる。既存《きぞん》宗教に比べれば、敷居《しきい》が非常に低いことが特徴《とくちょう》的だったのである。

宗教をきちんと勉強すると、インチキ宗教を見分ける最《もつと》も簡単《かんたん》なポイントが容易《ようい》にわかる。ここまで、機会《きかい》に応じて説明してきたが、ここでまとめておこう。

まず一つ目。金儲《かねもう》け宗教はインチキに決まっている。

キリスト教でも仏教でも、お金を出さなければいけないなどとは教典《きようてん》のどこにも書いていない。教典《きようてん》に書かれていないことを義務《ぎむ》づけるというのは、啓典《けいてん》宗教にはありえない。喜捨《きしや》という行為にしたところで、仏教ではいくら必要などという基準《きじゆん》を示《しめ》していないし、少なくても家屋敷《いえやしき》を差し出せなどということはありえない。

喜捨《きしや》で最《もつと》も合理的なのはイスラム教で、所得《しよとく》の四〇分の一、とちゃんと決められている。年収《ねんしゆう》五〇〇万円の人で年間約一二万五〇〇〇円。月々一万円くらいだからそんなにべらぼうな額《がく》ではない。そのくらいならば、敬虔《けいけん》な人は出してもかまわなかろう。身《み》ぐるみ脱《ぬ》いで置《お》いていけというのは山賊《さんぞく》であって、宗教家ではないし、金を借《か》りさせてまで払わせるのはもはや喜捨《きしや》ではなく、強盗《ごうとう》、いやそれ以上である。

第二のポイント。奇蹟《きせき》をひけらかす宗教はインチキである。

どの宗教でも、まともな宗教は大概《たいがい》奇蹟《きせき》を禁止しているか、その扱《あつか》いを大変に慎重《しんちよう》にしている。カトリックでは奇蹟《きせき》であるかどうかを厳重《げんじゆう》に証明《しようめい》する義務《ぎむ》がある。ユダヤ教では、勝手《かつて》に奇蹟《きせき》を起こしたら死刑《しけい》に処《しよ》すと決められている。イエスも、自分が起こした奇蹟《きせき》は、悪鬼《あくき》の頭《かしら》ベルゼブルを使って起こしたのではないことを証明している（一四二頁参照）。また、自分が奇蹟《きせき》を起こしたことは誰《だれ》にもいってはならない、と口止《くちど》めしているではないか。

仏教でも釈迦《しやか》は奇蹟《きせき》などは止《や》めておけという姿勢《しせい》である。喜捨《きしや》の見返りとして力を使うという例は紹介したが、喜捨《きしや》は力を使う対価《たいか》、報酬《ほうしゆう》ではない。額《がく》の多寡《たか》で能力を加減《かげん》するわけでなし、ましてや、○○病を治《なお》したければ最低一万円から、などという喜捨《きしや》があるわけがない。

日本の仏教で、奇蹟《きせき》を起こしたとして畏敬《いけい》を受けている日蓮上人《にちれんしようにん》も、不必要な奇蹟《きせき》は起こしていない。日蓮上人《にちれんしようにん》は数多くの奇蹟《きせき》を起こしたけれど、それは結果としてやむをえず起こしていたもの。首を切られそうになったというくらいの事情なら仕方もあるまい、というところであろう。

人に自分の能力を見せるために奇蹟《きせき》を起こすなどというのは宗教的に考えれば愚《ぐ》の骨頂《こつちよう》で、だいたい、しょっちゅうやらねばならぬものには、大概《たいがい》タネがあるものである。

本当に奇蹟《きせき》を起こす人間というのは、いることはいるであろう。しかし、凄《すご》い奇蹟《きせき》を起こす能力と宗教的境地《きようち》が高い低いということは何《なん》の関係もないのである。したがって、例《たと》えば宙に浮くことができるだとか、病気を治《なお》すことができるだとか、そういう能力があることを理由に、自《みず》らが教祖《きようそ》であるとか、神の代理人であるとかを主張《しゆちよう》する人間は、インチキ教祖《きようそ》に違いない。これは宗教をよく研究《けんきゆう》していると明白《めいはく》である。

法然上人《ほうねんしようにん》は最高の僧侶《そうりよ》と称《たた》えられる人物ではあるが、奇蹟《きせき》を起こす能力など一切誇《いつさいほこ》らなかった。何《なに》によって最高と称《たた》えられたかというと、その学問の深さである。

もっとも、近年は学問を売りものにする宗教もインチキなものが多い。だいたい、学問のあるなし自体も、宗教的境地《きょうち》の高い低いとは直接関係しない。

学問は、やるのならやったほうがよいというのは仏教の考え方で、儒教《じゅきょう》では学問はやらなければならないというが、キリスト教では学問などは不必要、ただ神を信じさえすればよい。

話のついでに触《ふ》れておくと、宗教的な優劣《ゆうれつ》と、組織《そしき》能力にも関係はない。法然上人《ほうねんしょうにん》やら親鸞聖人《しんらんしょうにん》やらは組織《そしき》能力が全然《ぜんぜん》なかった。しかし、蓮如《れんにょ》には大した能力があったという。しかし、この一件をとって、どちらが上かなどという話はまるで筋違《すじちが》いなのである。

そもそも、明らかにはっきりしているのは、組織《そしき》が大きくなればなるほどその宗教原理《げんり》は曲《ま》がっていく。キリスト教と教会、修道会《しゅうどうかい》の例を見ても明白である。

このような、インチキ宗教と真《ま》っ当《とう》な宗教を見つける基準《きじゅん》みたいなものを、いまの宗教家や研究者は理論《りろん》的に全然勉強していないから、本当に初等《しょとう》的なこともわからない。

精神世界という宗教

マックス・ヴェーバーは、宗教はエトス、行動様式《ようしき》であると説《と》いた。

宗教というと、普通の人は神や仏が必要だと思っているが、そんなことはない。いるいないに関係なく、行動様式《ようしき》たりえれば宗教である。儒教《じゅきょう》には天《てん》という超存在《ちょうそんざい》があるだけで、神も仏もいないし、仏教にしても仏はいないと平気《へいき》でいっている。

キリストだ、ヤハウェだというのではなく、例えば宇宙意志《いし》などという抽象《ちゅうしょう》的な言い方や、自《みずか》らの魂《たましい》を信仰《しんこう》するとか、いま流行《はや》りの精神世界《せいしんせかい》的な世界観や、自《みずか》らの魂《たましい》を神とする考え方というのも、宗教として律《りっ》することができる。

本来《ほんらい》、仏や神というのも仮《かり》の名前に過ぎないのである。ユダヤにはヤハウェという神《かみ》がいて、キリスト教にはイエスがいて、イスラムにはアッラーという神がいる、という認識《にんしき》がそもそも間違《まちが》っていて、いってみれば絶対の創造者《そうぞうしゃ》のことをそれぞれがそう呼んでいるに過ぎない。であるから、それが宇宙意志《いし》だろうが、魂《たましい》だろうが、精神世界だろうが、信仰《しんこう》対象となり、宗教であることに変わりはないのだ。

もう一つコメントすると、そもそも「ゴッド」を日本語で「神」と訳したのがいけない。誤訳《ごやく》といってもよい。日本の神様というのは、「八百万《やおよろず》の神」といわれるほどたくさんおられるのだから、ゴッドの観念《かんねん》、唯一《ゆいいつ》絶対の創造者《そうぞうしゃ》とはかけ離れている。だから、「アッラーの神」などというおかしな表現を平気《へいき》でするのであって、アッラーさんという名前の神がいるのではなく、譬《たと》えていえば「神」という漢字にふりがなをふるとき、イスラム教徒は「アッラー」、キリスト教徒は「イエス」、ユダヤ教徒は「ヤハウェ」とふるようなものなのである。

ちなみに、中国では「ゴッド」を「天主《てんしゅ》」と訳《やく》しており、「神」とは区別をしている。

カルトとカリスマ

いまや日本では猫《ねこ》も杓子《しゃくし》もカルト、カルトと気易《きやす》くいうが、よくよく調べてみるとキリスト教などは初めからカルト教団だった。もっといえば、カルトでない宗教など伸《の》びはしない。

仏教にしても最《もっと》もカルト的な法華経《ほけきょう》の系列《けいれつ》が、いまの日本では一番活発であろう。

どこがどうカルトかというと、法華経《ほけきょう》に含まれている根本の教義である。法華経《ほけきょう》を信じれば何でもできる、どんな奇蹟《きせき》でも起きる。という考え方は、カルト以外の何《なに》ものでもあるまい。

このことが一番よくわかるテキストは、姉崎正治《あねさきまさはる》博士の『法華経《ほけきょう》の行者《ぎょうじゃ》　日蓮《にちれん》』（講談社学術文庫）である。ぜひお読みいただきたい。

また、最近は「カリスマ」という言葉がよく使われる。

カリスマというのは、もともとマックス・ヴェーバーが初めて発見した概念《がいねん》である。ところがいろんな人がそれを使っているうちに意味がどんどんずれてきた。

カリスマの原義《げんぎ》は「神の恩寵《おんちょう》」である。そして、ある人がそのカリスマを持つ。決して人間そのものがカリスマなのではない。だから毛沢東《もうたくとう》（中国の政治家。一八九三～一九七六）がカリスマだとか、スターリン（ソ連の政治家。一八七九～一九五三）がカリスマだとかいわれるがそれは使い方が間違っている。正しくは、毛沢東《もうたくとう》はカリスマを持っている、あるいはスターリンのカリスマが強い、といわねばならない。

さて、カリスマとは「日常ならざるもの凄《すご》い力」のことをいう。だから宗教を作ったり、宗教改《かい》革《かく》にはカリスマが絶対必要なのである。

人間の行動様式《ようしき》というのはめったに変わるものではないが、それを変えようと思えば、カリスマは必要不可欠《ふかけつ》となる。

わかりやすい例を挙《あ》げてみよう。

第二次大戦以前、ソ連はヨーロッパの発展途上国といってよかった。ところがスターリンが現るや、五カ年計画に次《つ》ぐ五カ年計画を実施《じっし》し、世界第二位の経済大国《たいこく》にまでおしあげ、原爆《げんばく》を作り水爆《すいばく》を作り、ついには宇宙開発でアメリカを追い抜いた。

あんなことが何で可能《かのう》だったのか？

それはひとえに、スターリンのカリスマ、これにつきる。スターリンというのは絶対だった。超能力を持っていて神のような人、スターリンの全盛時代は繰《く》り返《かえ》し繰《く》り返《かえ》しそう宣伝されていた。不思議《ふしぎ》だと思わないか？　マルキシズムでは個人崇拝《こじんすうはい》を否定《ひてい》するというのに。しかもスターリン支配たるや、ちょっとやそっとの支配ではなく、絶対的な尊敬《そんけい》の念《ねん》をむりやり作り上げた。なぜ、かかる方策が必要だったのかといえば、スターリンにカリスマが必要だったからである。

ロシア、当時のソ連はまだ資本《しほん》主義にもなっていない。この前資本《ぜんしほん》主義的なエトスを叩《たた》きなおして資本《しほん》主義的なエトスを作るためには（本物のエトスを作るのには失敗したのだが）、どうしてもカリスマによるエトスの大変換《へんかん》が必要だった。

同じ実例は日本にもある。明治《めいじ》時代に天皇教《てんのうきょう》を確立《かくりつ》させて、エトスの変化をもたらせようとしたことは、すでに紹介《しょうかい》した。

スターリンのカリスマ強化《きょうか》に成功したからこそ、ソ連は大躍進《やくしん》した。

ところがソ連は致命《ちめい》的な失敗を犯《おか》した。ソ連が滅《ほろ》びた根本的な原因は、スターリン批判《ひはん》によるものである。スターリン批判《ひはん》によって、スターリンのカリスマがめちゃくちゃになってしまったため、アノミーに陥《おちい》ったのだ。

中国を見てもわかる。毛沢東全盛時代《もうたくとうぜんせい》にはある程度成功《せいこう》したものの、毛沢東《もうたくとう》がだめになったらもはや大きな改革《かいかく》はできなくなった。

歴史上、近年でカリスマが成功した例はヒトラーとスターリン、古くはナポレオンが挙《あ》げられよう。ナポレオンの軍事カリスマなどは飛び抜けたものだった。

大事なことは、カリスマを持つ人は普通《ふつう》の能力ではダメだということで、普通《ふつう》の人とはかけ離《はな》れた能力を持っていなければならない。

天皇《てんのう》についても同じ構図《こうず》で語れるが、天皇《てんのう》はかつて現人神《あらひとがみ》であった。人にして神、神にして人。この論理《ろんり》はニケア信条《しんじょう》と呼ばれた、イエスの存在《そんざい》づけと全《まった》く同じである（一四三頁参照）。キリスト教もこの信条が否定《ひてい》されたら、めちゃくちゃになることは間違《まちが》いない。天皇《てんのう》の現人神《あらひとがみ》を否定《ひてい》した後《のち》、日本に起こった急速《きゅうそく》なアノミーの蔓延《まんえん》を見れば明らかである。

このように考察《こうさつ》していった場合、興味《きょうみ》深いのはアメリカである。ここでも宗教的背景《はいけい》は大きく影響《えいきょう》している。

アメリカの中心を作ったのはプロテスタント、特に禁欲《きんよく》的プロテスタントである。プロテスタントの教義《きょうぎ》の根本は、人間は選《えら》ばれた人と、選《えら》ばれない人に分かれているという予定説である。そのどちらかによって天地雲壌《てんちうんじよう》の違いがあるというのがプロテスタントの教義《きようぎ》である。となれば、選《えら》ばれたと思っている人はどうなる？

自分は神に選《えら》ばれたのだから、絶対的責任《せきにん》と絶対的権力《けんりよく》を要求《ようきゆう》して当然だ、となる。いわば、個人《こじん》カリスマである。ヒトラーやスターリンみたいな者は出なかったけれど、小さなミニ・カリスマを持つ者が多数輩出《はいしゆつ》したことがアメリカを支《ささ》えている。

ミニ・カリスマといっても、相当偉《そうとうえら》い人ではある。アメリカでは産業革命の後期《こうき》のフォード（自動車王。一八六三〜一九四七）、エジソン（発明家。一八四七〜一九三一）、ロックフェラー（石油王。一八三九〜一九三七）をはじめ、そういった人たちがたくさん現れたのだ。それはミニ・カリスマよりスケールの大きい中間カリスマくらいかもしれないが、そういう人たちはほとんど禁欲《きんよく》的プロテスタントである。

無神論者《むしんろんしや》やはったりの名人《めいじん》などは、宗教に走ったり、オタクのような世界に走る。

今日、多くの日本人が陥《おちい》っているこの現象《げんしよう》は、自分の中にプチ・カリスマ、カリスマもどきでもかまわないから欲《ほ》しいという救済願望《きゆうさいがんぼう》が、分散化《ぶんさんか》、拡散化《かくさんか》してそういう人たちを求めるという構図に繋《つな》がっているともいえよう。

その証拠《しようこ》に、最近の成功している新興《しんこう》宗教は、いっていること、やっていることはめちゃくちゃだけど、あたかもカリスマを持っているように演出《えんしゆつ》をする。教祖《きようそ》は超能力《ちようのうりよく》を持っているだとか、普通《ふつう》の人にはできないことをやるだとか見せつけなければならない。教祖《きようそ》はおとなしい方です、穏《おだ》やかな紳士《しんし》ですなどと、そんなことをやっている宗教は絶対成功しない。この点においてのみいえば、政治家などよりもそういった悪徳《あくとく》宗教家のほうが、よほど社会をわかっているともいえる。

アノミーの恐怖

世紀末、なにゆえいいかげんな宗教が猖獗《しょうけつ》を極《きわ》めるのか。世の若者たちがどうしてデタラメなカルト教団《きょうだん》に群《むら》がるのか。ただし、この問いはもはや宗教の問題だけではない。社会学の範疇《はんちゅう》にも属《ぞく》するというべきだろう。

そこでカルト教団の行動様式《ようしき》と、連合赤軍《れんごうせきぐん》などの新左翼《しんさよく》の行動様式《ようしき》を比較《ひかく》してみたところ、全《まった》く同じなのである。無差別《むさべつ》殺人、盲目《もうもく》的行動、そして、世の中を阿鼻叫喚《あびきようかん》の渦《うず》に突き落とす。

その新左翼《しんさよく》が下火《したび》になったのは一九七五年（昭和五〇年）前後のことである。それから二〇年近くたってカルト教団《きょうだん》に姿《すがた》を変《か》えたわけであるが、ではその間彼らは一体どこに行っていたのか。

そこで思い当たるのが親子殺《ころ》し合いの家庭内暴力、いじめ、さらには最近とみにエスカレートした少年犯罪である。新左翼《しんさよく》が下火《したび》になった頃から始まったこれらの家庭内暴力《ぼうりょく》・いじめ・少年犯罪は、新左翼《しんさよく》やカルト教団と行動様式《ようしき》が全《まった》く同型《アイソモーフィック》である。

新左翼《しんさよく》の場合、中核《ちゅうかく》と革《かく》マルの闘争《とうそう》は、要するに殺《ころ》すことが目的だった。理由などはなく、ただ殺戮《さつりく》が目的なのである。主義が違ったというなら、彼らは日本共産党を、いやいや、それ以上に自民党を殺《ころ》さなければならなかった。

いまのいじめにしてもまた然《しか》り。古典的《こてん》ないじめは、ガキ大将がいて「俺の子分になれ」といっていじめたものだ。ところがいまや、誰《だれ》が誰《だれ》をいじめたっていい。いじめのベクトルが縦横無尽《じゅうおうむじん》、変幻自在《へんげんじざい》となった。誰《だれ》が生贄《いけにえ》になってもおかしくないし、誰《だれ》がいじめる側《がわ》に立ってもいい。全《まった》くの無差別《むさべつ》・無目的《むもくてき》という異常ぶりだ。

家庭内暴力《ぼうりょく》もまた同様で、「えッ、あんな子が」といわれるような子供が親を殺《ころ》す。これもまた不条理《ふじょうり》である。

それらの延長線《えんちょうせん》上に、最近のまさに目をそむけたくなるような、少年の凶悪《きょうあく》犯罪の多発《たはつ》がある。まず新左翼《しんさよく》、それから家庭内暴力《ぼうりょく》、いじめ、そしてカルト教団……。比較分析《ぶんせき》すると、原因は皆同じ答えを指し示す。

アノミーである（三八二頁参照）。

いい教育を受けた人間が馬鹿《ばか》らしい教義《きょうぎ》を信じたり、社会の中枢《ちゅうすう》に立つべき人間が毒《どく》ガスや毒物を製造《せいぞう》する。皆が皆、大変な病気にかかってしまった。

少年や若者だけが病《や》んでいるという話ではない。社会のトップ、例《たと》えば政治家だってアノミーだ。かくして、アノミーに冒《おか》され、箍《たが》のはずれた桶《おけ》のようになってしまった日本社会——。

日本を救う要諦《ようたい》は、宗教家、宗教学者、宗教評論家《ひょうろんか》がもっともっと宗教を理解《りかい》すること、いや、あなた自身が宗教を理解することである。ここまでこの本をお読み下さった読者は、すでに宗教の本質《ほんしつ》をおわかりのことと思うが。

世相《せそう》はますます混乱の様相《ようそう》を呈《てい》している。宗教事件ばかりか、幼児《ようじ》殺人、少女監禁《かんきん》……、眼《め》を覆《おお》わんばかりの悲惨《ひさん》な事件が引きも切らない現代日本。アノミーは解消されるどころか、ますます進行の一途《いっと》をたどっている。日本が壊《こわ》れるどころか、日本人が壊《こわ》れてきているのだ。

新世紀、事態《じたい》はさらに悪化するであろう。

ことここに至《いた》れば、日本を救《すく》うのも宗教、日本を滅《ほろ》ぼすのも宗教である。あなたを救《すく》うのも宗教、あなたを殺《ころ》すのも宗教である。本書をここまでお読みになった読者は、宗教の見分けかたを体得《たいとく》されたことと確信《かくしん》する。

小室直樹（こむろ・なおき）
1932年東京都生まれ。京都大学理学部数学科卒。
大阪大学大学院経済学研究科中退、東京大学大学院法学政治学研究科修了。
マサチューセッツ工科大学、ミシガン大学、ハーバード大学に留学。
1972年、東京大学から法学博士号を授与される。2010年没。
著書は『ソビエト帝国の崩壊』『韓国の悲劇』『日本人のための経済原論』
『国民のための戦争と平和』『小室直樹の中国原論』他多数。
渡部昇一氏との共著に『自ら国を潰すのか』『封印の昭和史』がある。

【新装版】日本人のための宗教原論
あなたを宗教はどう助けてくれるのか

第１刷――2021年12月31日
第２刷――2024年10月５日

著　者――小室直樹
発行者――小宮英行
発行所――株式会社徳間書店
〒141-8202 東京都品川区上大崎3-1-1
目黒セントラルスクエア
電話　編集(03)5403-4350
販売(049)293-5521
振替　00140-0-44392

印　刷――本郷印刷株式会社
カバー印刷――真生印刷株式会社
製　本――ナショナル製本協同組合

ISBN978-4-19-865412-2